Unter den Linden et les alentours
Voir p. 54-69
Du Scheunenviertel à l'Hamburger Bahnhof
Voir p. 98-111
Nikolaiviertel et Alexanderplatz
Voir p. 86-97
Du Scheunenviertel à l'Hamburger Bahnhof
Nikolaiviertel et Alexanderplatz
Unter den Linden et les alentours
Museumsinsel
Tiergarten
Kreuzberg
0
1000 m
Kreuzberg
Voir p. 132-139
Museumsinsel
Voir p. 70-85

GUIDES VOIR

BERLIN

Immeuble moderne près de Checkpoint Charlie *(p. 136)*

Au bord de la Spree dans l'ancien Nikolaiviertel *(p. 88-89)*

Fricassée de poulet aux écrevisses *(p. 231)*

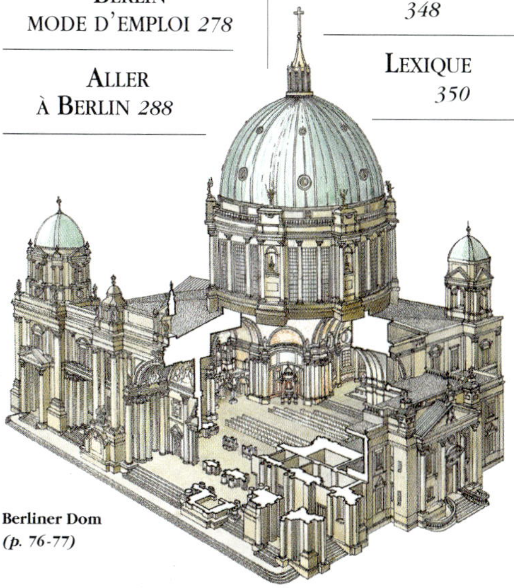

Berliner Dom *(p. 76-77)*

COMMENT UTILISER CE GUIDE

Ce guide a pour but de vous aider à profiter au mieux de vos séjours à Berlin. L'introduction, *Présentation de Berlin,* situe la cité dans son contexte géographique et historique, et décrit la vie de la capitale au fil des saisons. *Berlin d'un coup d'œil* offre un condensé de ses richesses. *Berlin quartier par quartier,* qui commence en page 52, est la partie la plus importante de ce guide. Illustrations, textes et plans y présentent en détail tous les principaux sites et monuments. *Les environs de Berlin* invite à faire trois promenades à pied dans les faubourgs et à découvrir la ville historique de Potsdam. *Les bonnes adresses* vous fourniront des informations sur les hôtels, les restaurants, les marchés ou les théâtres, tandis que les *Renseignements pratiques* vous faciliteront la vie quotidienne, que ce soit pour téléphoner, utiliser les transports publics ou encore trouver un médecin.

BERLIN QUARTIER PAR QUARTIER

Nous avons divisé le cœur de la ville en huit quartiers, dotés chacun d'un code de couleur. Chaque chapitre débute par un portrait du quartier et une liste des monuments présentés. Des numéros, qui restent constants de page en page, situent clairement ces monuments sur le plan *Le quartier d'un coup d'œil.* Un plan « pas à pas » développe ensuite la partie du quartier la plus intéressante. Des dessins dévoilent l'intérieur des principaux bâtiments.

Des repères colorés aident à trouver le quartier dans le guide.

1 Présentation du quartier
Signalés par des numéros sur le plan Le quartier d'un coup d'œil, *les principaux centres d'intérêt du quartier sont classés par catégories. Le plan situe aussi les parcs de stationnement, les stations de U-Bahn et de S-Bahn et les arrêts de bus et de trams les plus utiles.*

Carte de situation

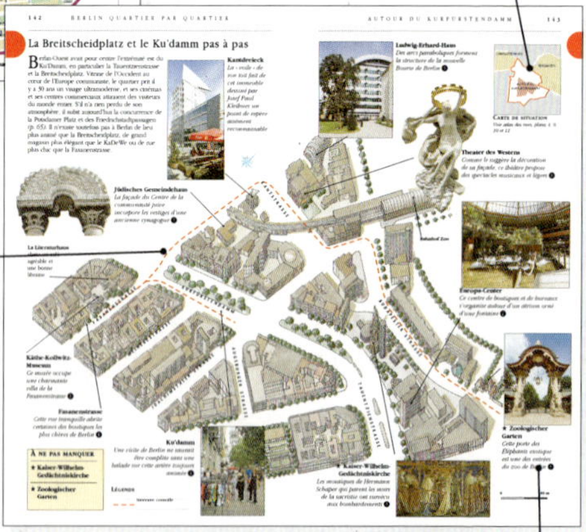

Une carte de situation montre où se trouve le quartier dans la ville.

Un itinéraire de promenade emprunte les rues les plus intéressantes.

2 Plan du quartier pas à pas
Il offre une vue aérienne de la partie la plus intéressante du quartier. La numérotation des sites correspond à celle du plan Le quartier d'un coup d'œil *et à celle des descriptions détaillées des pages suivantes.*

Des étoiles signalent les sites à ne pas manquer.

PLAN GÉNÉRAL DE BERLIN

Chacune des zones colorées de ce plan *(voir 1er rabat de couverture)* correspond à l'un des huit quartiers décrits en détail dans un chapitre de *Berlin quartier par quartier (p. 52-205)*. Ces couleurs apparaissent sur d'autres plans tout au long de ce guide pour vous aider, par exemple, à repérer les sites les plus importants dans *Berlin d'un coup d'œil (p. 28-47)*, à situer les restaurants conseillés dans *Les bonnes adresses (p. 206-274)* ou à choisir un itinéraire de promenade à pied *(p. 198-205)*.

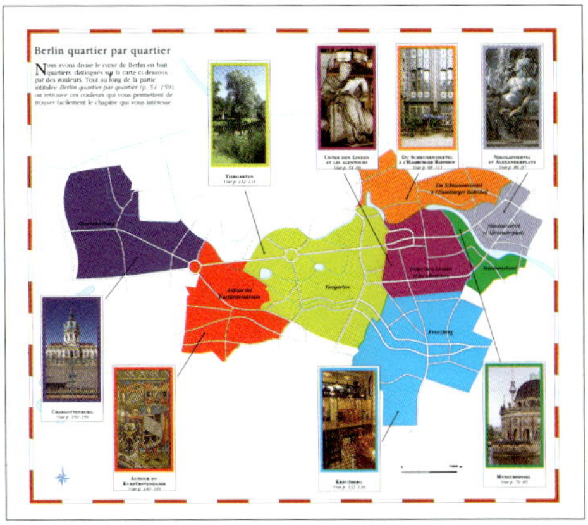

Les numéros renvoient à ceux des plans où est situé le monument.

Les informations pratiques fournies en tête de rubrique comprennent la référence cartographique aux plans de l'atlas des rues *(p. 300-323)*.

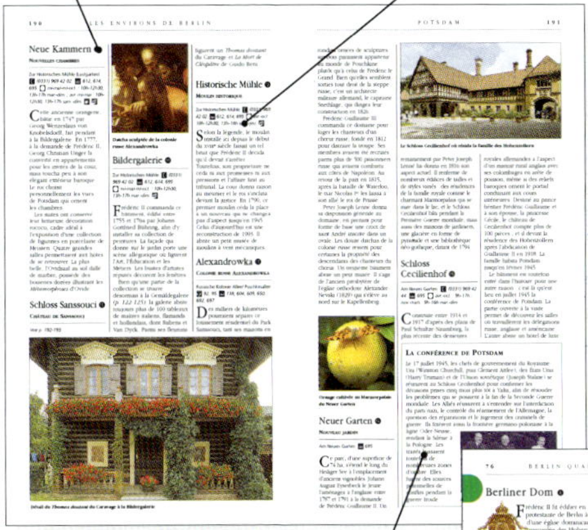

3 Renseignements détaillés

Les sites les plus importants de Berlin sont décrits individuellement dans l'ordre de leur numérotation sur le plan Le quartier d'un coup d'œil. *Chaque rubrique donne aussi des renseignements utiles tels que les heures d'ouverture ou les numéros de téléphone. Un tableau des symboles figure sur le rabat de la dernière page.*

Le mode d'emploi fournit toutes les informations pratiques nécessaires.

Des encadrés approfondissent des sujets historiques et culturels particuliers.

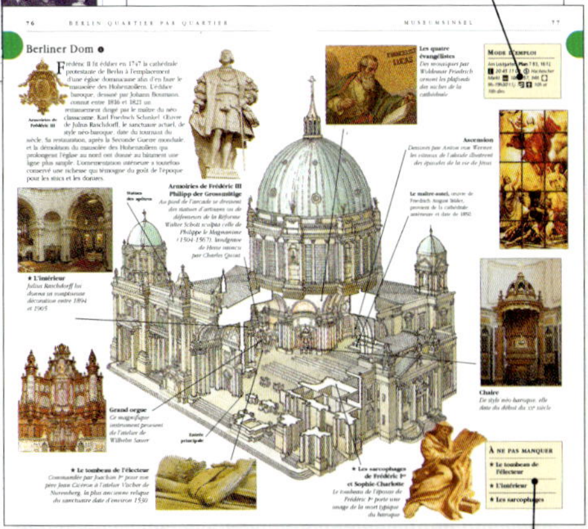

4 Les principaux monuments

Deux pleines pages ou plus leur sont réservées. La présentation des bâtiments historiques en dévoile l'intérieur. Les plans des musées vous aident à localiser les plus belles expositions.

Des étoiles signalent les œuvres ou éléments remarquables.

Présentation de Berlin

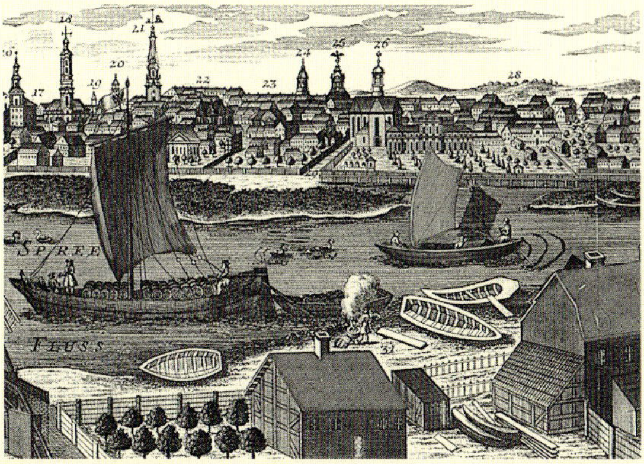

Berlin dans son environnement

Capitale de la république fédérale d'Allemagne depuis 1991, Berlin possède une population d'environ 3,5 millions d'habitants. Située dans l'ancienne RDA, au cœur de la province du Brandebourg, la ville occupe une superficie de 889 km². La Havel et la Spree, qui se rejoignent dans l'arrondissement de Spandau, traversent la cité dans de nombreux canaux.

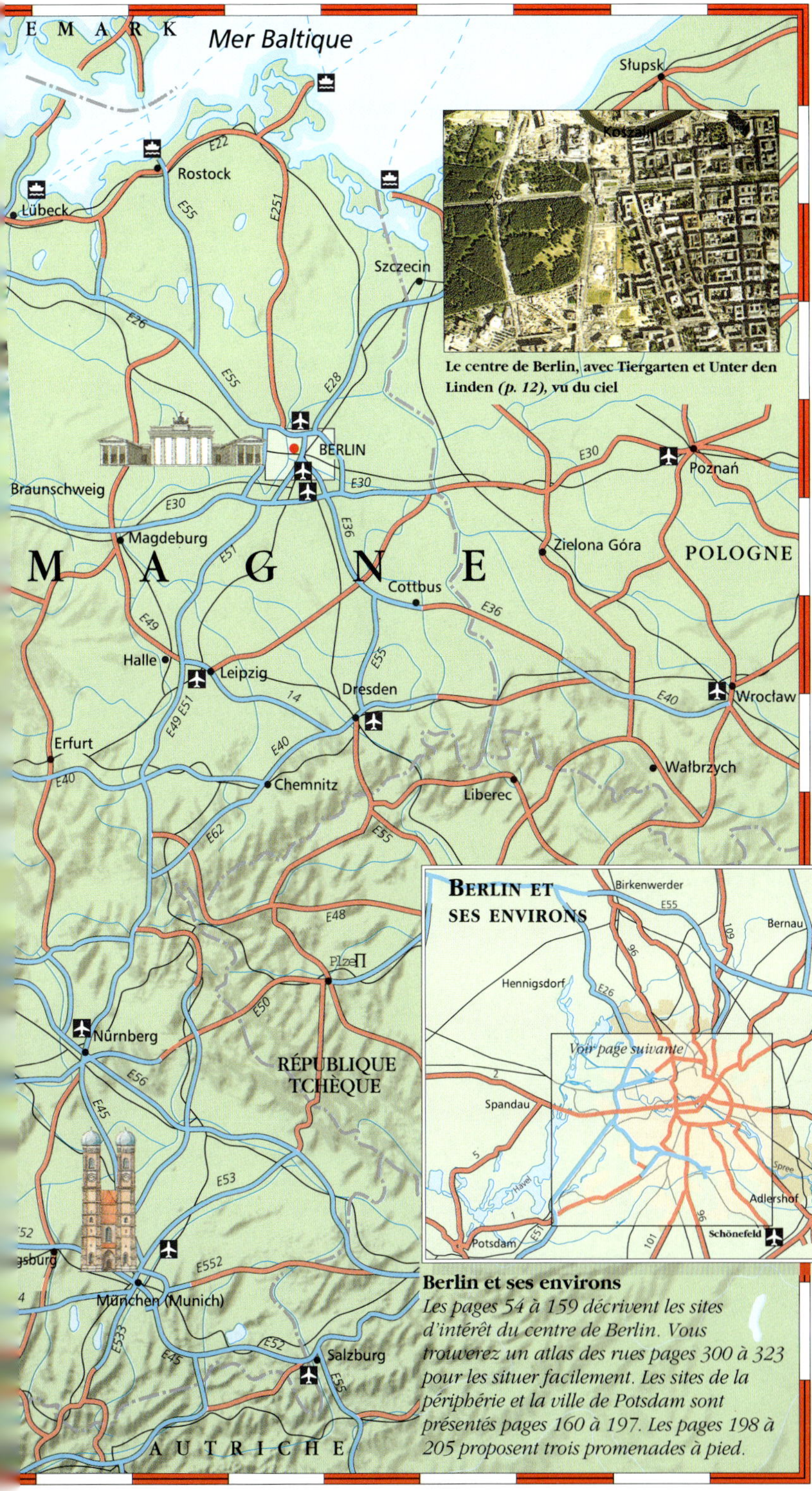

Le centre de Berlin, avec Tiergarten et Unter den Linden *(p. 12)*, vu du ciel

Berlin et ses environs

Les pages 54 à 159 décrivent les sites d'intérêt du centre de Berlin. Vous trouverez un atlas des rues pages 300 à 323 pour les situer facilement. Les sites de la périphérie et la ville de Potsdam sont présentés pages 160 à 197. Les pages 198 à 205 proposent trois promenades à pied.

L'agglomération berlinoise

Le Berlin d'aujourd'hui fut constitué en 1920, quand la commune incorpora plusieurs villes et villages qui entouraient le centre historique. Certains de ses 23 arrondissements actuels (qui seront réduits au nombre de 12 en 2001), comme Spandau et Köpenick, étaient jadis des municipalités indépendantes. En périphérie, lacs et forêts ont permis l'aménagement d'aires de loisirs. Aisément accessible en transports publics, Potsdam, au sud-ouest, abrite de splendides palais.

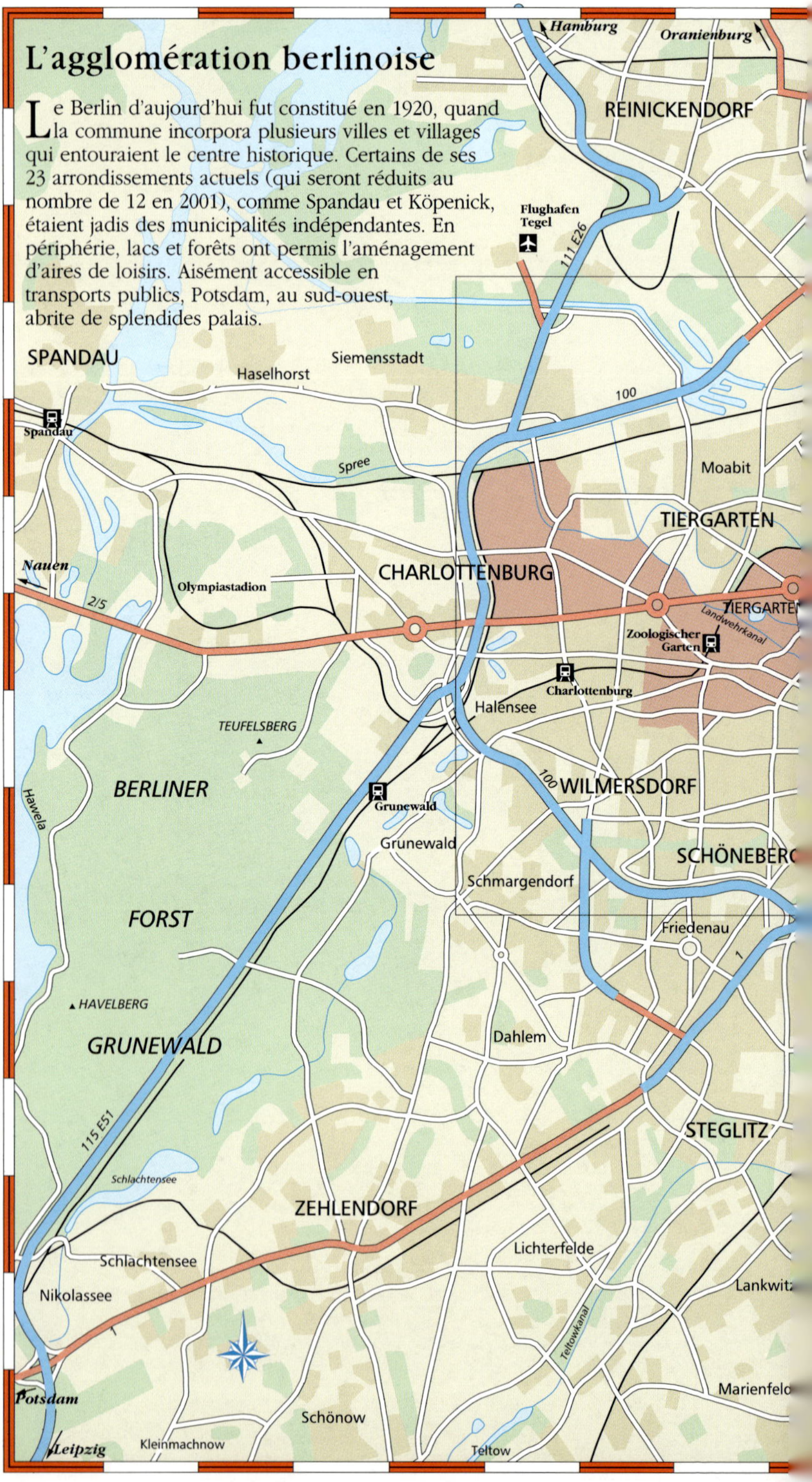

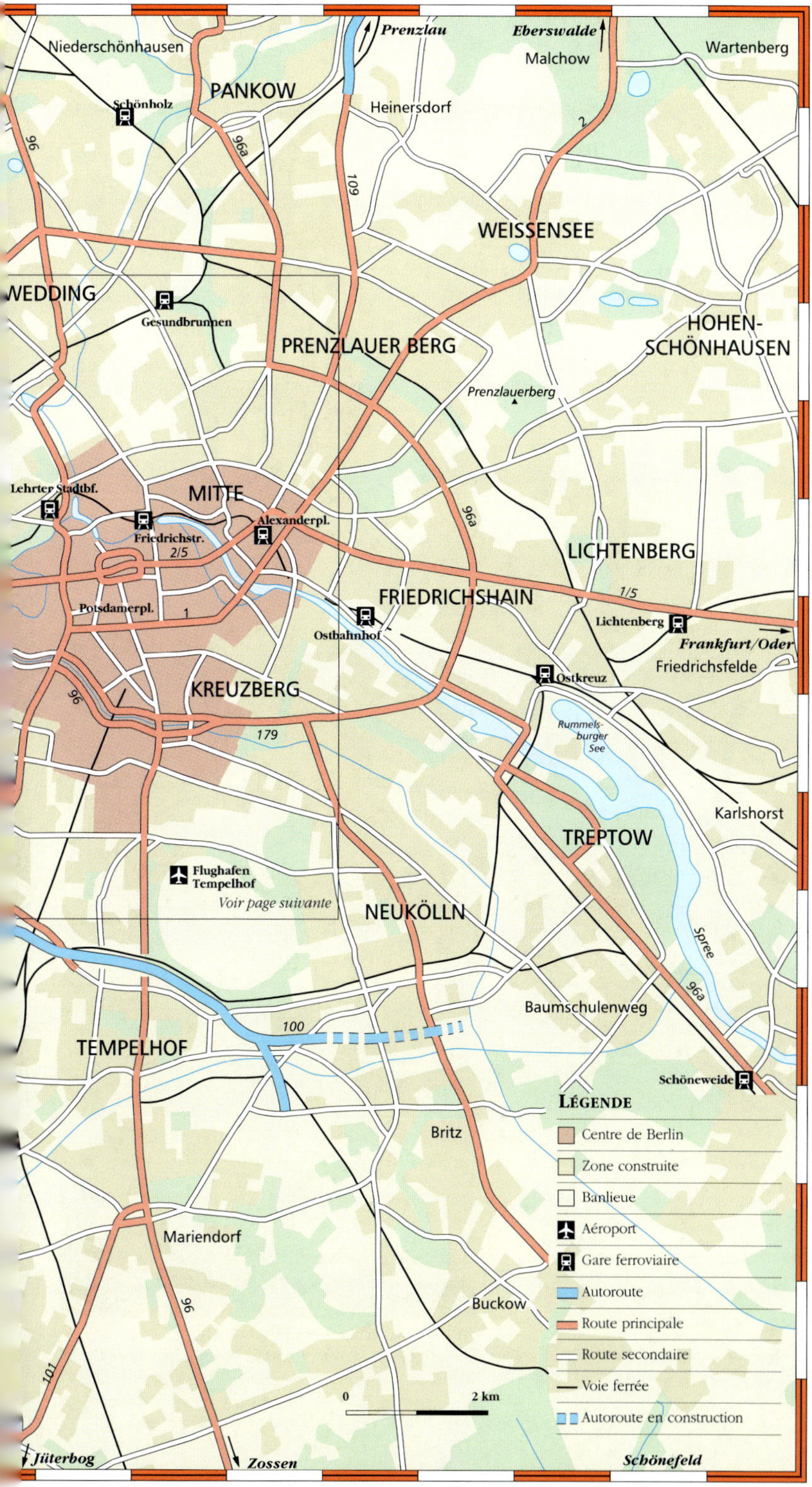
Prenzlau
Eberswalde
Niederschönhausen
Malchow
Wartenberg
PANKOW
Schönholz
Heinersdorf
WEISSENSEE
WEDDING
Gesundbrunnen
PRENZLAUER BERG
HOHEN-
SCHÖNHAUSEN
Prenzlauerberg
Lehrter Stadtbf.
MITTE
Alexanderpl.
Friedrichstr.
LICHTENBERG
FRIEDRICHSHAIN
Potsdamerpl.
Lichtenberg
Ostbahnhof
Frankfurt/Oder
Friedrichsfelde
Ostkreuz
KREUZBERG
Rummels-
burger
See
Karlshorst
TREPTOW
Flughafen
Tempelhof
Voir page suivante
NEUKÖLLN
Spree
Baumschulenweg
TEMPELHOF
Schöneweide
Britz
Mariendorf
Buckow
Jüterbog
Zossen
Schönefeld
0
2 km
LÉGENDE
Centre de Berlin
Zone construite
Banlieue
Aéroport
Gare ferroviaire
Autoroute
Route principale
Route secondaire
Voie ferrée
Autoroute en construction

Le centre de Berlin

Nous avons divisé le centre de Berlin en huit zones de visite. Le cœur historique comprend la Museumsinsel, « l'île des Musées », et ses environs immédiats au bord de la Spree et autour de la grande avenue appelée Unter den Linden. Au sud, Kreuzberg possède une atmosphère particulière avec ses lieux alternatifs et ses cafés turcs. À l'ouest, Tiergarten offre à la ville un poumon de verdure jusqu'au Kurfürstendamm, le pôle de l'ancien Berlin-Ouest. Le château de Charlottenburg était la résidence d'été des rois de Prusse.

Charlottenburg
Nommé d'après Sophie-Charlotte, l'épouse de Friedrich III, le château baroque de Charlottenburg abrite des pièces somptueuses décorées de nombreux objets d'art (p. 150-159).

Kulturforum, Tiergarten
Le « Forum de la Culture » réunit la Philharmonie et plusieurs musées et bibliothèques (p. 112-131).

LÉGENDE

- Site principal
- Autre site
- Gare ferroviaire
- Station de U-Bahn
- Station de S-Bahn
- Parc de stationnement
- Église
- Synagogue

Autour du Kurfürstendamm
Le Kurfürstendamm, grande artère souvent appelée Ku'damm, traverse, dans la partie ouest de Berlin, un quartier riche en boutiques, en restaurants et en cinémas (p. 140-149).

Berliner Dom, Museumsinsel
Sur l'île des Musées, la cathédrale protestante de Berlin possède un intérieur néo-baroque (p. 70-85).

Rotes Rathaus, Nikolaiviertel
Orné de reliefs en terre cuite, cet hôtel de ville monumental occupe l'emplacement de son prédécesseur médiéval. Il date de 1870 (p. 86-97).

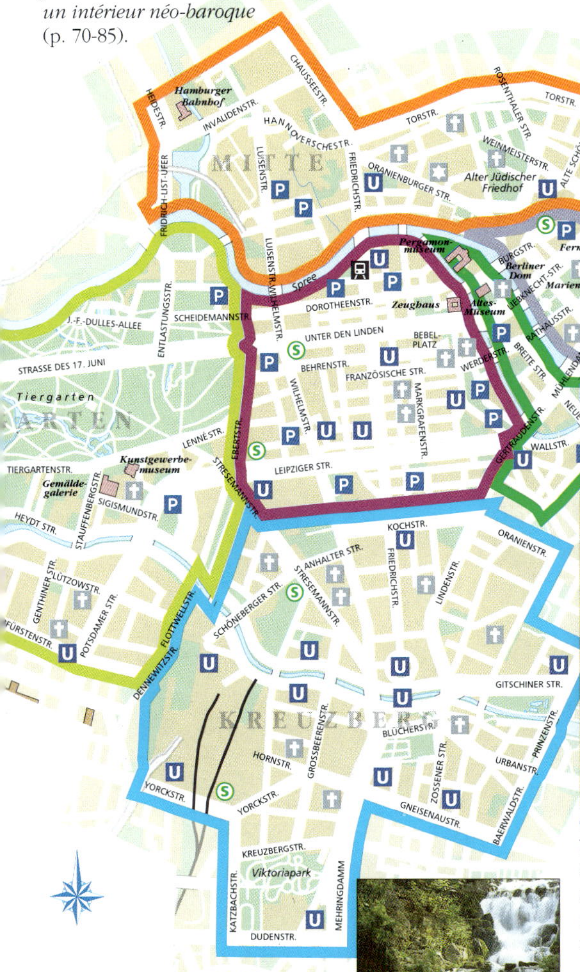

Galeries Lafayette, Unter den Linden
Ce grand magasin est une des belles réussites modernes de Berlin (p. 54-69).

Viktoriapark, Kreuzberg
Ce parc est situé sur une colline dominant l'arrondissement de Kreuzberg, où vit une importante communauté turque (p. 132-139).

HISTOIRE DE BERLIN

Berlin a pour origine deux villages fondés au bord de la Spree : Berlin et Cölln. Réunis en 1307, ils forment une cité que le commerce rend prospère sous l'autorité des margraves du Brandebourg. La dynastie des Hohenzollern en fait son lieu de résidence puis, à la création de l'Empire allemand en 1871, la capitale du plus puissant État européen. Ravagé pendant la Seconde Guerre mondiale, Berlin devient un haut lieu de la guerre froide jusqu'à la chute du Mur en 1990. Le Parlement décide l'année suivante d'en faire la capitale de l'Allemagne réunifiée.

PREMIÈRES COLONIES

Au début de l'ère chrétienne, des tribus d'origines variées, dont les Semnones germains, vivent sur les rives de la Spree et de l'Havel. À la fin du VIe siècle, des Slaves construisent des places fortes aux emplacements des actuelles banlieues de Köpenick *(p. 167)* et Spandau *(p. 177)*. Cinq cents ans plus tard, des immigrants venus de régions comme les montagnes du Harz, la vallée du Rhin et la Franconie, peuplent les rives de la Spree. Le Saxon Albrecht l'Ours, de la dynastie des Ascaniens, soumet définitivement les Slaves. Il devient le premier *Markgraf* (comte) du Brandebourg.

Statue d'Albrecht l'Ours

LES ORIGINES DE LA VILLE MODERNE

L'histoire écrite de Berlin commence au début du XIIIe siècle, quand deux villages, Berlin et Cölln, se développent de part et d'autre de la Spree aux environs de ce qui est actuellement le Nikolaiviertel *(p. 90)*. Ils font le commerce du poisson, du seigle et du bois. Ils s'allient en 1307, et l'union est célébrée par l'édification d'un hôtel de ville commun en 1345.

Après la mort du dernier Ascanien en 1319, les maisons de Luxembourg et de Wittelsbach se disputent le Brandebourg, une querelle qui a des effets dévastateurs pour ses habitants. En 1359, Berlin et Cölln adhèrent à la Hanse, la ligue des villes marchandes du Nord de l'Europe. En 1411, pour protéger la région, l'empereur Sigismond envoie son conseiller Frédéric VI de Hohenzollern. Ce dernier prend en 1415 le titre d'électeur du Brandebourg, et fonde, sous le nom de Frédéric Ier de Hohenzollern, une dynastie qui va régner cinq siècles. Il laisse toutefois aux communes les privilèges qu'elles ont acquis.

CHRONOLOGIE

1134 Investiture d'Albrecht l'Ours

1157 Albrecht l'Ours, vainqueur des tribus slaves, devient margrave du Brandebourg

1197 Première mention de Spandau

1209 Première mention de Köpenick

1237 Première mention écrite de Cölln

1244 Première mention écrite de la fondation de Berlin

v. 1260 Agrandissement de Berlin

1307 Signature du traité entre Cölln et Berlin

1359 Berlin et Cölln adhèrent à la Hanse

1415 Frédéric de Hohenzollern devient électeur du Brandebourg

1100 | 1150 | 1200 | 1250 | 1300 | 1350 | 1400

Denier d'argent de 1369

◁ **Peinture symbolique de la *Prusse* (1868) par Adolf von Menzel au palais Ephraim**

Déposition de croix (v. 1520), panneau d'un polyptyque gothique du début de la Réforme

Les premiers Hohenzollern

En 1432, Berlin et Cölln renforcent leur association en unifiant leurs conseils municipaux. En 1443, Frédéric II entreprend la construction d'un château, le futur Stadtschloss *(p. 71)*, une forteresse qui lui donnera les moyens de réduire les privilèges dont jouit la commune. L'opposition des habitants se transforme en une révolte générale. Elle est écrasée en 1448, et l'édifice, inauguré en 1451, devient la résidence de l'électeur du Brandebourg. L'ours, qui symbolise la ville sur les armoiries, porte désormais une chaîne et un cadenas autour du cou.

Le successeur de Frédéric II, son neveu Jean Cicéron, fait officiellement de Berlin-Cölln la capitale de la Marche du Brandebourg.

Fauconnier sur un carreau du XVIe siècle

La Réforme et la guerre de Trente Ans

Pendant la première moitié du XVIᵉ siècle, la doctrine de Martin Luther (1483-1546) se répand rapidement dans le centre et le nord de l'Europe, notamment au Brandebourg où la Réforme connaît un réel succès populaire. L'électeur Joachim II se convertit en 1539, suivi par la majorité des conseillers municipaux de sa capitale.

La cité connaît une période de rapide croissance, favorisée par l'arrivée de réfugiés des Pays-Bas et d'artistes italiens venus travailler à la cour. Elle subit toutefois des épidémies de peste bubonique en 1576, 1598 et 1600. La guerre de Trente Ans (1618-1648), qui transforme toute l'Allemagne en champ de bataille, en aggrave encore les conséquences.

En 1627, l'électeur du Brandebourg déplace sa cour à Königsberg, une ville moins exposée. En 1648, Berlin-Cölln ne compte plus que 6 000 habitants. Les épidémies, les exactions et l'entretien des troupes en cantonnement ont décimé et ruiné sa population.

Le Grand Électeur

La chance sourit à nouveau à Berlin quand le jeune Frédéric-Guillaume de Hohenzollern monte en 1640 sur le trône du Brandebourg. Dès la fin de la guerre, le souverain s'emploie à renforcer les structures et l'autorité de l'État et à relancer l'économie.

Pendant son règne, la ville se dote de fortifications modernes et le Lustgarten *(p. 74)* est aménagé en face du Stadtschloss. Les tilleuls plantés le long de l'allée menant au domaine de chasse de Tiergarten *(p. 112-*

Chronologie

1415 — **1465** — **1515** — **1565**

1432 Unification de Cölln et de Berlin

1442 La construction d'un château débute à Cölln

1447-1448 Révolte de Berlin contre l'électeur

1486 Jean Cicéron fait de Berlin sa résidence permanente

1539 Joachim II se convertit au protestantisme

1597 Achèvement de la citadelle de Spandau

Chope berlinoise en forme d'ours (1562)

L'ancien Stadtschloss (château royal) et le Lange Brücke peints vers 1685

131) donneront son nom à l'avenue Unter den Linden *(p. 60)*. Le percement du canal reliant l'Oder à la Spree fait de Berlin le nœud des échanges commerciaux dans le Brandebourg.

L'agglomération s'étend dans toutes les directions avec la fondation de villes satellites : Friedrichswerder en 1658, Dorotheenstadt en 1668 et Friedrichstadt en 1688. En 1709, elles fusionneront avec Berlin et Cölln pour ne former qu'une seule cité.

Après sa victoire sur les Suédois à Fehrbellin, Frédéric-Guillaume prend le surnom de Grand Électeur. Il favorise l'immigration et dès 1671 autorise le retour des juifs, interdits au Brandebourg depuis deux siècles. Plusieurs familles riches chassées de Vienne s'installent dans sa capitale. Par l'édit de Potsdam qui leur accorde des privilèges, il facilite en 1685 la venue de huguenots fuyant la France après l'abrogation de l'édit de Nantes par Louis XIV. En 1688, à la mort de Frédéric-Guillaume, ils représentent près du tiers de la population de Berlin, qui compte désormais 20 000 habitants.

Frédéric II (1740-1786)

La capitale de la Prusse

Le successeur du Grand Électeur, Frédéric III, aime le luxe et le pouvoir, mais aussi les arts et le savoir. Il fonde en 1696 l'Académie des beaux-arts, et soutient en 1700 la création de l'Académie des sciences par le philosophe et mathématicien Leibniz. Il obtient en 1701 de l'empereur Léopold Ier qu'il érige en royaume une possession du Brandebourg : le duché de Prusse. Couronné sous le nom de Frédéric Ier, il fait alors transformer le Stadtschloss en un palais baroque, commande la construction du Zeughaus *(p. 58-59)* et achève celle du palais d'été de Lietzenburg, rebaptisé Charlottenburg *(p. 154-155)*.

Son fils, Frédéric-Guillaume Ier (1713-1740), le Roi-Sergent, décide de se doter d'une puissante armée. Mal payés et souvent enrôlés de force, ses soldats ont une vie misérable. La nouvelle enceinte dont il dote Berlin n'a pas une fonction défensive mais sert à empêcher les désertions. L'aménagement de places comme Parizer Platz *(p. 67)*, Leipziger Platz *(p. 126)* et Mehringplatz *(p. 138)* facilite l'entraînement.

Frédéric II (1740-1786) utilise dès le début de son règne la puissance militaire que lui a léguée son père. Il profite d'une faiblesse temporaire de l'Autriche pour envahir la Silésie, et sème ainsi les ferments de la guerre de Sept Ans (1756-1763) pendant laquelle les troupes russes et autrichiennes occupent brièvement Berlin. La ville continue toutefois de se développer sous l'autorité d'un souverain qui agit en despote éclairé et invite Voltaire à sa cour. Elle compte 150 000 habitants en 1786.

1615 — **1665** — **1715** — **1765**

1618-1648 Guerre de Trente Ans

1668 Ouverture du canal Spree-Oder

1685 L'édit de Potsdam favorise l'immigration de huguenots français

1688 Fondation de la ville de Friedrichstadt

1696 Inauguration de l'Académie des beaux-arts (Akademie der Künste)

1701 L'électeur Frédéric III devient le premier roi de Prusse

1709 Unification de Berlin

1740 Couronnement de Frédéric II « le Grand »

1751-1752 Frédéric II introduit la conscription

1756-1763 Guerre de Sept Ans

Calice en argent (1695)

La période baroque

La vogue de l'architecture baroque a duré à Berlin du milieu du XVIIe siècle à la fin du XVIIIe. C'est l'époque où la cité, décimée par les épidémies et la guerre de Trente Ans, se métamorphose en une métropole riche et cosmopolite. La population croît rapidement, en partie grâce à l'intégration des communes de Dorotheenstadt, Friedrichstadt et Friedrichswerder. À l'intérieur des nouveaux remparts, la capitale de l'électorat du Brandebourg devient aussi celle du royaume de Prusse et se pare de monuments tels que l'Akademie der Künste, la Charité et le Schloss Charlottenburg.

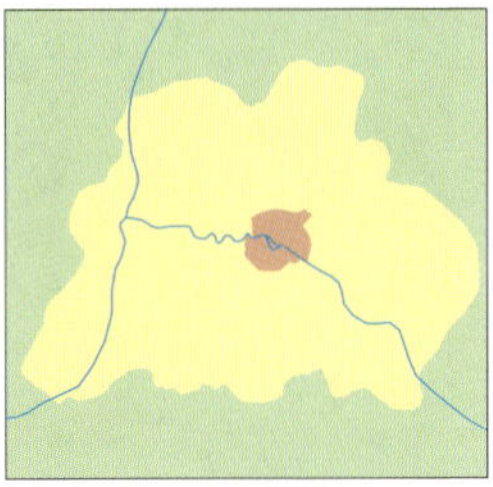

Concert de flûte
Cette peinture par Adolf von Menzel montre le roi Frédéric II (1740-1786) jouant pour ses invités dans la salle de musique du Schloss Sanssouci.

Frédéric le Grand
Œuvre du peintre d'origine française Antoine Pesne, ce portrait du prince héritier, le futur roi de Prusse Frédéric II, date de 1739.

Soupière rococo
Cette pièce d'argenterie produite par l'atelier de Georg Wilhelm Marggraf und Müller donne une idée du style en vogue à Berlin en 1765.

L'Amour au Théâtre-Italien (1714)
Frédéric II appréciait beaucoup le peintre français Watteau (1684-1721), et Berlin conserve plusieurs de ses œuvres majeures.

Zeughaus (ancien arsenal)
Ce splendide édifice baroque achevé en 1730, et peint ici par Carl Traugott Fechhelm en 1786, servit à entreposer des armes jusqu'en 1875. Il abritera le Deutsches Historisches Museum.

Frédéric Ier
Sculpté par l'artiste et architecte Andreas Schlüter (1660-1714), ce portrait du premier roi de Prusse (1688-1713) orne son tombeau.

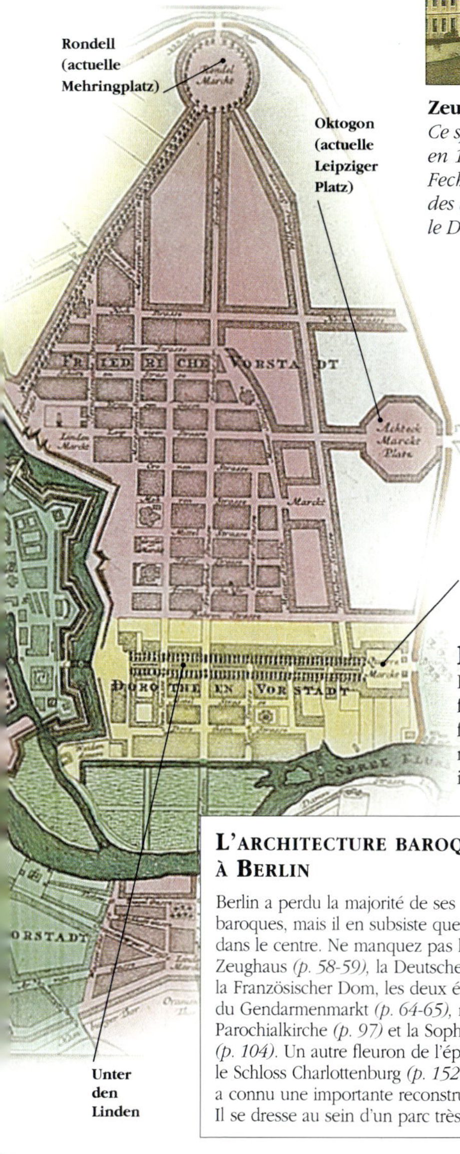

Berlin en 1740

La ville conservait à l'époque un centre fortifié. Ce plan donne une idée de la façon dont elle s'est développée. Il n'obéit par aux conventions actuelles : il est orienté le sud vers le haut.

L'architecture baroque à Berlin

Berlin a perdu la majorité de ses édifices baroques, mais il en subsiste quelques-uns dans le centre. Ne manquez pas le Zeughaus *(p. 58-59)*, la Deutscher Dom et la Französischer Dom, les deux églises du Gendarmenmarkt *(p. 64-65)*, ni la Parochialkirche *(p. 97)* et la Sophienkirche *(p. 104)*. Un autre fleuron de l'époque, le Schloss Charlottenburg *(p. 152-153)*, a connu une importante reconstruction. Il se dresse au sein d'un parc très agréable.

Schloss Charlottenburg

L'avenue Unter den Linden en 1821

Les débuts de l'ère moderne

À l'approche du XIXe siècle, de fortes personnalités telles que les écrivains Gotthold Ephraim Lessing (1729-1781) et Friedrich von Schlegel (1772-1829) renouvellent le débat d'idées. Le romantisme gagne de plus en plus d'adeptes. Frédéric-Guillaume II (1786-1797) n'a pas les qualités de son prédécesseur ; il fait peu pour une ville dont la population ne cesse d'augmenter et dont les plus démunis voient leurs revenus baisser.

Plus que Frédéric-Guillaume III (1797-1840), c'est son épouse, la belle et volontaire reine Louise, qui est restée dans l'histoire. Vainqueur de la Prusse à Iéna (Jena) en 1806, Napoléon Bonaparte entre dans Berlin. La cour est obligée de se réfugier à Königsberg. La présence de ces troupes étrangères et les contributions imposées par l'envahisseur suscitent un intense sentiment nationaliste.

Les Français partent enfin en 1808, mais la cour ne rentre à Berlin qu'à la fin de 1809. Au congrès de Vienne, réuni en 1815 après la défaite de Napoléon à Waterloo, la Prusse récupère la Rhénanie et la Westphalie. La richesse de leur sous-sol, le formidable réservoir de main-d'œuvre qu'a créé l'abolition du servage en 1807 et les progrès de la machine à vapeur vont favoriser une rapide croissance industrielle, notamment à Berlin. August Borsig inaugure en 1837 son usine de locomotives, et une ligne de chemin de fer Berlin-Potsdam ouvre en 1838. Le style néo-classique de Karl Friedrich Schinkel *(p. 179)* séduit et l'architecte fait construire de nombreux bâtiments, dont le Neue Wache *(p. 160)* et le Schauspielhaus, devenu aujourd'hui le Konzerthaus *(p. 64)*. Fondée en 1810, l'université, l'actuelle Humboldt Universität, attire des professeurs prestigieux tels que les philosophes Hegel (1770-1831) et Schopenhauer (1788-1860).

La récession qui frappe l'Europe en 1844 a de graves conséquences en Prusse, dont un quart des habitants se retrouvent dans la misère. Lors d'une émeute provoquée par la faim, en 1848, l'armée tue 250 manifestants.

Portrait de Frédéric-Guillaume IV

Construction d'un empire

En 1861, une crise de folie contraint Frédéric-Guillaume IV (1840-1861) à céder le trône à son frère Guillaume Ier (1861-1888). Celui-ci prend comme chancelier Otto von Bismarck, un homme qui a pour ambition de ravir à l'Autriche sa suprématie sur les États de langue allemande. En 1864, la Prusse

Chronologie

1791 Achèvement de la porte de Brandebourg

1799 Fondation de la Bauakademie

1810 Fondation de l'université

1831 Épidémie de choléra

1844 Ouverture du zoo (Zoologischer Garten)

1785 — 1800 — 1815 — 1830 — 1845

Boîte émaillée du milieu du XVIIIe siècle

1806 Début de l'occupation française de Berlin

1830 Ouverture de l'Altes Museum

1838 Ouverture de la liaison ferroviaire Berlin-Potsdam

déclare la guerre au Danemark et obtient le duché du Schleswig-Holstein. Après avoir infligé une grave défaite à l'Autriche en 1866, elle fonde une Confédération d'Allemagne du Nord qui réunit vingt-deux États et villes libres. Inquiet de cette puissance grandissante, Napoléon III déclare imprudemment la guerre en 1870. Le conflit ne fait que resserrer les liens entre États germaniques. Écrasée, la France perd l'Alsace et la Lorraine, et doit verser une lourde indemnité. L'Empire allemand est proclamé le 18 janvier 1871 au palais de Versailles. Il a Berlin comme capitale. La ville profite du tribut en francs-or versé par la France et de l'ouverture des barrières douanières. Elle compte un million d'habitants en 1877, le double en 1905.

Affiche par Wilhelm Schulz pour l'exposition organisée par la Sécession de Berlin en 1900

Le premier Reichstag (Parlement) de Berlin, construit en 1894

TRIOMPHE ET DÉSASTRE

La cité se modernise à grands pas. En 1876, un nouveau système d'égouts améliore considérablement les conditions d'hygiène. Des lampes électriques éclairent les rues à partir de 1879, et les premiers téléphones apparaissent en 1881, un an avant qu'entre en service la première ligne du réseau de trains de banlieue, le S-Bahn. Animée par des personnalités comme l'écrivain Theodor Fontane, le peintre Adolf von Menzel et le bactériologiste Robert Koch, la vie culturelle et scientifique est florissante. En 1898, Max Liebermann *(p. 67)* prend la tête de la Sécession berlinoise, un mouvement artistique qui aura une grande influence en Allemagne et comptera parmi ses membres Käthe Kollwitz et Max Slevogt.

En Europe, les patriotismes s'exaspèrent. En 1914, tout le monde se lance dans la guerre avec enthousiasme, espérant une victoire rapide. La vie des Berlinois change peu au début, mais la nourriture est rationnée dès 1915. La défaite entraîne en 1918 l'abdication de Guillaume II.

Le *Congrès de Berlin de 1878* par Anton von Werner

1871 Berlin devient la capitale de l'Empire allemand

1878 Congrès de Berlin

1888 Couronnement de Guillaume II

1902 Première ligne de métro (U-Bahn)

1914 Début de la Première Guerre mondiale

1879 Fondation de la Technische Universität

1882 Ouverture de la première ligne de trains de banlieue

Mosaïque du Martin-Gropius-Bau

1907 Achèvement du Kaufhaus des Westens (KaDeWe)

1918 Abdication de Guillaume II

Berlin, capitale impériale

Le 18 janvier 1871, Berlin devient la capitale de l'Empire allemand dont la politique expansionniste du chancelier prussien Otto von Bismarck a permis la création. Le Reich réunit des provinces de langue germanique jusqu'alors indépendantes, et s'étend au-delà des frontières qui séparent aujourd'hui l'Allemagne de la France, de la Pologne, de la Russie et du Danemark. Il comprend notamment l'Alsace et la Lorraine. Les lourdes indemnités imposées à la France après sa défaite alimentent la croissance industrielle de la ville. Elle possède en 1900 une population de près de deux millions d'habitants. Ils n'étaient que 300 000 en 1850.

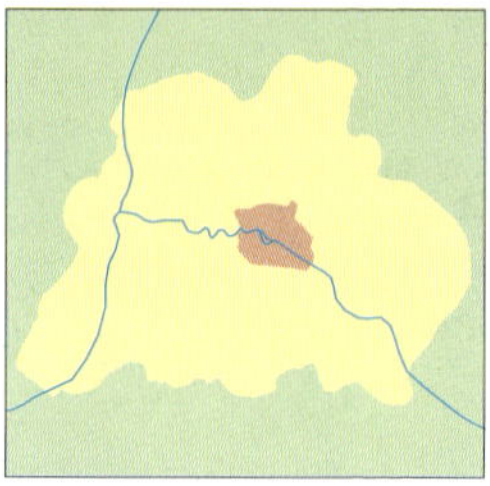

Berlin

1800 — Aujourd'hui

Maison des Hohenzollern
La Kaiser-Wilhelm-Gedächtniskirche (p. 146-147), *achevée en 1895, conserve les portraits en mosaïque des membres de la dynastie des Hohenzollern.*

Stadtschloss
Le château de Berlin était toujours la résidence royale à la proclamation de l'empire en 1871. La statue du Grand Électeur qui ornait le Rathausbrücke se trouve aujourd'hui dans la cour du Schloss Charlottenburg (p. 154-155).

Aristocrates prussiens

Membres du Parlement

Riehmers Hofgarten
La fin du XIXe siècle vit la construction de nombreux immeubles d'habitation, dont cet élégant complexe résidentiel.

Neptunbrunnen
Le sculpteur Reinhold Begas exécuta en 1891 cette fontaine néo-baroque offerte à Guillaume II par le conseil municipal (p. 92).

Gare du Hackescher Markt
Bâtie par l'architecte Johannes Vollmer, l'ancienne Bahnhof Börse, l'une des premières gares du S-Bahn, ouvrit en 1902.

Vase à l'effigie de Guillaume II
La Königliche-Porzellan-Manufaktur fabriqua en série des porcelaines comme ce vase dessiné par Alexander Kips. Elles servaient souvent de présents aux chefs d'État en visite.

Impératrice Augusta Victoria

Prince héritier Guillaume

La tenue de deuil, pour les femmes, et le brassard noir, pour les hommes, furent obligatoires après les décès de Guillaume Ier et Frédéric III en 1888.

Corps diplomatique

Chancelier prussien Otto von Bismarck

Prince héritier Guillaume

INAUGURATION DU REICHSTAG

L'immense tableau peint par Anton von Werner en 1893 montre Guillaume II en train de prononcer un discours devant les membres du Parlement, la noblesse prussienne et des représentants étrangers lors de l'inauguration officielle du Reichstag. Cet important événement eut lieu à peine onze jours après son accession au trône.

Charlotte Berend
Berlin eut une vie culturelle florissante au début du siècle. Ce portrait d'actrice par Lovis Corinth date de 1902.

Les nazis incendièrent des milliers d'édifices appartenant à des juifs lors de la Kristallnacht (9-10 novembre 1938)

La République de Weimar

Guillaume II abdique le 9 novembre 1918 et, le même jour, le social-démocrate Philipp Scheidemann et le spartakiste Karl Liebknecht annoncent chacun la naissance d'une république allemande différente. Une âpre rivalité oppose ces deux tendances politiques, et les spartakistes fondent en janvier 1919 le parti communiste allemand, puis tentent de prendre le pouvoir par la force. La répression est sanglante. Les chefs de l'insurrection, Karl Liebknecht et Rosa Luxemburg, n'y survivent pas.

Élu en février 1919, le gouvernement, dirigé par le social-démocrate Friedrich Ebert, siège à Weimar, loin des problèmes qui règnent dans la capitale.

En 1920, la réforme urbaine qui donne jour au Groß Berlin (« Grand Berlin ») en fait la plus grande cité industrielle d'Europe, avec une population de 3,8 millions d'habitants. Si une crise économique provoque un chômage important et une période de forte inflation, la ville connaît toutefois une intense vie culturelle. Les auteurs dramatiques Max Reinhardt et Bertold Brecht acquièrent une renommée internationale. Les studios cinématographiques UFA produisent des classiques tels que *Le Cabinet du Dr Caligari* et *Metropolis*. Walter Gropius et Bruno Taut ouvrent de nouvelles voies en architecture, tandis que les scientifiques Albert Einstein, Carl Bosch et Werner Heisenberg obtiennent le prix Nobel.

Affiche de la propagande nazie imprimée en 1938

Le IIIe Reich

Les Allemands n'ont jamais accepté la défaite de la Première Guerre mondiale et ses conséquences. Or, c'est la République qui a signé l'armistice et le traité de Versailles qui en fixe les conditions. La crise mondiale déclenchée par le crack boursier de 1929 discrédite encore plus le pouvoir en place. Prônant la haine de l'étranger, le parti national-socialiste profite de la situation pour devenir le parti le plus puissant d'Allemagne. Adolf Hitler est nommé chancelier en janvier 1933. Un mois plus tard, il prend prétexte de l'incendie du Reichstag pour arrêter 5 000 membres de l'opposition.

***Inferno* (1946), par Fritz Koelle**

En organisant les Jeux olympiques de 1936, le régime compte bien démontrer la supériorité de la race aryenne, mais c'est un Noir américain, Jesse Owens, qui remporte la vedette avec quatre médailles d'or.

De nombreux intellectuels commencent à émigrer. Lors de la Kristallnacht, la « Nuit

Chronologie

- **1919** Proclamation de la république de Weimar
- **1920** Création du Grand Berlin
- **1926** Achèvement de la Funkturm (tour de la Radio)
- **1928** Première de *L'Opéra de quat' sous* de Bertold Brecht
- **1930** Ouverture du Pergamonmuseum
- **1933** Hitler accède au pouvoir
- **1938** Kristallnacht (nuit du 9 au 10 novembre)
- **1939** Début de la Seconde Guerre mondiale
- **1942** Conférence de Wannsee
- **1945** L'Allemagne capitule le 8 mai
- **24 juin 1948-12 mai 1949** Blocus soviétique de Berlin-Ouest

1920 | 1930 | 1940 | 1950 | 19…

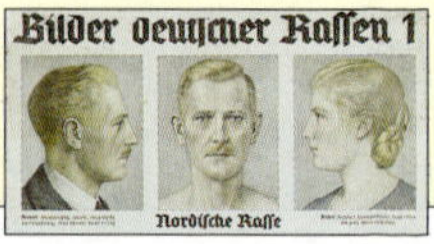

Vision nazie de la race allemande

de cristal » du 9 novembre 1938, les lieux de culte, les domiciles et les magasins des juifs sont mis à sac et incendiés dans toute l'Allemagne.

La Seconde Guerre mondiale

L'Allemagne déclenche la guerre en envahissant la Pologne le 1er septembre 1939, mais elle échoue à s'assurer la suprématie aérienne, et les premiers bombardements de Berlin par les Alliés commencent dès le mois d'août 1940. Les nazis entreprennent en 1941 la déportation en masse des juifs, des homosexuels et des tziganes. La répression qui frappe les opposants politiques fait 200 000 victimes. En janvier 1942, une conférence organisée dans une villa de Wannsee *(p. 173)* décide de la « solution finale du problème juif en Europe ». Toutefois, la bataille de Stalingrad, qui s'achève le 2 février 1943, marque un tournant dans le conflit. Désormais la Wehrmacht recule.

En avril 1945, l'Armée rouge atteint Berlin. Le 30 avril, Hitler se suicide. La ville capitule le 2 mai. Les troupes anglaises et américaines entrent le 4 juillet.

Berlin divisé

La conférence de Potsdam *(p. 191)* décide du partage de la capitale allemande en quatre secteurs administrés respectivement par les autorités militaires de l'Union soviétique, des États-Unis, du Royaume-Uni et de la France. La cité dévastée devient un des enjeux de la guerre froide. Le 24 juin 1948, les communistes décident le blocus des secteurs occidentaux. Les Alliés répliquent par un pont aérien qu'ils maintiennent jusqu'au 12 mai 1949. La création, la même année, de la république fédérale d'Allemagne (RFA), qui choisit Bonn comme capitale, et de la République

Le Gendarmenmarkt après les bombardements britanniques et américains, 1945-1946

démocratique allemande (RDA), dont la capitale est Berlin-Est, entérine la séparation du pays en deux États. Berlin-Ouest devient une enclave indépendante en terre étrangère, mais la circulation reste libre entre les deux zones.

Le 17 juin 1953, le soulèvement des employés du bâtiment à Berlin-Est déclenche une révolte dans toute la RDA. Les troupes russes l'écrasent dans le sang. Des réfugiés, notamment des travailleurs qualifiés, se mettent à affluer à l'Ouest en nombre croissant. Pour arrêter l'hémorragie, la construction du célèbre Mur est décidée en 1961.

C'est un nouvel exode massif, par la Hongrie cette fois, qui fait tomber en 1989 cette frontière qui divisait de nombreuses familles. Le 3 octobre 1990, l'Allemagne est réunifiée. Le 20 juin 1991, à une courte majorité au Bundestag, elle se donne Berlin comme capitale.

La chute du Mur, le 9 novembre 1989

961 Construction ı Mur de Berlin

1971 Le Traité fondamental permet les visites de l'Ouest vers l'Est

1987 Célébration du 750e anniversaire de Berlin

1990 Réunification officielle de l'Allemagne le 3 octobre

1994 Les Alliés quittent Berlin

1970 | **1980** | **1990** | **2000**

Une Trabant, la voiture la plus populaire de RDA

1989 Chute du Mur de Berlin le 9 novembre

1991 Berlin devient la capitale allemande le 20 juin

1999 L'élection présidentielle a lieu en mai dans le Reichstag reconstruit

BERLIN D'UN COUP D'ŒIL

Ce guide décrit dans la partie *Quartier par quartier* plus de 150 lieux à découvrir. Depuis les prestigieuses collections d'œuvres d'art et les monuments historiques comme la Nikolaikirche *(p. 90)* jusqu'aux audaces de l'architecture moderne du quartier de la Potsdamer Platz *(p. 126)*, et des promenades au sein du vaste Jardin botanique *(p. 169)* aux charmes d'un zoo vieux de deux siècles *(p. 144)*, ils répondent à un large éventail d'intérêts et de goûts. Pour vous aider à profiter au mieux de vos séjours, les seize pages suivantes dressent un résumé de ce que Berlin a de plus intéressant à offrir. Musées et galeries, édifices historiques, parcs et jardins, architecture moderne, témoignages de la division de la cité, tous ont leur chapitre. Voici, pour commencer, les visites à ne pas manquer.

LES SITES À NE PAS MANQUER

Pergamonmuseum
Voir p. 80-83.

Schloss Charlottenburg
Voir p. 154-155.

Kungstgewerbemuseum
Voir p. 118-121.

Gemäldegalerie
Voir p. 122-125.

Nikolaiviertel
Voir p. 88-89.

Zoologischer Garten
Voir p. 144.

Fernsehturm
Voir p. 93.

Brandenburger Tor
Voir p. 67.

Reichstag
Voir p. 130.

Kaiser Wilhelm Gedächtniskirche *Voir p. 146-147.*

◁ **Lord Norman Foster a dessiné la nouvelle coupole du Reichstag *(p. 130)***

Les plus beaux musées de Berlin

Vase grec antique

Les principaux musées de Berlin se trouvent sur la Museumsinsel, dans le quartier de Charlottenburg, au Kulturforum et à Dahlem. Ils abritent certaines des plus belles collections du monde. Beaucoup avaient été divisées à la fin de la dernière guerre, mais elles sont en cours de regroupement, parfois dans de nouveaux bâtiments, telle la Gemäldegalerie qui réunit de nombreux chefs-d'œuvre de maîtres anciens.

Kunstgewerbemuseum
Le musée des Arts décoratifs, l'un des plus intéressants d'Europe, possède entre autres trésors cette pièce d'orfèvrerie du XVIIe siècle (p. 118-121).

Gemäldegalerie
*Cette superbe collection illustre l'histoire de la peinture européenne du XIIIe au XVIIIe siècle. L'*Adoration des mages, *exécutée en 1470 par Hugo Van der Goes, faisait à l'origine partie d'un triptyque* (p. 122-125).

Muzeumszentrum Dahlem
Ce vaste complexe réunit plusieurs musées consacrés à l'ethnographie et à l'art non européen (p. 170).

Hamburger Banhof
Installé depuis 1993 dans l'ancienne « gare de Hambourg », le musée d'Art contemporain accorde une large place à Joseph Beuys et Andy Warhol (p. 110-111).

Deutches Historisches Museum
Le Zeughaus baroque est en cours de rénovation pour accueillir le « musée de l'Histoire allemande », qui retracera le passé de l'Allemagne au travers d'œuvres d'art mais aussi d'objets de la vie quotidienne (p. 58-59).

Pergamonmuseum
Célèbre pour ses antiquités, il doit son nom à l'Autel de Pergame dont la reconstruction occupe la salle principale (p. 80-83).

Altes Museum
Le rez-de-chaussée de ce bâtiment néo-classique, dessiné par Friedrich Schinkel, abrite depuis 1998 une exposition d'antiquités gréco-romaines (p. 75).

Jüdisches Museum
Le nouveau « Musée juif » vient d'ouvrir dans un bâtiment dessiné par l'architecte américain David Libeskind. La forme de l'édifice est inspirée par l'étoile de David (p. 137).

Deutsches Technikmuseum
Cette exposition illustre l'évolution de technologies industrielles telles que la brasserie ou la fabrication de locomotives (p. 138-139).

À la découverte des musées de Berlin

Majolique, Kunstgewerbemuseum

Malgré les dégâts subis pendant la Seconde Guerre mondiale, Berlin possède des musées qui font aujourd'hui partie des plus beaux du monde. Les collections divisées à la partition de la ville en 1946 sont en cours de regroupement depuis la chute du Mur, mais certaines demeurent encore éparpillées dans plusieurs sites. Des travaux de restauration continuent dans beaucoup de bâtiments anciens.

***Tête de faune* (1937) par Picasso, Sammlung Berggruen**

Antiquités

Consacré à l'Égypte ancienne, l'**Ägyptisches Museum** a pour fleuron un buste de la reine Néfertiti vieux de près de trente-cinq siècles. L'**Altes Museum** abrite des antiquités gréco-romaines, tandis que le **Pergamonmuseum** est surtout réputé pour ses reconstructions architecturales, en particulier l'autel jadis dédié à Zeus dans la ville de Pergame et une porte du marché de Milet. Il présente aussi une riche collection d'art du Moyen-Orient. Les visiteurs accèdent à cette section en franchissant une reconstitution de la porte d'Ishtar de Babylone.

Buste de Néfertiti, Ägyptisches Museum

Le **Bodemuseum** doit rouvrir en 2004. Il offrira un cadre néo-baroque à la sculpture. L'**Alte Nationalgalerie,** elle aussi en cours de rénovation jusqu'en 2002, présentera des œuvres des XVIIIe et XIXe siècles.

La **Galerie der Romantik** de Charlottenburg mérite une visite pour ses romantiques allemands, dont des paysages oniriques de Caspar David Friedrich. Le **Schinkel-Museum** montre un aperçu documenté de l'œuvre de l'artiste Karl Friedrich Schinkel, qui eut une grande influence sur le Berlin du début du XIXe siècle. La **Neue Nationalgalerie,** qui possède une collection de peintures et sculptures de la fin du XIXe et du début du XXe siècle, est surtout renommée pour sa section dédiée à l'expressionnisme, une école également à l'honneur au **Brücke-Museum.** Le **Bröhan-Museum** possède un bel ensemble d'objets Art nouveau et Art déco, tandis que la **Sammlung Berggruen** (collection Berggruen) comprend des œuvres de Pablo Picasso, Paul Klee et Georges Braque.

La création contemporaine a pour temple une ancienne gare : la **Hamburger Bahnhof.** Le **Kunstgewerbemuseum** (musée des Arts décoratifs) rassemble des pièces remarquables dont les plus anciennes remontent au Moyen Âge. Les expositions de la **Bauhaus-Archiv** illustrent l'influence du mouvement Bauhaus dans les arts appliqués pendant l'entre-deux-guerres.

Beaux-arts et design

À la **Gemäldegalerie** (Pinacothèque), les œuvres de maîtres anciens tels que Dürer, Rembrandt, Titien, Botticelli et le Caravage retracent l'évolution de la peinture européenne du XIIIe au XVIIIe siècle. Le **Kupferstichkabinett** (cabinet des Estampes) possède des milliers de dessins et gravures du Moyen Âge à nos jours. Un palais Renaissance, le **Jagdschloss Grunewald,** abrite des toiles allemandes et hollandaises du XIVe au XIXe siècle, tandis que la **Bildergalerie** du château Sanssouci de Potsdam conserve une riche collection de tableaux européens acquis par Frédéric II.

***Étienne Chevalier et saint Étienne* par Jean Fouquet, Gemäldegalerie**

Art non européen

Le **Muzeumszentrum Dahlem** regroupe le **Museum für Ostasiatische Kunst** (musée d'Art d'Extrême-Orient), le **Museum für Indische Kunst** (musée d'Art indien) et le **Museum für Völkerkunde** (musée d'Ethnographie). Ce dernier possède des départements consacrés à l'Amérique précolombienne, à l'Océanie et à l'Afrique.

Dans le même bâtiment que le Pergamonmuseum, le **Museum für Islamische Kunst** offre un aperçu de l'art islamique depuis le VIIe siècle.

Totem, Museum für Völkerkunde

Histoire

Le **Deutsches Historisches Museum** propose un résumé richement documenté de l'histoire allemande. Les huguenots y jouèrent un rôle que rappelle le **Hugenottenmuseum,** installé dans la Französischer Dom.

Le **Centrum Judaicum** de la Neue Synagoge (Nouvelle Synagogue) et le **Jüdisches Museum** (Musée juif), dont l'installation doit être achevée en 2001 dans un bâtiment moderne dessiné par l'architecte Daniel Liberskind, témoignent de l'histoire et de l'héritage culturel du peuple juif, ainsi que l'apport de la communauté juive de Berlin au développement de la ville.

Berlin possède plusieurs musées se rapportant à la Seconde Guerre mondiale et à la guerre froide. Le terrain vague qui s'étend à l'emplacement du pâté de maisons qu'occupèrent les services de répression nazis sert de cadre à la **Topographie des Terrors.** Dans la **Haus des Wannsee-Konferenz,** une exposition retrace la tragédie de l'Holocauste.

L'ancien siège de la police secrète de la RDA est devenu le **Stasimuseum,** tandis que la **Haus am Checkpoint Charlie** entretient le souvenir de ceux qui risquèrent leur vie pour franchir le Mur.

Techniques et histoire naturelle

Le **Museum für Naturkunde** (muséum d'Histoire naturelle) conserve, sous une verrière néo-Renaissance, le plus grand squelette de dinosaure du monde. Un vaste espace autour d'une ancienne gare ferroviaire permet au **Deutsches Technikmuseum** (musée allemand de la Technique) de présenter wagons, locomotives et machines diverses. Les personnes intéressées par l'histoire de la technologie devraient aussi visiter le **Deutsches Rundfunk Museum** (musée allemand de la Radiodiffusion), et le **Museum für Post und Kommunikation.**

Musées spécialisés

Berlin ne manque pas de collections très pointues et les passionnés, ou les simples curieux, y disposent de musées consacrés à la blanchisserie, au sucre, au chanvre et même aux ours en peluche. La maison qu'habita Bertold Brecht (1898-1956) avec l'actrice Hélène Weigel est devenue le **Brecht-Weigel Gedenkstätte** (mémorial Brecht-Weigel), tandis que l'orgue Wurlitzer justifie à lui seul une visite du **Musikinstrumenten-Museum.** Le **Domäne Dahlem** résume en plein air trois siècles de techniques agricoles.

Trouver les musées

Salle d'exposition du Musikinstrumenten-Museum

Les plus beaux édifices historiques de Berlin

Berlin est une capitale européenne relativement jeune car elle n'a pris son importance actuelle qu'à partir du milieu du XIXe siècle. Si les bombardements ont détruit une grande part de son patrimoine pendant la Seconde Guerre mondiale, la cité possède tout de même nombre d'édifices historiques dignes d'intérêt, présentés en pages 36 et 37. À la périphérie sud-ouest, Potsdam *(p. 180-195)* abrite dans un parc magnifique le gracieux château de Sanssouci, construit par Frédéric II (1740-1786) et agrandi par ses successeurs.

Schloss Charlottenburg
Ce château baroque entrepris en 1695 par l'électeur Frédéric Ier reçut plusieurs agrandissements au cours du XVIIIe siècle (p. 154).

Schloss Bellevue
Ce palais rococo, dessiné par Philipp David Boumann, est devenu la résidence officielle du président de la République.

Reichstag
L'architecte Norman Foster a dessiné la nouvelle coupole du massif Parlement néo-Renaissance, édifié en 1884 par Paul Wallot (p. 130).

0 750 m

Schloss Sanssouci
Ce petit palais était la résidence favorite de Frédéric II.

Neues Palais
Le luxe du « Nouveau Palais » devait prouver la puissance de la Prusse après la guerre de Sept Ans.

Les palais de Potsdam

Le palais d'été de Sanssouci a donné son nom au Park Sanssouci, domaine plein de charme qui abrite aussi le Neues Palais, bâti au XVIIIe siècle, et le gracieux Schloss Charlottenhof.

Brandenburger Tor
Au bout d'Unter den Linden, une déesse de la Victoire domine la porte de Brandebourg, monument néo-classique devenu un symbole de Berlin (p. 67).

Zeughaus
Cet ancien arsenal baroque est en cours de restauration. Il abritera le musée de l'Histoire allemande (p. 58-59). *La cour est décorée de masques de guerriers à l'agonie, sculptés par Andreas Schlüter (1660-1714).*

Marienkirche
Cette église gothique fondée au XIIIe *siècle, l'un des plus vieux édifices de la ville, renferme une* Danse macabre *peinte au* XVe *siècle* (p. 94-95).

Rotes Rathaus
L'Hôtel de Ville est dit « rouge » à cause de ses briques. Il n'y a pas de rapport avec la couleur politique du conseil municipal (p. 90).

Berliner Dom
Cette immense cathédrale néo-baroque date du tournant du siècle (p. 76-77).

Schauspielhaus
Ce splendide bâtiment de Karl Friedrich Schinkel remplaça en 1820, sur le Gendarmenmarkt, un théâtre détruit par un incendie. (p. 64-65).

À la découverte du Berlin historique

Berlin ne resta qu'une ville de moyenne importance entouré de villages jusqu'à la révolution industrielle de la fin du XIXe siècle. Ses plus vieux bâtiments sont donc concentrés sur une faible étendue autour d'Unter den Linden et le long de la Spree. Ce quartier a toutefois beaucoup souffert pendant la Seconde Guerre mondiale. D'anciens villages aujourd'hui intégrés au Grand Berlin, tels que Wedding et Charlottenburg, abritent aussi des résidences de campagne et des monuments historiques.

La Nikolaikirche conserve un portail gothique du XIVe siècle

Le Moyen Âge et la Renaissance

Le monument le plus ancien du cœur de Berlin, la **Nikolaikirche,** conserve de ses origines romanes l'assise de sa tour qui date d'environ 1230. Le centre de la cité renferme des témoins de l'époque gothique : la **Marienkirche,** caractéristique du style de la Marche du Brandebourg, la **Heiliggeistkapelle** de l'École supérieure de commerce et la **Franziskaner Klosterkirche,** dont la Seconde Guerre mondiale n'a laissé que des ruines désormais utilisées pour des expositions de sculptures.

Plusieurs sanctuaires du Moyen Âge ont survécu en périphérie, notamment la **Nikolaikirche** de Spandau. Élevée au XVe siècle, elle offre un bel exemple de gothique tardif. De hauts immeubles d'appartements écrasent aujourd'hui de leur masse dix autres églises de villages, bâties pour la plupart au XIIIe siècle, mais la **St-Annen-Kirche** de Dahlem jouit toujours d'un cadre presque rural.

Les vestiges médiévaux séculiers comprennent des fragments de **remparts** dans le centre et la **Juliusturm,** une tour du début du XIIIe siècle.

Berlin n'a conservé de la Renaissance que la **Ribbeckhaus** aux pignons caractéristiques, le **Jagdschloss-Grunewald,** un modeste pavillon de chasse dessiné par Casper Theyss en 1542, et la **Zitadelle** de Spandau, forteresse « à l'italienne » bien préservée. Christoph Römer entreprit sa construction en 1560 sur des plans de l'architecte vénitien Francesco Chiaramella da Gandino. Rochus Guerrini Graf zu Lynar (comte de Lynar) acheva les travaux en 1592.

La citadelle de Spandau, forteresse de style Renaissance

L'expansion baroque

La guerre de Trente Ans (1618-1648) imposa un arrêt temporaire au développement de Berlin, et il fallut attendre la signature de la paix en 1648 pour que la construction reprenne dans la ville. La cité prit alors un visage baroque. L'un des premiers édifices de ce style, le **Schloss Köpenick,** fut entrepris en 1677. Beaucoup d'autres ont survécu, dont la **Parochialkirche,** la **Deutscher Dom** et la **Französischer Dom.** L'édification du magnifique **Zeughaus** (Arsenal) s'étendit de 1695 à 1730. À la même époque, Johann Arnold Nering (1659-1695) dessina le **Schloss Charlottenburg,** et Andreas Schlüter (1674-1714) remodela le Stadtschloss, le palais royal, aujourd'hui démoli. D'autres palais baroques ont traversé les siècles, notamment le **Schloss Podewils,** le **Schloss Friedrichsfelde** et le **Schloss Niederschönhausen.**

Détail du Zeughaus

Du règne de Frédéric-Guillaume Ier (1713-1740) subsiste le **Kollegienhaus** (1733), construit au n° 14 de la Lindenstrasse sur des plans de Philipp Gerlach. L'ornementation devint encore plus exubérante dans le baroque tardif et le rococo, styles florissants sous Frédéric II (1740-1786) qui commanda le **Schloss Sanssouci** de Potsdam et l'**Alte Bibliothek** de la Bebelplatz *(p. 56-57)*.

Le néo-classicisme et le romantisme

L'architecture néo-classique de la fin du XVIIIe siècle et du début du XIXe a marqué de son empreinte l'aspect de Berlin. Architecte de la **Brandenburger Tor** et du **Schoss Bellevue,** Carl Gotthard Langhans (1732-1808) eut une grande influence, mais elle n'égala pas celle du prolifique Karl Friedrich Schinkel *(p. 179)* dont les créations comprennent le **Neue Wache,** l'**Altes Museum** et le **Schauspielhaus.** Schinkel exécuta aussi de nombreuses commandes privées et certaines des résidences qu'il édifia, tels le **Schloss Klein Glienicke** et le **Schloss Tegel,** sont ouvertes au public. Ses œuvres néo-gothiques incluent le **Schloss Babelsberg** et la **Friedrichswerdersche Kirche.**

Élégante façade néo-classique du Schloss Klein Glienicke de Schinkel

L'INDUSTRIALISATION ET L'ÉPOQUE MODERNE

À la mort de Schinkel, deux de ses élèves, Ludwig Persius (1803-1845) et Friedrich August Stüler (1800-1865), poursuivirent son œuvre. Stüler dessina en particulier les plans de l'**Altes Nationalgalerie,** bâtie entre 1866 et 1876.

Frise décorative du Martin-Gropius-Bau

L'éclectisme prit néanmoins le pas sur le néo-classicisme au cours de la période de forte croissance que connut Berlin pendant la seconde moitié du XIXe siècle. L'influence de la Renaissance italienne marque ainsi le **Rotes Rathaus,** dessiné par Hermann Friedrich Waesemann, et le **Martin-Gropius-Bau** entrepris par Martin Gropius en 1877, tandis que le **Reichstag** de Paul Wallot et la **Staatsbibliothek** d'Ernst von Ihne montrent un aspect plus tardif du style néo-Renaissance. L'architecture religieuse de l'époque est principalement néo-gothique, mais Julius Raschdorff puisa dans le répertoire du néo-baroque en concevant l'imposante **Berliner Dom,** et Franz Schwechten donna à la **Kaiser-Wilhelm-Gedächtniskirche** un visage néo-roman.

L'architecture du tournant du siècle ne regardait toutefois pas uniquement vers le passé, et d'audacieuses créations industrielles ouvrirent la voie à la modernité. L'**AEG-Turbinenhalle** de Peter Behrens en offre l'exemple le plus célèbre.

Niche néo-Renaissance et statues néo-baroques de la Berliner Dom

L'ENTRE-DEUX-GUERRES

De belles réussites résidentielles telles que le **Hufeisensiedlung,** dessiné en 1924 par Bruno Taut et Martin Wagner, et l'**Onkel-Toms-Hütte** de Zehlendorf témoignent des préoccupations sociales des années 20. Erich Mendelsohn érigea à Potsdam une magnifique tour expressionniste, l'**Einstein Turm,** et Hans Poelzig abrita dans un élégant édifice Art déco la **Haus des Rundfunks**, la première Maison de la radio du pays.

L'arrivée au pouvoir de Hitler brisa les élans novateurs. Le Führer aimait le gigantisme et se souciait peu des besoins des Berlinois, comme le rappellent le **Flughafen Tempelhof** (aéroport de Tempelhof) et l'**Olympia-Stadion** construit pour les Jeux olympiques de 1936.

BÂTIMENTS HISTORIQUES

AEG-Turbinenhalle *p. 178*
Alte Bibliothek *p. 62*
Alte Nationalgalerie *p. 78*
Altes Museum *p. 75*
Berliner Dom *p. 76-77*
Brandenburger Tor *p. 67*
Remparts *p. 97*
Deutscher Dom *p. 65*
Einstein Turm *p. 196*
Franziskaner Klosterkirche *p. 96*
Französischer Dom *p. 64*
Friedrichsfelde *p. 166-167*
Friedrichswerdersche Kirche *p. 63*
Haus des Rundfunks *p. 175*
Heiliggeistkapelle *p. 92*
Hufeisensiedlung *p. 168*
Jagdschloss-Grunewald *p. 204-205*
Juliusturm *p. 177*
Kaiser-Wilhelm-Gedächtniskirche *p. 146-147*
Kollegienhaus (Berlin Museum) *p. 137*
Marienkirche *p. 94-95*
Martin-Gropius-Bau *p. 136*
Neue Wache *p. 60*
Nikolaikirche *p. 90-91*
Nikolaikirche in Spandau *p. 177*
Olympia-Stadion *p. 176*
Onkel-Toms-Hütte *p. 178*
Parochialkirche *p. 97*
Reichstag *p. 130-131*
Ribbeckhaus *p. 79*
Rotes Rathaus *p. 90*
Schauspielhaus *p. 64-65*
Schloss Babelsberg *p. 202-203*
Schloss Bellevue *p. 129*
Schloss Charlottenburg *p. 154-155*
Schloss Klein Glienicke *p. 202-203*
Schloss Köpenick *p. 167*
Schloss Niederschönhausen *p. 162*
Schloss Podewils *p. 97*
Schloss Sanssouci (Potsdam) *p. 192-193*
Schloss Tegel *p. 179*
Zitadelle Spandau *p. 177*
Staatsbibliothek *p. 61*
St-Annen-Kirche (Dahlem) *p. 171*
Flughafen Tempelhof *p. 139*
Zeughaus *p. 58-59*

Les témoignages de la division

L'accord trouvé à Berlin à la fin de la guerre, avec le partage de la ville en quatre secteurs, administrés respectivement par les forces russes, américaines, britanniques et françaises, vola en éclat en juin 1948 quand les Soviétiques imposèrent un blocus à Berlin-Ouest dans l'espoir d'en prendre le contrôle. L'événement et la réplique de l'Occident marquèrent le début de la guerre froide. En 1961, le gouvernement de la RDA décida la construction du célèbre Mur *(die Mauer)* pour empêcher l'exode des Allemands de l'Est qui fuyaient les problèmes économiques et l'absence de liberté. Pus de 180 personnes périrent en tentant de le franchir.

Mur de Berlin

Précédé, côté est, de champs de mines, le « mur de protection antifasciste », selon l'appellation officielle de la RDA, entourait tout Berlin-Ouest et mesurait 155 km de long (p. 162).

Monument aux soldats soviétiques

Situé à Berlin-Ouest, ce monument, dédié aux soldats de l'Armée rouge qui périrent dans la bataille de Berlin, resta fermé de nombreuses années car ses gardes se faisaient agresser (p. 131).

Légende

- Mur de Berlin

Berlin avant la réunification

Le Mur coupait les principales lignes de transport public, le S-Bahn et l'U-Bahn, et interdisait aux Berlinois de l'Ouest l'accès au centre historique. Le no man's land *qui le bordait est devenu le plus grand terrain de construction de la cité.*

Légende

- Mur de Berlin
- Limite de secteur
- Aéroport

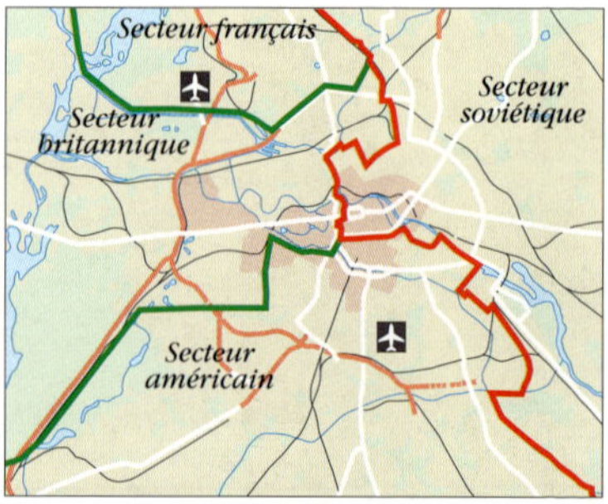

Tränenpalast
Près du terminus du S-Bahn, le point de passage de Berlin-Est à Berlin-Ouest prit le nom de « palais des Pleurs ».

Checkpoint Charlie
Étrangers et diplomates franchissaient ici la limite entre secteurs russe et américain. C'était aussi l'endroit où on procédait aux échanges d'espions.

East Side Gallery
Couvert par les peintures de 118 artistes, le plus long vestige du Mur est devenu en 1990 une galerie en plein air (p. 165).

Luftbrücke
Ce mémorial rend hommage aux pilotes et aux membres du personnel au sol qui périrent pendant le pont aérien des années 1948 et 1949. En onze mois, les avions alliés acheminèrent 2,5 millions de tonnes de marchandise (p. 139).

Haus am Checkpoint Charlie
Les souvenirs conservés dans ce musée rappelent l'ingéniosité de ceux qui tentaient de franchir le Mur (p. 136).

Les plus beaux bâtiments modernes de Berlin

Il ne restait de Berlin qu'un champ de ruines à la fin de la Seconde Guerre mondiale, et la ville se transforma en un immense chantier. Les architectes de plusieurs pays participèrent à sa reconstruction, la dotant d'édifices publics et privés particulièrement réussis. La chute du Mur en 1990, et sa désignation comme capitale de la République allemande réunifiée, ouvrirent la voie à une nouvelle vague de construction. Menée tambours battants, elle est d'une ampleur sans précédent en Europe. Sur les sites que la partition avait laissés vides dans le centre surgissent des immeubles ambitieux qui dessinent un nouveau tissu urbain.

Bauhaus-Archiv
Directeur de l'école du Bauhaus de 1919 à 1928, Walter Gropius (1883-1969) eut une influence majeure sur l'évolution de l'architecture. Il a dessiné le bâtiment qui abrite ce musée.

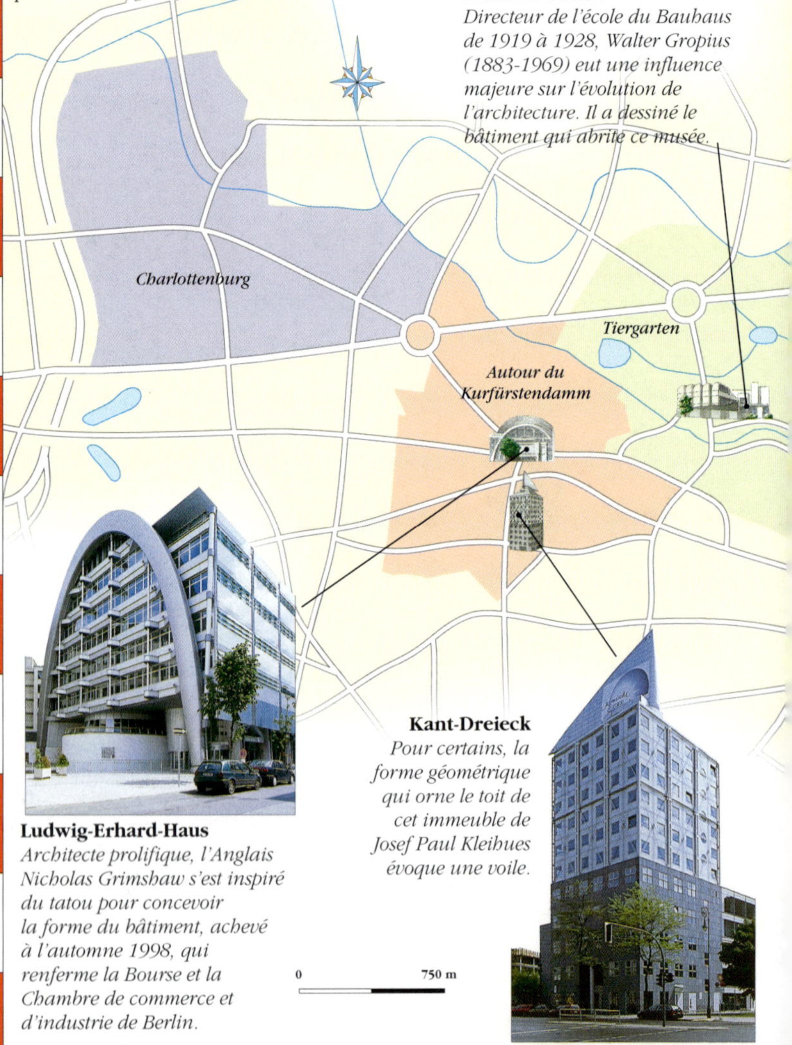

Ludwig-Erhard-Haus
Architecte prolifique, l'Anglais Nicholas Grimshaw s'est inspiré du tatou pour concevoir la forme du bâtiment, achevé à l'automne 1998, qui renferme la Bourse et la Chambre de commerce et d'industrie de Berlin.

Kant-Dreieck
Pour certains, la forme géométrique qui orne le toit de cet immeuble de Josef Paul Kleihues évoque une voile.

Kammermusiksaal
La Philharmonie de Berlin (1961) et la Kammermusiksaal (Salle de musique de chambre) adjacente sont toutes deux des œuvres de Hans Sharoun. Un de ses élèves, Edgar Wisniewski, dirigea la construction de la seconde en 1987.

Galeries Lafayette
La succursale du grand magasin parisien, ouverte sur Friedrichstrasse, occupe un édifice audacieux de Jean Nouvel.

Quartier Schützenstrasse
L'Italien Aldo Rossi a dirigé la rénovation de cette partie de la ville. La juxtaposition de styles d'époques différentes et un usage maîtrisé des couleurs créent des façades animées.

Philip-Johnson-Haus
Cet immeuble de bureaux postmoderne, proche de Checkpoint Charlie, porte le nom de l'architecte américain qui le dessina à l'âge de 91 ans.

Gemäldegalerie
Œuvre de Hilmer and Sattler Partnership, la nouvelle Pinacothèque a ouvert en juin 1998. La salle principale est particulièrement élégante.

À la découverte du Berlin moderne

L'obligation de reconstruire une ville dévastée par les bombardements, puis la concurrence entre l'Est et l'Ouest ont engendré pour les architectes de l'après-guerre un environnement privilégié. Berlin est devenu un laboratoire urbanistique. Sa réunification a ouvert de nouveaux espaces et posé de nouveaux défis. Projets et commandes, publics et privés, mettent en compétition, ou en collaboration, les plus grands créateurs mondiaux.

Haus der Kulturen der Welt dans Tiergarten

De 1945 à 1970

Berlin paya très cher la Seconde Guerre mondiale. Il ne restait du centre qu'un amas de déblais et la partition de la ville rendit impossible une reconstruction coordonnée. À l'Est, Hermann Henselmann entame en 1952 l'aménagement, dans le style réaliste socialiste, de la **Karl-Marx-Allee.** Berlin-Ouest réplique en engageant certains des plus grands architectes du moment pour créer le complexe de l'**Hansaviertel.** Le Corbusier bâtit une de ses célèbres unités d'habitation, et l'Américain Hugh A. Stubbins la Kongresshalle, devenue **Haus der Kulturen der Welt.** Le **Kulturforum** compense la perte de lieux culturels devenus inaccessibles comme l'opéra. Le complexe comprend de splendides édifices tels que la **Philharmonie,** dessinée par Hans Scharoun, et la **Neue Nationalgalerie** de Mies Van der Rohe. Berlin-Ouest se dote en 1965 de son « temple du commerce », la galerie marchande **Europa-Center.** Berlin-Est élève en 1969 la **Fernsehturm** (tour de la Télévision).

De 1970 à 1990

La rivalité opposant les deux parties de la ville suscite à l'Est la construction, en 1976, du **Palast der Republik.** Berlin-Ouest réplique en 1979 avec l'ultramoderne **Internationales Kongress Centrum.** Bâties sur des plans de Sharoun, la **Kammermusiksaal** et la **Staatsbibliothek** (Bibliothèque nationale) viennent compléter le Kulturforum. La **Bauhaus-Archiv** rend hommage au talent et à l'œuvre de Walter Gropius.
Pour le 750e anniversaire de la ville, Berlin-Est achève la réhabilitation du **Nikolaiviertel,** tandis que l'Ouest se dote d'immeubles d'habitation novateurs, notamment au port de **Tegel,** dans le cadre d'une exposition internationale d'architecture : IBA 1987.

La Neue Nationalgalerie de Mies Van der Rohe au Kulturforum

Depuis la réunification

Dans le méandre de la Spree, l'aménagement du quartier gouvernemental est en cours sous la houlette, entre autres, de Charlotte Frank et Axel Schultes. Sir Norman Foster conduit le remaniement du **Reichstag.** Sur la **Pariser Platz,** des créateurs tels que Günther Behnisch, Frank O. Gehry et Joseph Paul Kleihues s'efforcent de respecter l'héritage du passé. Dans le magnifique complexe du **Friedrichstadtpassagen** voisinent des œuvres de Jean Nouvel et d'Oswald M. Ungers. Beaucoup d'immeubles de bureaux intéressants ont vu le jour, dont **Ludwig-Erhard-Haus** de Nicholas Grimshaw et **Kantdreieck** de Josef Paul Kleihues. Parmi les projets d'amélioration de l'habitat, le plus intéressant est sans doute le **Quartier Schützenstrasse** d'Aldo Rossi. La ville s'est aussi dotée de nouveaux musées, dont la **Gemäldegalerie** conçue par Hilmer and Sattler Partnership et le **Jüdisches Museum** de Daniel Libeskind, de style déconstructiviste.

Architecture moderne

Bauhaus-Archiv *p. 127*
Europa-Center *p. 144*
Fernsehturm *p. 93*
Friedrichstadtpassagen *p. 65*
Gemäldegalerie *p. 122-125*
Hansaviertel *p. 129*
Haus der Kulturen der Welt *p. 130*
Haus Le Corbusier *p. 176*
Internationales Congress Centrum *p. 174*
Jüdisches Museum *p. 137*
Kantdreieck *p. 142*
Kammermusiksaal *p. 116*
Karl-Marx-Allee *p. 164*
Kulturforum *p. 114-115*
Ludwig-Erhard-Haus *p. 144-145*
Neue Nationalgalerie *p. 126*
Nikolaiviertel *p. 90*
Palast der Republik *p. 74*
Pariser Platz *p. 67*
Philharmonie *p. 116*
Quartier Schützenstrasse *p. 41*
Reichstag *p. 130-131*
Staatsbibliothek *p. 116*
Tegeler Hafen *p. 178-179*

Potsdamer Platz

Ravagé par les bombardements, ce pôle névralgique du Berlin d'avant-guerre s'était transformé après la construction du Mur en une vaste friche. Il a suffi de quelques années pour que la place de Potsdam devienne un centre d'affaires et de loisirs où s'élèvent les créations d'architectes tels que Renzo Piano, Arata Isozaki et Helmut Jahn. Des restaurants, des bars, des cinémas, un théâtre et une galerie marchande contribuent à son animation.

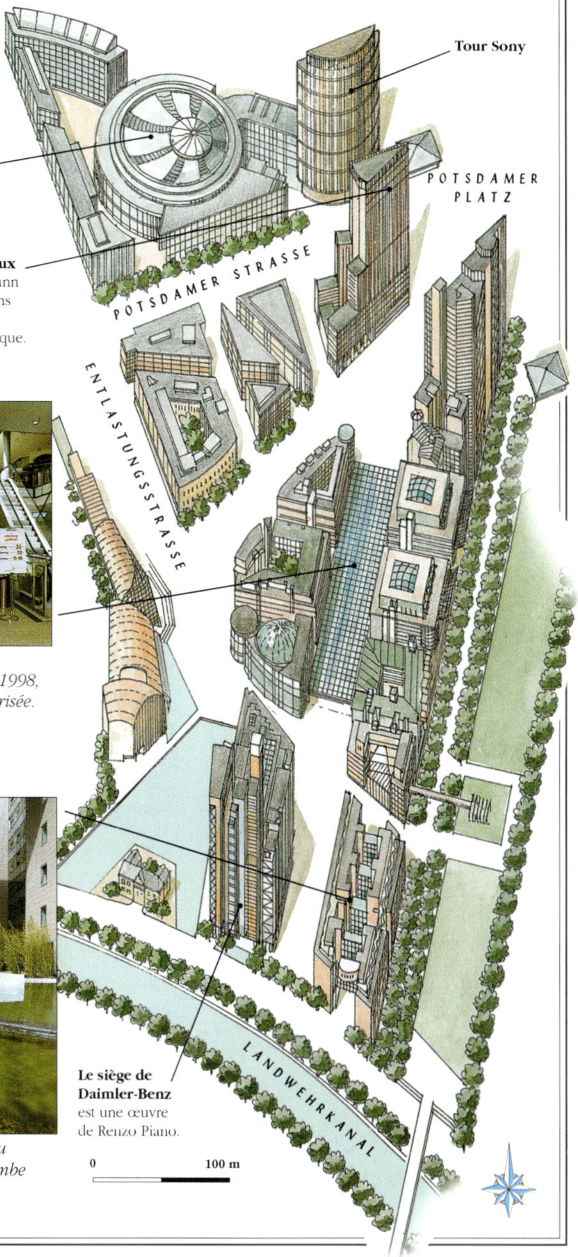

Le Sony Center, dessiné par Helmut Jahn, entoure une grande cour centrale protégée par un toit elliptique.

Cet immeuble de bureaux par Kollhoff et Timmermann fait référence aux traditions de l'Allemagne du Nord avec son parement en brique.

L'Arkaden, *galerie marchande ouverte en 1998, a tout de suite été très prisée.*

Le Debis-Center, *conçu par Arata Isozaki, enjambe un passage piéton.*

Le siège de Daimler-Benz est une œuvre de Renzo Piano.

Les plus beaux parcs et jardins de Berlin

Berlin est sans conteste une des capitales les plus vertes d'Europe. Le vaste Tiergarten en aère le centre, tandis que la majorité des arrondissements possèdent leurs propres parcs et jardins, certains équipés d'aires de jeu pour enfants et de sentiers botaniques. À l'ouest de la ville, la forêt de Grunewald, d'une superficie de 32 km², renferme des pistes de VTT et des itinéraires de promenade à pied et à vélo. Les lacs, rivières et canaux permettent en été la pratique de sports nautiques.

Zoologischer Garten
Le plus vieux zoo d'Allemagne abrite environ 14 000 animaux appartenant à 1 400 espèces différentes (p. 144).

Schloss Charlottenburg
Le parc du château de Charlottenbourg associe styles français et anglais (p. 154-155).

Botanischer Garten
Le jardin botanique de Berlin, créé de 1899 à 1910 à Dahlem, est l'un des plus grands du monde (p. 169).

Park Babelsberg
Œuvre de Peter Joseph Lenné, ce parc paysagé entoure le pittoresque Schloss Babelsberg néo-gothique de Potsdam (p. 202-203).

Tiergarten
Ancienne réserve de chasse, le « jardin des animaux » doit son visage actuel au paysagiste Peter Joseph Lenné (p. 128).

Monbijoupark
Le parc Monbijou a perdu son palais, détruit pendant la Seconde Guerre mondiale (p. 103).

Tierpark Fiedrichsfelde
Le parc du Schloss Friedrichsfelde est devenu en 1954 le jardin zoologique de Berlin-Est (p. 166).

Britzer Garten
Bâti au XVIIIe siècle, le Schloss Britz conserve un parc paysagé de 100 ha (p. 168).

Viktoriapark
Dans ce vaste espace vert, le sommet d'une colline, où se dresse un monument aux Guerres de Libération, offre une belle vue de Kreuzberg (p. 139).

Les Berlinois célèbres

Les universités de Berlin ont compté dans leurs rangs des philosophes allemands au rayonnement mondial et les chercheurs ont obtenu un nombre exceptionnel de prix Nobel scientifiques. En outre, l'intense vie culturelle de la ville a permis l'émergence de dramaturges et de chefs d'orchestre de premier plan. Dans les années 20, les studios de Babelsberg produisirent des chefs-d'œuvre devenus aujourd'hui des classiques et attirèrent acteurs et réalisateurs de toute l'Europe.

Bertolt Brecht (1898-1956) *L'auteur de* L'Opéra de quat'sous *fonda le Berliner Ensemble en 1949 (p. 108). Son appartement a été aménagé en musée (p. 109).*

Robert Koch (1843-1910) *Prix Nobel de médecine pour ses découvertes en bactériologie, dont le bacille de la tuberculose, il dirigea l'Institut de microbiologie où un petit musée lui rend aujourd'hui hommage.*

Herbert von Karajan (1908-1989) *Le célèbre chef-d'orchestre autrichien dirigea la Philharmonie de Berlin (p. 266, 267) de 1954 à 1989.*

Marlene Dietrich (1901-1992) *La star hollywoodienne qui commença sa carrière à Berlin repose au cimetière de Friedenau.*

Albert Einstein (1879-1955) *D'origine juive, il dut quitter l'Allemagne, et sa chaire à l'Université de Berlin, après l'arrivée au pouvoir d'Hitler en 1933.*

Jacob Grimm (1785-1863) **et Wilhelm Grimm** (1786-1859)
Surtout connus pour leurs contes pour enfants, dont Le Petit Chaperon rouge *et* Hänsel et Gretel, *les frères Grimm commencèrent* Das Deutsche Wörterbuch, *dictionnaire de langue allemande qui fait toujours référence.*

Käthe Kollwitz (1867-1945)
Sculpteur et lithographe, Käthe Kollwitz passa une grande partie de sa vie à Prenzlauer Berg. Ses œuvres montrent la détresse des pauvres de son quartier, où s'élève aujourd'hui son mémorial.

Georg Wilhelm Friedrich Hegel (1770-1831)
Hegel fut l'un des philosophes les plus influents du début du XIXe *siècle. Il enseigna à l'Université de Berlin de 1818 à 1831.*

Theodor Fontane (1819-1898)
Ce grand romancier d'ascendance huguenote écrivit aussi pendant vingt ans des critiques théâtrales.

Richard Strauss (1864-1949)
Directeur de l'Opéra de Berlin entre 1898 et 1917, il y créa certaines de ses plus grandes œuvres.

Felix Mendelssohn-Bartholdy (1809-1847)
Petit-fils du philosophe Moses Mendelssohn, le compositeur de la Marche nuptiale *est enterré à Kreuzberg aux Friedhöfe vor dem Halleschen Tor (p. 138).*

0 750 m

Berlin au jour le jour

Comme toutes les grandes capitales européennes, Berlin propose aux visiteurs un large éventail d'activités tout au long de l'année. Les saisons les plus riches en manifestations sportives et culturelles restent cependant le printemps et l'automne, quand la ville accueille de grandes foires et expositions. L'été, elle se vide d'une partie de ses habitants, mais un climat tempéré permet de l'explorer à loisir.

Karneval der Kulturen

Illuminations et vitrines décorées donnent aux rues une ambiance festive à l'approche de Noël, et le froid hivernal ne rend que plus agréable l'atmosphère des musées. Vous pourrez vous procurer un programme détaillé des manifestations auprès des offices de tourisme *(p. 278)* ou, sur Internet, à l'adresse www.berlinonline.de/kultur. Ce site d'information n'existe malheureusement qu'en allemand.

Défilé dans les rues de Kreuzberg lors du carnaval des Cultures

Printemps

Fêtes et festivals rythment la vie culturelle au printemps. Les manifestations organisées dans les squares et les jardins, au moment où les arbres bourgeonnent et où les fleurs s'épanouissent, permettent de pleinement apprécier la végétation d'une ville très aérée. Au retour des beaux jours, vedettes et barques recommencent à circuler sur la Spree et les canaux.

Mars

ITB-Internationale Tourismus-Börse *(début mars)*. À la Foire internationale du tourisme, des professionnels du monde entier essaient d'attirer les visiteurs dans leur pays.

Musik Biennale Berlin *(2e semaine de mars)*. Ce festival de musique expérimentale, électronique et contemporaine a lieu les années impaires.

Rassehunde-Zuchtschau *(week-end de la mi-mars)*. Le grand rendez-vous annuel des amateurs de chiens de race.

Berliner Motorradtage *(fin mars)*. Cette concentration attire des motards venus de toute l'Allemagne.

Avril

Festtage *(avril)*. La Philharmonie et le Staatsoper proposent un programme de concerts et d'opéras par des artistes de renommée internationale.

Pâques *(date variable)*. D'immenses marchés sur Alexanderplatz et autour de la Kaiser-Wilhelm-Gedächtniskirche pour préparer la fête.

Britzer Baumblüte *(avril)*. Un mois de festival dans la banlieue de Britz, célèbre pour ses moulins à vent.

Neuköllner Frühlingsfest *(avril)*. Hasenheide. Célébration traditionnelle de l'arrivée du printemps.

Mai

Open féminin de tennis *(3e semaine de mai)*. Ce tournoi oppose des joueuses de tennis en tête du classement. Un public fervent, et nombreux, assiste aux matchs.

Theatertreffen Berlin *(mai)*. Les meilleures créations théâtrales en langue allemande sont au programme de ces rencontres internationlaes organisées depuis 1963.

Karneval der Kulturen *(vers la Pentecôte)*. Pendant trois jours, à l'occasion du « carnaval des Cultures », le Berlin multiculturel défile dans les rues du quartier de Kreuzberg.

Theatertreffen der Jugend *(fin mai-début juin)*. Ce festival de théâtre amateur permet à de jeunes acteurs de tourte l'Allemagne de démontrer leur talent.

Poésie dans la rue pendant le Theatertreffen Berlin, en mai

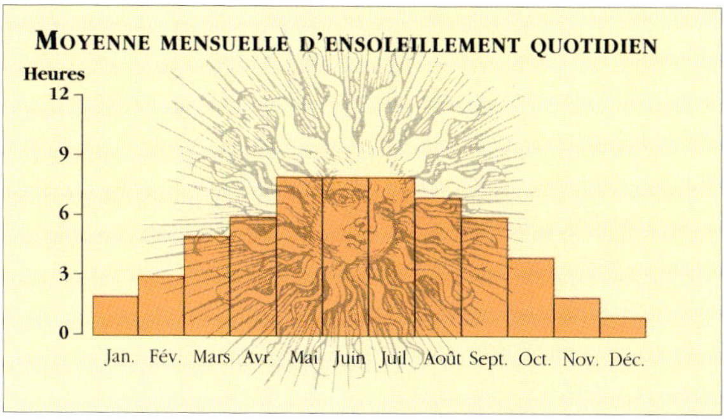

Ensoleillement
C'est en mai, juin et juillet que Berlin jouit du climat le plus ensoleillé, mais le temps reste clément en août. Les mois de novembre, décembre et janvier sont en revanche très couverts.

Été

L'été est une saison de vacances et la vie culturelle ralentit à Berlin. De nombreux concerts et spectacles en plein air s'adressent toutefois aux jeunes, et la célèbre Love Parade réunit des centaines de milliers de personnes. La douceur du climat rend particulièrement agréables les promenades à pied ou à vélo dans la forêt de Grunewald, ou les baignades dans les lacs du Wannsee et du Müggelsee.

Peintre au travail sur Potsdamer Platz

Juin

Deutsch-Französisches Volksfest *(début juin-mi-juillet).* Grand fête foraine, la fête populaire franco-allemande se déroule près du Kurt-Schumacher-Damm.
Jazz Across the Border *(juin).* Festival de jazz organisé par la Haus der Kulturen der Welt.
Konzertsommer im Englischen Garten *(mi-juin-fin juillet).* Concerts en plein air.
Christopher Street Day *(fin juin).* La communauté gay de Berlin défile en grand apparat autour du Ku'damm.
Berliner Theatermarkt an der Deutschen Oper *(fin juin).* Journées portes ouvertes au Deutsche Oper.
Saison de plein air *(fin juin-début juillet).* Opéras à la Waldbühne et gala final au Gendarmenmarkt.

Juillet

Bach Tage Berlin *(1re semaine de juillet).* Des concerts dans toute la ville rendent hommage à Jean-Sébastien Bach.
Love Parade *(2e dimanche de juillet).* Cette grande fête techno fait danser des centaines de milliers de jeunes jusque tard dans la nuit.
Heimatklänge *(mi-juillet-fin août).* Ce festival des musiques du monde propose des concerts en plein air du mercredi au dimanche.

Août

Deutsch-Amerikanisches Volksfest *(30 juillet-22 août).* Très populaires, les spectacles et attractions ont un thème américain.
Kreuzberger Festliche Tage *(fin août-début septembre).* Grand festival de musique classique à Kreuzberg.
Berliner Gauklerfest *(août).* Sur Unter den Linden, des éventaires proposent des spécialités culinaires aux promeneurs que distraient des acrobates et des musiciens.

Déferlement de musique techno lors de la Love Parade

***L'Amour des trois oranges* de Prokofiev au Komische Oper**

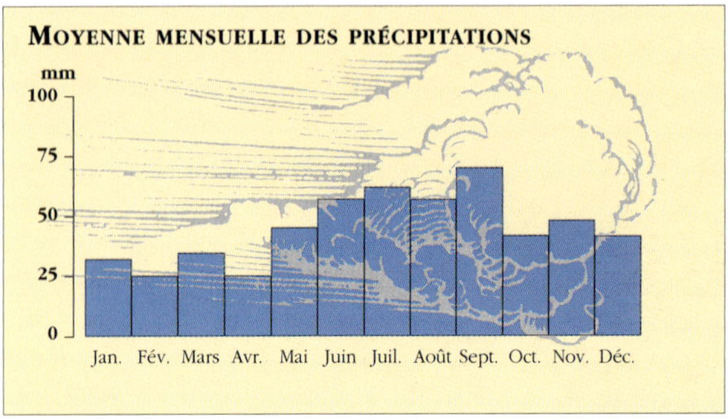

Précipitations
La fin de l'hiver et le début du printemps sont relativement peu arrosés, tandis que de violentes averses peuvent éclater en été et que le mois de septembre se révèle particulièrement humide.

AUTOMNE

De grandes manifestations culturelles et sportives rythment l'automne. En septembre, les hôtels de la ville s'emplissent de visiteurs qu'attirent les concerts et les manifestations culturelles des Berliner Festwochen. Le marathon de Berlin est le plus important du monde après ceux de New York et de Londres.

SEPTEMBRE

Internationales Stadionfest (ISTAF) *(1re semaine de septembre).* Cette rencontre internationale d'athlétisme se déroule à l'Olympiastadion.
Berliner Festwochen *(tout septembre).* Dans toute la ville, le festival de Berlin propose pendant un mois des concerts, du théâtre, des ballets, des opéras et des expositions d'art.
Marathon de Berlin *(2e ou 3e dimanche de septembre).* La circulation s'arrête pendant des heures pour laisser passer les coureurs.
Art Forum in Berlin *(fin septembre).* Cette foire internationale d'art moderne réunit pendant 5 jours artistes et collectionneurs.
Jazztreff Berlin *(fin septembre-début octobre).* Jazz au Musikinstrumenten-Museum, Tiergartenstrasse *(p. 116).*

Participants au marathon de Berlin

OCTOBRE

Tag der Deutschen Einheit *(3 octobre).* Un grand défilé marque la fête de la Réunification de l'Allemagne.
Oktoberfest *(début octobre).* Bien que plus modeste que celle de Munich, la fête de la Bière donne l'occasion de déguster des spécialités traditionnelles.
AAA Exhibition *(début octobre).* Le salon de l'Automobile berlinois se tient à l'Internationales Kongress Centrum *(p. 172).*

Défilé sous la porte de Brandebourg pour la Deutschland Fest

NOVEMBRE

Jazz Fest Berlin *(début novembre).* Ce festival renommé existe depuis 1964, et commence à la Haus der Kulturen der Welt *(p. 130).*
Treffen Junge Musik-Szene *(début novembre).* La scène musicale des jeunes.
Jüdische Kulturtage *(novembre).* Films, pièces de théâtre, concerts et conférences illustrent la culture juive.
Internationales Reitturnier *(3e semaine de novembre).* Concours hippique de saut d'obstacles.
KinderMusik Theater Wochen *(novembre).* Grande fête de la musique et du théâtre pour enfants.

MOYENNE MENSUELLE DES TEMPÉRATURES

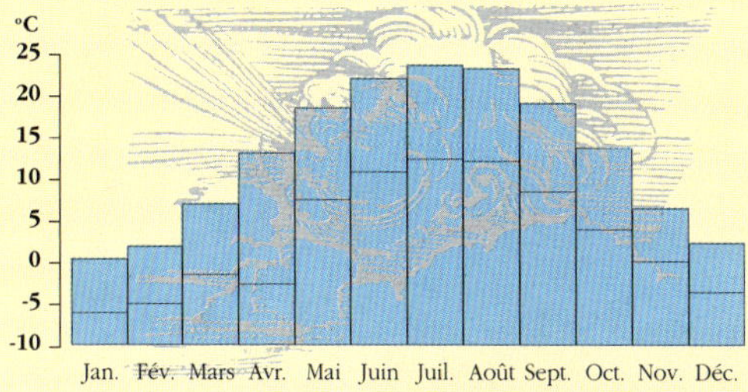

Températures
Les températures indiquées ci-contre ne sont que des moyennes : en été, il fait souvent plus de 20 °C dans la journée. Espaces verts et lacs permettent toutefois de se rafraîchir. Il gèle en hiver, notamment en janvier.

HIVER

Ponctué de chutes de neige, l'hiver est assez rude pour que les lacs gèlent et que les Berlinois se livrent aux joies du patinage. Des marchés traditionnels préparent en décembre l'arrivée de Noël. Les bals du carnaval animent le mois de janvier, tandis qu'en février le Festival international du film attire des vedettes du monde entier.

DÉCEMBRE

Weihnachtsmärkte *(tout décembre).* Les éventaires et les foires qui proposent des cadeaux de Noël et des spécialités culinaires donnent à la ville un aspect festif.
Noël *(Weihnachten)* *(25-26 décembre).* Comme la majorité des Européens, les Berlinois fêtent Noël en famille autour d'un sapin et ils échangent des cadeaux.
Réveillon du nouvel an *(Silvester).* C'est la fête dans les hôtels, les restaurants, et les boîtes de nuit comme chez les particuliers. À minuit, on vient sabrer le champagne à la porte de Brandebourg ou on assiste aux feux d'artifice depuis la colline de Kreuzberg.

JANVIER

Berliner Neujahrslauf *(1er janvier).* Les courageux que n'ont pas affectés les réjouissances de la nuit précédente participent à une course de 4 km qui part de la porte de Brandebourg.
Sechs-Tage-Rennen *(début janvier).* Six jours de course cycliste et autre événements.

Berlinale, le Festival du film de Berlin

Berlin Team-Marathon *(22 janvier).* Une course organisée par le Sport Klub Charlottenburg.
Lange Nacht der Museen *(fin janvier).* Les musées de Berlin restent ouverts jusqu'à minuit et même plus tard.
Internationale Grüne Woche *(dernière semaine de janvier).* La grande foire agricole et culinaire pour goûter aux cuisines du monde entier.

Achats de Noël dans le grand magasin KaDeWe

FÉVRIER

Berlinale - Internationale Filmfestspiele *(2e et 3e semaines de février).* Le Festival du film de Berlin, que conclut la remise des Ours, se tient sur Potsdamer Platz, en même temps que l'**Internationales Forum des Jungen Films** qui propose une sélection de films réalisés par de jeunes cinéastes, au palais Podewils *(p. 97).*
Les Berliner Rosenmontagskonzerte sont une série de concerts classiques.

JOURS FÉRIÉS

Neujahr Nouvel an (1er jan.)
Karfreitag Vendredi saint
Ostermontag Lundi de Pâques
Tag der Arbeit Fête du Travail (1er mai)
Christi Himmelfahrt Ascension
Pfingsten Pentecôte
Nationalfeiertag (3 oct.)
Weihnachten Noël (25-26 déc.)

Konica
BAUHAUS
DER TAG
BUS

Berlin quartier par quartier

SH
MICH
BEETH

UNTER DEN LINDEN ET LES ALENTOURS

Bas-relief de la Schadow-Haus, sur la Schadowstrasse

Les environs d'Unter den Linden forment un des quartiers les plus agréables de cette partie de Berlin qui prit son essor pendant la période baroque avec la création de Dorotheenstadt au nord de l'avenue et de Friedrichstadt au sud. La noblesse y construisit ses palais à partir du début du XVIIIe siècle, tandis que s'élevaient les bâtiments du Forum Fridericianum (l'actuelle Bebelplatz). L'allée « Sous les Tilleuls » devint l'artère la plus prestigieuse de la cité. Toutefois, le quartier subit d'importants dégâts pendant la guerre, et le gouvernement de la RDA n'en assura qu'une reconstruction partielle. Il abrite néanmoins la plus grande concentration de monuments historiques de la capitale allemande.

LE QUARTIER D'UN COUP D'ŒIL

Églises
Deutscher Dom 18
Französischer Dom 16
Friedrichswerdersche Kirche 14
St-Hedwigs-Kathedrale 11

Musées
Deutsche Guggenheim 7
Museum für Post und Kommunikation 22
Zeughaus (Deutsches Historisches Museum) (p. 58-59) 1

Avenue et places
Bebelplatz 10
Gendarmenmarkt 15
Pariser Platz 24
Unter den Linden 2

Théâtres
Admiralspalast 30
Komische Oper 28
Konzerthaus 17
Maxim Gorki Theater 31
Staatsoper Unter den Linden 12

Bâtiments et sites historiques
Alte Bibliothek 9
Altes Palais 8
Brandenburger Tor 25
Humboldt Universität 4
Kronprinzenpalais 13
Mohrenkolonnaden 20
Neue Wache 3
Palais am Festungsgraben 32
Reiterdenkmal Friedrichs des Grossen 5
Spittelkolonnaden 21
Staatsbibliothek 6

Autres
S-Bahnhof Friedrichstrasse 29
Ehemaliges Regierungsviertel 23
Friedrichstadtpassagen 19
Hotel Adlon 26
Russische Botschaft 27

LÉGENDE
- Plan pas à pas p. 56-57
- Gare ferroviaire
- Station de S-Bahn
- Station de U-Bahn
- Parc de stationnement

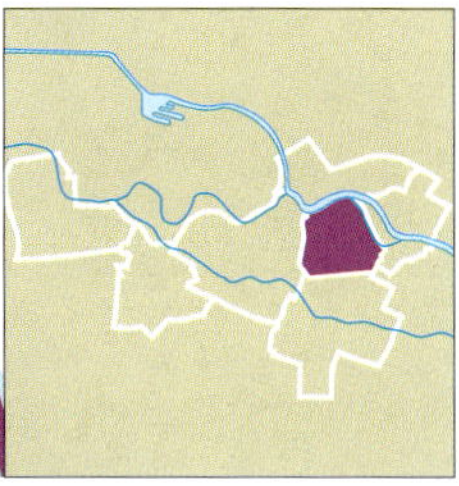

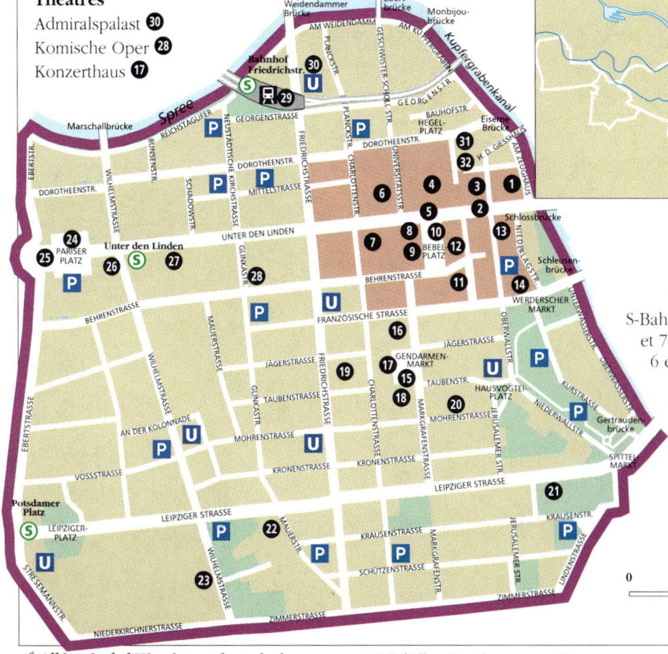

COMMENT Y ALLER

Les lignes de S-Bahn 1, 3, 5, 7, 9 et 75, de U-Bahn 6 et 9 et de bus 100 et 348 desservent le quartier.

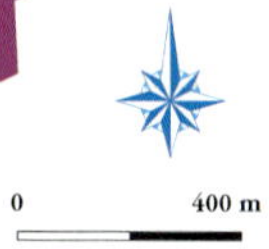

◁ Allégorie de l'Histoire sur le socle du monument à Schiller, Gendarmenmarkt

Autour de la Bebelplatz pas à pas

Entre le Schlossbrücke et Friedrichstrasse, Unter den Linden traverse un des plus beaux quartiers de Berlin. Il est riche en édifices baroques et néo-classiques, souvent dessinés par des architectes célèbres. Quelques palais restaurés ont perdu leur fonction résidentielle et abritent désormais des services publics, tandis que le musée de l'Histoire allemande s'est installé dans l'ancien Arsenal, le splendide Zeughaus baroque bâti entre 1688 et 1730.

Humboldt Universität
Les allégories de l'Aube et du Crépuscule ornent les toits des pavillons qui encadrent l'entrée de la cour ❹

Staatsbibliothek
La Bibliothèque nationale, fondée en 1661, occupe un bâtiment néo-baroque élevé entre 1903 en 1914 sur des plans d'Ernst von Ihne ❻

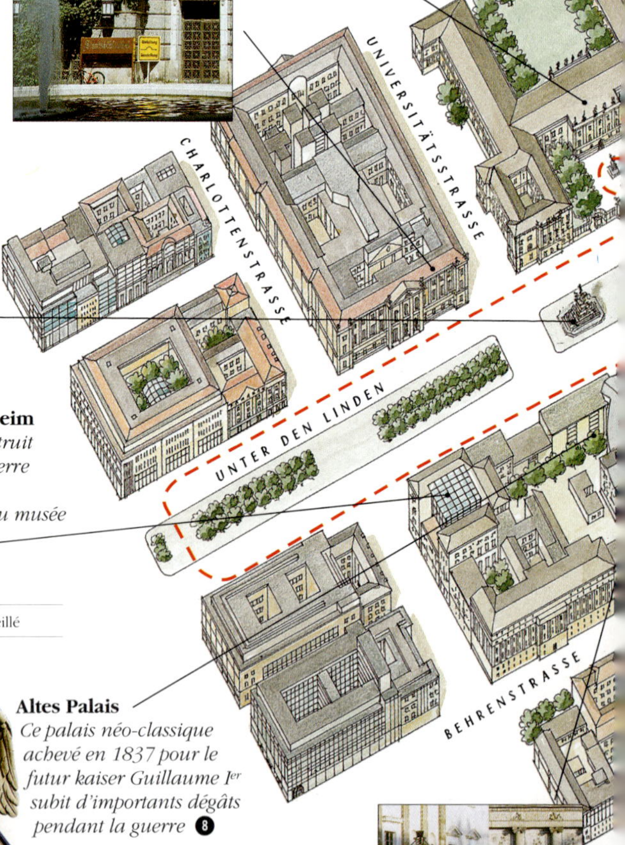

Statue équestre de Frédéric le Grand
Œuvre de Christian Daniel Rauch, ce monument date de 1851 ❺

Deutsche Guggenheim
Un bâtiment, reconstruit après la Seconde Guerre mondiale, abrite les cinq départements du musée Guggenheim ❼

Légende

– – – Itinéraire conseillé

Altes Palais
Ce palais néo-classique achevé en 1837 pour le futur kaiser Guillaume Ier subit d'importants dégâts pendant la guerre ❽

Alte Bibliothek
Sa façade concave a valu à l'ancienne Bibliothèque, qui ferme à l'ouest la Bebelplatz, le surnom de « Kommode » ❾

★ Zeughaus (Deutches Historisches Museum)
Cet édifice baroque, l'un des plus beaux d'Allemagne du Nord, porte au fronton une représentation de Minerve, la déesse de la Sagesse ❶

CARTE DE SITUATION
Voir atlas des rues, plans 6, 7, 15 et 16

0 100 m

★ Neue Wache
Il est depuis 1993 un monument à la mémoire des victimes de la guerre et de la dictature ❸

Unter den Linden
En 1946 furent replantés quatre rangs de tilleuls sur cette grande avenue ❷

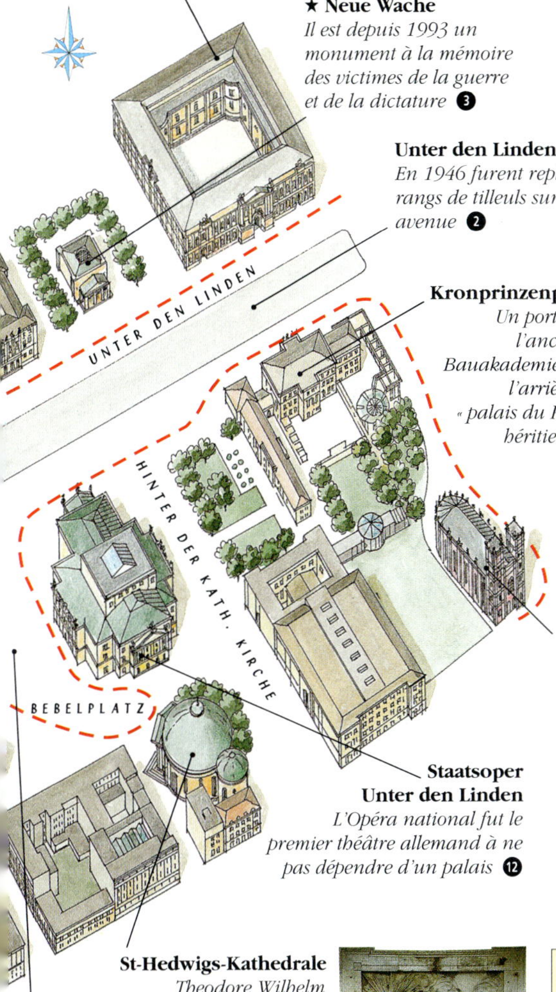

Kronprinzenpalais
Un portail de l'ancienne Bauakademie orne l'arrière du « palais du Prince héritier » ⓭

★ Friedrichswerdersche Kirche
Cette église néo-gothique, conçue par Karl Friedrich Schinkel, abrite un musée dédié à cet architecte ⓮

Staatsoper Unter den Linden
L'Opéra national fut le premier théâtre allemand à ne pas dépendre d'un palais ⓬

St-Hedwigs-Kathedrale
Theodore Wilhelm Achtermann sculpta en 1837 les bas-reliefs de sa façade ⓫

Bebelplatz
Le Forum Friedericianum, imaginé par Frédéric II, prit en 1947 le nom du militant socialiste August Bebel. Une plaque rappelle que les nazis y brulèrent 20 000 livres en 1933 ❿

À NE PAS MANQUER

- ★ Zeughaus (Deutches Historisches Museum)
- ★ Neue Wache
- ★ Friedrichswerdersche Kirche

Zeughaus (Deutches Historisches Museum) ❶

Masque de guerrier, arcade de la cour

En construisant l'arsenal de la place de Berlin entre 1695 et 1706, Jean de Bodt, Johann Arnold Nering, Martin Grünberg et Andreas Schlüter donnèrent à la ville son plus beau monument baroque. Il entoure une cour intérieure décorée de sculptures de Schlüter, dont les superbes masques de guerriers mourant des clefs de voûte de l'arcade. Il abrite depuis 1952 le musée de l'Histoire allemande, actuellement fermé pour rénovation, mais dont les collections ont été transférées au Kronprinzenpalais *(p. 63)* en attendant l'achèvement des travaux.

Europe et Asie
Cette allégorie en porcelaine de Meissen est de Johann Joachim Kändler.

Soldats pillant une maison (v. 1600)
*Cette peinture par Sebastian Vrancx évoque les guerres religieuses qui ravagèrent les Pays-Bas au XVI*e *siècle.*

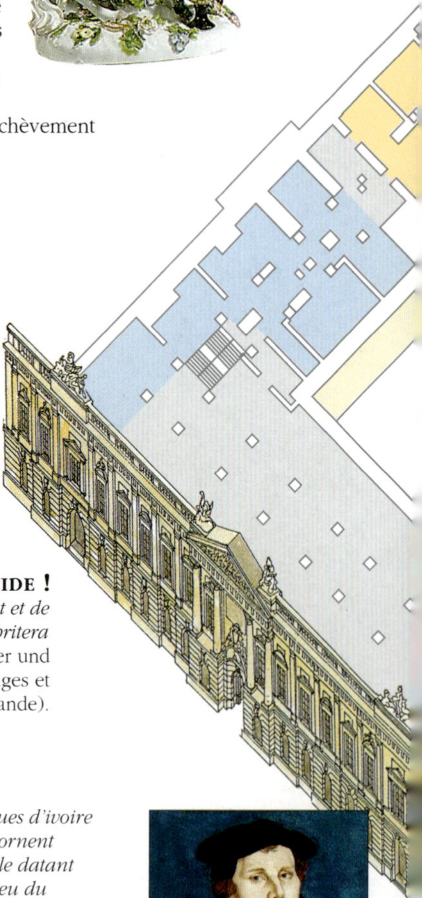

SUIVEZ LE GUIDE !
Une fois les travaux d'agrandissement et de rénovation achevés, le premier étage abritera une nouvelle exposition intitulée Bilder und Zeugnisse der Deutschen Geschichte (Images et témoignages de l'histoire allemande).

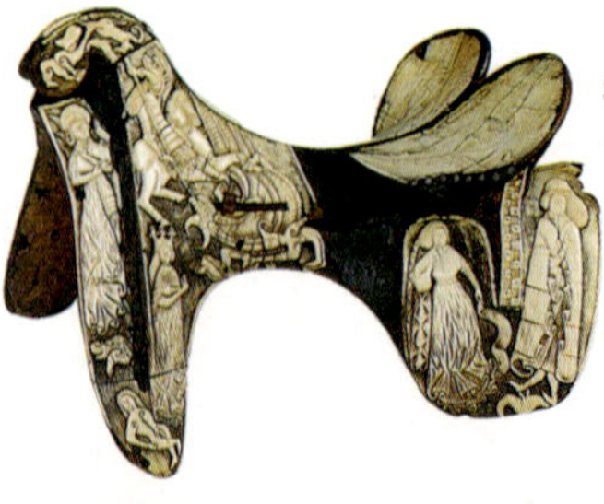

Selle
*Des plaques d'ivoire ciselées ornent cette selle datant du milieu du XV*e *siècle.*

À NE PAS MANQUER

★ **Martin Luther**

★ **Gloria Victis**

★ Martin Luther
Ce portrait, peint par Lucas Cranach l'Ancien en 1529, sera au centre d'une exposition consacrée à la Réforme.

Unter den Linden
Ce tableau de Carl Traugott Fechhelm montre la grande avenue de Berlin à la fin du XVIIIe siècle.

MODE D'EMPLOI

Unter den Linden 2.
Plan 7 A3, 16 E2. *20 30 40.*
Hackescher Markt. *100, 157, 348.* *jusqu'en 2004.*

Machine à vapeur (1847)
Des objets tels que celui-ci illustreront le grand tournant de la révolution industrielle.

Une verrière *de Ieoh Ming Pei protégera la cour.*

★ Gloria Victis
La mort d'un ami pendant les derniers jours de la guerre franco-prussienne (1870-1871) inspira cette allégorie au Français Antonin Mercié.

LÉGENDE

- Du Moyen Âge à la guerre de Trente Ans
- Baroque
- Des Lumières à l'unification
- Empire et république de Weimar
- IIIe Reich et Seconde Guerre mondiale
- Après-guerre
- Circulations et services

Veste de déporté
L'exposition évoquera par divers témoignages et objets les horreurs du régime nazi, dont les camps de concentration.

***Operaplatz Parade* (1824-1830) de Franz Krüger nous montre Unter den Linden au début du XIXe siècle**

Unter den Linden ❷

Plan 6 E3, 6 F3,15 A3, et 16 D3.
Ⓢ *Unter den Linden.* 🚌 *100, 157, 348.*

L'avenue la plus célèbre de Berlin relie la Schlossplatz à la Pariser Platz et la porte de Brandebourg. Elle a pour origine un simple sentier menant à la réserve de chasse royale qui allait devenir le Tiergarten. Le Grand Électeur, Frédéric-Guillaume, la transforma en route au milieu du XVIIe siècle, et les arbres qui l'ombrageaient lui valurent son nom de « Sous les Tilleuls ». Elle conserve ce nom bien que les arbres aient été abattus, vers 1658. On en replanta quatre rangées en 1820 et également en 1946.

Frédéric II (1740-1786) fit édifier le Forum Friedericianum à l'emplacement de l'actuelle Bebelplatz, et Unter den Linden devint l'axe aristocratique de la capitale prussienne. Les riches demeures et les monuments construits à cette époque ont fait l'objet d'une restauration soigneuse après la Seconde Guerre mondiale, mais l'avenue, séparée de Berlin-Ouest par le Mur, perdit de son prestige. Elle l'a retrouvé depuis la réunification et sert de cadre à de nombreuses manifestations. Plusieurs cafés et restaurants, ainsi que des boutiques de luxe, ont ouvert. Les éventaires de livres installés près de la Humboldt Universität et de la Staatsbibliothek s'adressent aux promeneurs comme aux étudiants.

Neue Wache ❸

Unter den Linden 4. **Plan** 7 A3, 16 E2.
Ⓢ *Hackescher Markt.* 🚌 *100, 157, 348.* ◯ *10h-18h t.l.j.*

Karl Friedrich Schinkel édifia ce petit poste de garde entre 1816 et 1818. En forme de temple antique, il est considéré comme l'un des plus beaux exemples d'architecture néo-classique de Berlin. Des allégories de la Bataille, de la Victoire, de la Fuite et de la Défaite ornent le fronton triangulaire du portique dorique.

L'édifice devint en 1931 un monument à la mémoire des combattants de la Première Guerre mondiale. Après l'avoir restauré, le gouvernement de la RDA dédia en 1960 le Neue Wache aux victimes du fascisme et du militarisme. Il est devenu en 1993 un mémorial à toutes les victimes de la guerre et de la dictature.

L'intérieur abrite une flamme éternelle et la tombe d'un soldat, d'un déporté et d'un résistant inconnus. L'ouverture circulaire du toit éclaire une copie de *La Mère et son fils mort,* sculpture de Käthe Kollwitz dont le fils périt pendant la Première Guerre mondiale.

Humboldt Universität ❹

UNIVERSITÉ HUMBOLDT

Unter den Linden 6. **Plan** 7 A3, 16 D2.
Ⓢ & Ⓤ *Friedrichstrasse.* 🚌 *100, 157, 348.*

Fondée en 1810 à l'initiative de Wilhelm von Humboldt, l'université de Berlin s'installa dans un palais construit en 1753 pour Henri de Prusse, le frère de Frédéric le Grand. Elle ne prit le nom de son fondateur qu'en 1949.

Le bâtiment a conservé l'organisation générale de la résidence princière, mais a connu de nombreux agrandissements. À l'entrée, deux statues en marbre par Paul Otto représentent

WILHELM ET ALEXANDER VON HUMBOLDT

Appartenant, par leur père, à la noblesse prussienne, et par leur mère à une famille d'origine huguenote, les frères Humboldt eurent un destin exemplaire. Avocat et homme politique, Whilhelm (1767-1835) exerça diverses fonctions gouvernementales, mais il reste surtout connu pour ses études sur le langage. Grand voyageur à la curiosité universelle, son frère Alexander (1769-1859) visita les trois continents et apporta une précieuse contribution à la géologie, aux sciences naturelles et à l'ethnologie.

Statue d'Alexander von Humboldt

Wilhelm von Humboldt (tenant un livre) et son frère Alexander (assis sur un globe). Le portail ouvre sur une cour dessinée par Reinhold Begas.

De grands noms ont enseigné à l'université Humboldt, dont les philosophes Johann Fichte et Friedrich Hegel, le pathologiste Rudolf Virchow, le biologiste Robert Koch et les physiciens Max Planck et Albert Einstein. Quelques étudiants sont aussi devenus célèbres, dont Heinrich Heine, Karl Marx et Friedrich Engels.

Après le partage de la ville en 1945, elle se retrouva dans le secteur russe, ce qui entraîna en 1948 l'ouverture d'une nouvelle université à l'Ouest : la Freie Universität *(p. 171)*.

Statue de Hermann Helmholtz dans la cour de la Humboldt Universität

Reiterdenkmal Friedrichs des Grossen ❺

STATUE ÉQUESTRE DE FRÉDÉRIC LE GRAND

Unter den Linden. **Plan** 7 A3. Ⓢ & *Ⓤ Friedrichstrasse. 🚌 100, 157, 348.*

Cet imposant monument en bronze, dressé dans l'allée centrale d'Unter den Linden, mesure 5,6 m de hauteur. Œuvre de Christian Daniel Rauch exécutée entre 1839 et 1851, elle montre Frédéric II vêtu d'un uniforme et d'un manteau menant son cheval au pas. Les statues du socle représentent des personnalités militaires, politiques, scientifiques et artistiques de l'époque. Les bas-reliefs au-dessus illustrent des épisodes de la vie du souverain. La RDA déménagea ce symbole d'une idéologie dépassée près de l'hippodrome du Park Sanssouci de Potsdam, et il y resta jusqu'en 1980.

Staatsbibliothek ❻

BIBLIOTHÈQUE NATIONALE

Unter den Linden 8. **Plan** 7 A3, 16 D2. *☎ 266 23 03. Ⓢ & Ⓤ Friedrichstrasse. 🚌 100, 157, 348.*

La Staatsbibliothek a pour origine la bibliothèque créée en 1661 au Stadtschloss par Frédéric-Guillaume, le Grand Électeur. À la fin du XVIIIe siècle, Frédéric II fit construire pour l'accueillir le bâtiment de l'Alte Bibliothek. Édifiés entre 1903 et 1914 sur des plans d'Ernst von Ihne, ses locaux actuels occupent l'emplacement de l'Académie des sciences et de l'Académie des beaux-arts. Ils ont nécessité une importante restauration après la dernière guerre. Éparpillé pendant le conflit, puis divisé entre Est et Ouest, le fonds est de nouveau géré par une administration unique. Il compte près de sept millions de livres et manuscrits. Parmi ses pièces les plus précieuses figurent des partitions musicales de la main de compositeurs aussi prestigieux que Beethoven.

Deutsche Guggenheim ❼

Unter den Linden 13-15. **Plan** 7 A3, 16 D3. *☎ 202 09 30. Ⓢ & Ⓤ Friedrichstrasse. 🚌 100, 157, 348. ◯ 11h-20h pendant les expositions.*

L'antenne allemande du célèbre musée Guggenheim, le temple new-yorkais de l'art moderne, dispose dans le bâtiment de la Deutsche Bank d'un espace de 510 m², aménagé par l'architecte américain Richard Gluckman. Elle ne possède pas encore de collection permanente mais propose des expositions temporaires régulièrement renouvelées. La première rendait hommage au Français Robert Delaunay, mais l'ambition déclarée du musée est d'accorder une large place aux créateurs allemands.

Façade de la Staatsbibliothek

Blason ornant une fenêtre de l'Altes Palais

Altes Palais ❽

ANCIEN PALAIS

Unter den Linden 9. **Plan** 7 A3, 16 D3. Ⓢ & Ⓤ *Friedrichstrasse.* *100, 157, 348.* *au public.*

Carl Ferdinand Langhans édifia ce palais néo-classique de 1834 à 1837 pour le prince héritier Guillaume. Dédaignant le Stadtschloss, ce dernier continua à l'habiter même après être devenu le roi, puis l'empereur Guillaume Ier. Il pouvait assister tous les jours à la relève de la garde depuis la fenêtre du rez-de-chaussée, à l'extrême gauche.

Le riche mobilier de l'Altes Palais n'a pas survécu à la Seconde Guerre mondiale. Restaurée, l'ancienne résidence princière sert aujourd'hui d'annexe à la Humboldt Universität.

Alte Bibliothek ❾

ANCIENNE BIBLIOTHÈQUE

Bebelplatz. **Plan** 7 A3, 16 D3. Ⓢ & Ⓤ *Friedrichstrasse.* *100, 157, 348.* *10h-17h lun.-sam., 13h-17h dim.*

Désormais rattaché à l'université Humboldt, cet édifice baroque, l'un des plus beaux de la ville, doit à sa façade concave le surnom de Kommode que lui ont donné les Berlinois. Entrepris en 1774 sur des plans de Georg Christian Unger pour accueillir la bibliothèque royale, il s'inspire d'un projet dessiné en 1725 par le célèbre architecte Josef Emanuel Fischer von Erlach pour la Hofburg de Vienne.

Trois ruptures dans les jeux de courbes accentuent le mouvement de la façade qu'agrémentent des rangées de pilastres corinthiens, des sculptures et des blasons.

Bebelplatz ❿

PLACE BEBEL

Plan 7 A3, 16 D3. Ⓢ & Ⓤ *Friedrichstrasse.* *100, 157, 348.*

Frédéric II rêvait de donner à Berlin un reflet de la grandeur de la Rome antique, et il commanda à Georg Wenzeslaus von Knobelsdorff l'aménagement d'un Forum Friedericianum qui devait avoir pour pôle l'ancienne place de l'Opéra (Opernplatz), aujourd'hui rebaptisée Bebelplatz. Le projet n'aboutit que partiellement dans sa forme initiale, mais l'élan fourni suscita la construction, au fil des siècles, des monuments qui confèrent à l'ensemble son aspect majestueux.

La nuit du 10 mai 1933, moins de trois mois après la nomination d'Adolf Hitler au poste de chancelier, le parti nazi y organisa un immense bûcher de livres, où brûlèrent 20 000 ouvrages considérés comme « anti-allemands ». Les auteurs visés comprenaient Thomas Mann, Robert Musil, Heinrich Mann et Sigmund Freud.

Un monument, dessiné par Micha Ullman en 1995, commémore ce triste événement. Un panneau transparent serti dans le sol permet d'apercevoir des rayonnages vides. À côté, une plaque porte une citation prophétique, écrite en 1820, du poète Heinrich Heine : « Là où on brûle les livres, on finira par brûler les hommes. »

St-Hedwigs-Kathedrale ⓫

CATHÉDRALE SAINTE-EDWIGE

Bebelplatz. **Plan** 7 A4, 16 D3, E3. Ⓢ & Ⓤ *Friedrichstrasse.* *100, 157, 348.* *9h-21h lun.-ven., 9h-17h sam.*

L'immense siège de l'archevêché de Berlin s'élève en retrait de la Bebelplatz. Il porte le nom de la sainte patronne de Silésie, une région aujourd'hui polonaise que Frédéric II avait conquise en 1742. Cette annexion augmenta le nombre de ses sujets catholiques et la construction de la cathédrale commença en 1747.

Georg Wenzeslaus von Knobelsdorff s'inspira du Panthéon de Rome pour lui

D'élégants bas-reliefs décorent la façade de la St-Hedwigs-Kathedrale

donner sa forme originelle, mais les mauvaises langues lui trouvent plutôt l'aspect d'une tasse renversée. La consécration eut lieu en 1773, mais les travaux continuèrent par intermittence jusqu'en 1778.

Très endommagée pendant la Seconde Guerre mondiale, et reconstruite entre 1952 et 1963, la cathédrale possède aujourd'hui un dôme en béton et une décoration intérieure moderne.

Sa crypte abrite une Vierge à l'Enfant du XVIe siècle et une Pietà de 1420.

Bas-relief d'Apollon et Mars sur la façade du Staatsoper

Staatsoper Unter den Linden ⓬

OPÉRA NATIONAL

Unter den Linden 7. **Plan** 7 A3, 16 D3. ☎ *20 82 861.* Ⓢ & Ⓤ *Friedrichstrasse.* 🚌 *100, 157, 348.*

L'Opéra national dresse sur l'Unter den Linden l'une des plus belles façades de l'avenue. C'est le seul bâtiment du Forum Fridericianum qui fut achevé selon les plans de Frédéric II. Édifié dans le style néo-classique par Georg Wenzeslaus von Knobelsdorff en 1741, il connut en 1843 une première restauration dirigée par Carl Ferdinand Langhans. La Seconde Guerre mondiale imposa une deuxième reconstruction, de 1952 à 1955.

L'Opéra a accueilli de nombreux artistes prestigieux. Il eut pour directeur Richard Strauss et comme décorateur Karl Friedrich Schinkel.

L'austère façade du Kronprinzenpalais

Kronprinzenpalais ⓭

PALAIS DES PRINCES HÉRITIERS

Unter den Linden 3. **Plan** 7 A3, B3, 16 E3. Ⓢ & Ⓤ *Friedrichstrasse.* 🚌 *100, 157, 348.* 🕘 *10h-18h mar.-dim.*

Ce palais de style néo-classique tardif renferme les collections du Deutsches Historiches Museum, en attendant l'achèvement des travaux de rénovation du Zeughaus *(p. 58-59)*.

Il a pour origine une modeste demeure bâtie entre 1663 et 1669. Le premier agrandissement, dans le style baroque, eut lieu en 1732 sous la conduite de Philipp Gerlach. Johann Heinrich Strack ajouta le deuxième étage en 1856 pour le futur empereur Guillaume III. L'ensemble dut être reconstruit après la guerre.

Comme son nom l'indique, le palais servit de résidence aux princes héritiers jusqu'à l'abolition de la monarchie. De 1919 à 1937, il abrita la section d'art moderne de la Nationalgalerie. Rebaptisé Palais Unter den Linden par les communistes, il servit à l'accueil des visiteurs officiels de la RDA. Le traité d'unification de l'Allemagne y a été signé le 31 août 1990.

Un pavillon, où est installé aujourd'hui un restaurant, incorpore le portail et des plaques de terre cuite provenant de la Bauakademie, dessinée par Karl Friedrich Schinkel et démolie après la dernière guerre.

Un passage surélevé relie le Kronprinzenpalais au Prinzessinnenpalais, le « palais des Princesses », construit à l'intention des filles de Frédéric-Guillaume III. Vous pourrez y faire une pause à l'Operncafé.

Friedrichswerdersche Kirche (Schinkel-Museum) ⓮

ÉGLISE FRIEDRICHSWERDERSCHE (MUSÉE SCHINKEL)

Werderstrasse. **Plan** 7 B4, 16 E3. ☎ *208 13 23.* Ⓤ *Hausvogteiplatz.* 🚌 *100, 147, 157, 257, 348.* 🕘 *10h-18h mar.-dim.* 📷 ♿

Cette église néo-gothique, bâtie entre 1824 et 1830 par Karl Friedrich Schinkel, abrite un musée consacré à son architecte. L'exposition détaille les principaux édifices dont il para Berlin, et présente des projets non réalisés.

La Nationalgalerie l'utilise également pour exposer sa collection permanente de sculptures. Elles datent de la fin du XVIe siècle au milieu du XIXe, et comprennent des œuvres néo-classiques de Christian Friedrich Tieck et Christian Daniel Rauch. On remarquera aussi un modèle en plâtre du groupe sculpté par Johann Gottfried Schadow, représentant les princesses Louise et Frédérique de Prusse. L'original en marbre se trouve à l'Alte Nationalgalerie *(p. 78)*.

Les princesses Louise et Frédérique, Schinkel-Museum

Gendarmenmarkt ⓯

L'ancien marché de la ville de Friedrichstadt, fondée en 1688, est devenu l'une des plus belles places de Berlin. Baptisée d'après le régiment de Gens d'Armes qui s'y installa en 1736, elle devint sous le régime communiste, de 1950 à la réunification, la Platz der Akademie.

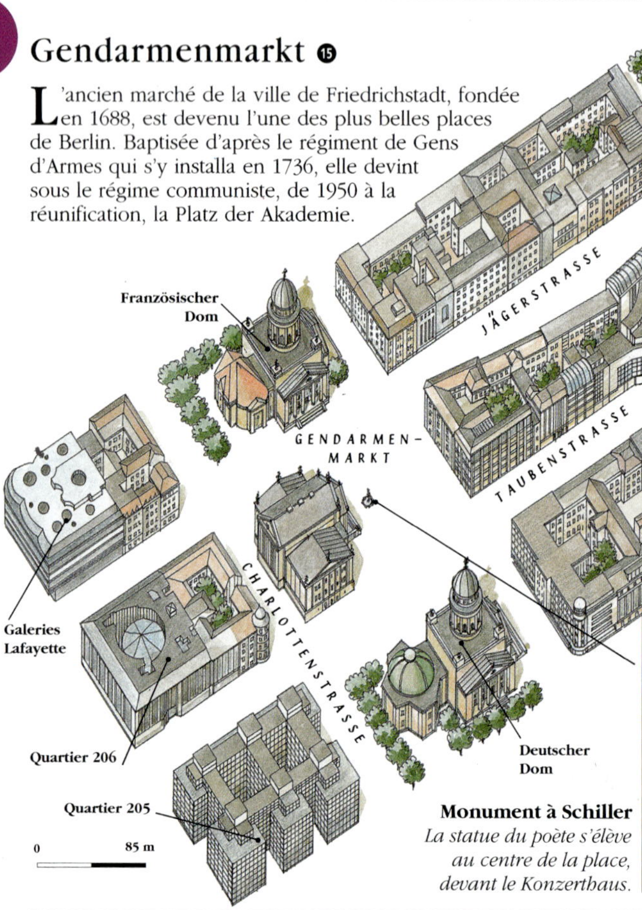

Monument à Schiller
La statue du poète s'élève au centre de la place, devant le Konzerthaus.

Französischer Dom ⓰

ÉGLISE FRANÇAISE

Gendarmenmarkt 6. **Plan** 7 A4, 16 D4. ☎ *229 17 60.* Ⓤ *Stadtmitte ou Französische Strasse.* **Musée** ◯ *12h-17h mar.-sam., 11h-17h dim.* **Plate-forme panoramique** ◯ *9h-19h t.l.j.* **Église** ◯ *12h-17h mar.-dim.* ✝ *dim 10h.*

Les deux églises qui se font face de part et d'autre du Schauspielhaus semblent à première vue identiques, mais elles n'ont en fait de commun que leur haute tour principale.

Construite entre 1701 et 1705 par Louis Cayart et Abraham Quesnay pour la communauté huguenote de Berlin – des protestants français qui choisirent l'exil après la révocation de l'édit de Nantes par Louis XIV –, elle s'inspirait à l'origine d'un temple de la ville de Charenton détruit en 1688.

Façade latérale de la Französischer Dom

L'entrée principale s'ouvre dans la façade ouest (du côté de Charlottenstrasse), et donne dans une nef rectangulaire dépouillée. L'orgue, de style baroque tardif, date de 1754.

Georg Christian Unger édifia vers 1785, d'après des plans de Carl von Gontard, le clocher entouré de portiques corinthiens. Ce bâtiment abrite le Huguenottenmuseum, dont l'exposition retrace l'histoire des huguenots qui s'installèrent au Brandebourg.

Haute de 70 m, la tour renferme un restaurant de luxe au dernier étage. Une plate-forme panoramique offre une vue superbe du centre-ville et de son patchwork d'immeubles modernes, de toits anciens et d'espaces verts. Un carillon de soixante cloches sonne tous les jours à midi, à 15 h et à 19 h. Il couvre un intervalle de cinq octaves, une richesse pleinement utilisée lors des concerts donnés le mardi (14 h) et le samedi (15 h).

Salle du Konzerthaus, l'ancien Schauspielhaus

Konzerthaus ⓱

SALLE DE CONCERT

Gendarmenmarkt 2. **Plan** 7 A4, 16 D4. *20 30 921 01.* *Stadtmitte.*

Avec ce joyau de la fin du néo-classique, Karl Friedrich Schinkel réalisa l'une de ses plus belles œuvres. Il l'éleva entre 1818 et 1821 sur les ruines du Théâtre national détruit par un incendie en 1817, et il conserva les colonnes du portique de cet édifice bâti par Carl Gotthard Langhans. Schinkel ne dessina pas uniquement les plans du Konzerthaus, il en conçut jusqu'au moindre bouton de porte. Il ne reste malheureusement que des descriptions de cette magnifique décoration, les ravages causés par la Seconde Guerre mondiale ayant imposé une complète reconstruction. Longtemps appelé le Schauspielhaus (Théâtre), le Konzerthaus est le siège de l'orchestre symphonique de Berlin.

L'escalier menant au majestueux portique ionien qui protège l'entrée principale ne servait qu'aux roturiers. Les membres de l'aristocratie disposaient d'un autre accès, sous l'escalier, qui leur permettait d'arriver directement en voiture. De nombreuses sculptures décorent la façade : génies musicaux montés sur des fauves, Muses et bacchantes. Au sommet du plus haut fronton, Apollon, le dieu de la Beauté, des Arts et de la Divination, conduit un char tiré par des griffons.

Au milieu du Gendarmenmarkt, le monument à Friedrich Schiller (1759-1805) tourne le dos au Konzerthaus. Reinhold Begas sculpta cette statue en marbre blanc en 1869, en copiant les traits du poète sur un buste exécuté en 1794 par Johann Heinrich Dannecker. Déplacée par les nazis, elle a retrouvé sa place en 1988. Des allégories de la Poésie lyrique, du Théâtre, de la Philosophie et de l'Histoire entourent le socle.

Sculpture de la Deutscher Dom

Deutscher Dom ⓲

ÉGLISE ALLEMANDE

Gendarmenmarkt 1. **Plan** 7 A4, 16 D4. *22 73 04 31.* *Stadtmitte ou Französische Strasse.* **Exposition** *10h-18h mar.-dim.*

Ancien temple de l'Église réformée allemande, la Deutscher Dom a été construite en 1708 par Giovanni Simonetti sur des plans de Martin Grünberg. Avec cinq côtés terminés par une abside, sa forme s'inspirait de celle des pétales d'une fleur. Comme l'église française, le sanctuaire reçut en 1785 un corps de bâtiment surmonté d'une haute tour à colonnes.

Incendiée en 1945, sa reconstruction date seulement de 1993. L'extérieur a été soigneusement reconstitué, y compris la décoration sculptée, mais l'intérieur a désormais un aspect moderne. L'édifice abrite l'exposition « Fragen an die Deutsche Geschichte » (« Questions à l'histoire allemande ») qui se trouvait auparavant au Reichstag.

Friedrichstadt-passagen ⓳

PASSAGES DE FRIEDRICHSTADT

Friedrichstrasse 205, 206, 207. **Plan** 6 F4, 15 C4. *Französische Strasse ou Stadtmitte.*

Issu d'un projet décidé par le régime communiste, l'ambitieux programme d'aménagement de la Friedrichstrasse, entre la Französischer Strasse et la Mohrenstrasse, vient de se terminer.

Au Quartier 207, Jean Nouvel a dessiné pour les Galeries Lafayette un gracieux édifice dont les parois en verre bleuté dessinent un angle arrondi. Il s'organise autour d'une cour intérieure définie par deux grands cônes vitrés inversés l'un par rapport à l'autre. Les reflets sur le verre des éventaires multicolores créent une impression extraordinaire, en particulier au rez-de-chaussée et au troisième étage.

Au Quartier 206, les architectes américains Pei, Cobb, Freed & Partners ont construit un immeuble qui abrite des bureaux, des commerces et des appartements. Il s'inspire de l'Art déco, et possède un luxueux dallage polychrome qui lui donne un petit côté nouveau riche. Un éclairage soigné le met en valeur quand la nuit tombe.

Pour le Quartier 205, le plus important, Oswald Mathias Ungers a privilégié la sobriété en déclinant une forme de base : le carré.

Le hall du Quartier 206 d'inspiration Art déco

Mohrenkolonnaden ⓴

Mohrenstrasse 37b et 40/41.
Plan 6 F5, 15 B5. U *Mohrenstrasse.*

Œuvre de Carl Gotthard Langhans, ces arcades néo-classiques, reposant sur des colonnes jumelées, datent de 1787. Elles décoraient à l'origine un pont enjambant le fossé qui entourait jadis la ville. Après sa démolition, elles ont été incorporées dans des édifices au style architectural beaucoup plus récent, bordant la Mohrenstrasse.

Arcade néo-classique des Mohrenkolonnaden

Spittelkolonnaden ㉑

Leipziger Strasse. **Plan** 7 B5, 16 E5.
U *Spittelmarkt.*

Cette colonnade semi-circulaire, dont l'élégance tient à la fois du baroque et du néo-classicisme, située à proximité du Spittelmarkt, sur la Leipziger Strasse, est dominée par des massives tours de vingt étages. Ces immeubles avaient pour but premier de cacher le siège des éditions Axel Springer, qui se trouvait de l'autre côté du Mur.

En 1776, Carl von Gontard construisit sur le Spittelmarkt deux colonnades destinées à orner un pont. La première fut démolie en 1929, l'autre pendant la Seconde Guerre mondiale. La reconstitution, installée à son emplacement actuel en 1979, incorpore des éléments d'origine.

Copie de l'une des Spittelkolonnaden sur Leipziger Strasse

Museum für Post und Kommunikation ㉒

MUSÉE DE LA POSTE ET DES TÉLÉCOMMUNICATIONS

Leipziger Strasse 16. **Plan** 6 F5, 15 C5.
20 29 40. U *Stadtmitte.*
142. *9h-17h mar.-ven., 11h-19h sam.-dim.* *lun.*

Berlin renferme le plus vieux musée de la Poste du monde. Fondé en 1872, il s'installa une douzaine d'années plus tard dans l'angle de l'immense édifice qui l'abrite toujours. Son imposante façade néo-baroque, richement décorée de sculptures, tranche sur les ailes de style néo-Renaissance qui l'encadrent. L'exposition illustre l'histoire des services postaux et des télécommunications en Allemagne.

Ehemaliges Regierungsviertel ㉓

Leipzigerilhelmstrasse, Leipziger Strasse, Voss Strasse. **Plan** 6 E5. U *Potsdamer Platz, Mohrenstrasse.*

La Wilhelmstrasse et les pâtés de maisons qui s'étendent à l'ouest jusqu'à la Leipziger Platz formaient jadis le quartier du gouvernement, celui où l'État allemand concentra ses principaux centres de décision du milieu du XIXe siècle à 1945.

L'ancienne chancellerie se dresse au n° 77 de la Voss Strasse. Otto von Bismarck y avait son bureau et Adolf Hitler, qui s'y installa en 1933, la fit agrandir par Albert Speer.

De violents combats se déroulèrent à Leipziger Platz au printemps 1945, et il fallut ensuite démolir la majorité des bâtiments qui s'élevaient aux alentours. Parmi ceux qui survécurent figure l'ancien Landtag (Parlement) de Prusse, vaste complexe néo-Renaissance construit entre 1892 et 1904 par Friedrich Schulz. Il se compose de deux parties. Celle donnant sur la Leipziger Strasse (nos 3 et 4) abritait jadis la Chambre haute (Herrenhaus) et sert désormais au Bundesrat (Conseil fédéral). L'ancienne Chambre basse s'ouvre au n° 5 de la Niederkirchner Strasse. Elle renferme aujourd'hui la Chambre des députés du land de Berlin (Berliner Abgeordnetenhaus).

Un autre immeuble plus célèbre a également survécu au n° 5 de la Leipziger Strasse : le ministère de l'Air (Reichsluftfahrtministerium), bâti en 1936, que Hermann Göring commanda à Ernst Sagebiel. Il offre un exemple caractéristique de l'architecture nazie, et devrait bientôt accueillir le ministère des Finances.

Pariser Platz ㉔

PLACE DE PARIS

Plan 6 E3, 15 A3.
Ⓢ *Unter den Linden.* 🚌 *100.*

La place qui marque à l'est la fin d'Unter den Linden fut aménagée en 1734 dans le cadre du développement urbain de Friedrichstadt et de Dorotheenstadt, décidé par Frédéric-Guillaume Ier. Baptisée à l'origine Quarrée, elle prit son nom actuel en 1814, après que la France eut rendu le *Quadrige* de la porte de Brandebourg que Napoléon avait emporté à Paris.

La guerre et la partition de la ville décidée par les vainqueurs entraînèrent la démolition presque intégrale des édifices qui l'entouraient. La Pariser Platz devint un terrain vague coupé par le Mur, où ne subsistait qu'un portail restauré, dernier vestige de l'ancienne Académie des beaux-arts.

La réunification a permis sa réhabilitation selon des critères très stricts. Josef Paul Kleihues a reconstitué, de part et d'autre de la porte de Brandebourg, deux demeures symétriques : la maison Sommer et celle du peintre Max Liebermann. Au nord de la place s'élèvent l'immeuble de la Dresdner Bank, d'inspiration Art déco, et, à côté, l'ambassade de France. Ils feront face, au sud, à l'ambassade des États-Unis, au siège de la DG Bank et à l'Akademie der Künste (Académie des beaux-arts). L'hôtel Adlon et un immeuble de bureau ferment le côté est.

MAX LIEBERMANN (1849-1935)

Max Liebermann fut non seulement un grand peintre, mais aussi l'une des personnalités les plus intéressantes et les plus controversées du Berlin culturel du tournant du siècle. Observateur sensible, dont l'œuvre des débuts se rattache au réalisme, excellent portraitiste, il faisait preuve d'une obstination notoire et alla jusqu'à tenir tête au kaiser. Élu président de l'Académie des beaux-arts en 1820, il dut quitter ses fonctions en 1933 à cause de ses origines juives. Il mourut dans la solitude deux ans plus tard. Sa femme se suicida pour échapper aux camps de concentration.

Frise sur la Brandenburger Tor

Brandenburger Tor ㉕

PORTE DE BRANDEBOURG

Pariser Platz. **Plan** 6 E3, 15 A3.
Ⓢ *Unter den Linden.* 🚌 *100.*

La porte de Brandebourg est devenue l'emblème le plus connu de Berlin, celui de ses triomphes comme celui de ses drames. Pour dessiner cette élégante structure néo-classique haute de 20 m, Carl Gotthard Langhans prit modèle sur les Propylées qui donnaient accès à l'Acropole d'Athènes. Sa construction dura de 1778 à 1791, mais le décor sculpté ne fut achevé qu'en 1795. Deux pavillons encadrent les puissantes colonnes doriques qui soutiennent l'entablement, décoré de scènes en bas relief tirées de la mythologie grecque. Ces pavillons servaient jadis aux fonctionnaires des douanes.

Au sommet se dresse le célèbre *Quadrige*, dessiné par Johann Gottfried Schadow. La déesse de la Victoire, debout dans un char tiré par quatre chevaux, symbolisait à l'origine le triomphe de la paix. Frédéric-Guillaume III fit ajouter les attributs plus guerriers de l'aigle et de la croix de fer quand la statue retrouva sa place en 1814, après la défaite de Napoléon.

La porte de Brandebourg a servi de cadre à de nombreux événements. Militaires et manifestants ont défilé sous ses arches, on y a célébré la naissance du IIe Reich, ainsi que l'arrivée au pouvoir de Hitler. La répression d'un soulèvement ouvrier par les Russes y fit 25 victimes en 1953.

La restauration du monument, entre 1956 et 1958, incomba à Berlin-Est, mais c'est l'Ouest qui se chargea de lui rendre son *Quadrige* en utilisant les moules d'origine. Fermée par le Mur, la porte de Brandebourg n'en devint pas moins pendant 40 ans le symbole par excellence de la division de Berlin et de l'Europe.

***Pariser Platz in Berlin* (1925-1926) par Oskar Kokoschka, Nationalgalerie**

Dans les salons de l'hôtel Adlon

Hotel Adlon ㉖

Unter den Linden 77. **Plan** 6 E3, 6 E4, 15 A3, 15 B3. ☎ *226 10.* Ⓢ *Unter den Linden.* 🚌 *100.*

En créant l'hôtel qui porte toujours son nom, Lorenz Adlon avait pour ambition d'égaler, et même de dépasser, les plus prestigieux palaces européens de l'époque. Inauguré par Guillaume II en 1907, l'établissement eut pour clients des célébrités telles que Greta Garbo, Enrico Caruso et Charlie Chaplin.

Démoli en 1945 et reconstruit après la réunification, il a rouvert ses portes le 23 août 1997. Il reste l'adresse la plus prestigieuse de la capitale allemande, et bois exotiques, marbre et tentures composent un décor raffiné dans les pièces de réception, tandis que les chambres offrent le dernier cri du confort moderne. Si leur prix dépasse vos moyens, vous pouvez toujours prendre une tasse de café dans la grande salle, et y admirer le seul vestige authentique du palace d'origine : une fontaine en marbre noir décorée d'éléphants. Elle agrémentait jadis l'orangerie.

Russische Botschaft ㉗

Ambassade de Russie

Unter den Linden 63/65. **Plan** 6 F3, 15 B3. Ⓢ *Unter den Linden.* 🚌 *100.*

À l'emplacement qu'occupait depuis 1837 le palais abritant la délégation des tsars à Berlin, l'ancienne ambassade d'URSS fut le premier bâtiment édifié sur Unter den Linden après la guerre. Immense, elle renferme plus de trois cents pièces derrière sa façade de marbre. Sa construction, sur des plans de l'architecte russe Anatoli Strijevsky, demanda cinq ans de travaux, de 1948 à 1953. Son organisation respecte une stricte symétrie, et s'inspire des immeubles berlinois de la période néo-classique, mais les Allemands la trouvent plutôt style « pièce montée » *(Zuckerbäckerstil).* Caractéristiques du réalisme socialiste cher à Staline, des sculptures de héros de la classe ouvrière ont pris la place des représentations de divinités de l'Antiquité.

Statue décorant l'ambassade de Russie

Komische Oper ㉘

Opéra comique

Behrenstr. 55/57. **Plan** 6 F4, 15 C3. ☎ *47 99 74 00.* Ⓤ *Französische-strasse.* Ⓢ *Unter den Linden.* 🚌 *100, 147, 348.*

Derrière une façade typique du style en vigueur à Berlin-Est pendant les années 60, le Komische Oper, l'un des trois grands opéras de Berlin avec le Staatsoper Unter den Linden et le Deutsche Oper Berlin, abrite une salle de spectacle au décor particulièrement exubérant. Construit en 1892 par les architectes viennois Ferdinand Fellner et Hermann Helmer, il s'appelait à l'origine Theater Unter den Linden et devint un temps le Théâtre national allemand. L'Opéra comique l'occupe depuis sa reconstruction après la Seconde Guerre mondiale. Il propose une programmation appréciée des amateurs d'art lyrique et de ballet.

Caractéristique du néo-baroque viennois, l'ornementation intérieure abonde en stucs et en dorures. Dans la salle, vous remarquerez les sculptures de Theodor Friedel. Même si elles nous paraissent aujourd'hui très kitsch, elles sont très expressives.

Un soir de représentation au Komische Oper

S-Bahnhof Friedrichstrasse ㉙

GARE DE FRIEDRICHSTRASSE

Plan 6 F2, 6 F3 & 15 C2.

Construite en 1882 sur des plans de Johannes Vollmer, cette gare ne reçut qu'en 1925 le toit qui protégeait la salle des pas perdus et les quais. Elle tient dans l'histoire des Berlinois une place particulière car elle servait, avant la chute du Mur, de point de passage entre les deux parties de la ville.

Une maquette exposée au Stasi-Museum *(p. 166)* permet d'avoir un aperçu du dédale que formaient alors passages et escaliers. Il ne subsiste aujourd'hui que le pavillon qui servait de salle d'attente aux retraités de l'Est qui voulaient se rendre à l'Ouest (ils étaient les seuls à avoir droit de le faire). Il était surnommé le « palais des Pleurs » (Tränenpalast) car c'est là, souvent, que se séparaient les familles après une visite. Il sert désormais de salle de spectacle.

Admiralspalast ㉚

Friedrichstr. 101-102. **Plan** 6 F2, 15 C1. U et S *Friedrichstrasse.*

Construit en 1911 pour abriter une piscine et une patinoire, l'Admiralspalast possède une façade principale dessinée par Heinrich Schweitzer, et décorée de pilastres doriques et de bas-reliefs sculptés dans du marbre d'Istrie. Œuvre d'Ernst Westphal, l'autre façade domine la Planckstrasse. D'un style très différent, elle ne manque pas non plus d'intérêt avec ses motifs exotiques.

Malgré les nombreux remaniements qu'a connu l'édifice, elles sont toutes deux d'origine.

Le quartier de la Friedrichstrasse était réputé au début du XXe siècle pour ses salles de spectacle, et l'Admiralspalast fut réaménagé en 1922 pour que le théâtre Metropol puisse s'y installer. Spécialisé dans le boulevard et les comédies musicales, il a toutefois fait faillite en 1997.

Fenêtre de l'Admiralspalast

Cabaret renommé pour ses satires politiques né à Berlin-Est, Die Diestel a pris la relève dans une partie du bâtiment qui aurait un besoin urgent de rénovation.

Maxim Gorki Theater ㉛

THÉÂTRE MAXIME-GORKI

Am Festungsgraben 2. **Plan** 7 A3, 16 E2. ☎ 20 22 11 29. U & S *Friedrichstrasse.* 🚌 *100, 157, 348.*

L'ancienne Sing-Akademie (Académie de chant), bâtie en 1827 par Karl Theodor Ottmer d'après des dessins de Karl Friedrich Schinkel, présente une jolie façade néo-classique. Réputée pour son acoustique, sa salle de concert accueillit des virtuoses tels que Paganini et Franz Liszt. Felix Mendelssohn-Bartholdy y dirigea en 1829 la représentation de *La Passion selon saint Matthieu,* la première depuis la mort de son compositeur, Jean-Sébastien Bach, en 1750.

L'édifice abrite un théâtre depuis sa reconstruction après la Seconde Guerre mondiale. Son programme comprend aussi bien des pièces classiques que les créations d'auteurs contemporains.

Le théâtre Gorki occupe l'ancienne Académie de chant

Palais am Festungsgraben (Museum Mitte) ㉜

PALAIS AM FESTUNGSGRABEN (MUSÉE MITTE)

Am Festungsgraben 1. **Plan** 7 A3, 16 E2. ☎ *20 84 000.* S *Friedrichstrasse.* 🚌 *100, 157, 348.* ◯ *13h-17h mer. et jeu., ven. 13h-20h, sam. 11h-20h, dim. 11h-17h.*

L'un des rares édifices de cette partie de la ville à avoir conservé son décor intérieur, malgré les aléas de l'histoire, a pour origine un petit palais baroque édifié en 1753. Il prit toutefois son aspect actuel lors d'un important agrandissement entrepris en 1864 par les architectes Heinrich Bürde et Hermann von der Hude.

Caractéristique de la fin de l'époque néo-classique à Berlin, il évoque par son style les dernières œuvres de Karl Friedrich Schinkel. À l'intérieur, une haute salle en marbre de style néo-Renaissance s'inspire de la Salle blanche de l'ancien Stadtschloss *(p. 71).* L'une des pièces du rez-de-chaussée fut transformée en salon de musique en 1934 et meublée des nombreux instruments provenant de la maison du riche marchand Johann Weydinger (1773-1837), aujourd'hui démolie.

BODE MUSEUM
2
UKW
20

MUSEUMSINSEL

La longue île, enserrée par la Spree et son canal, est le berceau historique de la capitale allemande. On y situe la fondation de Cölln, village mentionné pour la première fois en 1237. Avec Berlin, dont on trouve la trace dès 1244, l'agglomération forma le noyau de la ville actuelle. Il ne reste toutefois aucune trace du bourg qui se développa pendant le Moyen Âge et la Renaissance. Le visage de l'île changea en effet quand les princes-électeurs du Brandebourg y firent construire un château, le Stadtschloss, en 1451. Devenu palais royal puis impérial, maintes fois remodelé et agrandi au fil des siècles, il ne survécut pas à la Seconde Guerre mondiale et fut rasé en 1950. La Schlossplatz s'étend à son emplacement. Au nord subsistent quelques édifices intéressants, dont l'imposante Berliner Dom et les prestigieux musées qui ont valu à la Museumsinsel son nom d'« île des Musées ». Ils sont réputés pour leurs collections d'archéologie.

Bas-relief de la façade de la Berliner Dom

LE QUARTIER D'UN COUP D'ŒIL

Musées
- Alte Nationalgalerie 7
- *Altes Museum p. 75* 6
- Bodemuseum 10
- Galgenhaus 19
- Historischer Hafen Berlin 13
- Märkisches Museum 14
- Neues Museum 8
- *Pergamonmuseum p. 80-83* 9

Jardin, rue et place
- Lustgarten 5
- Märkisches Ufer 15
- Schlossplatz 1

Bâtiments historiques
- *Berliner Dom p. 76-77* 4
- Ermeler-Haus 16
- Gertraudenbrücke 17
- Marstall 11
- Nicolai-Haus 18
- Ribbeckhaus 12
- Schlossbrücke 3

Autre bâtiment
- Palast der Republik 2

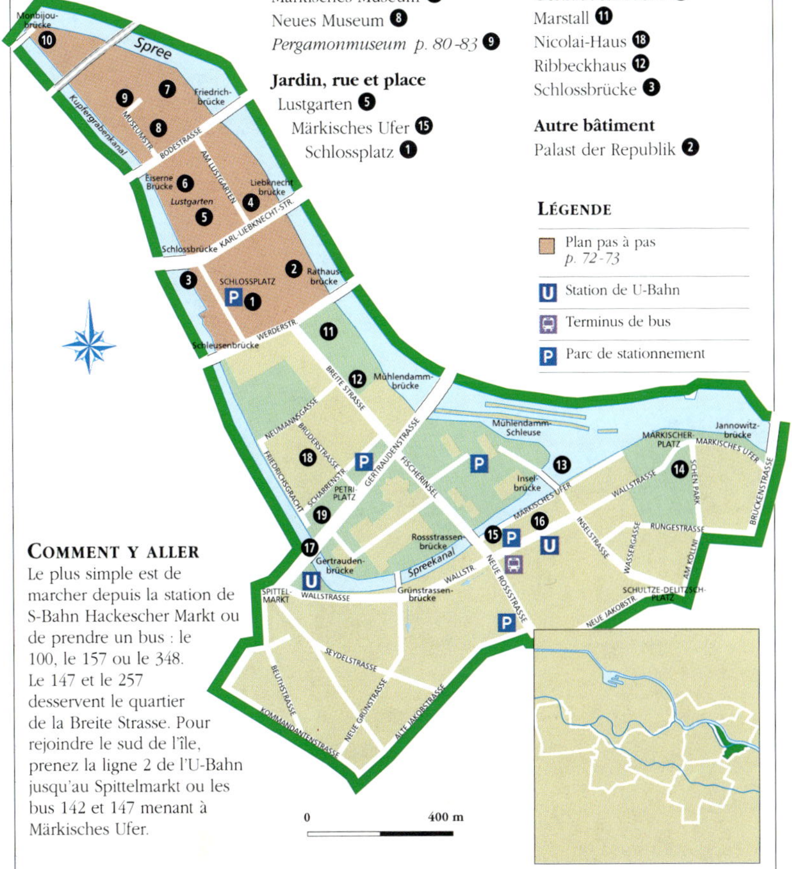

LÉGENDE
- Plan pas à pas *p. 72-73*
- Station de U-Bahn
- Terminus de bus
- Parc de stationnement

COMMENT Y ALLER

Le plus simple est de marcher depuis la station de S-Bahn Hackescher Markt ou de prendre un bus : le 100, le 157 ou le 348. Le 147 et le 257 desservent le quartier de la Breite Strasse. Pour rejoindre le sud de l'île, prenez la ligne 2 de l'U-Bahn jusqu'au Spittelmarkt ou les bus 142 et 147 menant à Märkisches Ufer.

◁ **L'élégant Bodemuseum et la Fernsehturm (tour de la Télévision) à l'arrière-plan**

La Museumsinsel pas à pas

L'« île des Musées » permet de découvrir le Lustgarten, dominé par la Berliner Dom, avant de visiter les institutions prestigieuses qui abritèrent jusqu'à la dernière guerre les plus grandes collections d'art de la capitale allemande : le Bodemuseum, l'Altes Museum, l'Alte Nationalgalerie et le splendide Pergamonmuseum, célèbre par ses antiquités.

Bodemuseum
De style néo-baroque, ce musée occupe la pointe de l'île. Sa rénovation doit se poursuivre jusqu'en 2004 ❿

Railway bridge,
est aussi une station de S-Bahn.

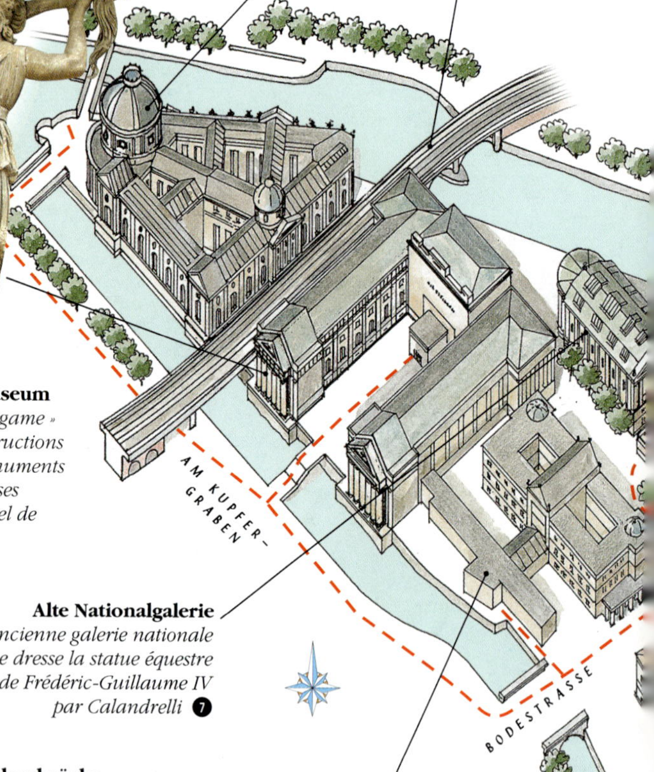

★ Pergamonmuseum
Le « musée de Pergame » abrite les reconstructions de parties de monuments antiques et les frises d'origine de l'autel de Pergame ❾

Alte Nationalgalerie
Devant l'ancienne galerie nationale se dresse la statue équestre de Frédéric-Guillaume IV par Calandrelli ❼

Schlossbrücke
Le « pont du Château » s'appelait pont Marx-Engels sous le régime communiste ❸

0 100 m

Neues Museum
La restauration du « Nouveau Musée », qui abritait jadis des antiquités égyptiennes, vient à peine de débuter ❽

À NE PAS MANQUER

★ **Altes Museum**

★ **Berliner Dom**

★ **Pergamonmuseum**

LÉGENDE

– – – Itinéraire conseillé

★ Altes Museum
Aux angles du bâtiment central sont représentés Castor et Pollux, héros de la mythologie grecque, surnommés les Dioscures ❻

Carte de situation
Voir atlas des rues, plans 7 et 16

★ Berliner Dom
La cathédrale de Berlin possède un riche intérieur néo-baroque datant de la fin du XIXe siècle ❹

Lustgarten
Placée ici en 1828, cette vasque en granit, la plus grande du monde, pèse plus de 70 t. ❺

Palast der Republik
Le destin du « palais de la République » reste en suspens. Il pourrait laisser la place à la reconstruction du Stadtschloss ❷

Schlossplatz
Des fouilles ont mis au jour des caves de l'ancien château des Hohenzollern ❶

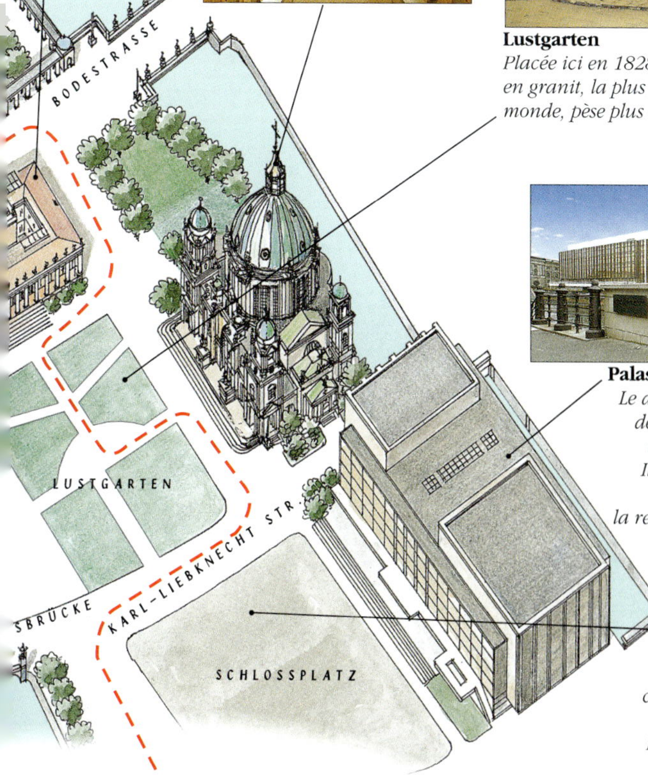

Schlossplatz ❶

PLACE DU CHÂTEAU

Plan 7 B3, 16 F3. Ⓢ *Hackescher Markt.* 🚌 *100, 157, 348.*

La Schlossplatz occupe l'emplacement du château des Hohenzollern, dont les origines remontent à la place forte construite par Frédéric II en 1451 au grand dam des habitants des bourgs de Cölln et de Berlin. Devenue la résidence des électeurs du Brandebourg, elle commença à prendre un aspect plus souriant à la Renaissance sur l'initiative de Joachim II, mais c'est Frédéric III qui la transforma en un véritable palais en commandant sa reconstruction dans le style baroque.

Dirigés par Andreas Schlüter, puis Johann von Göthe et Martin Heinrich Böhme, les travaux durèrent de 1698 à 1716. Haute de trois étages, l'immense demeure royale, puis impériale, s'organisait autour de deux cours intérieures. Le public put apprécier son luxe après l'abdication de Guillaume II en 1918, car elle devint un musée des Arts décoratifs.

Ravagé par un incendie pendant la Seconde Guerre mondiale, le Stadtschloss reçut une restauration provisoire à la fin du conflit, mais le gouvernement de la RDA décida de démolir en 1950, malgré les protestations, ce qui restait le symbole du pouvoir autocratique exercé pendant cinq siècles par les Hohenzollern, et d'aménager une place baptisée Marx-Engels Platz. Seul subsista le portail de la façade donnant sur le Lustgarten, celui dont Karl Liebknecht avait utilisé le balcon en 1918 pour annoncer la création d'une république socialiste. Il orne désormais le Staatsratgebaüde, érigé en 1964 au sud de la place.

Le portail du Stadtschloss conservé par la RDA

La décision de reconstruire ou non le palais reste un sujet de débat. En 1993, une artiste française a permis un temps aux promeneurs de s'imaginer revenus au temps de sa gloire en le représentant en perspective sur une toile tendue sur un échafaudage.

Palast der Republik ❷

PALAIS DE LA RÉPUBLIQUE

Plan 7 B3, 16 F2. Ⓢ *Hackescher Markt.* 🚌 *100, 157, 348.*

Élevé en 1976 sur un site libéré par la démolition du Stadtschloss, le Palast der Republik abritait la Chambre du peuple de la RDA, ainsi qu'un centre culturel comprenant des restaurants, un théâtre, une discothèque, des équipements sportifs et une salle pouvant accueillir 5 000 personnes. Toutefois, on constata que ses matériaux d'isolation contenaient de l'amiante, et la fermeture du bâtiment fut décidée en 1990, donnant naissance à une polémique. De nombreux habitants de l'ancien Berlin-Est voudraient en effet le conserver. Son avenir dépend du projet de reconstruction du Stadtschloss.

Schlossbrücke ❸

Plan 7 B3, 16 E2. Ⓢ *Hackescher Markt.* 🚌 *100, 157, 348.*

Bâti en 1824 sur les plans de Karl Friedrich Schinkel, le Schlossbrücke relie la Schlossplatz à Unter den Linden. Les piliers de granit rouge qui l'encadrent portent des statues en marbre blanc de Carrare, ajoutées en 1853. Dessinées également par Schinkel, elles illustrent des scènes de la mythologie grecque telles qu'Iris, Niké et Athena (la messagère des dieux et les déesses de la Victoire et de la Sagesse) surveillant l'entraînement de jeunes guerriers. Des créatures marines s'enlacent dans le décor de la balustrade en fer forgé.

Sculptures du Schlossbrücke

Berliner Dom ❹

CATHÉDRALE DE BERLIN

Voir p. 76-77.

Lustgarten ❺

Plan 7 B3, 16 E2. Ⓢ *Hackescher Markt.* 🚌 *100, 157, 348.*

Le charmant jardin qui s'étend devant l'Altes Museum paraît avoir toujours été là, mais il n'a pris son aspect actuel qu'en 1999.

Il servit à la culture de légumes et de plantes médicinales jusqu'à la fin du XVIe siècle, et ne devint un véritable « jardin d'agrément » qu'à partir du règne du Grand Électeur (1620-1688). Statues, grottes, fontaines et plantes exotiques durent toutefois s'effacer devant la passion de l'art militaire de Frédéric-Guillaume Ier (1688-1740), le Roi-Sergent, qui le transforma en place d'armes.

Après la construction de l'Altes Museum, le paysagiste Peter Joseph Lenné réaménagea l'espace en jardin classique. Sa grande vasque en granit, large de près de 7 m de diamètre et lourde de plus de 70 t, est une œuvre de Christian Gottlieb Cantian, sur un dessin de Schinkel, destinée à l'origine à la rotonde du musée. Son poids ne permit pas de la transporter à l'intérieur.

Le Lustgarten redevint un lieu de parade pavé de 1933 à 1989. Sa restauration s'appuie sur des plans de Lenné.

Altes Museum ❻

En édifiant l'« ancien musée », Karl Friedrich Schinkel a réussi l'un des plus beaux monuments néo-classiques du monde. Un splendide portique haut de 87 m et soutenu par 18 colonnes ioniennes protège l'entrée. À son inauguration en 1830, le bâtiment était un des premiers d'Europe à avoir été spécialement conçu pour présenter au public une collection d'art, celle de peintures et d'antiquités réunie par la famille royale des Hohenzollern. Depuis 1998, l'Altes Museum abrite l'Antikensammlung, une riche collection d'antiquité gréco-romaines.

MODE D'EMPLOI

Am Lustgarten (Bodestr. 1-3). **Plan** 7 B3. *20 90 55 55. Hackescher Markt. 100, 157, 348. 10h-18h mar.-jeu. et dim., 10h-20h ven. et dim.*

Tête de Périclès
Il s'agit d'une copie romaine de la sculpture de Kresilas qui ornait l'entrée de l'Acropole d'Athènes.

Amphore d'Andochides
Des scènes de lutte décoraient souvent les vases.

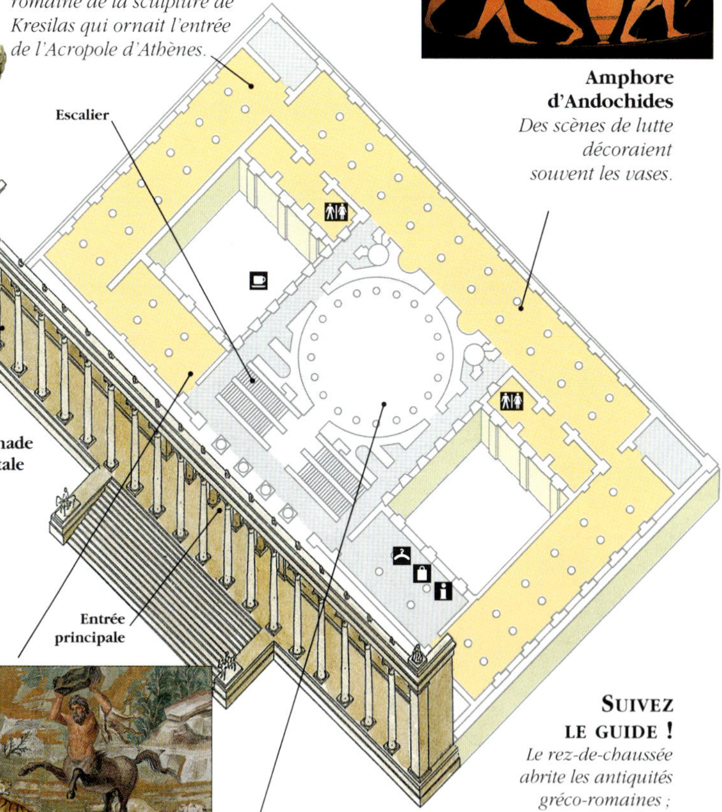

Escalier

Une colonnade monumentale donne son caractère à la façade.

Entrée principale

La rotonde, décorée de sculptures et entourée d'une colonnade, s'inspire du Panthéon.

SUIVEZ LE GUIDE !
Le rez-de-chaussée abrite les antiquités gréco-romaines ; le 1er étage provisoirement les peintures du XIXe siècle de la Nationalgalerie.

Mosaïque de la villa d'Hadrien (v. 117-138)
Cette scène de bataille entre des centaures et des fauves décorait le sol de la villa que s'était faite aménager l'empereur Hadrien à Tivoli, près de Rome.

LÉGENDE

- Antiquités gréco-romaines
- Expositions temporaires

Berliner Dom ❹

Armoiries de Frédéric III

Frédéric II fit édifier en 1747 la cathédrale protestante de Berlin à l'emplacement d'une église dominicaine afin d'en faire le mausolée des Hohenzollern. L'édifice baroque, dessiné par Johann Boumann, connut entre 1816 et 1821 un remaniement dirigé par le maître du néo-classicisme, Karl Friedrich Schinkel. Œuvre de Julius Raschdorff, le sanctuaire actuel, de style néo-baroque, date du tournant du siècle. Sa restauration, après la Seconde Guerre mondiale, et la démolition du mausolée des Hohenzollern qui prolongeait l'église au nord ont donné au bâtiment une ligne plus simple. L'ornementation intérieure a toutefois conservé une richesse qui témoigne du goût de l'époque pour les stucs et les dorures.

Armoiries de Frédéric III

Philipp der Grossmütige

Au pied de l'arcade se dressent des statues d'artisans ou de défenseurs de la Réforme. Walter Schott sculpta celle de Philippe le Magnanime (1504-1567), landgrave de Hesse vaincu par Charles Quint.

★ L'intérieur

Julius Raschdorff lui donna sa somptueuse décoration entre 1894 et 1905.

Grand orgue

Ce magnifique instrument provient de l'atelier de Wilhelm Sauer.

★ Le tombeau de l'électeur

Commandée par Joachim Ier pour son père Jean Cicéron à l'atelier Vischer de Nuremberg, la plus ancienne relique du sanctuaire date d'environ 1530.

Les quatre évangélistes
Des mosaïques par Woldemar Friedrich ornent les plafonds des niches de la cathédrale.

MODE D'EMPLOI

Am Lustgarten. **Plan** 7 B3, 16 F2. 20 45 11 00. Hackescher Markt. 100, 157, 348. 9h-19h30 t.l.j. 10h et 18h dim.

Ascension
Dessinés par Anton von Werner, les vitraux de l'abside illustrent des épisodes de la vie de Jésus.

Le maître-autel, œuvre de Friedrich August Stüler, provient de la cathédrale antérieure et date de 1850.

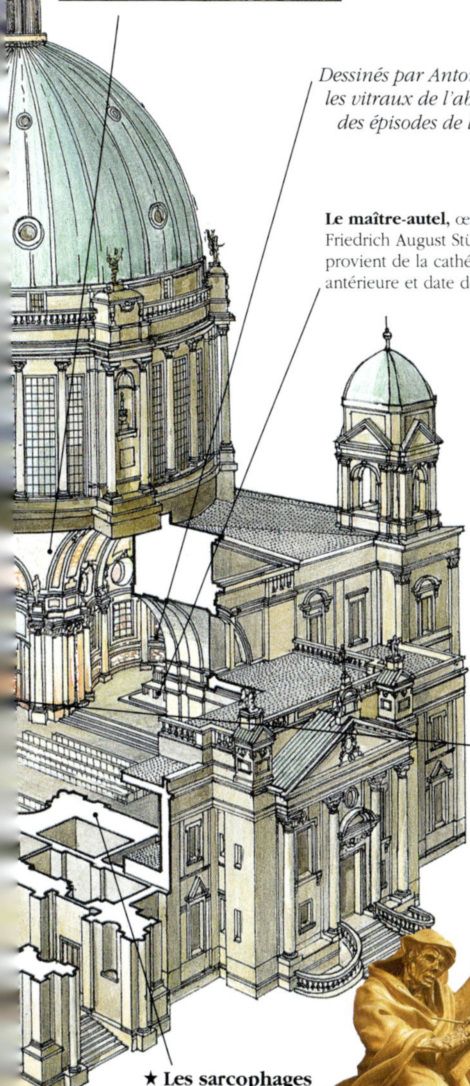

Chaire
De style néo-baroque, elle date du début du XXe siècle.

★ Les sarcophages de Frédéric Ier et Sophie-Charlotte
Le tombeau de l'épouse de Frédéric Ier porte une image de la mort typique du baroque.

À NE PAS MANQUER

- ★ **Le tombeau de l'électeur**
- ★ **L'intérieur**
- ★ **Les sarcophages**

***L'Île des morts* (1883) d'Arnold Böcklin, Alte Nationalgalerie**

Alte Nationalgalerie ❼

ANCIENNE GALERIE NATIONALE

Bodestrasse 1-3. **Plan** 7 B2, 16 E1. *20 90 55 55.* Ⓢ *Hackescher Markt ou Friedrichstrasse.* *100, 147, 257, 348.* *1, 2, 3, 4, 5, 13, 53, 58.* *jusqu'en oct. 2001.*

La Galerie nationale, construite entre 1866 et 1876, avait pour fonction d'abriter la collection d'art moderne exposée depuis 1861 à l'Akademie der Künste *(p. 67)*, mais son bâtiment, dessiné par Friedrich August Stüler, s'inspire d'un temple antique. L'édifice s'élève sur un haut podium desservi par un double escalier. Au sommet des marches se dresse la statue équestre de Frédéric-Guillaume IV. Le souverain participa activement à la conception du musée, et soumit des croquis à son architecte. Alexander Calandrelli exécuta la sculpture en 1886. Au fronton du portique corinthien, Germania est représentée en protectrice des arts.

La collection souffrit beaucoup des préjugés des nazis, puis fut divisée à la fin de la guerre. Les autorités de Berlin-Ouest commandèrent à Mies Van der Rohe la nouvelle Galerie nationale *(p. 126)* pour y installer la partie conservée.

La réunification a permis de rassembler les œuvres et de les répartir de manière plus rationnelle entre les différents lieux d'exposition. L'Alte Nationalgalerie est actuellement en cours de rénovation, mais elle devrait conserver les œuvres du XIXe siècle et du début du XXe. La sculpture néo-classique y sera à l'honneur avec des statues de Christian Daniel Rauch et Johann Gottfried Schadow, dont l'original en marbre des *Princesses Louise et Frédérique de Prusse (p. 63)*.

La collection de peintures comprend des tableaux d'artistes allemands tels qu'Adolf von Menzel, Wilhelm Leibl, Max Liebermann et Arnold Böcklin, ainsi qu'une riche section consacrée aux impressionnistes français. On remarquera également les fresques inspirées de Raphaël exécutées en 1816-1817 par des nazaréens, peintres appartenant à un mouvement pictural préromantique spécifique à l'Allemagne.

Neues Museum ❽

NOUVEAU MUSÉE

Bodestrasse 1-3. **Plan** 7 B2, 16 E2. Ⓢ *Hackescher Markt ou Friedrichstrasse.* *100, 147, 257, 348.* *1, 2, 3, 4, 5, 13, 53, 58.* *jusqu'en 2005.*

Construit entre 1841 et 1855 d'après des plans de Friedrich August Stüler, un élève de l'architecte néo-classique Karl Friedrich Schinkel, le Neues Museum abrita jusqu'à la Seconde Guerre mondiale une collection d'antiquités en majorité égyptiennes. Aux murs, des peintures par Wilhelm von Kaulbach illustraient des événements clés de l'histoire mondiale.

Décor de façade, Neues Museum

L'édifice subit de tels dégâts en 1945 que la question de sa restauration resta longtemps en suspens. Les travaux ont commencé en 1998 sur des plans de David Chipperfield. Le musée ne retrouvera pas la totalité de son décor intérieur, mais il proposera à nouveau une exposition d'art égyptien. Elle inclura, selon le projet actuel, les pièces actuellement présentées à Charlottenburg *(p. 158)*. Le bâtiment renfermera aussi le centre d'information de tout le complexe muséal de la Museumsinsel.

Pergamon-museum ❾

Voir p. 80-83.

Bodemuseum ⑩

Monbijoubrücke. (Bodestrasse 1-3). **Plan** 7 A2, 16 D1, 16 E1. *20 90 57 01. Ⓢ Hackescher Markt ou Friedrichstrasse.* *100, 147, 257, 348.* *1, 2, 3, 4, 5, 13, 53, 58.* *jusqu'en 2004*

Ernst von Ihne dut adapter ses plans à l'espace exigu de la pointe de l'île pour concevoir le quatrième musée de la Museumsinsel. Construite dans le style néo-baroque entre 1897 et 1904, l'institution s'appelait à l'origine le Kaiser Friedrich Museum. Elle a pris après guerre le nom de Wilhelm Bode, qui fut le directeur général des musées de Berlin de 1904 à 1920, et l'homme qui contribua probablement le plus à établir la renommée culturelle de la capitale allemande.

Le Bodemuseum présentait jadis une exposition variée qui associait œuvres d'art, mobilier et antiquités. Les peintures ont rejoint celles du Kulturforum *(p. 122-123)*, tandis que les antiquités égyptiennes ont complété la collection de l'Ägyptisches Museum de Charlottenburg *(p. 158)*. À l'achèvement de sa restauration, le Bodemuseum abritera de nouveau le cabinet des Monnaies et des Médailles et les antiquités byzantines. Complétée, la collection de sculptures comprendra des œuvres de Tilman, Riemenschneider, Donatello, le Bernin et Canova. La statue équestre de Frédéric-Guillaume par Andreas Schlüter retrouvera sa place sous la coupole.

Marstall ⑪

Écuries royales

Schlossplatz/Breite Strasse 36-37. **Plan** 7 B3, C3, C4, 16 F3. Ⓤ *Spittelmarkt.* *147, 257.*

Le vaste corps de bâtiments des anciennes écuries royales s'étend au sud de la Schlossplatz entre la Spree et la Breitestrasse. L'aile qui borde la rue date de 1669. Œuvre de Michael Matthias Smids, c'est la seule construction du début du baroque à avoir survécu à Berlin. Les ailes qui bordent la Schlossplatz et la rivière sont beaucoup plus récentes. Pour les bâtir, entre 1898 et 1901, Ernst von Ihne s'inspira de plans dessinés par Jean de Bodt en 1700.

Ribbeckhaus ⑫

Maison Ribbeck

Breite Strasse 35. **Plan** 7 C4. Ⓤ *Spittelmarkt.* *147, 257.*

Quatre pittoresques pignons à pinacles couronnent le seul édifice Renaissance qu'ait conservé le centre de Berlin.

Un conseiller à la cour, Hans Georg von Ribbeck, commanda sa construction au début du XVIIe siècle, puis vendit très vite la maison à Anna Sophie de Brunswick. L'architecte Balthasar Benzelt effectua pour elle des travaux d'adaptation en 1629. À la mort de la princesse en 1659, son neveu, l'électeur Frédéric-Guillaume, hérita de la demeure. Devenu propriété de la Couronne et rattaché aux écuries royales, l'édifice remplit ensuite diverses fonctions administratives. Il conserva ses pignons par décret royal lorsqu'on le dota d'un étage supplémentaire.

Une copie a remplacé en 1960 le portail qui porte les armoiries des premiers propriétaires de la maison : von Ribbeck et son épouse Katharina von Brösicke. Remarquez les belles grilles en fer forgé des fenêtres du rez-de-chaussée.

Le Bodemuseum néo-baroque dessiné par Ernst von Ihne

Portail de la Ribbeckhaus de style Renaissance

Historischer Hafen Berlin ⑬

Port historique de Berlin

Märkisches Ufer. **Plan** 8 D4. *21 47 32 57.* Ⓢ *Jannowitzbrücke.* Ⓤ *Märkisches Ufer.* *265.* *1er avr.-31 oct. : mar.-ven. 14h-18h, sam.-dim. : 11h-18h.*

Jadis situé au port Humboldt, le musée en plein air du Port historique de Berlin se trouve désormais sur la rive sud de la Museumsinsel, dans un quartier appelé Fischerinsel (« l'île des Pêcheurs »). Il regroupe divers bateaux qui naviguaient sur la Spree à la fin du siècle dernier, notamment des péniches et des remorqueurs. Ils sont amarrés face au Märkisches Ufer (quai de la Marche). L'un d'eux fait office de café en été. Un autre, le *Renate Angelika*, abrite une petite exposition sur l'histoire des transports fluviaux.

Pergamonmuseum ❾

Construit entre 1912 et 1930 d'après des plans d'Alfred Messel et de Ludwig Hoffmann, le musée de Pergame renferme une exposition d'art antique célèbre par ses reconstructions monumentales, dont celle de l'autel de Zeus qu'ornait à Pergame une frise hellénistique longue de 120 m. Le Pergamonmuseum comprend trois départements : la collection d'antiquités, le musée du Proche-Orient et le musée d'Art islamique. Les pièces qui y sont réunies proviennent de fouilles effectuées par des expéditions archéologiques allemandes à la fin du XIXe siècle et au début du XXe.

★ **L'autel de Pergame** (160 av. J.-C.)
La frise raconte le combat des dieux de l'Olympe contre les géants. La déesse Athéna arrache ici Alcyonée à sa mère Gaïa.

Mosaïque romaine
(IIe ou IIIe siècle av. J.-C.)
Ce portrait provient de Jerash, en Jordanie. Une autre partie de la mosaïque se trouve au Stark Museum of Arts, au Texas.

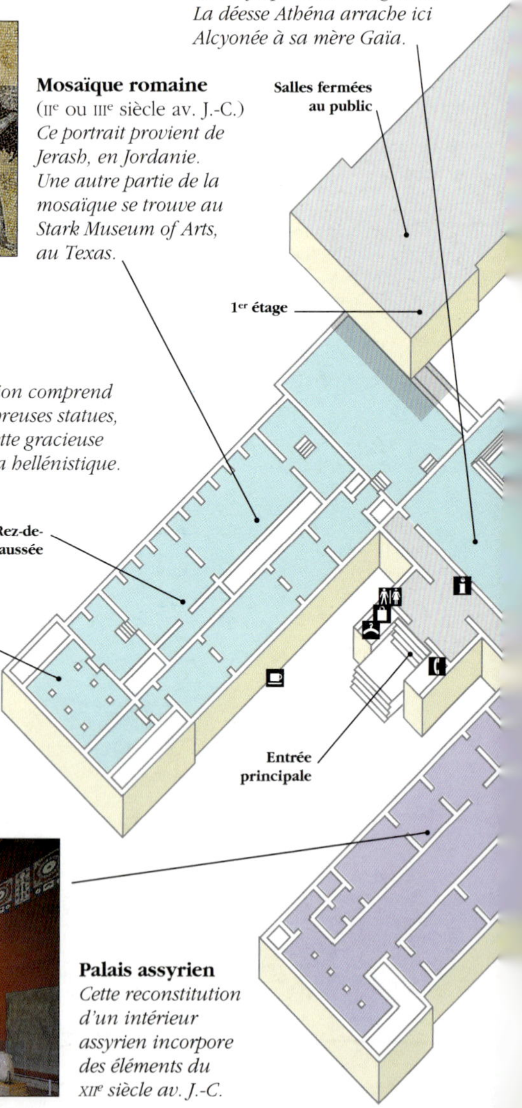

Athéna
La collection comprend de nombreuses statues, dont cette gracieuse Athéna hellénistique.

Palais assyrien
Cette reconstitution d'un intérieur assyrien incorpore des éléments du XIIe siècle av. J.-C.

Chambre d'Alep
(v. 1603)
Un marchand chrétien de la cité syrienne d'Alep recevait jadis ses clients dans cette salle.

Mode d'emploi

Bodestrasse 1-3 (entrée depuis Am Kupfergraben). **Plan** 7 A2, B2, 16 E1, E2. ☎ *20 90 55 55/66.* Ⓢ *Hackescher Markt ou Friedrichstrasse.* 🚌 *100, 147, 257, 348.* ◯ *10h-18h mar.-dim.* ● *1er jan., mar. après Pâques et Pentecôte, 24, 25 et 31 déc.* *flash interdit.*

Suivez le guide !

Au rez-de-chaussée, les reconstructions monumentales occupent la partie centrale, l'aile gauche est consacrée aux antiquités gréco-romaines et l'aile droite abrite le musée du Proche-Orient. Le musée d'Art islamique se trouve au premier étage.

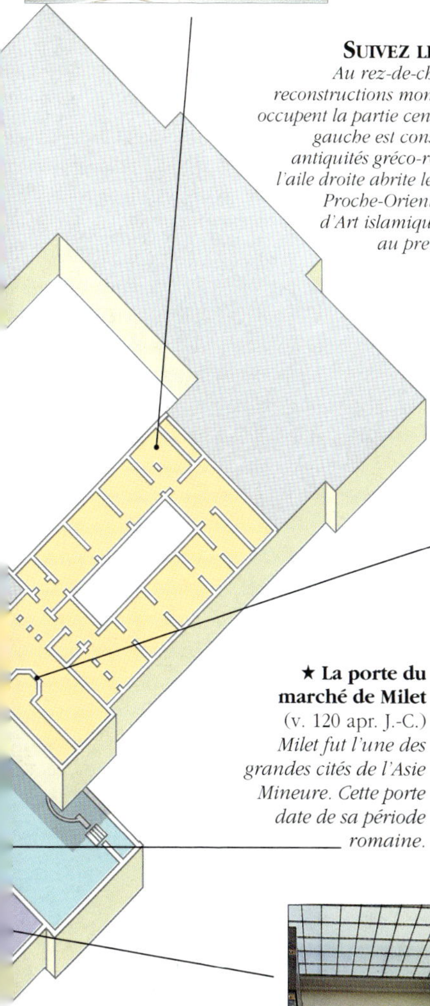

Façade du palais de Mshatta
(744 apr. J.-C.)
Le sultan turc Abdülhamid II offrit en 1903 au kaiser Guillaume II la façade sud de l'élégant palais jordanien de Mshatta.

★ La porte du marché de Milet
(v. 120 apr. J.-C.)
Milet fut l'une des grandes cités de l'Asie Mineure. Cette porte date de sa période romaine.

★ La porte d'Ishtar
(VIe siècle av. J.-C.)
Parée de briques vernissées, elle ouvrait à Babylone sur la voie des Processions, dont le musée abrite aussi une reconstitution.

À ne pas manquer

- **★ L'autel de Pergame**
- **★ La porte d'Ishtar**
- **★ La porte du marché de Milet**

Légende

- Antiquités (Antikensammlung)
- Musée du Proche-Orient (Vorderasiatisches Museum)
- Musée d'Art islamique (Museum für Islamische Kunst)
- Fermé au public

À la découverte du Pergamonmuseum

Sculpture mésopotamienne

Inauguré en 1930, le plus récent des musées de la Museumsinsel occupe l'un des premiers bâtiments d'Europe spécialement conçus pour accueillir de grandes reconstructions architecturales. Il abrite des collections dont la constitution commença au XVIIe siècle, mais qui doivent leur richesse aux fouilles entreprises par les archéologues allemands au tournant du XXe siècle. Elles forment un ensemble renommé dans le monde entier.

Perséphone, statue du Ve siècle découverte à Tarente

Entrée restaurée du temple d'Athéna Nikephoros de Pergame (IIe siècle apr. J.-C.)

Collection d'Antiquités

L'Antikensammlung, la collection d'antiquités gréco-romaines, a vu le jour au XVIIe siècle, et s'est étoffée régulièrement jusqu'en 1830 où elle est devenue accessible au public après son installation dans l'Altes Museum *(p. 75)*. À partir de 1871, le jeune Empire allemand tenta de rattraper son retard sur de vieilles nations coloniales comme l'Angleterre et la France grâce à d'importantes campagnes de fouilles. Ainsi furent rapportés à Berlin des fragments architecturaux qui, patiemment rassemblés, permirent les grandes reconstructions de monuments visibles actuellement dans le bâtiment conçu pour les accueillir.

Le plus célèbre de ces monuments, l'autel de Pergame, a donné son nom au musée. Il provient d'une ville grecque d'Asie Mineure (l'actuelle Bergama en Turquie), et une maquette donne une image du contexte urbain dans lequel il s'inscrivait. Dédié à Zeus et à Athéna, il aurait été commandé vers 160 av. J.-C. pour célébrer les victoires du roi Eumène II sur les Galates. L'archéologue Carl Humann en retrouva les fragments à partir de 1878. Reconstituer les reliefs qui l'ornaient prit des années.

La « grande frise » courait au pied du portique et se déploie désormais sur les murs de la salle. Elle a pour thème une gigantomachie, bataille des dieux contre les géants. La « petite frise » qui ornait l'intérieur du monument illustre l'histoire de Télèphe, fils d'Héraclès et fondateur légendaire de Pergame dont prétendaient descendre les souverains de la ville.

La collection comprend d'autres vestiges de la cité, dont la façade du temple d'Athéna Nikephoros, ainsi que de beaux exemples de sculpture hellénistique, notamment des statues mises au jour à Milet, Samos et Nakosos.

Les antiquités romaines ont pour fleuron la porte du marché de Milet, cité au passé prestigieux située sur la côte occidentale d'Asie Mineure. La porte date du IIe siècle apr. J.-C. et montre de fortes influences hellénistiques. Intégrée à des remparts byzantins puis détruite par un tremblement de terre, elle fut restaurée à Berlin en 1903.

Parmi les autres belles pièces de l'exposition figurent de superbes mosaïques et un impressionnant sarcophage de marbre datant du IIe siècle apr. J.-C. Son décor sculpté

Flanc d'un sarcophage romain illustrant la légende de Médée

retrace la légende grecque de la magicienne Médée qui tomba sous le charme du héros Jason. Ce dernier l'épousa mais finit par l'abandonner.

Décor en briques vernissées du palais d'Artaxerxès II à Suse, la capitale de l'Empire perse

Musée du Proche-Orient

Le fonds qui alimente l'exposition permanente du Vorderasiatisches Museum a vu le jour grâce aux donations de collectionneurs privés. Le succès de fouilles entreprises à partir de 1820 permit de le développer et de jeter les bases d'une collection royale, puis nationale, devenue l'une des plus riches du monde. Les éléments d'architecture, les sculptures et les bijoux présentés au rez-de-chaussée de l'aile droite du Pergamonmuseum offrent un large aperçu des cultures de la Mésopotamie et de la Perse antiques.

La collection a pour fleurons la porte d'Ishtar et la voie des Processions, construites à Babylone pendant le règne de Nabuchodonosor II (605-562 av. J.-C.). Bien qu'imposante, la reconstitution n'est pas tout à fait aussi grande que l'original, dont une maquette donne une idée des proportions. Des dragons et des taureaux ornent la porte. Il s'agit des emblèmes du dieu Mardouk, protecteur de la ville, et d'Ada, divinité de l'Orage. La voie sacrée mesurait 22 m de large. Beaucoup de briques ont été refaites, mais les lions sont tous d'origine. Ils représentent l'animal sacré d'Ishtar, maîtresse du ciel, déesse de l'Amour et patronne de l'armée.

Parmi les pièces assyriennes, on remarquera la stèle du roi Asarhaddon, les bas-reliefs du palais d'Assourbanipal II et un bassin dont les côtés montrent une divinité aquatique et ses prêtres. Le grand oiseau sculpté dans le basalte décorait au IXe siècle av. J.-C. l'entrée d'un temple-palais de la ville de Tell Halaf. Les vestiges des fortifications de Sam'al datent d'avant sa conquête par les Assyriens.

Musée d'Art islamique

L'histoire du Museum für Islamische Kunst commence en 1904, quand Wilhelm von Bode fait don de sa superbe collection personnelle de tapis orientaux. C'est aussi lui qui rapporte à Berlin la façade, longue de 45 m, du palais de Mshatta. Retrouvée au sud d'Amman en Jordanie, et offerte en 1903 au kaiser Guillaume II par son allié turc, le sultan Abdülhamid II, elle possède un parement de pierre délicatement sculpté. Le château faisait partie d'un ensemble de résidences fortifiées construites pendant la période omeyyade (661-750), probablement pour Al-Walid II, prince resté dans l'histoire pour son goût de la poésie et les orgies qu'il organisait dans ses demeures seigneuriales.

***Mihrab* carrelé d'une mosquée de Kashan construite en 1226**

Un superbe *mihrab*, niche indiquant la direction de La Mecque, montre la qualité des céramiques produites au XIIIe siècle par la ville perse de Kashan. Les reflets de l'émail donnent l'impression qu'il est serti de saphirs et d'or.

Les tapis proviennent d'Iran, d'Asie Mineure, d'Égypte et du Caucase. La collection comprend, parmi ses fleurons, un tapis anatolien du début du XVe siècle orné d'un motif inhabituel – un dragon et un phénix –, ainsi que l'un des plus vieux tapis noués d'Espagne, datant du XIVe siècle.

Les salles abritent aussi des miniatures, du matériel funéraire et des objets de la vie quotidienne. La chambre dite d'Alep offre un ravissant exemple d'architecture intérieure ottomane avec ses boiseries peintes au début du XVIIe siècle. Elle faisait partie de la maison d'un marchand chrétien de la ville syrienne d'Alep, intégrée à l'époque au vaste Empire turc.

Tapis tissé au XVIIe siècle en Anatolie occidentale

L'extérieur du Märkisches Museum évoque un monastère médiéval

Märkisches Museum ⓮

Am Köllnischen Park 5. **Plan** 8 D4. 308 660. Ⓢ *Jannowitzbrücke.* Ⓤ *Märkisches Museum.* 147, 240, 265. *10h-18h mar.-dim. présentation d'instruments de musique mécaniques à 15h le mer. et à 11h le dim.*

Ce musée consacré à l'histoire de Berlin et de sa région, l'ancienne Marche du Brandebourg de l'Empire germanique, occupe un édifice néo-gothique en brique, construit entre 1901 et 1907 sur des plans de Ludwig Hoffman. L'architecte s'est inspiré du château des évêques de Wittstock, près de Potsdam, et de l'église Sainte-Catherine de la ville de Brandebourg. Le résultat évoque un monastère médiéval.

Dans l'entrée se dresse une copie du *Roland,* le monument érigé au XVe siècle à Brandebourg pour célébrer l'autonomie des villes de la Hanse. La salle principale abrite le portail originel de la résidence berlinoise des margraves du Brandebourg *(p. 17-27),* démolie en 1931. Elle contient aussi la tête d'un des chevaux du célèbre *Quadrige* de Schadow *(p. 67).*

Une exposition a pour thème le théâtre à Berlin entre 1730 et 1933, et réunit de nombreux accessoires et affiches. Il émane un charme suranné de la collection d'instruments de musique mécaniques. Ils sont en état de marche, et des démonstrations ont lieu les mercredis et dimanches.

Le Märkisches Museum fait partie du Stadtmuseum Berlin, qui gère d'autres musées et monuments offrant un aperçu du passé de la ville, dont la Nikolaikirche *(p. 90-91),* l'Ephraim-Palais *(p. 91)* et la Knoblauchhaus *(p. 91).*

Dans le Köllnischer Park qui entoure le Märkisches Museum, un enclos renferme trois ours bruns : les mascottes de Berlin. Une statue représente le dessinateur Heinrich Zille le crayon à la main.

Märkisches Ufer ⓯

Plan 8 D4. Ⓢ *Jannowitzbrücke.* Ⓤ *Märkisches Museum.* 265.

Au bord de la Spree, le long du « quai de la Marche » (jadis appelé Neukölln am Wasser), huit maisons méticuleusement conservées forment l'un des rares ensembles permettant d'imaginer le Berlin des XVIIIe et XIXe siècles. Le charme du quartier, avec ses cafés en plein air et ses restaurants chics le rend très touristique.

Aux nos 16 et 18, l'Otto-Nagel Haus, de style néo-baroque, abritait il y a quelques années un petit musée à la mémoire du peintre dont elle porte le nom. Entré au parti communiste dès 1919, il eut les faveurs des autorités est-allemandes. L'immeuble renferme désormais les archives photographiques des musées nationaux de Berlin.

Intérieur baroque du restaurant de l'Ermeler-Haus

Ermeler-Haus ⓰

Märkisches Ufer 10. **Plan** 7 C4. Ⓢ *Jannowitzbrücke.* Ⓤ *Märkisches Museum.* 265.

L'une des plus jolies maisons bourgeoises de Berlin se dresse depuis 1968 au n° 12 du Märkisches Ufer. Son élégante façade néo-classique s'accorde avec celle de ses voisines, mais elle bordait à l'origine la Breite Strasse de la Fischerinsel, de l'autre côté de la rivière.

L'Ermeler-Haus porte le nom de Wilhelm Ferdinand Ermeler, un riche marchand qui devait sa prospérité au tabac. Il profita d'un remaniement effectué en 1825 pour ajouter la frise au-dessus de l'entrée. Elle illustre divers aspects de son activité professionnelle. La

Péniche amarrée le long du Märkisches Ufer

reconstruction d'un escalier du XVIIe siècle dessert les étages dont le mobilier rococo date de 1760.

Un restaurant occupe le premier étage de la maison où un hôtel récent, qui donne sur la Wallstrasse, a logé ses cuisines.

Gertraudenbrücke ⑰

PONT SAINTE-GERTRUDE

Plan 7 B4, 16 F4.
U *Spittelmarkt.* 🚌 *142.*

Dessiné par Otto Stahn et construit en 1894, l'un des ponts les plus intéressants de Berlin relie la Fischerinsel au Spittelmarkt à l'endroit qu'occupait le Gertraudenhospital, fondé au XIIIe siècle.

Au milieu de l'ouvrage d'art, une statue en bronze par Rudolf Siemering représente la patronne de l'hôpital : sainte Gertrude (v. 1256-v. 1301), en tenue de bénédictine. L'ardente mystique, dont un lys et une quenouille symbolisent la virginité et le souci des humbles, se penche vers un jeune pauvre pour lui offrir un gobelet de vin (le sang du Christ). Les souris qui entourent le socle rappellent qu'elle est aussi la protectrice des champs et des cimetières, deux environnements fréquentés par ces rongeurs.

Sainte Gertrude

Nicolai-Haus ⑱

Brüderstr. 13. **Plan** 7 B4, 16 F4.
U *Spittelmarkt.* 🚌 *142, 147, 257.*
● *jusqu'en juin 2001.*

Construit vers 1710, ce bel immeuble baroque a conservé son magnifique escalier en chêne d'origine. En 1787, Karl Friedrich Zelter le remania dans le style néo-classique pour le compte de l'écrivain, éditeur et critique Christoph Friedrich Nicolai (1733-1811), dont la librairie devint un des hauts lieux de rencontre de l'intelligentsia.

Personnalité marquante du Berlin des Lumières, Nicolai joua un rôle important dans l'évolution culturelle du pays en soutenant des auteurs tels que le philosophe Moses Mendelssohn *(p. 102)* et le dramaturge Gotthold Ephraim Lessing (1729-1781). Entre 1905 et 1935, la maison devint un musée consacré à ce dernier. Traducteur de Diderot, auteur de nombreuses pièces, Lessing posa les fondements de la critique théâtrale en Allemagne. Fils de pasteur, il s'est efforcé, dans son œuvre théologique, de réconcilier religion et raison.

Une plaque rappelle que d'autres célébrités littéraires et artistiques de la ville fréquentèrent la Nicolai-Haus, dont Johann Gottfried Schadow, Karl Wilhelm Ramler et Daniel Tchodowiecki.

L'aile arrière, accessible par une cour, abrite depuis les années 70 un bel escalier néo-classique qui appartenait à la Weydinger-Haus, démolie en 1935. Il décora auparavant l'Ermeler-Haus voisine *(p. 84)*.

Haute couture est-allemande

Galgenhaus ⑲

MAISON DU GIBET

Brüderstrasse 10. **Plan** 7 B4, 16 F4.
☎ *201 12 08.* U Spittelmarkt.
🚌 *142, 147, 257.* ◯ *sur rendez-vous.*

Selon une légende locale, une jeune fille innocente fut pendue devant ce bâtiment construit en 1700. Presbytère de l'église Saint-Pierre aujourd'hui disparue, il connut un remaniement néo-classique en 1805, et il ne subsiste de l'édifice baroque originel que le portail principal et une pièce du rez-de-chaussée.

À l'intérieur, des photos d'immeubles et de monuments permettent de mieux apprécier l'évolution de Berlin au fil du temps. Une collection de vêtements offre un aperçu de la conception de la haute couture sous le régime communiste au pouvoir dans l'ex-RDA.

CÖLLN

C'est sur l'actuelle île des Musées que s'est développé un des deux villages à l'origine de Berlin *(p. 17)*. Cölln s'étendait à l'emplacement de l'actuel quartier de Fischerinsel. Parcouru de ruelles, ce dernier a conservé jusqu'en 1939 une forte identité historique et populaire, mais il n'en reste aujourd'hui pratiquement aucuns vestiges, pas même une trace de l'église paroissiale Saint-Pierre bâtie au Moyen Âge. Cette partie de la ville a perdu à jamais son atmosphère, qui n'a pas résisté à la construction de tours préfabriquées à la place des maisons d'antan. Quelques-unes de ces dernières, telle l'Ermeler-Haus *(p. 84)*, ont été reconstruites ailleurs.

Gravure de Cölln

Nikolaiviertel et Alexanderplatz

C'est ici, sur la rive orientale de la Spree, que Berlin est né au XIIIe siècle face au village de Cölln, et cette partie de l'arrondissement de Mitte conserve des vestiges remontant aux origines de la ville, dont sa plus vieille église, la Marienkirche, et des fragments de remparts médiévaux. Le quartier prit au fil des siècles une vocation résidentielle et commerciale, mais conserva jusqu'à la Seconde Guerre mondiale un cœur historique dont l'actuel Nikolaiviertel, sillonné de ruelles, offre une image malgré les tours sans âme élevées tout autour à la fin du conflit. Les autorités de la RDA, qui en décidèrent la construction, ouvrirent aussi la vaste esplanade du Marx-Engels-Forum et érigèrent l'ambitieuse Fernsehturm. La réhabilitation minutieuse du Nikolaiviertel marqua un changement d'attitude, mais elle souleva néanmoins des controverses, car elle regroupait des bâtiments historiques sans respecter leur place initiale.

Orgue de Barbarie au Gerichtslaube

Le quartier d'un coup d'œil

Églises

Franziskaner Klosterkirche ⓯
Heiliggeistkapelle ⓾
Nikolaikirche ❸
Marienkirche *p. 94-95* ⓫
Parochialkirche ⓱

Bâtiments historiques

Ephraim-Palais ❻
Gaststätte « Zur letzten Instanz » ⓲
Gerichtslaube ❼
Knoblauchhaus ❹
Palais Podewils ⓰
Palais Schwerin et Münze ❺
Rotes Rathaus ❶
Stadtgericht ⓮
Stadtmauer ⓳

Autres

Alexanderplatz ⓭
Fernsehturm p. 93 ⓬
Neptunbrunnen ❾
Nikolaiviertel ❷
Marx-Engels-Forum ❽

Légende

- Plan pas à pas *p. 88-89*
- Gare ferroviaire
- Station de S-Bahn
- Station de U-Bahn
- Parc de stationnement

0 — 400 m

Comment y aller

Les lignes de S-Bahn 3, 5, 7 et 9 desservent le quartier avec des stations à Hackescher Markt, Jannowitzbrücke et Alexanderplatz, où se croisent les lignes 2, 5 et 8 du U-Bahn. Les bus 100 et 157 suivent la Karl-Liebknecht-Strasse, les bus 142 et 257 la Grunerstrasse.

◁ **Détail de la Neptunbrunnen**

Le Nikolaiviertel pas à pas

Ours sur la façade du Rathaus

Le « quartier Saint-Nicolas » doit son nom à l'église qui le domine de ses flèches jumelles. Dédale de ruelles à dimension humaine, bordées de maisons d'aspect ancien, il n'a malheureusement que l'authenticité d'une reconstruction décidée par la RDA pour le 750e anniversaire de Berlin en 1987. Jadis habité par des artistes et des écrivains, il est aujourd'hui principalement fréquenté par des promeneurs, en particulier l'été. Des restaurants, des bars et des cafés occupent presque un immeuble sur deux, et il reste très animé jusque tard le soir.

Nikolaikirche
L'église Saint-Nicolas est devenue un musée, mais elle a conservé son intérieur ❸

Gerichtslaube
Cette réplique d'un tribunal médiéval abrite des restaurants ❼

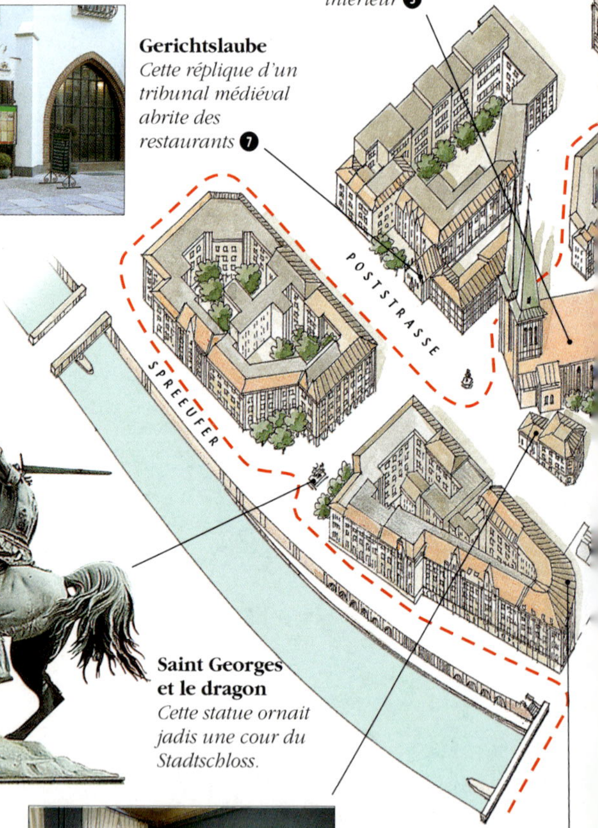

Saint Georges et le dragon
Cette statue ornait jadis une cour du Stadtschloss.

0 75 m

Knoblauchhaus
Le musée installé dans les étages comprend une pièce aménagée dans le style Biedermeier propre au début du XIXe siècle ❹

★ Ephraim-Palais
Derrière une élégante façade rococo, le palais Ephraim possède un imposant escalier d'apparat ❻

★ Rotes Rathaus
l'imposant hôtel de ville se trouvait jadis au cœur d'un quartier densément construit ❶

CARTE DE SITUATION
Voir atlas des rues, plans 7 et 8

Le Stadthaus, bâti en 1911 par Ludwig Hoffman, sert d'annexe à l'hôtel de ville.

★ Nikolaiviertel
Gotthold Ephraim Lessing, qui y vécut de 1752 à 1755, puisa son inspiration dans les ruelles du quartier Saint-Nicolas ❷

Le musée du Chanvre dresse un portrait complet de cette plante et de son utilisation.

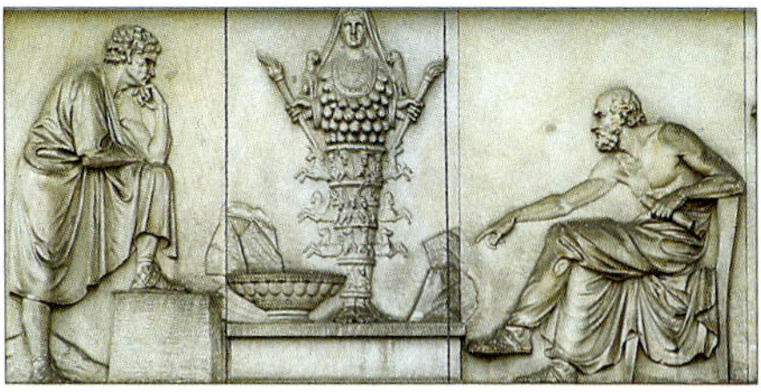

Palais Schwerin et Münze
Sur la façade de l'ancienne Monnaie, une frise néo-classique de l'atelier de Johann Gottfried Schadow retrace l'histoire de la frappe des pièces ❺

Écluse sur la Spree

LÉGENDE

Itinéraire conseillé

À NE PAS MANQUER

- ★ **Nikolaiviertel**
- ★ **Ephraim-Palais**
- ★ **Rotes Rathaus**

Rotes Rathaus, bâti en brique rouge au siècle dernier

Rotes Rathaus ❶

L'HÔTEL DE VILLE ROUGE

Rathausstr. 15. **Plan** 7 C3. U & S *Alexanderplatz.* U *Klosterstrasse,* *100, 142, 157, 257, 348.*

L'imposant hôtel de ville de la capitale allemande s'élève à l'emplacement de celui qu'édifièrent en commun les villages de Cölln et de Berlin après leur union en 1307.

Il doit son surnom aux briques rouges qui servirent à sa construction. Elle dura de 1861 à 1869 sur des plans de Hermann Friedrich Waesemann. L'architecte s'est beaucoup inspiré d'édifices municipaux italiens du Moyen Âge et la tour, haute de près de 100 m, ressemble au campanile du Duomo de Florence. Surnommée la « chronique de pierre », la frise en terre cuite qui s'étend tout le long du bâtiment au-dessus du rez-de-chaussée retrace les événements marquants de l'histoire de Berlin et du développement de son économie.

Le Rotes Rathaus subit d'importants dégâts pendant la Seconde Guerre mondiale, et sa restauration dura de 1951 à 1958. Il devint alors le siège des autorités municipales de Berlin-Est, celles de l'Ouest occupant le Rathaus Schöneberg *(p. 169)*. Depuis la réunification, il abrite le Sénat de Berlin.

Œuvres de Fritz Kremer inaugurées en 1958, les sculptures de la cour d'entrée représentent une « volontaire au déblaiement » et un « volontaire à la reconstruction ». Elles rendent hommage aux anonymes que la chute du IIIe Reich laissa au milieu d'un champ de ruines.

Nikolaiviertel ❷

Plan 7 C3, C4. U & S *Alexanderplatz.* U *Klosterstrasse.* *100, 142, 157, 257, 348.*

Très fréquentées par les touristes, ces quelques rues en bordure de la Spree le sont aussi par les Berlinois qui aiment venir s'y promener. Certaines des plus vieilles maisons de la ville se serraient dans ce quartier très endommagé pendant la Seconde Guerre mondiale, que le gouvernement de la RDA laissa à l'abandon pendant de longues années avant de décider de lui redonner un aspect ancien pour le 750e anniversaire de Berlin. Les travaux durèrent de 1979 à 1987. Malgré son cachet, le Nikolaiviertel ne renferme que les répliques modernes d'édifices historiques, ainsi que quelques bâtiments restaurés.

Petites boutiques, cafés et restaurants emplissent les ruelles reconstituées. L'enseigne la plus populaire, Zum Nussbaum, est une auberge ouverte en 1507 sur la Fischerinsel, qui n'a pas survécu à la guerre. Elle a été reconstruite sur la Propststrasse.

Intérieur de la Nikolaikirche, l'une des plus vieilles églises de Berlin

Nikolaikirche ❸

Nikolaikirchplatz. **Plan** 7 C3. *24 00 20.* U & S *Alexanderplatz,* U *Klosterstrasse.* *100, 142, 157, 257, 348.* *10h-18h mar.-sam.* *(gratuit le mer.).*

Le plus ancien édifice sacré de Berlin a pour origine une église romane entreprise vers 1230, au moment où la ville obtint ses privilèges municipaux. Il ne reste de ce sanctuaire que l'assise en granit de la façade, dominée par les deux flèches. La construction de l'église-halle actuelle, à l'aspect caractéristique du gothique du Brandebourg, commença en 1380 et dura jusqu'au milieu du XVe siècle. Le presbytère fut achevé vers 1400.

Le double clocher date d'une restauration dirigée en 1877 par Hermann Blankenstein. L'intérieur

Au bord de l'eau dans le Nikolaiviertel

perdit alors la majeure partie de l'ornementation baroque qu'il avait à l'époque. Une chapelle donne une image de sa richesse.

Ravagée par les bombardements pendant la Seconde Guerre mondiale, la Nikolaikirche ne fut reconstruite qu'en 1987. Elle abrite la collection d'art religieux du Märkisches Museum *(p. 84)* et une exposition sur l'histoire de Berlin qui complète celle de ce musée. Dans la nef sud, le monument à la mémoire de l'orfèvre Daniel Mannlich et de son épouse, dominé par un portrait du couple en relief doré, est d'Andreas Schlüter (v. 1660-1714).

Knoblauchhaus ❹

MAISON KNOBLAUCH

Poststr. 23. **Plan** 7 C3. ☎ *24 00 20.* Ⓤ & Ⓢ *Alexanderplatz,* Ⓤ *Klosterstrasse.* 🚌 *100, 142, 157, 257, 348.* 🕐 *10h-18h mar.-sam.* 🎫 *(gratuit le mer.).*

Ce petit immeuble de la Poststrasse, le seul bâtiment baroque du Nikolaiviertel à ne pas avoir subi de dégâts pendant la Seconde Guerre mondiale, appartenait à la famille de l'architecte Eduard Knoblauch, à qui l'on doit, entre autres, la Neue Synagogue *(p. 102).*

Construit en 1759, il prit son apparence actuelle lors du remaniement qui donna à sa façade un aspect néo-classique. Le rez-de-chaussée abrite aujourd'hui un bar à vin. Le musée qui occupe les étages propose la reconstitution d'un appartement bourgeois du début du XIXe siècle comprenant une belle pièce meublée dans le style Biedermeier.

Palais Schwerin et Münze ❺

Molkenmarkt 1-3. **Plan** 7 C4. Ⓤ & Ⓢ *Alexanderplatz.* Ⓤ *Klosterstrasse.* 🚌 *100, 142, 157, 257, 348.*

Ces deux maisons mitoyennes ont des histoires très différentes. Jean de Bodt édifia en 1704 la plus ancienne, au n° 3, pour le ministre Otto von Schwerin. Malgré un remaniement ultérieur, le palais a conservé ses fenêtres agrémentées de corniches sculptées, son bel escalier intérieur et le cartouche où apparaissent les armoiries de la famille von Schwerin.

Bâti en 1936 pour abriter le nouvel hôtel de la Monnaie (Münze), l'immeuble voisin porte en façade une frise qui ornait son prédécesseur néo-classique situé sur le Werderscher Markt. L'atelier de Gottfried Schadow en assura l'exécution d'après un dessin de Friedrich Gilly.

Un bel exemple d'architecture baroque : l'Ephraim-Palais

Ephraim-Palais ❻

Poststr. 16. **Plan** 7 C3. ☎ *24 00 20.* Ⓤ & Ⓢ *Alexanderplatz.* Ⓤ *Klosterstrasse.* 🚌 *100, 142, 157, 257, 348.* 🕐 *10h-18h mar.-sam.* 🎫 *(gratuit le mer.).*

Au croisement de la Poststrasse et du Mühlendamm s'élève le « plus bel angle de Berlin » *(die schönste Ecke Berlins)* : l'Ephraim-Palais.

Friedrich Wilhelm Diterichs construisit en 1776 cette demeure baroque pour Nathan Veitel Heinrich Ephraim, le joaillier de la cour et le banquier de Frédéric II. La démolition de l'édifice fut décrétée en 1935 pour permettre l'élargissement du pont du Mühlendamm. En pleine période nazie, cette décision avait sans doute aussi pour cause le nom juif qu'il portait. On sauvegarda toutefois des parties de la façade dans un entrepôt qui se retrouva à l'Ouest après la partition de la ville. Les autorités les donnèrent à Berlin-Est en 1983 pour permettre la reconstruction du palais à quelques mètres de son emplacement d'origine.

L'une des salles du premier étage renferme un plafond baroque dessiné par Andreas Schlüter. Il provient du palais Wartenberg démantelé en 1889. L'Ephraim-Palais appartient au Stadtmuseum Berlin, et propose au rez-de-chaussée une exposition de porcelaines fabriquées par la Königliche Porzellan-Manufaktur Berlin. Les premier et deuxième étages abritent une collection de tableaux de peintres berlinois.

Frise de la façade de l'hôtel de la Monnaie (Münze)

Gerichtslaube ❼

Poststrasse. 28. **Map** 7 C3.
Ⓢ & Ⓤ *Alexanderplatz.* Ⓤ *Klosterstrasse.* 🚌 *100, 142, 157, 257, 348.*

Le Gerichtslaube a connu une histoire mouvementée. Construit vers 1280, il faisait partie de l'hôtel de ville de Berlin qui bordait alors la Spandauer Strasse. Il ne possédait alors qu'un niveau, et la justice était rendue en rez-de-chaussée sous des voûtes qui reposaient sur un pilier central, protégeant un espace ouvert sur trois côtés. En 1485, l'ajout d'un étage permit de doter l'institution d'une salle. Celle-ci reçut ses superbes voûtes à croisillons en 1555.

En 1692, Johann Arnold Nering ne toucha pas au petit tribunal gothique quand il remania l'hôtel de ville dans le style baroque. Au XIXe siècle, ce dernier devint trop exigu pour une cité en pleine expansion, et il fut démoli pour permettre la construction du Rotes Rathaus *(p. 90)* à partir de 1861. Sa partie baroque a disparu à jamais, mais l'arcade médiévale et la salle de l'étage furent remontées, sous la forme d'un édifice autonome, dans les jardins du palais de Babelsberg *(p. 202-203)*.

Le Gerichtslaube qui borde aujourd'hui la Poststrasse n'est qu'une copie datant de la reconstitution du Nikolaiviertel. Elle occupe un site différent du tribunal d'origine, et abrite un restaurant spécialisé dans la cuisine berlinoise.

Marx-Engels-Forum ❽

Plan 7 C3, 16 F2. Ⓢ *Hackescher Markt ou Alexanderplatz.*
🚌 *100, 157.*

Typique des aménagements urbains du socialisme triomphant, cette vaste place nue s'étend de la Fernsehturm (tour de la Télévision) à la Spree. Aucun bâtiment ne justifie son nom de « forum ». L'esplanade ne renferme en fait que les statues de Karl Marx (assis) et de Friedrich Engels, les

Statues de Karl Marx et Friedrich Engels au Marx-Engels-Forum

auteurs du *Manifeste du parti communiste* (1848). Œuvres de Ludwig Engelhart dévoilées en 1986, les sculptures portent sur leurs socles des bas-reliefs illustrant « l'ordre ancien », à l'arrière, « la révolution mondiale de Marx et Engels à aujourd'hui » sur le devant, et la « dignité et la beauté des hommes libres » sur les côtés.

Neptunbrunnen ❾

Fontaine de Neptune

Spandauer Str. (Rathausvorplatz).
Plan 7 C3. Ⓢ *Hackescher Markt ou Alexanderplatz.* 🚌 *100, 157.*

L'exubérante fontaine de Neptune, dont les jets d'eau animent la perspective de l'hôtel de ville au milieu de parterres de fleurs, est une création de Reinhold Begas. Elle se dressait jadis devant le mur sud du Stadtschloss, le palais des Hohenzollern, et n'occupe son emplacement actuel que depuis 1969.

Begas la dessina en 1886 dans le style néo-baroque, et ses statues s'inspirent de celles des fontaines du Bernin, notamment de la place Navone à Rome, et de celles de Versailles. Les allégories féminines entourant le dieu latin de la Mer représentent les quatre plus grands cours d'eau qui traversaient le territoire de l'Empire allemand à la fin du siècle dernier : le Rhin, la Vistule, l'Oder et l'Elbe.

Begas n'a pas le talent du Bernin, mais on remarquera l'attention portée aux détails tels que poissons, crustacés et filets de pêche.

Fontaine de Neptune néo-baroque de Reinhold Begas

La Heilligeistkapelle gothique vue de la Spandauer Strasse

Heiliggeistkapelle ❿

Chapelle du Saint-Esprit

Spandauer Strasse 1. **Plan** 7 B2, 16 F2. Ⓢ *Hackescher Markt.*
🚌 *100, 157, 348.*

Le dernier vestige de l'hospice du Saint-Esprit, fondé pendant la deuxième moitié du XIIIe siècle à l'intérieur des remparts, est aussi la dernière chapelle d'hôpital qui subsiste à Berlin. Reconstruite au XVe siècle, elle offre un bel exemple d'architecture gothique en brique avec son intérieur dépouillé sous une voûte en étoile, reposant sur des consoles décorées de portraits de saints et de prophètes.

Après la démolition de l'hôpital, en 1825, la chapelle fut intégrée en 1906 à l'École supérieure de commerce dont Cremer et Wolffenstein dessinèrent les bâtiments.

Marienkirche ⓫

Église Sainte-Marie

Voir p. 94-95.

Fernsehturm ⓬

La tour de la Télévision mesure 365 m, ce qui en fait le plus haut bâtiment de la capitale allemande et le plus haut d'Europe après le palais de la Culture de Varsovie. Les Berlinois l'ont surnommée l'« asperge » *(Telespargel)*. Hermann Henselman, le responsable du réaménagement de la Karl-Marx-Allee, envisagea la construction du monument dès les années 50, mais les travaux ne commencèrent qu'en 1969 sous la direction d'architectes tels que Fritz Dieter et Günter Franke, assistés par des experts suédois.

MODE D'EMPLOI

Panoramastrasse **Plan** 7 C2. Ⓢ & Ⓤ *Alexanderplatz.* 🚌 *100, 157.* ◯ *mai- sept. : 9h-13h t.l.j. ; oct.-avr. : 10h-minuit t.l.j.* **Café** ◯ *10h-1h t.l.j.*

Plate-forme panoramique
Située à l'intérieur de la sphère recouverte d'acier, elle domine le sol de 203 m.

Vue d'ensemble
Il existe peu d'endroits à Berlin d'où on ne voit pas la Fernsehturm. La base de la tour renferme la billetterie et l'accès aux ascenseurs.

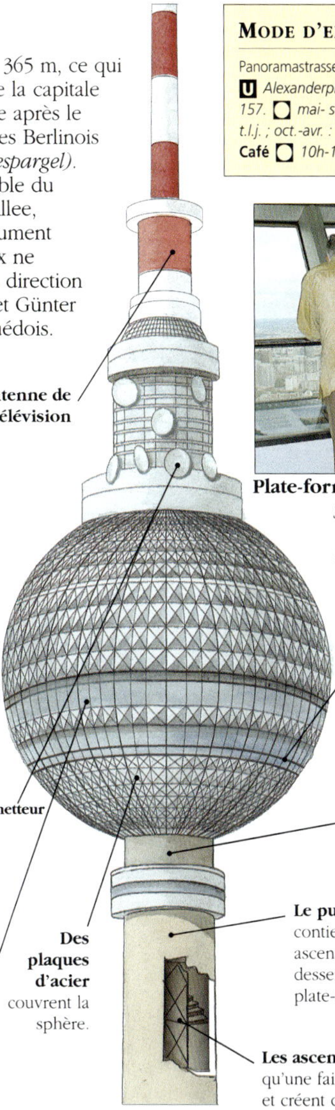

Antenne de télévision

Réémetteur

Colonne en béton haute de 250 m

Le puits en béton contient deux ascenseurs qui desservent la plate-forme et le café.

Des plaques d'acier couvrent la sphère.

Les ascenseurs n'ont qu'une faible capacité et créent de longues files d'attente.

Tele-Café
Ce café de 200 places effectue une rotation complète en environ une demi-heure, le temps de siroter une consommation tout en découvrant l'ensemble de la ville.

Vue depuis la tour
Par temps clair, la plate-forme panoramique offre une vue des environs de Berlin qui porte jusqu'à 40 km.

Marienkirche ⓫

L'église Sainte-Marie a pour origine une église paroissiale dont l'édification commença vers 1280. Un incendie imposa sa reconstruction en 1380, et elle prit alors la forme d'une église-halle avec ses trois nefs de même hauteur. Son clocher est un ajout du XVe siècle dont le couronnement, dessiné par Carl Gotthard Langhans, date de 1790. La Marienkirche paraît aujourd'hui étrangement isolée au pied de la Fernsehturm, mais elle se dressait avant la guerre au cœur d'un quartier densément construit. Le contraste entre la sobriété de ses lignes gothiques et une riche décoration intérieure en fait une des églises les plus intéressantes de Berlin.

La tour
Le haut du clocher associe éléments baroques et néo-gothiques.

Crucifixion
Michael Ribestein peignit en 1562 ce tableau maniériste où Moïse et saint Jean-Baptiste encadrent le Christ.

La « danse macabre »
(Totentanz), fresque gothique longue de 22 m, date de 1485.

Retable
L'histoire n'a pas retenu le nom des trois moines figurant sur cette œuvre gothique du XVe siècle.

À NE PAS MANQUER

★ **La chaire**

★ **Les fonts baptismaux**

Entrée principale

★ La chaire
Sculptée dans l'albâtre par Andreas Schlüter et achevée en 1703, elle se dresse près du quatrième pilier. Les sculptures représentent saint Jean-Baptiste et des allégories des Vertus.

MODE D'EMPLOI

Karl-Liebknecht-Strasse. **Plan** 7 C2. Ⓢ *Hackescher Markt.* 🚌 *100, 157.* ◯ *10h-16h lun.-jeu., midi-16h sam.-dim.* *13h lun. et mar.* *10h30 dim.*

Tombeau de la famille von Röbel
Le sarcophage richement décoré d'Ehrentreich et Anna von Röbel date probablement d'après 1630.

Maître-autel
Christian Bernhard Rode peignit les tableaux qui décorent le maître-autel baroque dessiné par Andreas Krüger vers 1762. Le Christ au mont des Oliviers *et* Thomas doutant *entourent une* Descente de Croix.

★ Les fonts baptismaux
Gothiques, ils datent de 1437. Les portraits qui ornent la cuve soutenue par trois dragons représentent le Christ, Marie et les apôtres.

Le magnifique escalier Jugendstil du Stadtgericht

Alexanderplatz ⓭

Plan 8 D2. U & S *Alexanderplatz.* 🚌 *100, 142, 157, 257.*

Alexanderplatz a une riche histoire, mais ne conserve que peu de traces de son passé. Elle a pour origine l'Ochsenmarkt, marché aux bestiaux et aux laines qui prit le nom du tsar Alexandre Ier lorsque celui-ci se rendit à Berlin en 1805. À l'époque, une colonnade baroque dessinée par Carl von Gontard *(p. 168-169)* ornait l'accès à la place.

Immeubles d'habitation, ateliers et commerces se multiplièrent autour d'un nœud de circulation où convergeaient neuf rues et plusieurs lignes de métro, de tram et d'autobus, et le quartier devint au début du siècle la ruche urbaine fiévreuse et populaire qui inspira à Alfred Döblin (1878-1957) son roman *Berlin Alexanderplatz*.

Un projet d'aménagement décidé en 1929 n'ira pas plus loin que la construction de deux immeubles de bureaux conçus par Peter Behrens : l'Alexanderhaus et le Berolinahaus. Si ces derniers existent toujours, à la fin de la Seconde Guerre mondiale il ne restait qu'un champ de ruines des autres bâtiments. La tour du Forum Hotel témoigne du manque d'imagination dont firent preuve les autorités de la RDA pour utiliser cet espace. Un projet de réhabilitation devrait toutefois rendre à la place un visage plus agréable.

Stadtgericht ⓮

TRIBUNAL MUNICIPAL

Littenstrasse 13-17. **Plan** 8 D3. U & S *Alexanderplatz ou* U *Klosterstrasse.* 🚌 *142, 257.*

Cet imposant édifice néo-baroque donnant sur la Littenstrasse n'a pas, à première vue, un aspect très engageant, mais il renferme un escalier qui est un véritable chef-d'œuvre du Jugendstil, l'Art nouveau allemand et autrichien.

Entrepris en 1896 sur des plans de Paul Thomer et Rudolph Mönnich, le tribunal prit sa forme définitive en 1905 sous la direction d'Otto Schmalz. C'était alors le plus grand bâtiment de Berlin après le Stadtschloss, et il renfermait, autour de onze cours intérieures, un labyrinthe de couloirs et de salles. Il connut une démolition partielle en 1969, mais a heureusement conservé son gracieux escalier qui joue de références gothiques et baroques pour composer un décor de conte de fées.

Franziskaner Klosterkirche ⓯

ÉGLISE DU COUVENT FRANCISCAIN

Klosterstrasse 74. **Plan** 8 D3. U *Klosterstrasse.* 🚌 *142, 257.*

Les franciscains s'établirent à Berlin dès le début du XIIIe siècle, et ils construisirent près des remparts, entre 1250 et 1265, une église et un couvent qui traversèrent les siècles presque sans changement jusqu'en 1945.

Le sanctuaire avait la forme d'une basilique à triple nef qu'agrandit une section heptagonale ajoutée vers 1300. Le monastère passa aux mains des protestants en 1571, et ceux-ci utilisèrent ses bâtiments pour fonder un lycée renommé qui compta parmi ses élèves Otto von Bismarck, Gottfried Schadow et Karl Friedrich Schinkel.

Il en restait si peu à la fin de la Seconde Guerre mondiale que les derniers vestiges de l'édifice furent rasés, à l'exception des restes de l'église qui ont toutefois été conservés. Consolidés en 1951, ces hauts pans percés d'ouvertures en ogive offrent

Ruine de l'église de l'ancien couvent franciscain de Berlin

un cadre original à un centre d'art moderne.

Les deux chapiteaux corinthiens qui émergent de l'herbe proviennent d'un portail du Stadtschloss.

Le palais Podewils abrite un centre culturel

Palais Podewils ⓰

PODEWILS PALACE

Klosterstrasse 68–70. **Plan** 8 D3.
U *Klosterstrasse.* 🚌 *142, 257.*

Le conseiller à la cour Caspar Jean de Bodt fit construire entre 1701 et 1704 cette charmante demeure baroque qui se dresse en retrait de la rue, mais elle a gardé le nom du propriétaire qui lui succéda : le ministre von Podewils, qui en prit possession en 1732.

Le bâtiment a connu deux restaurations depuis la fin de la guerre, en 1954 puis en 1966 après un incendie. L'extérieur a conservé sa sobre élégance, mais l'intérieur a été entièrement réaménagé pour remplir de nouvelles fonctions.

Le palais Podewils abrite aujourd'hui un centre culturel qui programme des concerts, des ballets et des représentations théâtrales.

Parochialkirche ⓱

ÉGLISE PAROISSIALE

Klosterstr. 67. **Plan** 8 D3. U *Kloster-strasse.* 🚌 *142, 257.* ◯ *mai-fin sept. : 11h-19h t.l.j. ; oct.-avr. : 11h-17h t.l.j.* ⛪ *dim. 10h.*

Selon le projet initial, desssiné par Johann Arnold Nering, la plus ancienne église baroque de Berlin devait posséder une tour centrale entourée de quatre chapelles. Son architecte eut l'infortune de mourir au moment où la construction débutait en 1695, et Martin Grünberg poursuivit les travaux. Des voûtes s'effondrèrent juste avant leur achèvement et il dut modifier les plans. Il remplaça la tour centrale par une tour frontale et un vestibule, ce qui permit d'achever l'édifice en 1703. Il fallut toutefois agrandir le clocher dès 1714 pour y loger un carillon, un remaniement confié à Jean de Bodt.

Médaillon de la Parochialkirche baroque

La Seconde Guerre mondiale eut des conséquences dévastatrices pour la Parochialkirche. La tour s'effondra et les bombardements ravagèrent entièrement l'intérieur, qui attend toujours d'être restauré. Couverts de briques nues, ses murs servent à l'accrochage d'expositions temporaires. L'église accueille aussi des offices religieux en été.

Gaststätte « Zur letzten Instanz » ⓲

TAVERNE DE LA DERNIÈRE INSTANCE

Waisenstrasse 14-16. **Plan** 8 D3.
U *Klosterstrasse.* 🚌 *142, 257.*

En prenant la ruelle derrière la Parochialkirche, on débouche directement sur l'un des plus vieux débits de boissons de Berlin. Fondée en 1621, la « Taverne de la Dernière Instance » doit son nom à la proximité du tribunal et à la clientèle d'avocats que cette situation lui valait.

La maison qu'elle occupe sur la Waisenstrasse forme, avec ses trois voisines, un ensemble pittoresque, dernier vestige du rang d'habitations qui s'adossait jadis aux remparts. Ces demeures existaient déjà au Moyen Âge, mais leur forme actuelle date du XVIIIe siècle. Il fallut les reconstruire presque intégralement après la dernière guerre. L'une d'elles reçut à l'occasion son escalier en colimaçon rococo, provenant d'une maison de la Fischerinsel.

« Zur letzten Instanz » a compté parmi ses habitués des célébrités telles que le dessinateur et lithographe Heinrich Zille. Les souvenirs qui composent son décor attirent aujourd'hui une clientèle cosmopolite autour de son poêle en faïence.

Stadtmauer ⓳

MUR D'ENCEINTE

Waisenstrasse **Plan** 8 D3.
U & S *Alexanderplatz ou*
U *Klosterstrasse.* 🚌 *142, 257.*

Les premières fortifications qui protégeaient les villages de Berlin et de Cölln remontent à la deuxième moitié du XIIIe siècle. Au XIVe, les habitants surélevèrent cette enceinte faite de pierre brute et de brique, mais ces rustiques remparts médiévaux avaient perdu tout intérêt militaire au XVIIe siècle, et ils furent presque entièrement démantelés. Il n'en subsiste que quelques pans, autour de la Waisenstrasse, qui échappèrent à la destruction car ils faisaient partie d'autres édifices.

Vestige de l'enceinte médiévale

RICARD

Du Scheunenviertel à l'Hamburger Bahnhof

Le quartier qui s'étend au nord-ouest d'Alexanderplatz entre la Karl-Liebknecht-Strasse et la Friedrichstrasse est l'ancien Spandauer Vorstadt, qui se développa autour de la route de Spandau, l'actuelle Oranienburger Strasse. Sa partie la plus orientale prit le nom de Scheunenviertel (« quartier des Granges ») à cause des greniers à foin qu'on y déplaça après que le Grand Électeur, en 1672 , les eut interdits dans l'enceinte de la ville pour limiter les risques d'incendie. Au début du XXe siècle, le Scheunenviertel abritait la communauté la plus pauvre de la ville, des juifs venus de Russie et d'Europe centrale, et tripots et maisons de passe abondaient dans ses ruelles parmi les petites boutiques et les échoppes. Dans les années 20, la modicité des loyers attira aussi des artistes, des écrivains et des activistes politiques. Tombé en décrépitude après la Seconde Guerre mondiale, le quartier des Granges est à nouveau en vogue aujourd'hui : des maisons rénovées et des restaurants chic voisinent avec des immeubles dégradés, des cours intérieures miteuses et des bâtiments cachés par les échafaudages. Les Berlinois aiment venir s'y promener, en particulier le soir.

Détail du Postfuhramt

Le quartier d'un coup d'œil

Rues et parc
Alte et Neue Schönhauser Strasse ⓾
Monbijoupark ❹
Oranienburger Strasse ❸
Sophienstrasse ❾

Églises et synagogues
Neue Synagoge ❶
Sophienkirche ❽

Théâtres
Berliner Ensemble ⓭
Deutsches Theater ⓮
Friedrichstadtpalast ⓬
Volksbühne ⓫

Musées
Brecht-Weigel-Gedenkstätte ⓱
Centrum Judaicum ❷
Hamburger Bahnhof p. 110-111 ⓳
Museum für Naturkunde ⓲

Cimetières
Alter Jüdischer Friedhof ❼
Dorotheenstädtischer Friedhof p. 106-107 ⓰

Autres
Charité ⓯
Gedenkstätte Grosse Hamburger Strasse ❻
Hackesche Höfe ❺

Comment y aller

Les lignes de S-Bahn 1 et 2 desservent l'Oranienburger Strasse, tandis que les lignes 3, 5, 7 et 9 longent le quartier au sud avec des arrêts à Lehrter Stadtbahnhof, Friedrichstrasse et Hackescher Markt. La ligne 6 du U-Bahn passe par la station Oranienburger Tor, la 8 par Weinmeisterstrasse et la 2 par Rosa-Luxemburg-Platz.

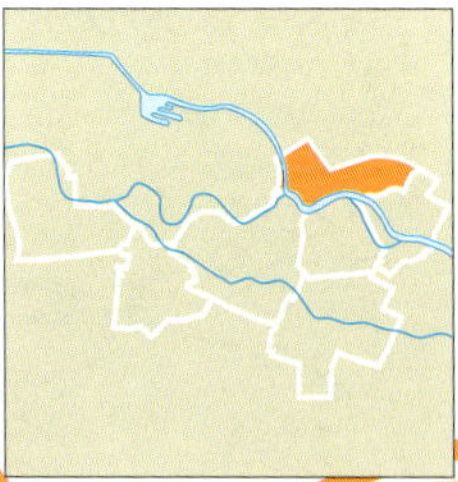

Légende

- Plan pas à pas *p. 100-101*
- Station de U-Bahn
- Station de S-Bahn
- Parc de stationnement
- Arrêt de tramway
- Arrêt d'autobus

◁ **La première cour des Hackesche Höfe**

Le Scheunenviertel pas à pas

Au XIXe siècle, la communauté juive de Berlin connut une période de prospérité dont témoigne la somptuosité de la Neue Synagoge, inaugurée en 1866. Toutefois, la Gestapo vida le quartier d'une grande part de ses habitants, et un mémorial rappelle qu'elle utilisait une maison de retraite comme centre de détention temporaire. Dévasté par les bombes des Alliés, le Scheunenviertel continua de se dégrader pendant près de cinquante ans après la Seconde Guerre mondiale. Depuis la chute du Mur, il est en pleine rénovation, et de nombreux bars en font le soir un des lieux les plus animés de l'ancien Berlin-Est.

★ Neue Synagoge
Une récente rénovation a rendu ses dorures à la coupole de la Nouvelle Synagogue ❶

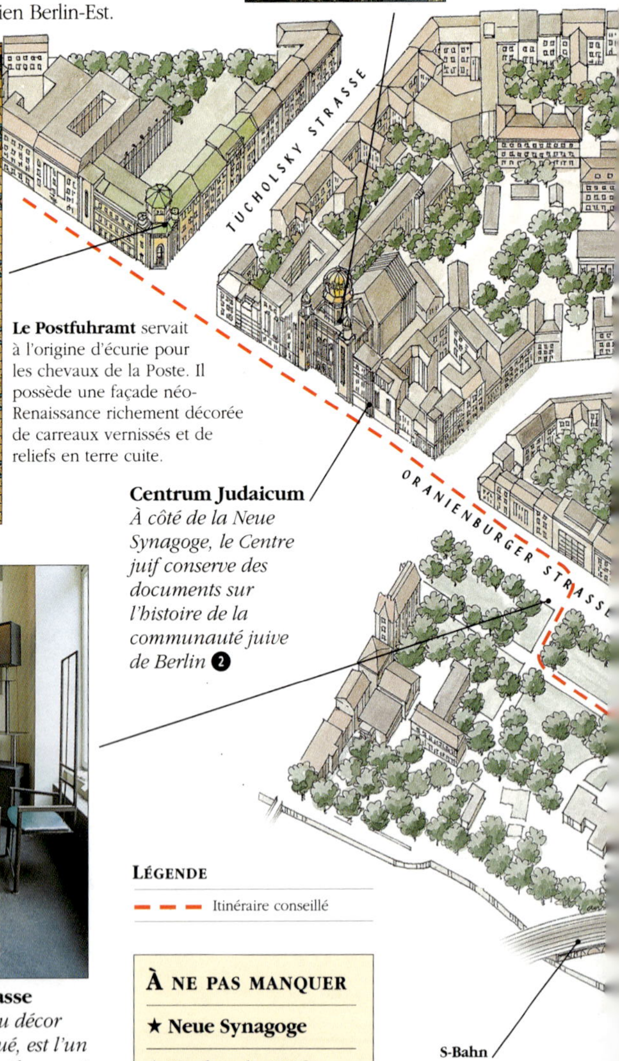

Le Postfuhramt servait à l'origine d'écurie pour les chevaux de la Poste. Il possède une façade néo-Renaissance richement décorée de carreaux vernissés et de reliefs en terre cuite.

Centrum Judaicum
À côté de la Neue Synagoge, le Centre juif conserve des documents sur l'histoire de la communauté juive de Berlin ❷

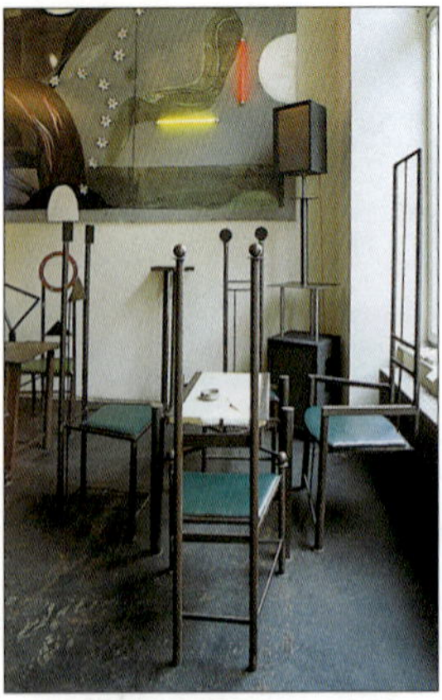

Oranienburger Strasse
Le Café Silberstein, au décor moderne et sophistiqué, est l'un des nombreux cafés et bars qui donnent son animation au quartier ❸

LÉGENDE

Itinéraire conseillé

À NE PAS MANQUER

★ Neue Synagoge

★ Hackesche Höfe

S-Bahn

Sophienkirche
La princesse Sophie-Louise fonda cette petite église baroque en 1712 ❽

CARTE DE SITUATION
Voir atlas des rues, plans 1 et 6

Gedenkstätte Grosse Hamburger Strasse
Ce modeste mémorial marque l'emplacement de la première maison de retraite juive de la ville ❻

★ Hackesche Höfe
Cette pittoresque série de cours communicantes abrite des cinémas et des galeries d'art ❺

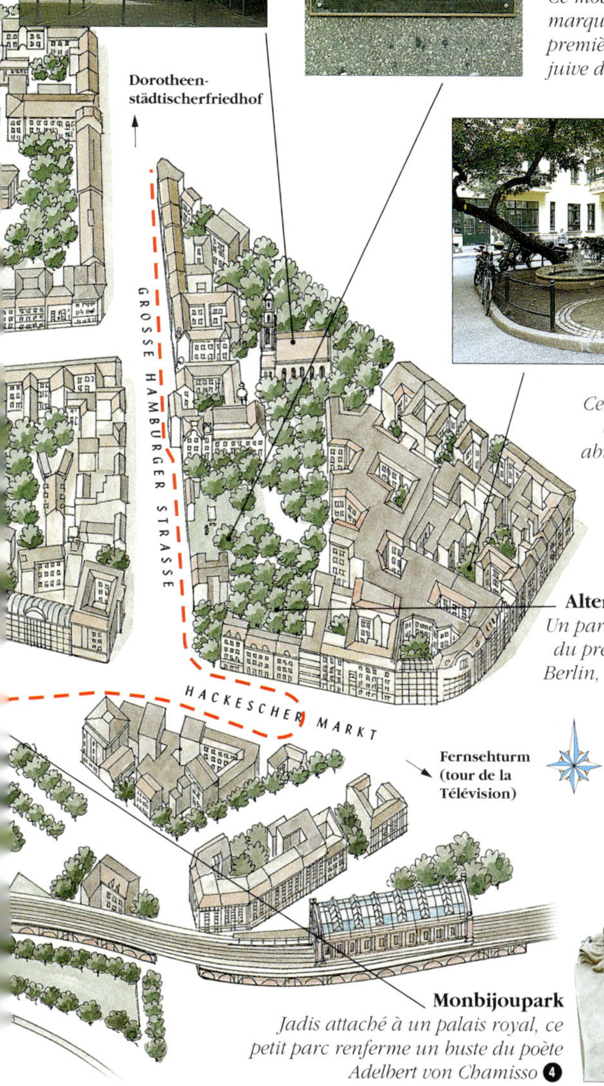

Alter Jüdischer Friedhof
Un parc arboré occupe le site du premier cimetière juif de Berlin, détruit par la Gestapo en 1943 ❼

Monbijoupark
Jadis attaché à un palais royal, ce petit parc renferme un buste du poète Adelbert von Chamisso ❹

Neue Synagoge ❶

NOUVELLE SYNAGOGUE

Oranienburger Strasse 30. **Plan** 7 A1. Ⓢ *Oranienburger Strasse.* *1, 13.* *157.* *10h-18h dim.-jeu., 10h-14h ven.* *fêtes juives.*

Entreprise en 1859, la construction de la Nouvelle Synagogue dura jusqu'en 1866. Avec ses deux tours encadrant une façade étroite, l'édifice, de style néo-byzantin-mauresque, dessiné par Eduard Knoblauch, répondait avec élégance aux problèmes posés par un terrain asymétrique. La coupole protégeait une salle circulaire qui distribuait plusieurs petites pièces, dont une antichambre et deux salles de prière. Les deux tours ouvraient sur l'escalier conduisant aux tribunes. Le sanctuaire pouvait accueillir trois mille fidèles. Knoblauch utilisa les techniques les plus modernes de l'époque pour réaliser l'ossature du toit.

Incendiée par les nazis le 9 novembre 1938 lors de la Kristallnacht *(p. 26)*, ravagée par les bombardements alliés en 1943, la plus grande synagogue de Berlin fut finalement démolie en 1958. La reconstruction de la façade et de la coupole a commencé en 1988, mais l'inauguration n'a eu lieu qu'en 1995. Le Centrum Judaicum propose, dans la partie rebâtie, une exposition sur l'histoire de la Neue Synagoge et le rôle culturel et économique de la communauté juive dans le développement de Berlin.

Façade et dôme restaurés de la Neue Synagoge

Le Centrum Judaicum comprend une bibliothèque et un centre de recherche

Centrum Judaicum ❷

CENTRE JUIF

Oranienburger Strasse 29. **Plan** 7 A1. *28 40 13 16.* Ⓢ *Oranienburger Strasse.* *1, 13.* *157.* *10h-18h dim.-jeu., 10h-14h ven.* *fêtes juives.*

Les policiers qui montent la garde en permanence à l'entrée du Centre juif la rendent aisée à reconnaître. Par mesure de sécurité, tous les visiteurs doivent se plier à un contrôle au détecteur de métal effectué par des vigiles, qui se montrent polis mais fermes.

Le Centrum Judaicum occupe l'ancien siège du Conseil de la communauté juive, et il comprend une bibliothèque, des archives et un centre de recherche consacrés à l'histoire et à l'héritage culturel des juifs de Berlin. Une exposition développe ces sujets dans la partie restaurée de la Neue Synagoge voisine. Elle évoque en particulier l'influence du philosophe Moses Mendelssohn. À côté du centre, le restaurant Oren sert des spécialités juives et du Moyen-Orient.

Oranienburger Strasse ❸

Plan 6 F1, 7 A1 & 7 B2. Ⓢ *Oranienburger Strasse ou Hackescher Markt.* *1, 2, 3, 4, 5, 13, 15, 53.* *157.*

La rue principale du Scheunenviertel possède de nombreux bars, cafés et restaurants qui lui donnent une vie nocturne très animée. À l'angle de la Friedrichstrasse se dresse le Tacheles, un ancien grand magasin transformé par des squatters en centre culturel alternatif. Malgré la réputation de ses expositions d'avant-garde, son avenir est aujourd'hui compromis par un projet immobilier. Néanmoins, le quartier renferme toujours des galeries d'art à visiter. Vous y découvrirez aussi d'intéressants bâtiments, tel

MOSES MENDELSSOHN (1729-1786)

Arrivé à Berlin en 1743, Moses Mendelssohn s'imposa comme l'un des plus grands philosophes allemands du XVIIIe siècle. Il fut une figure centrale de la lutte des juifs pour le droit à la citoyenneté, un combat de longue haleine puisqu'il fallut attendre 1812 et l'édit d'Émancipation pour qu'ils deviennent à Berlin des citoyens à part entière. Ami de l'écrivain Gotthold Ephraim Lessing, qui l'immortalisa sous les traits du personnage de Nathan le Sage, il eut pour petit-fils le compositeur Felix Mendelssohn-Bartholdy.

l'immeuble aux nos 71-72 Oranienburger Strasse, construit en 1789 par Christian Friedrich Becherer pour la Grande Loge maçonnique d'Allemagne.

Monbijoupark ❹

Oranienburger Strasse. **Plan** 7 B2. Ⓢ *Oranienburger Strasse ou Hackescher Markt.* *1, 2, 3, 4, 5, 13, 15, 53.* *157.*

Ce petit parc offre un cadre agréable où se détendre dans une partie de la ville pauvre en espaces verts. Situé entre l'Oranienburger Strasse et la Spree, il renferme une pataugeoire où les enfants peuvent se rafraîchir et un buste du poète Adelbert von Chamisso. Le jardin entourait jadis le palais Monbijou qu'habita la princesse Sophie-Dorothée. Les autorités de la RDA décidèrent en 1960 de démolir la demeure très endommagée pendant la Seconde Guerre mondiale.

Hackesche Höfe ❺

Rosenthaler Strasse 40-41. **Plan** 7 B1 7 B2. Ⓢ *Hackescher Markt.* *1, 2, 3, 4, 5, 13, 15, 53.*

L'immense corps de bâtiments des Hackesche Höfe, nommé d'après les neuf cours qui forment un dédale à l'intérieur, s'étend de l'angle de l'Oranienburger Strasse et de la Rosenthaler Strasse jusqu'à la Sophienstrasse. Ce labyrinthe

Façade au décor Sécession dans une cour des Hackesche Höfe

est le plus vaste de ce type en Allemagne. Il s'est formé au gré de constructions anarchiques au cours du XIXe siècle, mais plusieurs des immeubles qui dominent les cours ont été rénovés en 1906 par Kurt Berendt et August Endell. Leur décoration en carreaux de céramique s'apparente au style de la Sécession.

Endommagé pendant la guerre, le complexe continua à se délabrer jusqu'à la chute du Mur, et trois ans de travaux ont été nécessaires pour qu'il retrouve sa splendeur d'origine.

Devenu un des lieux branchés de Berlin, il abrite aujourd'hui des cinémas, des restaurants, des cafés, des galeries d'art, des boutiques de design, des studios de photo et même un théâtre : le Hackesche Hoftheater, spécialisé dans le mime. Les anciens locataires ont toutefois pu conserver leurs logements.

Gedenkstätte Grosse Hamburger Strasse ❻

Mémorial de la Grosse Hamburger Strasse

Grosse Hamburger Strasse. **Plan** 7 B1. Ⓢ *Hackescher Markt.* *1, 2, 3, 4, 5, 13, 15, 53.*

La Grosse Hamburger Strasse est l'un des pôles historiques de l'ancien quartier juif, et elle renfermait plusieurs écoles, une maison de retraite et le premier cimetière juif de Berlin fondé en 1672, qui fut utilisé jusqu'en 1827. En 1941, la Gestapo transforma la maison de retraite en centre de regroupement, et des milliers de juifs berlinois y transitèrent avant de partir pour les camps de concentration d'Auschwitz et de Theresienstadt. Le bâtiment a été démoli, et un groupe sculpté et une plaque commémorative entretiennent sur le site le souvenir de ces victimes.

Non loin, au n° 27, l'école juive fondée en 1778 par Moses Mendelssohn a été rouverte en 1993. Elle occupe un édifice reconstruit en 1906. L'immeuble qui occupait les nos 15-16 n'a pas survécu aux bombardements de la Seconde Guerre mondiale. L'espace vide est devenu une installation de l'artiste Christian Boltanski : *La Maison manquante*. Des plaques portent les noms et les professions de ses anciens habitants.

Le Gedenkstätte Grosse Hamburger Strasse, groupe sculpté à la mémoire des victimes berlinoises de l'Holocauste

Alter Jüdischer Friedhof ❼

Vieux cimetière juif

Grosse Hamburger Strasse. **Plan** 7 B2. Ⓢ *Hackescher Markt.* 🚋 *1, 2, 3, 4, 5, 13, 15, 53.*

Fondé en 1672, le premier cimetière de la communauté juive de Berlin ferma en 1827. Il comptait alors plus de 12 000 sépultures. Les juifs de la ville eurent ensuite pour dernière demeure des cimetières situés sur la Schönhauser Allee et la Herbert-Baum-Strasse *(p. 163).*

Pierre tombale de Moses Mendelssohn

Les nazis démolirent l'Alter Jüdischer Friedhof en 1943, et le site devint un parc en 1945. Un mur conserve quelques *masebas* (pierres tombales) baroques, derniers et poignants témoins du passé. La pierre tombale érigée sur la tombe du philosophe Moses Mendelssohn *(p. 102)* date de 1990.

Sophienkirche ❽

Grosse Hamburger Str. 29. **Plan** 7 B1. Ⓤ *Weinmeisterstrasse.* Ⓢ *Hackescher Markt.* 🚋 *1, 2, 3, 4, 5, 13, 15, 53.*

Il faut franchir un pittoresque portail en fer forgé pour atteindre cette petite église baroque, qui s'élève en retrait de la rue au bout d'un passage étroit entre des immeubles. La princesse Sophie-Louise, épouse de Frédéric Ier, commanda sa construction en 1712, dotant ainsi de son premier lieu de culte le nouveau faubourg Spandauer Vorstadt *(p. 99).* Johann Friedrich Grael ajouta la tour entre 1729 et 1735.

La Sophienkirche baroque a conservé sa chaire du XVIIIe siècle

Immeubles du XVIIIe siècle dans le quartier de la Sophienstrasse

En 1892, un presbytère fut ajouté, respectant le caractère baroque du sanctuaire. L'intérieur fut rénové lors de ce remaniement, mais a conservé de nombreux éléments de sa décoration d'origine, en particulier la chaire et les fonts baptismaux. L'orgue date de 1789.

Le petit cimetière qui entoure l'église renferme plusieurs pierres tombales anciennes, dont certaines datent du XVIIIe siècle.

Sophienstrasse ❾

Plan 7 B1. **Sammlung Hoffmann** Sophienstrasse 21. ☎ *284 99 121.* Ⓢ *Hackescher Markt.* Ⓤ *Weinmeisterstrasse.* 🚋 *1, 2, 3, 4, 5, 13, 15, 53.* ○ *11h-17h t.l.j.*

L'urbanisation de cette partie de la ville commença à la fin du XVIIe siècle, et la Sophienstrasse devint un temps la rue principale du Spandauer Vorstadt. Le quartier fut l'un des premiers de Berlin-Est où les autorités optèrent pour la restauration des immeubles existants plutôt que de les démolir afin de construire du neuf, et il connut une importante réhabilitation dans les années 80. Ses modestes mais charmantes maisons néo-Renaissance datent des XVIIIe et XIXe siècles. Elles abritent aujourd'hui des ateliers d'artisanat, des bars accueillants, des boutiques originales et d'intéressantes galeries d'art.

Bâti en 1852, l'immeuble qui occupe le n° 18 reçut son double portail décoré de terre cuite lors d'une rénovation entreprise en 1904 par Joseph Franckel et Theodor Kampfmeyer pour le compte de la Chambre des métiers de Berlin. Cette institution, fondée en 1844, y installa son siège en 1905 et c'est là qu'eut lieu, le 14 novembre 1918, une importante réunion publique de la Ligue spartakiste *(p. 24-25)* qui venait de se constituer. Deux mois plus tard, le 15 janvier 1919, ses chefs, Karl Liebknecht et Rosa Luxemburg, étaient assassinés lors de la répression sanglante d'émeutes ouvrières.

L'entrée principale du n° 21 donne accès à une longue série de cours intérieures menant jusqu'à la Gipsstrasse. L'une de ces cours renferme la **Sammlung Hoffmann,** une galerie d'art moderne privée. Il faut passer par un conduit brillamment éclairé pour l'atteindre.

Alte et Neue Schönhauser Strasse ⑩

Plan 7 B1, 7 C1. (S) *Hackescher Markt.* U *Weinmeisterstrasse.* Tram *1, 2, 3, 4, 5, 15.*

Comme son nom l'indique, la « Vieille Rue » de Schönhausen est l'une des plus anciennes du Spandauer Vorstadt. Elle reliait le centre de Berlin aux quartiers de Pankow et Schönhausen et devint, aux XVIIIe et XIXe siècles, un lieu de résidence apprécié des riches marchands de la ville. Le prestige du quartier souffrit toutefois au début du XXe siècle de la proximité des taudis du Scheunenviertel *(p. 100-103)*, et il prit un visage plus populaire. De nombreux ateliers, des boutiques et des bars ouvrirent dans les rues et les cours. De petits commerces privés ont survécu ici plus longtemps que dans le reste de l'ancien Berlin-Est, et encore récemment beaucoup de maisons conservaient leur aspect d'avant guerre.

La chute du Mur a bouleversé cette situation. Les bâtiments ont commencé d'être rénovés et des restaurants, des bars et des boutiques de luxe ont remplacé les petits magasins de jadis. Le neuf et l'ancien se côtoient partout. Le n° 14 de la Neue Schönhauser Strasse offre un bon exemple des contrastes créés par l'accélération de l'histoire.

Le Schwarzen Raben, restaurant de la Neue Schönhauser Strasse

La façade clinquante du Friedrichstadtpalast

Construit en 1891 d'après des plans d'Alfred Messel, ce bâtiment de style néo-Renaissance abritait à l'étage la première salle publique de lecture de Berlin et au rez-de-chaussée une *Volkskaffeehaus*, soupe populaire où les pauvres du quartier pouvaient obtenir gratuitement, dans des salles distinctes pour les hommes et les femmes, un bol de soupe et une tasse d'ersatz de café. On vient toujours y manger, mais c'est désormais un restaurant chic, le Schwarzen Raben *(p. 239)*, qui y est installé.

Volksbühne ⑪

Rosa-Luxemburg-Platz. **Plan** 8 D1. Tél. *247 67 72.* U *Rosa-Luxemburg-Platz.* Bus *100, 157.* Tram *1, 2, 3, 4, 5, 15.*

Fondée au début du XXe siècle, l'Association libre de théâtre populaire (Freie Volksbühne) compta jusqu'à près de 100 000 membres. Ils contribuèrent financièrement à la construction d'un théâtre au cœur du quartier défavorisé du Scheunenviertel.

Bâti en 1913 par Oskar Kaufmann, ce théâtre eut pour premier directeur Max Reinhardt (1873-1943), mais c'est Erwin Piscator (1893-1966) qui, dans les années 20, établit sa réputation en tant que centre de création. Trop audacieux, Piscator perdra très vite son poste.

Bombardée pendant la Seconde Guerre mondiale, reconstruite en 1954 d'après des plans de Hans Richter, la Volksbühne est redevenue un lieu d'innovation.

Friedrichstadt-palast ⑫

Friedrichstrasse 107. **Plan** 6 F2. Tél. *23 26 23 26.* (S) *Oranienburger Strasse ou Friedrichstrasse.* U *Oranienburger Tor.* Bus *147.*

Les néons roses qui scintillent sur la façade en béton du Friedrichstadtpalast, accrochant les regards des passants, évoquent des plumes d'autruche, symbole universel des revues déshabillées dont l'établissement s'est fait une spécialité. Immense, il renferme 2 000 places assises autour d'un vaste podium qui peut se transformer en arène de cirque ou en patinoire. Une autre scène, dotée d'un équipement technique dernier cri, et une salle de cabaret de 240 places complètent le dispositif.

Le bâtiment actuel date des années 80, et il a remplacé un édifice cher au cœur des Berlinois : le Friedrichstadtpalast. Ce dernier était à l'origine une halle de marché qui servit ultérieurement de cirque d'hiver. Marx Reinhardt dirigea à partir de 1918 son aménagement en un extraordinaire lieu de spectacle : le Grosse Schauspielhaus. Sous une coupole centrale soutenue par une forêt de colonnes, 3 000 spectateurs prenaient place sur des gradins entourant sur trois quart de cercle un plateau sans rideau ni rampe. Pour l'inauguration, le 28 novembre 1919, le metteur en scène présenta l'*Orestie* d'Eschyle.

Dorotheenstädtischer Friedhof ⑯

Copie du *Martin Luther* de Schadow

Depuis la Chausseestrasse, il faut prendre un étroit sentier serré entre les murs du cimetière français (Französischer Friedhof) et de la maison de Bertolt Brecht *(p. 109)* pour atteindre le paisible petit cimetière de Dorotheenstadt. Fondé en 1763, il fut agrandi en 1814 et en 1826, mais perdit une partie de sa surface en 1899 lors du prolongement de la Hannoversche Strasse. Il fallut alors déplacer des tombes. De nombreux Berlinois célèbres reposent au Dorotheenstädtischer Friedhof. Les monuments qui leur rendent hommage proviennent pour certains d'ateliers prestigieux, tels ceux des architectes et sculpteurs Karl Friedrich Schinkel *(p. 79)* et Johann Gottfried Schadow.

★ Johann Gottfried Schadow (1764-1850)
Il est l'auteur du célèbre Quadrige *de la porte de Brandebourg.*

Friedrich August Stüler (1800-1865)
Un monument moderne a remplacé la tombe de cet architecte renommé, détruite pendant la dernière guerre.

Heinrich Mann (1871-1950)
Le célèbre écrivain, représenté ici par Gustav Seitz, mourut en Californie mais fut enterré à Berlin.

Bertolt Brecht (1898-1956)
De simples pierres marquent les sépultures du célèbre metteur en scène et de sa femme, l'actrice Helene Weigel.

Hermann Wentzel (1820-1889)
Cet architecte dessina lui-même sa tombe. Le buste est de Fritz Schaper.

Entrée principale

MODE D'EMPLOI

Chausseestrasse 126. **Plan** 6 F1. *461 72 79.* *832 51 01.* *Zinnowitzerstrasse ou Oranienburger Tor.* *157.* *13.* *avr.-sept. : 8h-18h ; nov.-fév. : 8h-17h.*

Friedrich Hoffmann
(1818-1900)
La colonnade en briques vernissées rappelle que cet ingénieur inventa le four à brique circulaire.

★ Karl Friedrich Schinkel
(1781-1841)
Par ses œuvres et son influence, cet illustre architecte néo-classique et romantique a marqué le visage de Berlin.

Georg Wilhelm Friedrich Hegel
(1770-1831)
Le plus grand philosophe allemand de la période des Lumières enseigna pendant de nombreuses années à l'université de Berlin.

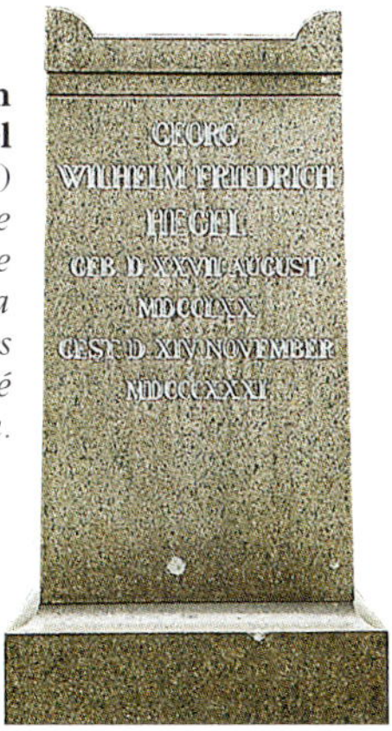

La statue de Luther est une copie du monument dessiné par Schadow.

Johann Gottlieb Fichte
(1762-1814)
Le premier recteur de l'université de Berlin fut aussi un philosophe des Lumières réputé.

À NE PAS MANQUER

- **★ J.G. Schadow**
- **★ K.F. Schinkel**

Monument à Bertolt Brecht devant le Berliner Ensemble

Berliner Ensemble ⓭

Bertolt-Brecht-Platz 1. **Plan** 6 F2.
282 31 60. Ⓢ et U *Friedrichstrasse.*

Construit en 1891 et 1892 par Heinrich Seeling dans le style néo-baroque, ce théâtre a été le cadre d'événements majeurs de l'histoire culturelle de Berlin. Inauguré sous le nom de Neues Theater am Schiffbauerdamm, il acquit très vite une grande renommée, notamment grâce à des créations prestigieuses comme la première des *Tisserands,* drame social écrit en 1893 par Gerhart Hauptmann.

Au début du XXe siècle, les mises en scène de Max Reinhardt révolutionnèrent l'art dramatique européen. En 1905, par exemple, il présenta au Berliner Ensemble *Le Songe d'une nuit d'été* de Shakespeare, en utilisant une scène pivotante et en intégrant au décor de véritables arbres, mise en scène tout à fait nouvelle. En 1928, c'est au Berliner Ensemble qu'eut lieu la première mondiale de *L'Opéra de quat' sous* de Bertolt Brecht.

Endommagé pendant la Seconde Guerre mondiale, le bâtiment possède, depuis sa reconstruction, un extérieur beaucoup plus sobre, mais il a conservé son intérieur néo-baroque, en particulier les éléments décoratifs exécutés par Ernst Westphal.

Bertolt Brecht en prit la direction en 1954 et fêta l'événement, en novembre, en montant *Le Cercle de craie caucasien,* pièce qu'il avait écrite en 1947 aux États-Unis et qui n'avait jamais été jouée. Après sa mort, son épouse, l'actrice Helene Weigel, poursuivit son œuvre.

Deutsches Theater ⓮

Schumannstrasse 13. **Plan** 6 E2.
28 44 12 22. **Kammerspiele**
U *Oranienburger Tor.* *147, 157.*

Le Deutsches Theater occupe un bâtiment construit en 1849 par Eduard Titz pour accueillir le Friedrich-Wilhelm Städtisches Theater. Il prit son nom actuel après un important remaniement achevé en 1883, et proposa au public pour son inauguration la pièce *Intrigue et amour* de Friedrich Schiller. Le Deutsches Theater acquit sa renommée grâce à son deuxième directeur, Otto Brahm, puis entra dans l'histoire du théâtre moderne avec Max Reinhardt.

Le célèbre metteur en scène y commença sa carrière en tant qu'acteur, puis en assuma la direction de 1905 à 1933. Pour disposer d'une deuxième scène, plus petite, la **Kammerspiele,** il fit convertir en 1906 le casino adjacent. La frise d'Edvard Munch qui décorait l'auditorium du premier étage se trouve désormais à la Neue Nationalgalerie.

Lorsqu'il accepta l'invitation de la RDA en 1948, Bertolt Brecht installa tout d'abord sa compagnie, le Berliner Ensemble, au Deutsches Theater. La première pièce présentée était *Mère Courage.*

MAX REINHARDT (1873-1943)

D'origine autrichienne, Max Reinhardt commença sa carrière à Berlin en tant qu'acteur au Deutsches Theater, institution dont il prit la direction en 1905. Il proposa aussi des créations à la Kammerspiele, au Neues Theater am Schiffbauerdamm (l'actuel Berliner Ensemble) et au cirque Schumann (devenu le Friedrichstadtpalast), qu'il fit aménager selon ses indications par Hans Poelzig. Révolutionnaires, ses mises en scène de textes classiques et contemporains jouaient de tous les arts vivants et de toutes les techniques nouvelles. Elles eurent une profonde influence sur le théâtre européen. Contraint à l'exil en 1933 à cause de ses origines juives, Max Reinhardt s'établit aux États-Unis, où il mourut en 1943.

L'élégante façade du Deutsches Theater date du XIXe siècle

Charité ⓯

Schumannstrasse 20-21. **Plan** 6 E1, E2.
28 02 25 42. U *Oranienburger Tor.* *147.* *13h-16h lun.-mar., 13h-17h mer., 13h-16h jeu.-ven.*

Rattaché à l'université Humboldt *(p. 60)* depuis sa fondation en 1810, le plus vieil hôpital universitaire d'Allemagne, créé en 1726, occupe un immense groupe de bâtiments près de la Luisenstrasse. L'édifice le plus ancien du complexe remonte aux années 1830.

De grands scientifiques ont travaillé à la Charité, dont Robert Koch qui découvrit les bacilles de la tuberculose et du choléra. Rudolf Virchow fonda en 1899 le musée de l'Institut de pathologie. Sa collection comprenait environ 23 000 spécimens. Elle a beaucoup souffert de la Seconde Guerre mondiale, mais le bâtiment a survécu et le musée a rouvert en 1999.

Dorotheenstädtischer Friedhof ⑯

Voir p. 106-107.

Brecht-Weigel-Gedenkstätte ⑰

MÉMORIAL BRECHT-WEIGEL

Chausseestrasse 125. *283 057 044.* **Plan** 6 E1. *Zinnowitzer Strasse ou Oranienburger Tor.* *157.* *13.* *10h-midi mar.-ven. et 17h-18h30 jeu., 9h30-13h30 sam., 11h-18h dim.* *obligatoire toutes les demi-heures (toutes les heures le dim.).* *lun., jours fériés.*

Bertolt Brecht, dont l'œuvre a marqué le théâtre contemporain, travailla dans la capitale allemande à partir de 1920, mais dut émigrer en 1933 pour échapper aux nazis. Après avoir vécu un temps aux États-Unis, il accepta en 1948 de rentrer à Berlin quand la RDA lui proposa de diriger son propre théâtre. Après sa mort en 1956, son épouse, l'actrice Helene Weigel, continua son œuvre à la tête de leur compagnie : le Berliner Ensemble.

Bertolt Brecht s'installa en 1953 au premier étage de la maison du n° 125 de la Chausseestrasse. Sa femme vécut d'abord au deuxième étage, mais, après le décès de son mari, elle descendit au rez-de-chaussée où son appartement ouvrait sur le jardin. Elle l'habita jusqu'à sa mort en 1971. Le couple repose au Dorotheenstädtischer Friedhof *(p. 106-107)*.

La demeure est devenue un musée. Elle abrite aussi les archives Bertolt-Brecht et un petit restaurant.

Squelette de brachiosaure au Museum für Naturkunde

Museum für Naturkunde ⑱

Invalidenstrasse 43. **Map** 6 E1. *20 93 85 91.* *Zinnowitzer Strasse.* *157, 245, 340.* *9h30-17h. mar.-dim.*

Sa collection de plus de 60 millions de pièces fait du Museum für Naturkunde l'un des plus importants musées d'histoire naturelle du monde. Il occupe un bâtiment néo-Renaissance construit entre 1883 et 1889 pour l'accueillir, et, malgré plusieurs rénovations et agrandissements, il conserve une atmosphère surannée très agréable.

Le musée possède pour fleuron le plus grand squelette de dinosaure du monde. Découvert en Tanzanie en 1909, il appartenait à un brachiosaure. Long de 23 m, il s'élève jusqu'à 12 m de hauteur sous la verrière de la salle centrale. Six autres squelettes de dinosaures et la réplique d'un fossile d'archéoptéryx, un reptile volant, complètent la présentation.

Le musée comprend aussi un département consacré à la zoologie, qui propose une riche exposition de coquillages, d'insectes, d'oiseaux et de mammifères naturalisés. Elle illustre la théorie de l'évolution. Des dioramas de grande qualité replacent les animaux dans leur environnement. Bien qu'empaillé, Bobby le gorille connaît toujours du succès auprès des jeunes enfants. Arrivé au zoo de Berlin à l'âge de deux ans en 1928, il y vécut jusqu'en 1935.

La section de minéralogie abrite, entre autres, des météorites et des pierres précieuses et semi-précieuses.

Bureau de Bertolt Brecht dans son ancien appartement

Hamburger Bahnhof ⓳

La « gare de Hambourg », construite dans le style néo-Renaissance en 1847, perdit sa fonction dès 1884 et abrita un musée des Transports jusqu'à la Seconde Guerre mondiale. Au retour de la paix, elle resta désaffectée jusqu'à sa transformation par Josef Paul Kleihues pour accueillir le musée d'Art contemporain inauguré en 1996. L'installation de néon qui éclaire la façade est de Dan Flavin. L'exposition puise dans la collection réunie par Erich Marx que complètent des œuvres fournies par la Neue Nationalgalerie et d'autres musées. Éclectique, elle offre un large aperçu de la création artistique, allemande et américaine en particulier, au cours des cinquante dernières années. Cinéma, vidéo, musique et design ne sont pas oubliés.

★ **Richtkräfte** (1974-1977)
Une salle entière est consacrée au travail de Joseph Beuys.

Sans titre (1983)
Anselm Kiefer s'interroge dans sa peinture sur l'identité des Allemands et leur histoire.

SUIVEZ LE GUIDE !
Le musée dispose de plus de 10 000 m² de surface d'exposition. Les œuvres de Beuys se trouvent dans l'aile ouest, la salle principale sert à accueillir des installations spéciales.

Genova (1980)
Sandro Chia appartient au mouvement de la trans-avant-garde marqué par des influences venant du maniérisme italien et de l'expressionnisme allemand.

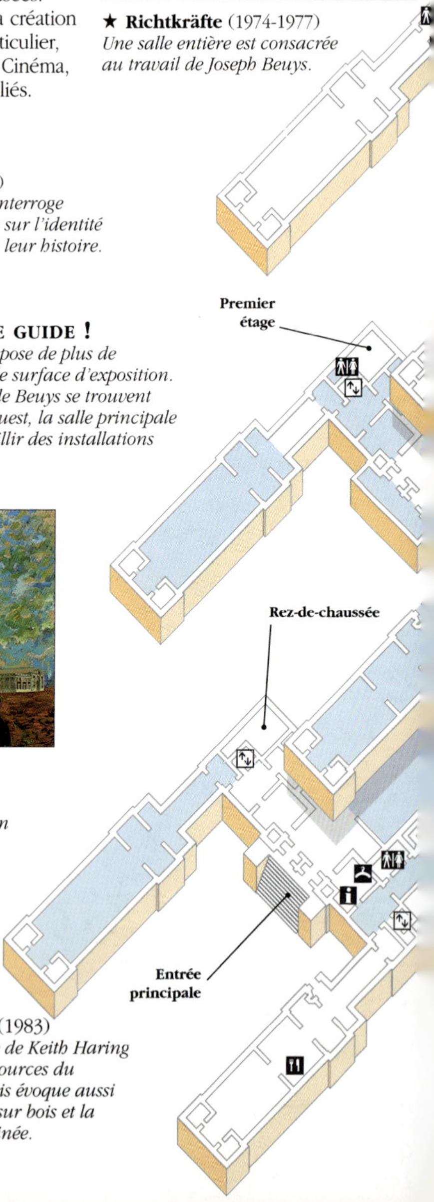

Sans titre (1983)
La peinture de Keith Haring puise aux sources du graffiti, mais évoque aussi la gravure sur bois et la bande dessinée.

Sans titre (1990)
Dans ses toiles, Cy Twombly laisse libre sa main dont gribouillis et traînées de couleur enregistrent le parcours.

MODE D'EMPLOI

Invalidenstrasse 50/51. **Plan** 6 D1. *397 83 40. Lehrter Stadtbahnhof. 157, 245, 248, 340. 10h-18h mar.-ven., 11h-18h sam.-dim. 1er jan., mar. après Pâques et la Pentecôte, 24, 25 et 31 déc.*

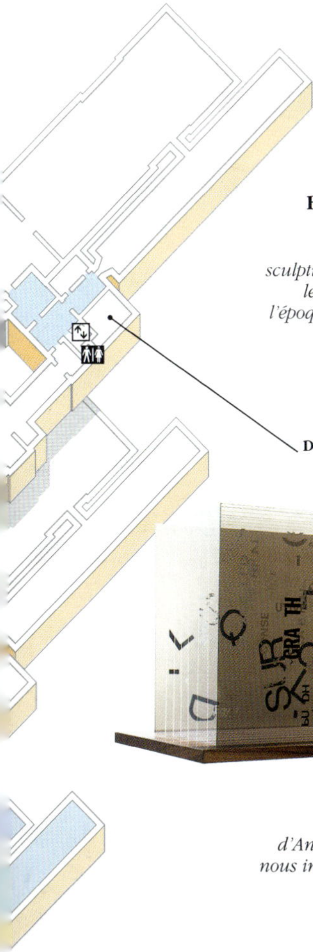

Bourgeois Bust - Jeff and Ilona (1991)
Délibérément kitsch, cette sculpture en marbre de Jeff Koons le montre avec son épouse de l'époque, Ilona (plus connue sous le nom de La Cicciolina).

Not Wanting to Say Anything About Marcel (1969)
La mort de son célèbre ami Marcel Duchamp inspira cette œuvre à John Cage.

★ Mao (1973)
Les célèbres portraits d'Andy Warhol nous incitent à nous interroger sur l'évolution de notre rapport à l'image.

First Time Painting (1961)
L'Américain Robert Rauschenberg peignit ce tableau alors qu'il travaillait avec John Cage au Black Mountain College.

LÉGENDE

Expositions

À NE PAS MANQUER

★ ***Mao***

★ ***Richtkräfte***

TIERGARTEN

Aménagée en parc au XVIIIe siècle, l'ancienne réserve de chasse des princes-électeurs forme aujourd'hui un vaste espace de promenade en plein cœur de Berlin. Le Tiergarten appartenait au secteur occidental pendant la guerre froide, et les autorités de la RFA y firent construire le vaste complexe culturel du Kulturforum et l'ensemble résidentiel de l'Hansaviertel conçu par certains des plus grands architectes des années 50. De l'autre côté du Mur, les bombardements n'avaient laissé que des ruines du quartier densément peuplé qui s'était développé au XIXe siècle autour de la Potsdamer Platz. L'endroit devint un terrain vague. Depuis la réunification, il s'est transformé en un gigantesque chantier : celui du nouveau quartier d'affaires de la capitale allemande.

***Le Crieur*, Strasse des 17. Juni**

LE QUARTIER D'UN COUP D'ŒIL

Musées

Bauhaus-Archiv 14
Bendlerblock (Gedenkstätte Deutscher Widerstand) 12
Gemäldegalerie p.122-125 8
Kunstbibliothek 6
Kunstgewerbemuseum p. 118-121 4
Kupferstichkabinett 5
Musikinstrumenten-Museum 2
Neue Nationalgalerie 9

Quartiers, places et parc

Diplomatenviertel 15
Grosser Stern 17
Hansaviertel 19
Potsdamer Platz 10
Regierungsviertel 22
Tiergarten 16

Bâtiments historiques

Haus der Kulturen der Welt 21
Philharmonie und Kammermusiksaal 3
Reichstag 23
Schloss Bellevue 20
Shell-Haus 11
Staatsbibliothek 1
St-Matthäus-Kirche 7
Villa von der Heydt 13

Monuments

Siegessäule 18
Sowjetisches Ehrenmal 24

LÉGENDE

Plan pas à pas *p. 114-115*
Station de U-Bahn
Parc de stationnement
Arrêt d'autobus

◁ **Le Tiergarten renferme de nombreux plans d'eau**

Autour du Kulturforum pas à pas

Sculpture de Henry Moore

Pour compenser la perte des grands musées et théâtres qui se trouvaient de l'autre côté du Mur, l'Allemagne de l'Ouest décida à la fin des années 50 la construction du Forum de la Culture sur un terrain que les nazis avaient réduit à l'état de friche. Hans Scharoun prit la direction du chantier et dessina la Philharmonie, inaugurée en 1963. D'autres grands noms de l'architecture moderne, tel Ludwig Mies Van der Rohe, participèrent au projet. Le Kulturforum et ses musées attirent aujourd'hui des millions de visiteurs chaque année.

★ Kunstgewerbe-museum
Un atelier d'Augsbourg fabriqua vers 1640 cette chope en argent et en ivoire exposée au musée des Arts décoratifs ❹

Kupferstichkabinett
Ce portrait de la mère de Dürer fait partie de la riche collection de gravures et de dessins du cabinet des Estampes ❺

★ Gemäldegalerie
La pinacothèque possède de nombreux chefs-d'œuvre, dont La Madone à l'église, *peinte vers 1425 par Jan Van Eyck* ❽

Kunstbibliothek
La Bibliothèque des beaux-arts est aussi un lieu d'exposition, d'affiches entre autres ❻

À NE PAS MANQUER

- ★ Gemäldegalerie
- ★ Kunstgewerbe museum
- ★ Philharmonie

LÉGENDE

– – – Itinéraire conseillé

Neue Nationalgalerie
Bordée d'un jardin de sculptures, la Nouvelle Galerie nationale occupe un gracieux bâtiment dessiné par Ludwig Mies Van der Rohe ❾

★ Philharmonie
Cette prestigieuse salle de concert, où le public entoure entièrement l'orchestre, possède une acoustique exceptionnelle ❸

CARTE DE SITUATION
Voir atlas des rues, plans 4, 5 et 6

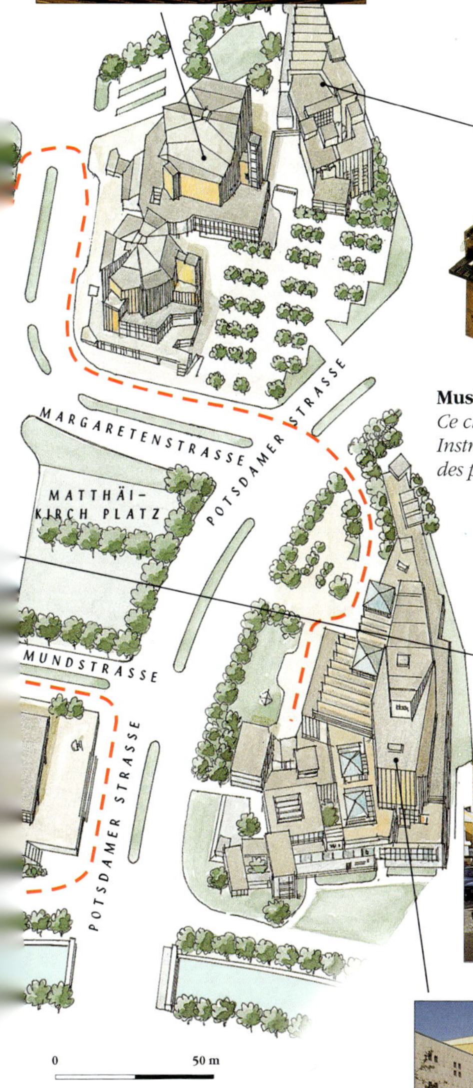

Musikinstrumenten-Museum
Ce clavicorde fait partie du musée des Instruments de musique, qui contient des pièces datant des XVIe - XXe siècles ❷

St-Matthäus-Kirche
Une pittoresque église du XIXe siècle tranche sur les édifices modernes du Kulturforum ❼

Staatsbibliothek
La Bibliothèque nationale, achevée en 1978, est une œuvre de Hans Scharoun ❶

Principale salle de lecture de la Staatsbibliothek

Staatsbibliothek ❶

Potsdamer Strasse 33. **Plan** 6 D5. ☎ *266 23 03.* Ⓢ & Ⓤ *Potsdamer Platz.* 🚌 *129, 142, 148, 248, 348.* ◯ *9h-21h lun.-ven., 9h-19h sam.*

Affectueusement surnommée Stabi par les Berlinois, la Staatsbibliothek possède un aspect inhabituel pour une bibliothèque avec son dôme doré orienté vers l'est. Hans Scharoun et Edgar Wisniewski l'édifièrent entre 1967 et 1978 pour abriter la partie des archives nationales restée à l'Ouest après la Seconde Guerre mondiale. Reconstituée après la réunification, la Bibliothèque nationale allemande abrite aujourd'hui l'une des plus riches collections de livres et de manuscrits d'Europe.

L'aménagement intérieur du bâtiment allie fonctionnalisme et esthétique. Les réserves installées à l'étage recèlent environ 5 millions de volumes. Dans la grande salle de lecture, très lumineuse, des ruptures de niveaux animent l'espace. Des expositions organisées régulièrement permettent de découvrir manuscrits, documents ou livres rares. La même administration gère aujourd'hui la Staatsbibliothek de Tiergarten, au Kulturforum, et celle située sur Unter den Linden *(p. 61)*.

Musikinstrumenten-Museum ❷

Tiergartenstrasse 1. **Plan** 6 D5. ☎ *20 90 55 55.* Ⓢ & Ⓤ *Potsdamer Platz ou* Ⓤ *Mendelssohn-Bartholdy-Park.* 🚌 *129, 142, 148, 248, 348.* ◯ *9h 17h mar.-ven., 10h-17h sam.-dim.* **Démonstrations de l'orgue Wurlitzer** *midi, 1er sam. du mois.*

Caché derrière la Philharmonie, dans un petit édifice bâti entre 1979 et 1984 par Edgar Wisniewski d'après des plans de Hans Scharoun, ce passionnant musée abrite plus de 750 instruments de musique. Commencée en 1888, la collection permet de suivre l'évolution de certains d'entre eux, du XVIe siècle à nos jours. Elle compte parmi ses plus belles pièces des violons signés par Amati et Stradivarius, ainsi qu'un clavecin fabriqué par Jean Marius et qui appartint à Frédéric le Grand.

Moins ancien, mais plus impressionnant, un orgue Wurlitzer de 1929 reste en parfait état de marche. Il servait jadis à l'illustration sonore de films muets et possède une gamme assez large pour permettre d'imiter le grondement d'une locomotive. Les démonstrations proposées le samedi attirent toujours une foule de passionnés.

Des enregistrements permettent d'écouter d'autres instruments, et le musée intègre une riche bibliothèque ouverte au public.

Philharmonie und Kammermusiksaal ❸

Herbert-von-Karajan-Str. 1. **Plan** 6 D5. ☎ *25 48 80.* Ⓢ & Ⓤ *Potsdamer Platz ou* Ⓤ *Mendelssohn-Bartholdy-Park.* 🚌 *129, 142, 148, 248, 348.*

Avec la Philharmonie, son chef-d'œuvre construit entre 1960 et 1963, Hans Scharoun révolutionna la conception des salles de concerts. L'orchestre y joue en effet sur un plateau situé au centre d'un espace pentagonal. Le public prend place sur des gradins qui l'entourent de tous côtés et profite d'un son d'une ampleur exceptionnelle. L'extérieur du bâtiment évoque un grand chapiteau. Des travaux effectués entre 1978 et 1981 lui ont donné son aspect doré.

La Philharmonie et la Kammermusiksaal évoquent de grandes tentes dorées

Fondé en 1882, le prestigieux Orchestre philharmonique de Berlin *(Berliner Philharmoniker)* a eu à sa tête de grands chefs d'orchestre tels que Hans von Bülow, Wilhelm Furtwängler et l'Autrichien Herbert von Karajan qui le dirigea de 1954 à 1989. Ce dernier avait une si forte personnalité que la Philharmonie prit le surnom de « cirque Karajan ». Claudio Abbado l'a remplacé à sa mort et devrait laisser la place en 2002 à sir Simon Rattle.

Edgar Wisniewski s'inspira d'esquisses dessinées par Hans Scharoun pour construire la Kammermusiksaal entre 1984 et 1987. Surnommée la « petite tente », elle développe les mêmes partis pris esthétiques que la Philharmonie : les orchestres de musique de chambre qui s'y produisent jouent aussi au centre d'une salle où le public les entoure de tous côtés.

Kunstgewerbe-museum ❹

Musée des Arts décoratifs

Voir p. 118-121.

Kupferstich-kabinett ❺

Matthäikirchplatz 6. **Plan** 5 C5. *20 90 55 55. S & U Potsdamer Platz ou U Mendelssohn-Bartholdy-Park. 129, 142, 148, 248, 348.* **Expositions** *10h-18h mar.-ven., 11h-18h sam.-dim.* **Atelier** *9h-16h mar.-ven.*

Commencée par le Grand Électeur en 1652 et accessible au public depuis 1831, cette collection de dessins et de gravures, un temps divisée entre l'Est et l'Ouest, a été réunie au Kulturforum en 1994. Elle compte environ 2 000 planches originales, près de 520 000 tirages et au moins 80 000 dessins et aquarelles. Malheureusement, beaucoup de ces trésors supportent mal les rayonnements lumineux. En conséquence, le

***Jeune Fille sur la plage*, lithographie d'Edvard Munch**

Kupferstichkabinett ne possède pas d'exposition permanente et renouvelle régulièrement les œuvres présentées. Les personnes justifiant d'un intérêt particulier peuvent demander à voir des pièces conservées en dépôt. Elles leurs seront montrées, sur rendez-vous, à l'atelier.

Le cabinet des Estampes possède des œuvres de tous les artistes occidentaux de renom du Moyen Âge à nos jours. Parmi les mieux représentés figurent Dürer, Watteau, Goya, Daumier, les peintres du mouvement Die Brücke et les maîtres hollandais, notamment Rembrandt. Les pièces les plus précieuses comptent des illustrations de la *Divine Comédie* de Dante dessinées par Botticelli.

Kunstbibliothek ❻

Bibliothèque des beaux-arts

Matthäikirchplatz 6. **Plan** 5 C5. *20 90 55 55. S & U Potsdamer Platz ou U Mendelssohn-Bartoldy-Park. 129, 142, 148, 248, 348.* **Expositions** *9h-18h mar.-dim.* **Bibliothèque** *14h-20h lun., 9h-20h mar.-ven.*

La Bibliothèque des beaux-arts occupe un bâtiment moderne, mais existe depuis 1867. Elle possède environ 350 000 volumes et attire 35 000 visiteurs chaque année. Elle expose dans les salles de lecture une partie de son fond qui comprend la bibliothèque des costumes de Lipperheide, près de 50 000 affiches et une collection d'environ 30 000 plans et dessins exécutés par des architectes tels que Johann Balthasar Neumann, Erich Mendelssohn et Paul Wallot. Elle propose également des expositions temporaires.

St-Matthäus-Kirche ❼

Église Saint-Matthieu

Matthäikirchplatz. **Plan** 5 C5. *S & U Potsdamer Platz ou U Mendelssohn-Bartholdy-Park. 129, 142, 148, 248, 348. 10h-18h mar.-ven., 11h-18h sam.-dim.*

La St-Matthäus-Kirche se dressait jadis au centre d'une petite place entourée de bâtiments, mais l'architecte nazi Albert Speer fit raser une grande partie du quartier dans le cadre d'un projet trop ambitieux qui n'aboutit jamais. Les bombardements alliés achevèrent ce travail de démolition. Ce vaste espace en friche servit à la construction du Kulturforum à partir des années 60.

L'église Saint-Matthieu offre un contraste frappant avec les bâtiments au modernisme affirmé du Forum de la Culture. Achevée en 1846 par Friedrich August Stüler et Herbert Wentzel, elle possède trois nefs dotées chacune d'un toit à double pente, mais s'inspire des sanctuaires romans de l'Italie du Nord avec son parement de brique polychrome qui fait alterner bandes ocre et crème.

La St-Matthäus-Kirche, église néo-romane bâtie au XIXe siècle

Kunstgewerbemuseum ❹

Poupée en porcelaine de Meissen

Le musée des Arts décoratifs possède une collection d'une grande richesse qui illustre l'évolution des arts appliqués européens du Moyen Âge à nos jours. Elle comprend des pièces d'orfèvrerie exceptionnelles, telles celles formant le trésor religieux d'Enger et celui des Guelfes de Brunswick. Le trésor municipal de Lüneburg se compose de magnifiques argenteries datant de la fin du gothique et de la Renaissance. L'exposition permet aussi de découvrir de belles majoliques italiennes, des costumes et textiles anciens, de la verrerie, de la porcelaine des manufactures de Meissen et de Berlin, de nombreux meubles et un bel ensemble d'objets Art nouveau. Une section est consacrée aux « chinoiseries » qui connurent une grande vogue à l'époque baroque.

★ Reliquaire en dôme (1175-1180)
Il fait partie du trésor des Guelfes de Brunswick. Les personnages sont en ivoire de morse.

Minneteppich (v. 1430)
Les personnages de cette tapisserie, inspirée par les règles de l'amour courtois, échangent des propos sur des sujets comme l'infidélité. Leurs paroles apparaissent sur les bannières qu'ils tiennent.

★ Gobelet gothique (v. 1480)
Des épisodes de la vie d'Adam et Ève décorent ce gobelet en verre de Venise.

Lion de Lüneburg (1540)
Ce hanap en argent doré appartenait au conseil municipal de Lüneburg. Il provient de l'atelier de Joachim Worm.

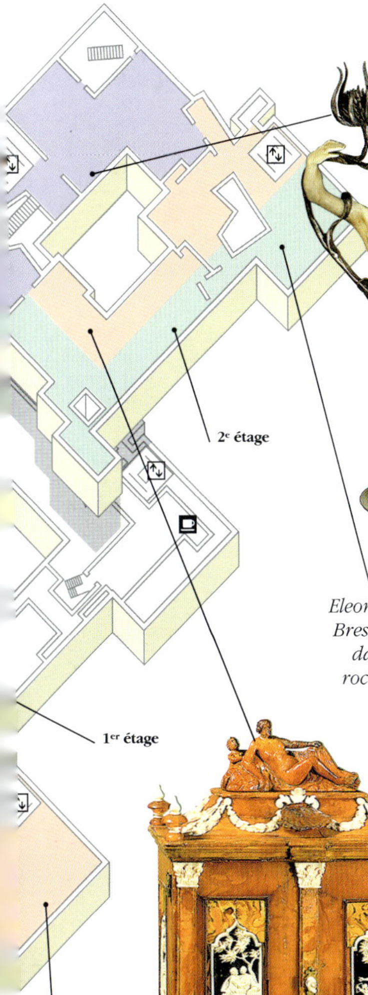

MODE D'EMPLOI

Matthäikirchplatz. **Plan** 5 C5. *20 90 55 55.* Ⓢ *Potsdamer Platz.* U *Potsdamer Platz ou Mendelssohn-Bartholdy-Park.* *129, 142, 148, 248, 341, 348.* *10h-18h mar.-ven., 11h-18h sam.-dim.* *mar. après Pâques, Pentecôte, 1er oct., 24, 25 et 31 déc..*

Candélabre (1900)
Les Belges Egide Rombaux et Frans Hoosemans utilisèrent onyx, argent et ivoire pour fabriquer ce chandelier Art nouveau.

Robe de noce (v. 1780)
Eleonor Schuster, de la ville de Breslau (Wrocław), se maria dans cette robe de brocart rococo aux manches et au col garnis de dentelle.

★ Cabinet de Dantzig
Fabriqué au début du XVIIIe siècle, ce meuble orné d'incrustations en ivoire possède des tiroirs dont les fonds servaient de plateaux de jeu.

LÉGENDE

- Moyen Âge
- Renaissance
- Baroque
- Néo-classique, Art nouveau
- XXe siècle
- Expositions temporaires

SUIVEZ LE GUIDE !

L'entrée du musée et le bureau d'information se trouvent au premier étage. Le sous-sol est consacré au XXe siècle, le rez-de-chaussée au Moyen Âge et à la Renaissance, et le deuxième étage à la période allant de la Renaissance à l'Art nouveau.

À NE PAS MANQUER

- ★ Reliquaire en dôme
- ★ Gobelet gothique
- ★ Cabinet de Dantzig

À la découverte du Kunstgewerbemuseum

Pendentif de la douleur du Christ

Fondé en 1867, le plus ancien musée des Arts décoratifs d'Allemagne occupa tout d'abord le Martin-Gropius-Bau *(p. 136)*, puis, à partir de 1919, le Stadtschloss que venait de libérer l'abdication de Guillaume II *(p. 74)*. Il s'installa en 1940 au Schloss Charlottenburg *(p. 156-157)*. Construit entre 1978 et 1985, son bâtiment actuel, conçu spécialement pour l'accueillir par Rolf Gutbrod, offre des conditions idéales pour la conservation et la présentation des pièces. Il abrite un espace d'exposition de 7 000 m^2.

Moyen Âge

Une grande partie de cette collection est composée d'objets sacrés. Ils proviennent souvent de trésors d'églises, tel celui d'Enger, une localité de Westphalie, dont on remarquera un beau reliquaire du VIIIe siècle en forme de bourse des corporaux, le récipient utilisé pendant la messe pour garder les linges servant à poser le calice et l'hostie. Le musée possède aussi plusieurs reliquaires en forme de croix datant du XIe et du XIIe siècle, dont la Heinrichskreuz offerte à la cathédrale de Bâle par l'empereur germanique Henri II, et la Welfenkreuz, qui faisait partie du trésor des Guelfes de Brunswick. Ce dernier comprenait également un magnifique reliquaire en forme d'église à coupole et un retable portable, émaillé vers 1150 par l'artisan Eilbertus de Cologne.

La section consacrée à la période gothique (du XIIe au XVIe siècle) abrite le somptueux reliquaire de saint Georges provenant d'Elbing et fabriqué vers 1480. Elle permet aussi de découvrir des objets d'art séculiers, entre autres des coffrets, de la vaisselle, un miroir, une amulette de chevalier et la Minneteppich. Cette tapisserie montre plusieurs scènes d'amour courtois où des animaux mythologiques se mêlent aux humains. Accrochée au-dessus d'un siège, elle servait à protéger des courants d'air.

Reliquaire du XIe siècle

Renaissance

L'espace consacré à la Renaissance permet de se faire une idée du décor dans lequel vivaient les princes italiens à la fin du Moyen Âge. L'exposition comprend en particulier de superbes majoliques, une forme de faïence importée de Majorque en Toscane au XVe siècle. Les céramiques présentées proviennent de certains des meilleurs ateliers du XVIe siècle, tels ceux de Faenza, de Cafaggiolo et d'Urbino. Les vitrines abritent aussi de la verrerie vénitienne des XVe et XVIe siècles, de la vaisselle émaillée de Limoges, des meubles raffinés et des tapisseries.

Le fleuron de la collection reste néanmoins le trésor municipal de Lüneburg, acquis par le musée en 1874. Il se compose de 32 bols, hanaps et brocs en argent plaqué or. Réalisés par les artisans de cette ville d'Allemagne du Nord, beaucoup ont la forme d'un lion. Les orfèvres de Nuremberg jouissaient aussi d'une grande renommée, en particulier Wenzel Jamnitzer et son neveu Christoph Jamnitzer, dont on peut juger la qualité du travail.

Au XVIe siècle, la vogue des *Kunstkammern*, les « salons d'art », explique la présence au musée de créations naturalistes et exotiques issues d'autres cultures. Une salle renferme de nombreux instruments scientifiques, ainsi que des pièces d'horlogerie du XVIIe siècle. Remarquez les quelques éléments provenant du Pommersche Kunstschrank, le cabinet de curiosités d'un prince poméranien du XVIe siècle, Phillipe II.

Baroque

Le Kunstgewerbemuseum possède une intéressante collection de verrerie produite en Allemagne et en Bohême à l'époque baroque. Certaines pièces sont faites d'un verre dit « rubis », un style qui eut pour pionnier Johann Kunckel à la fin du XVIIe siècle.

Particulièrement riche, l'exposition de céramiques du XVIIIe siècle comprend, parmi les faïences allemandes, quelques brocs et chopes aux formes et aux décors pleins de fantaisie. Elle commence par une série d'objets fabriqués par Johann Friedrich Böttger, l'alchimiste dont les

Tapisserie du XVIe siècle intitulée *Le Triomphe de l'amour*

Buffet baroque de l'école de Dantzig

expériences permirent, au début du XVIIIe siècle, la mise au point à Meissen de la technique de la porcelaine dure.

La production de cette ville de Saxe est particulièrement bien représentée. On remarquera notamment quelques créations de Johann Joachim Kaendler. De nombreuses pièces témoignent de la qualité atteinte par la Königliche Porzellan-Manufaktur (Manufacture royale de porcelaine) de Berlin *(p. 129)*. De la vaisselle en argent provenant de divers ateliers européens de l'époque complète la présentation.

Une section est consacrée à la mode des « chinoiseries », qui fit fureur en Europe au XVIIIe siècle. Elle a pour fleuron le Chinesisches Kabinett, reconstruction d'une pièce entière qui faisait jadis partie du Palazzo Graneri de Turin.

Du néo-classicisme à l'Art nouveau

Le néo-classicisme qui a tant marqué l'architecture berlinoise a aussi alimenté l'inspiration des artisans d'art de la fin du XVIIIe et du début du XIXe siècle. Des porcelaines issues de certaines des meilleures manufactures d'Europe, de l'argenterie allemande et française, de la verrerie et des meubles offrent un large panorama de leur travail.

Les arts appliqués connurent un renouveau en Europe centrale pendant la deuxième moitié du XIXe siècle, comme en témoignent la sophistication de certains bijoux viennois. Cette section abrite aussi des meubles fabriqués en papier mâché, une technique apparue en Angleterre vers 1850. Des incrustations de nacre rehaussaient parfois le décor peint sur les bandes de papier imbibé de colle appliquées sur une ossature en bois ou en fil de fer.

Horloge baroque de Johann Gottlieb Graupner (1739)

Au tournant du siècle, les mouvements de la Sécession et de l'Art nouveau ouvrirent de nouvelles voies à la décoration d'intérieur. L'exposition comprend les créations d'artistes tels que Henry Van de Velde et Eugène Gaillard, et des œuvres en verre ou en pâte de verre des Français Émile Gallé et René Lalique et de l'Américain Louis Comfort Tiffany.

Deux meubles de 1885 sont particulièrement étonnants. Leur créateur, l'Italien Carlo Bugatti, a puisé dans le répertoire de l'art japonais et islamique et fait un usage spectaculaire d'essence rares et de délicates incrustations.

XXe siècle

Pendant l'entre-deux-guerres, alors que reste dominant un académisme tourné vers le passé, de nombreux créateurs tentent de nouvelles approches aussi bien au niveau des formes que de la décoration. Cette partie du musée renferme des objets illustrant les deux tendances, mais elle met surtout l'accent sur le style Art déco. Les pièces les plus remarquables comprennent un petit service à thé en porcelaine de Gertrud Kant et un service à café en argent décoré d'incrustations d'ébène dessiné par Jean Puiforcat.

Vase Art nouveau d'Émile Gallé (1900)

La collection consacrée à la période contemporaine n'a jamais cessé d'être complétée depuis la fin de la Seconde Guerre mondiale. De nombreuses céramiques, des objets d'usage quotidien et des meubles dessinés par de célèbres stylistes illustrent certains des grands courants des arts décoratifs aujourd'hui.

Gemäldegalerie ❽

***Femme au bonnet* par Rogier Van der Weyden**

Le fonds de la pinacothèque de Berlin a pour origine les œuvres réunies par le Grand Électeur (1620-1688) et Frédéric le Grand (1712-1786), mais doit son exceptionnelle qualité au fait que l'acquisition de la majorité des tableaux fut confiée à des spécialistes. Ouverte au public en 1830 dans l'Altes Museum *(p. 74-75)*, la galerie de peintures prit un statut indépendant lors de son déménagement au Bodemuseum *(p. 79)* en 1904. Ce musée subit de graves dégâts pendant la Seconde Guerre mondiale, et les bombardements détruisirent 400 toiles. La division de Berlin en 1945 entraîna celle de la collection dont la majeure partie trouva un nouveau toit au musée de Dahlem *(p. 170-171)*. La réunification a permis de rendre son intégrité à la Gemäldegalerie, désormais exposée dans un nouveau bâtiment du Kulturforum.

★L'Amour vainqueur (1602)
Le joyeux Cupidon peint par le Caravage se rit des symboles des arts, de la gloire, du savoir et du pouvoir.

Vierge à l'Enfant (v. 1477)
Sandro Botticelli a représenté la Vierge et les anges qui l'entourent vêtus comme ses contemporains de la Renaissance.

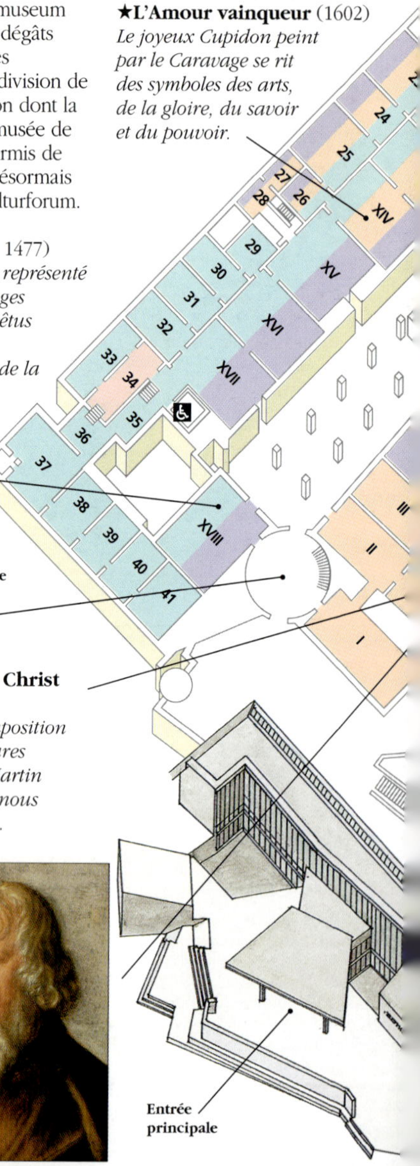

Hall circulaire menant aux galeries

Naissance du Christ
(v. 1480)
Cette belle composition est l'une des rares peintures de Martin Schongauer à nous être parvenues.

Portrait de Hieronymus Holzschuher (1529)
L'affection d'Albrecht Dürer pour son ami le maire de Nuremberg transparaît dans ce portrait.

Entrée principale

Le Verre de vin (v. 1658-1661)
Composition et éclairage contribuent dans ce tableau de Jan Vermeer à évoquer avec délicatesse la relation entre les deux jeunes gens.

MODE D'EMPLOI

Matthäikirchplatz 8.
Plan 5 C5. 20 90 55 55.
S & U Potsdamer Platz.
U Mendelssohn-Bartholdy-Park.
129, 142, 148, 248, 348.
10h-18h. mar.-dim.
1er mar. après Pâques et la Pentecôte, 1er mai, 24, 25 et 31 déc.

L'Amour au Théâtre-Français
Le théâtre et les acteurs attiraient beaucoup Watteau comme le montrent ce tableau et son pendant : L'Amour au Théâtre-Italien (p. 21).

★ **Portrait par Hendrickje Stoffels** (1656-1657)
Ce portrait de la compagne de Rembrandt est typique de la technique du maître, qui néglige l'arrière-plan pour concentrer l'attention sur le personnage.

LÉGENDE

- Peinture allemande :
  XIIIe-XVIIe siècles (I-III et 1-4)
  XVIIIe siècle (XII-XIV et 23-28)
  XIXe siècle (20-22)
- Peinture néerlandaise :
  XIVe-XVIIe siècles (IV-VI et 5-7)
  flamande du XVIIIe siècle (VII-XII et 8-19)
- Peinture française :
  XIVe-XVIIe siècles (IV-VI et 5-7)
  espagnole du XVIIIe siècle (XII-XVIII et 23-28)
  anglaise du XVIIIe siècle (20-22)
- Peinture italienne :
  XIVe-XVIIe siècles (XV-XVIII et 29-41)
  XVIIIe-XIXe siècles (XII-XIV et 23-28)
- Miniatures

SUIVEZ LE GUIDE !
La galerie principale renferme plus de 900 œuvres regroupées par pays d'origine et périodes. Les 400 peintures de la galerie d'étude du niveau inférieur et une galerie numérisée consultable sur ordinateur la complètent.

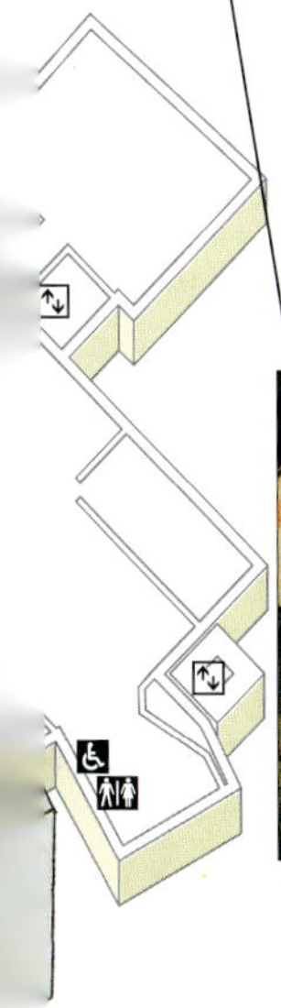

★ **Proverbes néerlandais** (1559)
Pieter Bruegel réussit à illustrer plus de 100 proverbes dans ce tableau.

À NE PAS MANQUER

★ ***L'Amour vainqueur***

★ ***Portrait par Hendrickje Stoffels***

★ ***Proverbes néerlandais***

À la découverte de la Gemäldegalerie

Dessiné par Heinz Hilmer et Christopher Sattler, le bâtiment moderne qui abrite depuis 1998 la pinacothèque de Berlin offre aux peintures un superbe cadre de présentation. Pour mieux mettre en valeur les tableaux, le revêtement des murs absorbe la lumière naturelle diffuse qui tombe du plafond. Le musée s'organise autour d'une grande salle ornée d'une sculpture par Walter de Maria, installée au centre d'un bassin. Elle permet au cours de la visite de venir à tout moment se reposer ou méditer quelques minutes, avant de repartir admirer une collection riche en chefs-d'œuvre.

***Malle Babbe* ou *Babette la folle* (v. 1629-1630) par Frans Hals**

Portrait du marchand *Georg Gisze* (1532) par Hans Holbein

Peinture allemande

La collection de peintures allemandes est répartie en plusieurs sections. La première est consacrée à la période allant du XIIIe au XVIe siècle. D'un bel ensemble d'œuvres religieuses du Moyen Âge ressortent le retable de Westphalie, datant de la deuxième moitié du XIIIe siècle, et les panneaux latéraux du retable de Wurzach attribué à Hans Multscher (v. 1400-v.1467). Ces derniers montrent la passion du Christ et des scènes de la vie de Marie.

Plusieurs grands artistes ont marqué la période de la Renaissance, dont Martin Schongauer qui reste surtout connu pour ses eaux-fortes, car seules quelques peintures comme *La Naissance du Christ* (v. 1480) nous sont parvenues. Il eut pour admirateur Albrecht Dürer dont la galerie possède plusieurs tableaux, notamment les portraits de Hieronymus Holzschuher et Jakob Muffels, deux patriciens de Nuremberg, et la *Madone au chardonneret* peint pendant un voyage en Italie en 1506. *La Fontaine de jouvence* de Lucas Cranach l'Ancien montre de vieilles femmes retrouvant leur jeunesse pour profiter des plaisirs de la vie. Hans Holbein le Jeune vivait à Londres quand il exécuta le *Portrait du marchand Georg Gisze,* remarquable par l'attention portée aux détails. L'exposition comprend aussi des œuvres de Hans Süss von Kulmbach, de Hans Baldung Grien et d'Albrecht Altdorfer.

Les peintures du XVIIe et du XVIIIe siècle, celles d'Adam Elsheimer et Johann Heinrich Tischbein notamment, se trouvent dans une autre partie de la galerie.

Peintures flamande et néerlandaise

L'exposition commence par les tableaux du primitif flamand Jan Van Eyck, aussi à l'aise dans les portraits que dans des scènes religieuses comme *La Madone à l'église.* Rogier Van der Weyden mit une grande douceur dans ses retables, tandis que le modèle songeur du *Portrait de jeune femme* de Petrus Christus est d'une beauté presque irréelle. La gracieuse *Adoration des mages* de Hugo Van der Goes formait jadis la partie centrale d'un triptyque.

La galerie possède également un retable par Hans Memling, une petite *Vierge à l'Enfant* d'un de ses élèves, Michel Sittow, et de nombreuses œuvres de Gérard David, Jan Gossaert et Joos Van Cleve. Ne manquez pas la petite toile de Jérôme Bosch représentant *Saint Jean à Patmos.* Pour pleinement apprécier le chef-d'œuvre de Pieter Bruegel l'Ancien, *Les Proverbes néerlandais,* il faut pouvoir lire les explications sur les quelque cent proverbes que le tableau illustre. Ils ont deux thèmes principaux : la folie et la tromperie.

La vitalité et la diversité de la peinture flamande au XVIIe siècle est manifeste dans les toiles d'artistes baroques tels que Rubens, Jacob Jordaens, Jan Bruegel l'Ancien

***Cavaliers et bétail* (1656) de Salomon Van Ruysdael**

et Frans Snyders. Liés par l'amitié, ils collaboraient parfois. Les portraits d'aristocrates exécutés par Anton Van Dyck en Angleterre et à Gênes sont d'une rare profondeur psychologique.

La section consacrée à la peinture néerlandaise du XVIIe siècle abrite sans doute la collection la plus riche du monde. Elle comprend en particulier de splendides portraits par Frans Hals. Deux d'entre eux appartenaient à une série sur les cinq sens. *Le Jeune Chanteur avec une flûte* illustre l'ouïe, *Malle Babbe* (ou *Babette la folle*, une ivrogne en fait) symbolise le goût. Toute la subtilité des recherches sur la lumière de Jan Vermeer apparaît dans *La Femme au collier* et *Le Verre de vin*. Exceptionnelle, la collection de Rembrandt comprend plus de 20 tableaux, dont plusieurs autoportraits et *Le Prédicateur Mennonite Anslo avec sa femme*, *Samson et Dalila*, *Suzanne et les vieillards* et *Le Combat de Jacob et l'ange*. *L'Homme au casque d'or* lui a longtemps été attribué, mais une datation au carbone 14 a prouvé que ce portrait plein de gravité provenait plutôt de son atelier. Il témoigne néanmoins de ses qualités de pédagogue.

***Jeune Dessinateur taillant son crayon* (1737), Jean-Baptiste Siméon Chardin**

PEINTURES FRANÇAISE, ANGLAISE ET ESPAGNOLE

Exposées près des tableaux néerlandais de la même période, les peintures françaises des XVe et XVIe siècles comprennent une des plus anciennes œuvres d'art sur toile à nous être parvenues : une *Vierge à l'Enfant* exécutée vers 1410. Vers 1451, Jean Fouquet inscrivit dans un décor inspiré de la Renaissance italienne *Étienne Chevalier avec saint Étienne* *(p. 32)*, l'un des deux panneaux du Diptyque de Melun commandé par le trésorier de Charles VII puis de Louis XI. L'autre se trouve à Anvers.

Le XVIIe siècle est représenté par deux peintres qui vécurent longtemps à Rome : Nicolas Poussin, maître du classicisme, et Claude Lorrain, célèbre pour ses paysages idéalisés. Grâce et dextérité marquent au siècle suivant les créations de Jean Antoine Watteau, Jean-Baptiste Siméon Chardin et François Boucher.

Beaucoup moins riche en œuvres anglaises et espagnoles, la Gemäldegalerie possède néanmoins d'intéressants portraits par Diego Velázquez, sir Joshua Reynolds et Thomas Gainsborough.

***Vénus et l'organiste* (1550-1552) de Titien**

***Portrait de lady Sunderlin* (1786) de sir Joshua Reynolds**

PEINTURE ITALIENNE

La rétrospective de l'art italien commence par des peintures de grands maîtres du XIVe siècle, dont *La Dormition de Marie* de Giotto et deux *Scènes de la vie de sainte Humilité* par Pietro Lorenzetti.

Des tableaux de Fra Angelico, Masaccio, Piero della Francesca, Andrea del Verrocchio, Sandro Botticelli et Antonio del Pollaiulo illustrent la révolution picturale qui eut lieu à Florence et en Toscane au XVe siècle. Venise abrite aussi de grands peintres à cette époque, tels Vittore Carpaccio et Giovanni Bellini.

La pinacothèque possède 5 œuvres de Raphaël, dont la *Madonna di Casa Colonna* et la *Madonna di Terranuova*, peinte après son arrivée à Florence vers 1505. Au XVIe siècle, la richesse de la Sérénissime République permet le développement d'une école vénitienne féconde, comme en témoignent des tableaux tels que le *Portrait de jeune homme* de Giorgione, *La Jeune Fille au plateau de fruits* et *Vénus et l'organiste* de Titien, et *La Vierge et l'Enfant adorés par saint Marc et saint Luc* du Tintoret.

Réprouvant la sensualité rayonnante de *L'Amour vainqueur* du Caravage, le cardinal Giustiani, dont le frère possédait ce tableau, commanda à Giovanni Baglione le plus orthodoxe *Amour céleste et terrestre*.

Giovanni Battista Tiepolo, Francesco Guardi et Antonio Canaletto représentent l'école vénitienne du XVIIIe siècle.

***Ferme à Daugart* (1910) de Karl Schmidt-Rottluff, Neue Nationalgalerie**

Neue Nationalgalerie ❾

Potsdamer Strasse 50. **Plan** 5 C5. *20 90 55 55.* Ⓢ & Ⓤ *Potsdamer Platz ou* Ⓤ *Mendelssohn-Bartholdy-Park.* *129, 142, 148, 248, 348.* *10h-18h mar.-ven., 11h-18h sam.-dim.*

Cette magnifique collection d'art moderne se retrouva à Berlin-Ouest à la fin de la Seconde Guerre mondiale, et les autorités décidèrent de l'installer dans un bâtiment spécialement conçu. Mies Van der Rohe remporta la commande et bâtit entre 1965 et 1968 un superbe édifice. Sous un toit métallique soutenu par six minces piliers, une vaste salle vitrée accueille les expositions temporaires. Le musée, en dessous, donne sur un jardin de sculptures.

La collection couvre une période commençant à la fin du XIXe siècle avec, notamment, des tableaux impressionnistes, mais elle est surtout réputée pour la richesse de sa section expressionniste qui compte des peintures d'Edvard Munch, de Ferdinand Hodler, d'Oskar Kokoschka, d'Otto Dix, de Georg Grosz et de membres du groupe Die Brücke tels que Ernst Ludwig Kirchner et Karl Schmidt-Rottluff.

Parmi les autres artistes représentés figurent Pablo Picasso, Fernand Léger et les surréalistes Giorgio De Chirico, Salvador Dalí, René Magritte et Max Ernst. Des œuvres de Barnett Newman et Frank Stella, entre autres, témoignent de la vitalité de la création aux États-Unis après la guerre.

Le musée de Berlin dédié à l'art contemporain occupe une ancienne gare : l'Hamburger Bahnhof *(p. 110-111).*

Immeuble de bureaux d'Arat Isozaki près de la Potsdamer Platz

Potsdamer Platz ❿

Plan 6 E5. Ⓢ & Ⓤ *Potsdamer Platz.*

Le chantier qui s'est ouvert sur la Potsdamer Platz depuis la réunification est d'une ampleur sans précédent en Europe. Les Munichois Wilmer et Sattler en assurent la coordination. Sous leur direction, certains des plus grands architectes actuels, travaillant pour le compte de multinationales, sont en train de créer un centre d'affaires ultramoderne.

Le quartier était jusqu'à la Seconde Guerre mondiale un des plus animés et des plus densément construits de la capitale allemande, mais les bombardement ne laissèrent que des ruines des hauts lieux de la vie sociale berlinoise tels que le Palasthotel, le Fürstenhof, le grand magasin Wertheim et la Columbus-Haus, une tour dessinée par Eric Mendelssohn. Le gouvernement de la RDA acheva leur démolition lors de la construction du Mur.

Toutefois, le nouveau complexe outre des immeubles de bureaux, comprend aussi une salle de concerts, 9 salles de cinéma, dont une à écran géant IMAX, et un hôtel Hyatt *(p. 219).* Renzo Piano et Christoph Kohlbecker ont dessiné le premier bâtiment achevé : le Daimler-Benz-Areal. Au nord, Helmut Jahn a incorporé dans le futuriste Sony-Center des éléments de l'ancien Grandhotel Esplanade. Déplacer de 70 m la Kaisersaal néo-baroque du palace jusqu'à son site actuel coûta 50 millions de marks.

Deux autres édifices d'avant-guerre ont survécu aux bombes et aux démolisseurs : la Weinhhaus Huth et le Mosse-Palais.

Shell-Haus ⓫

Reischpietschufer 60. **Plan** 5 C5. Ⓤ *Mendelssohn-Bartholdy-Park.* *129.*

Pour obtenir l'autorisation d'élever ce joyau de l'architecture de l'entre-deux-guerres, son architecte, Emil Fahrenkamp, dut présenter plus de trois cents fois ses plans au service de l'urbanisme. Il put enfin commencer la construction en 1930. L'aile la plus spectaculaire et la plus dynamique de cet immeuble de bureaux, l'un des premiers de Berlin à posséder une ossature métallique, domine le Landwehrkanal. Elle a une hauteur de cinq étages dans sa partie la plus basse et s'élève par paliers jusqu'à en atteindre dix.

Ancien quartier général de la Marine, Bendlerblock

Bendlerblock (Gedenkstätte Deutscher Widerstand) ⓬

Stauffenbergstrasse 13-14. **Plan** 5 B5, 5 C5. *26 54 22 02.* *Mendelssohn-Bartholdy-Park.* *129.* *9h-18h lun.-ven., 9h-13h sam.-dim.* *1er jan., 24, 25 et 31 déc.*

Agrandi pendant le IIIe Reich, l'ancien quartier général de la Marine abrita le ministère de la Défense puis, à partir de 1935, l'état-major de la Wehrmacht. C'est là qu'un groupe d'officiers, avec à sa tête le comte Claus Schenk von Stauffenberg, prépara la célèbre tentative d'assassinat de Hitler qui échoua le 20 juillet 1944. L'arrestation des conspirateurs et leur condamnation à mort à la prison de Plötzensee *(p. 178)* eurent lieu le jour même.

Le général Ludwig Beck fut contraint au suicide, tandis que Stauffenberg, Friedrich Olbricht, Werner von Haeten et Ritter Mertz von Quimheim furent abattus dans la cour du Bendlerblock.

Un monument dessiné par Richard Scheibe en 1953 commémore cet événement sur le lieu de l'exécution. Au deuxième étage, une exposition très documentée retrace l'histoire de la résistance en Allemagne et des multiples formes qu'elle prit pour lutter contre le régime nazi.

Villa von der Heydt ⓭

Von-der-Heydt-Strasse 18. **Plan** 11 B1. *Nollendorfplatz.* *100, 129, 187, 341.*

Construite par Hermann Ende et G.A. Linke entre 1860 et 1862, cette belle villa néo-classique est l'un des derniers témoins de l'époque où s'étendait au sud du Tiergarten l'un des quartiers résidentiels les plus huppés de Berlin. Œuvres de Reinhold Begas, les bustes de Christian Daniel Rauch et d'Alexander von Humboldt ornaient à l'origine l'allée de la Victoire du Tiergarten.

Depuis sa restauration en 1967, la villa abrite le siège du Stiftung Preussischer Kulturbesitz (Fondation du Patrimoine culturel prussien), l'une des plus importantes institutions culturelles allemandes de l'après-guerre, car elle eut à gérer la répartition des collections nationales restées à l'Ouest.

Façade néoclassique de l'élégante Villa von der Heydt

La Bauhaus-Archiv dessinée par Walter Gropius

Bauhaus-Archiv ⓮

Klingelhöferstrasse 14. **Plan** 11 A1. *254 00 20.* *Nollendorfplatz.* *100, 129, 187, 341.* *10h-17h mer.-lun.* *(gratuit le lun.)*

L'école du Bauhaus, fondée en 1919 par Walter Gropius, avait pour ambition d'intégrer toutes les formes d'art et d'artisanat à l'architecture, et elle eut une très grande influence sur l'esthétique au XXe siècle, en particulier le design industriel. Installée tout d'abord à Weimar, elle déménagea en 1925 à Dessau, puis à Berlin en 1932. Les nazis la fermèrent en 1933. Elle eut parmi ses professeurs certains des plus grands créateurs du début du siècle, dont Mies Van der Rohe, Paul Klee, Wassily Kandinsky, Theo Van Doesburg et László Moholy-Nagy.

On commanda en 1964 à Walter Gropius un bâtiment destiné à abriter la Bauhaus-Archiv à Darmstadt, mais le projet n'aboutit qu'après le déplacement de la collection à Berlin. Alexander Tcvijanovic adapta les plans au nouveau site entre 1976 et 1979.

Le musée propose des expositions régulièrement renouvelées et renferme une bibliothèque et un centre de documentation.

Diplomatenviertel ⓯

Quartier diplomatique

Plan 4 F5, 5 A5, B5, C5.
U *Nollendorfplatz.* *100, 129, 187, 341.*

Quelques consulats s'installèrent à proximité du Tiergarten à partir de 1918, mais c'est à l'époque nazie, entre 1933 et 1945, que la lisière sud du parc, entre la Stauffenbergstrasse et la Lichtensteinallee, devint véritablement le quartier diplomatique de Berlin avec la construction, de 1938 à 1943, des ambassades d'Italie et du Japon, les alliés de l'Allemagne.

Ces édifices monumentaux eurent des architectes différents, mais formèrent un ensemble homogène conforme à la vision du néo-classicisme qu'avait Albert Speer, l'inspecteur général des Bâtiments de Berlin. Pour la plupart, ils ne survécurent pas aux bombardements.

Un nouveau quartier diplomatique se développe le long de la Tiergartenstrasse. À l'angle de la Stauffenbergstrasse, l'ambassade autrichienne dessinée par Hans Hollein se dresse à côté des ambassades de Turquie et d'Afrique du Sud, tandis qu'aux nos 21-23 l'ambassade italienne d'avant guerre a pour voisine une copie de la première ambassade du Japon. Entre la Klingelhöferstrasse et la Rauchstrasse, un imposant complexe achevé en 1999 rassemble les ambassades de Norvège, de Suède, du Danemark, de Finlande et d'Islande.

Dans le Tiergarten

Tiergarten ⓰

Plan 4 E4, 5 A3, 6 D3. Ⓢ *Tiergarten ou Bellevue.* *100, 187, 341.*

Le plus grand parc de Berlin occupe le centre géographique de la ville et possède une superficie de plus de 200 ha. Le paysagiste Peter Joseph Lenné l'aménagea dans les années 1830 à partir d'une ancienne forêt utilisée comme réserve de chasse par les princes-électeurs.

À la fin du XIXe siècle Guillaume II fit percer une allée de la Victoire qu'encadraient les statues de divers souverains et hommes d'État. Elle ne survécut pas aux dégâts causés par les bombardements, et la plupart des sculptures, que les Berlinois avaient surnommées les « poupées », se trouvent désormais au Lapidarium *(p. 138)*. À la fin de la guerre, les survivants utilisèrent les derniers arbres encore debout pour se chauffer, et tous ceux qui ombragent aujourd'hui les pelouses et les allées ont été replantés à partir de 1949.

Près du Landwehrkanal et du lac du Neuer See, des monuments rendent hommage à Karl Liebknecht et Rosa Luxemburg, les chefs spartakistes assassinés en 1919 *(p. 26)*. Une collection de lampadaires à gaz est exposée près de la station de S-Bahn Tiergarten.

Grosser Stern ⓱

Grande Étoile

Plan 5 A4. Ⓢ *Bellevue.* *100, 187, 341.*

Au centre du Tiergarten, cinq larges avenues convergent vers le rond-point où se dresse la colossale Siegessaüle (colonne de la Victoire). Cette « grande étoile » prit son aspect actuel à la fin des années 30 lors de l'élargissement de la Strasse des 17. Juni dans le prolongement d'Unter den Linden. Les nazis ôtèrent à l'occasion la majeure partie des statues qui décoraient les lieux pour les remplacer par des monuments provenant du Reichstag *(p. 130-131)*.

Ils célèbrent les artisans de la victoire sur la France qui permit l'instauration de l'Empire allemand, notamment le chancelier Otto von Bismarck (1815-1898), dont l'effigie se dresse au milieu d'allégories sculptées par Reinhold Begas à la fin du XIXe siècle, et le feld-maréchal Helmut von Moltke (1800-1891), chef de l'état-major prussien entre 1858 et 1888 et vainqueur de la guerre de 1870.

Monument à Otto von Bismarck de la Grosser Stern

Siegessäule ⓲

Colonne de la Victoire

Grosser Stern. **Plan** 5 A4.
Ⓢ *Bellevue.* *100, 187, 341.*
13h-18h lun., 9h-18h mar.-dim.

Construite d'après des plans de Johann Heinrich Strack pour célébrer la victoire de la Prusse sur le

Danemark en 1864, cette colonne haute de 67 m reçut, après les succès contre l'Autriche en 1866 et la France en 1871, la statue de la Victoire dessinée par Friedrich Drake que les Berlinois appellent *Goldelse* (« Else dorée »).

Le monument se dressait à l'origine devant le Reichstag sur la Königsplatz (l'actuelle Platz der Republik), et fut transféré à son emplacement actuel par les nazis en 1938. Les bas-reliefs du socle en granit commémorent des batailles. Œuvre d'Anton von Wermer, la mosaïque de la rotonde illustre l'établissement de l'Empire allemand en 1871. Le sommet de la colonne offre une vue superbe de Berlin.

Siegessaüle (colonne de la Victoire)

KÖNIGLICHE PORZELLAN-MANUFAKTUR

Créée en 1763 quand Frédéric II réunit deux fabriques antérieures, la Manufacture royale de Porcelaine produisit très vite des objets capables de concurrencer la célèbre porcelaine de Meissen. La Königliche Porzellan-Manufaktur, ou KPM, est surtout réputée pour ses urnes et sa vaisselle néo-classiques décorées de vues de Berlin. On peut en voir de nombreux exemples à l'Ephraim-Palais *(p. 91)*, au Kunstgewerbemuseum *(p. 118-121)* et au Belvedere du parc du Schloss Charlottenburg *(p. 154-155)*. La manufacture, toujours en activité, située au n° 1 Wegelystrasse, mérite aussi une visite. Les visiteurs y ont accès à un magasin de vente et une salle d'exposition.

Vase néo-classique orné d'une vue du Gendarmenmarkt

Hansaviertel ⓳

Plan 4 E3, E4, F3. Ⓢ *Bellevue.* 🚌 *123, 341.* **Akademie der Künste** Hanseatenweg 10. ☎ *39 07 60.* 🕒 *10h-20h mar.-dim.*

En 1957, pour l'Exposition internationale d'architecture (Internationale Bauausstellung ou IBA 57), 48 architectes originaires de 13 pays transformèrent un champ de ruines situé à l'ouest du Schloss Bellevue en un quartier résidentiel dont les immeubles, qui renferment 1 400 logements, s'inscrivent dans la verdure. Les plus célèbres de ces architectes étaient l'Allemand Walter Gropius (n°s 3-9 Händelallee), le Finlandais Alvar Aalto (n°s 30-32 Klopstockstrasse) et le Brésilien Oskar Niemeyer (n°s 4-14 Altonaer Strasse). Le quartier renferme également une école, un jardin d'enfants, un cinéma, un centre commercial et deux églises.

Au n° 10 Hanseatenweg, Werner Düttmann construisit en 1960 le nouveau bâtiment de l'**Akademie der Künste** (Académie des beaux-arts), fondée en 1696. Elle renferme une salle de concerts, un lieu d'exposition et une bibliothèque. Intitulé *Reclining Figure* (1956), le bronze devant l'entrée principale est une œuvre du sculpteur anglais Henry Moore.

Schloss Bellevue ⓴

CHÂTEAU BELLEVUE

Spreeweg 1. **Plan** 5 A3. Ⓢ *Bellevue.* 🚌 *100, 187.* ● *au public.*

Palais d'été construit en 1786 par Philipp Daniel Boumann pour le frère de Frédéric le Grand, ce bel édifice néo-classique resta un palais royal jusqu'en 1861. Il connut un remaniement en 1935 pour accueillir le musée d'Ethnologie, puis un deuxième en 1938 quand le régime nazi le transforma en hôtel destiné aux invités de marque.

Une restauration soigneuse après la Seconde Guerre mondiale lui a rendu son aspect d'origine. La reconstitution de la salle de bal ovale a suivi des plans de Carl Gotthard Langhans. Le parc respecte le dessin qu'on lui donna à la fin du XVIIIe siècle, mais les pavillons du jardin n'ont pas survécu aux bombardements.

Le Schloss Bellevue est depuis 1994 la résidence officielle du président de la République fédérale.

Le Schloss Bellevue, résidence officielle du président de la République fédérale allemande

Large Butterfly **de Henry Moore devant la Haus der Kulturen der Welt**

Haus der Kulturen der Welt ㉑

MAISON DES CULTURES DU MONDE

John-Foster-Dulles-Allee 10. **Plan** 5 C3. ☎ 39 78 70 Ⓢ *Unter den Linden.* 🚌 *100, 248.*

À cause de son toit parabolique, cette ancienne salle de congrès est surnommée l'« huître enceinte ».

Contribution américaine à l'exposition d'architecture « Interbau 1957 », l'édifice dessiné par Hugh Stubbins est contemporain du quartier résidentiel de l'Hansaviertel *(p. 129)*. Avec son bassin orné d'une sculpture de Henry Moore, *Large Butterfly*, le bâtiment devint pendant la guerre froide un symbole de la modernité de Berlin-Ouest, et son audace fut souvent comparée aux lourdeurs du réalisme socialiste de la Karl-Marx-Allee *(p. 164)*. Cette audace dépassait toutefois les capacités techniques de l'époque, et le toit s'effondra partiellement en 1980.

L'édifice changea de fonction lors de sa restauration et abrite, depuis sa réouverture en 1989, un centre culturel qui propose des expositions et des manifestations destinées à familiariser les Berlinois avec les cultures non européennes. La Haus der Kulturen der Welt organise, entre autres, des festivals de jazz réputés *(p. 49-50)*.

Érigée en 1987 pour le 750e anniversaire de la fondation de Berlin, la tour noire qui se dresse à côté renferme le plus grand carillon d'Europe. Il compte 67 cloches qui sonnent tous les jours à midi et à 18 h.

Regierungsviertel ㉒

Plan 6 D2, E2. Ⓢ *Unter den Linden.* 🚌 *100, 248.*

L'aménagement du vaste complexe qui abritera le gouvernement de la République fédérale allemande dans sa nouvelle capitale a fait l'objet d'un concours remporté en 1992 par un projet d'Axel Schultes et Charlotte Frank. Les travaux ont commencé en 1997 sur un site rectangulaire qui coupe un méandre de la Spree juste au nord du Reichstag. Ils doivent durer jusqu'en 2003.

Schultes et Frank ont aussi conçu le futur siège de la chancellerie, mais d'autres architectes participent au projet avec des bâtiments tels que les bureaux de Dorotheenblöcke, et ceux de l'Alsenblock et du Luisenblock, dessinés par Stephan Braunfels.

Un autre grand chantier a débuté, celui d'un réseau de transports qui comprendra un tunnel routier et ferroviaire sous le Tiergarten et une vaste gare enterrée, la Lehrter Bahnhof. Elle assurera des correspondances entre les trains à grande vitesse, les lignes régionales et les transports urbains.

Selon les plans des architectes Mainhard von Gerkan, Oswald Mathias Unger et Max Dudler, sa structure métallique vitrée permettra à la lumière naturelle d'y pénétrer.

Reichstag ㉓

Platz der Republik. **Plan** 6 D3, E3. ☎ *227 32 152.* Ⓢ *Unter den Linden.* 🚌 *100, 248, 257.* **Coupole** ○ *8h-minuit t.l.j.* **Parlement** ○ *9h-16h lun.-ven., 10h-16h sam., dim et jours fériés.* *midi le mar. (en anglais).* ● *1er jan., 24, 26 et 31 déc.*

Devenir capitale impériale imposa à Berlin de se doter d'un bâtiment digne d'accueillir le Parlement du Reich, fondé en 1871. Les indemnités de guerre versées par la France en financèrent la construction entre 1884 et 1894, sur des plans de Paul Wallot. L'édifice offre un exemple caractéristique du néo-classicisme monumental qui connut une grande vogue sous l'empire.

La dédicace « Au peuple allemand » (« Dem Deutschen Volke ») qu'il porte au fronton fut dévoilée le 23 décembre 1916. Le 9 novembre 1918, Philipp Scheidemann utilisa un balcon du premier étage pour proclamer l'instauration de la république. Quelques semaines après la nomination de Hitler au poste de chancelier, les nazis incendièrent le Reichstag dans

Le Reichstag emballé par Christo en 1995

Le Reichstag et sa nouvelle coupole dessinée par sir Norman Foster

la nuit du 28 février 1933 et en accusèrent les communistes. Les arrestations décimèrent l'opposition.

À la fin de la guerre, il ne restait que des ruines du Parlement allemand quand les soldats russes hissèrent sur son toit le drapeau soviétique, acte symbolique dont l'image fit le tour du monde.

Une reconstruction effectuée entre 1957 et 1972 priva le Reichstag de son dôme et de la majeure partie de son ornementation extérieure. Le bâtiment ne remplit pas de fonction politique importante pendant la guerre froide, mais les grands concerts de rock qui se déroulaient devant exaspéraient les autorités de la RDA autant qu'ils ravissaient les jeunes Berlinois de l'Est à l'écoute de l'autre côté du Mur.

Le Reichstag est revenu sur le devant de l'actualité le 2 octobre 1989 pour la cérémonie officielle de la réunification de l'Allemagne, et le 2 décembre 1990 pour la première séance du Parlement élu après cette réunification.

Le 23 juin 1995, Christo et sa femme Jeanne-Claude l'emballèrent dans un tissu luisant, une action artistique de deux semaines qui invitait à s'interroger sur son usage futur, et donc sur l'avenir du pays. L'architecte britannique sir Norman Foster entreprit ensuite un dernier remaniement qui dura jusqu'en 1999. Son projet a rendu au bâtiment une coupole. Haute de 12 m, elle comporte à son sommet une plate-forme panoramique.

La première réunion du Bundestag dans l'édifice rénové a eu lieu le 19 avril 1999.

Sowjetisches Ehrenmal ㉔

MÉMORIAL SOVIÉTIQUE

Strasse des 17. Juni. **Plan** 6 D3.
Ⓢ *Unter den Linden.*
🚌 *100, 142, 248, 348.*

L'inauguration de cet imposant monument, proche de la porte de Brandebourg, eut lieu le 7 novembre 1945, jour anniversaire du début de la révolution d'Octobre en Russie. Encadré des deux premiers tanks soviétiques qui entrèrent dans la ville, il rend hommage aux 300 000 soldats de l'Armée rouge qui périrent pendant la conquête de Berlin. Il sert aussi de cimetière à 2 500 d'entre eux.

Le marbre qui servit à l'érection de la colonne dessinée par Nicolaï Sergiejev provient de l'ancienne chancellerie de Hitler qui était alors en cours de démolition. La statue en bronze est l'œuvre de Lew Kerbel. Le monument se retrouva dans le secteur anglais après la partition de Berlin, mais garda un statut particulier et resta accessible aux soldats soviétiques en poste à Berlin-Est.

Monument aux morts de l'Armée rouge du Sowjetisches Ehrenmal

LES PONTS DE BERLIN

Malgré les dégâts causés par les bombardements de la Seconde guerre mondiale, certains des plus beaux bâtiments de Berlin s'élèvent toujours le long de la Spree et de ses canaux, et nombre des ouvrages d'art qui jalonnent ces voies d'eau sont l'œuvre de grands architectes et sculpteurs. Karl Friedrich Schinkel dessina ainsi le pont qui est probablement le plus connu : le Schlossbrücke *(p. 74)*. Plus au sud sur le Kupfergrabenkanal, le Schleusenbrücke date du début de ce siècle et ses reliefs évoquent l'histoire des premiers ponts et écluses de la ville. En continuant toujours vers le sud, on atteint ensuite le Jungfernbrücke, le dernier pont basculant de Berlin. Il date de 1798. Le pont suivant est le Gertraudenbrücke, construit en 1894 *(p. 85)*. La Friedrichstrasse franchit la Spree grâce au Weidendammer Brücke, édifié en 1897 d'après des plans d'Otto Stahn. Un motif en forme d'aigle anime la balustrade. Le Moltkebrücke (1886-1891) enjambe aussi la Spree. Un immense griffon tenant un écu orné de l'aigle prussien y monte la garde près du Regierungsviertel. Les angelots qui tiennent des lampadaires portent des tenues militaires. Karl Begas exécuta les portraits des personnalités historiques qui décorent les arches.

Tête d'ours ornant le Liebknechtbrücke

KREUZBERG

Le quartier décrit dans ce chapitre ne forme qu'une partie de l'arrondissement du même nom. Le faubourg ouvrier de Kreuzberg se développa à la fin du XIXe siècle, mais le Mur l'enferma de trois côtés et les habitants qui en avaient les moyens déménagèrent pendant la période de la guerre froide. La modicité des loyers et les logements vacants attirèrent une population d'immigrés, de squatters, d'artistes sans le sou et de marginaux qui en fit un des hauts lieux de la culture alternative à Berlin. La réunification a remis le quartier au cœur de la cité et les immeubles décrépits se transforment peu à peu en maisons soigneusement rénovées habitées par des occupants aisés. Kreuzberg conserve néanmoins une importante communauté turque.

Détail de la façade du Martin-Gropius-Bau

LE QUARTIER D'UN COUP D'ŒIL

Musées

- Berlin-Museum 5
- Checkpoint Charlie 4
- Deutsches Technikmuseum Berlin 9
- Jüdisches Museum 6
- Lapidarium 8
- Martin-Gropius-Bau 2
- Topographie des Terrors 3

Place, parc et cimetière

- Friedhöfe vor dem Halleschen Tor 10
- Mehringplatz 7
- Viktoriapark 12

Bâtiments historiques

- Anhalter Bahnhof 1
- Flughafen Tempelhof 13
- Riehmers Hofgarten 11

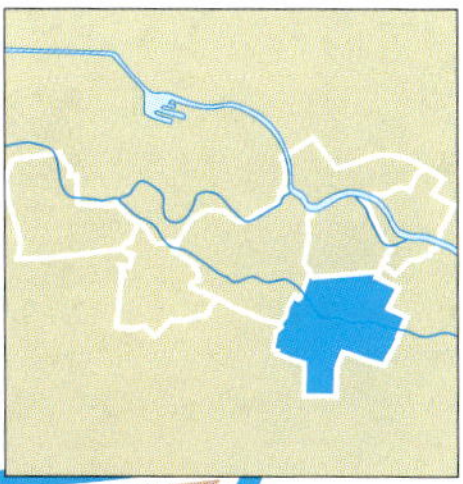

0 800 m

COMMENT Y ALLER

En U-Bahn, la ligne 6 traverse le quartier du nord au sud (stations Kochstrasse, Hallesches Tor, Mehringdamm et Platz der Luftbrücke), tandis que les lignes 1, 7 et 15 vont d'est en ouest.

LÉGENDE

- Plan pas à pas p. 134-135
- U Station de U-Bahn
- S Station de S-Bahn
- Arrêt d'autobus
- P Parc de stationnement

◁ **Cuves et machines anciennes au Deutsches Technikmuseum**

Mehringplatz et Friedrichstrasse pas à pas

Aménagée en même temps que l'Oktogon (Leipziger Platz) et le Quarré (Pariser Platz) lors de l'agrandissement en 1734 de Friedrichstadt, la Mehringplatz portait à l'origine le nom de Rondell. Au nord s'étend la partie la plus ancienne de Kreuzberg. Elle conserve quelques bâtiments historiques, mais la Seconde Guerre mondiale a profondément bouleversé l'aspect du quartier, et des constructions modernes comme les Friedrichstadt Passagen, un immense complexe regroupant bureaux, appartements, boutiques et restaurants, continuent d'en transformer l'atmosphère.

★ Checkpoint Charlie
Ce panneau marque l'emplacement de l'ancien poste frontière entre l'Est et l'Ouest ❹

Topographie des Terrors
À l'endroit où la Gestapo et les SS avaient leurs sièges, une exposition évoque les crimes des nazis ❸

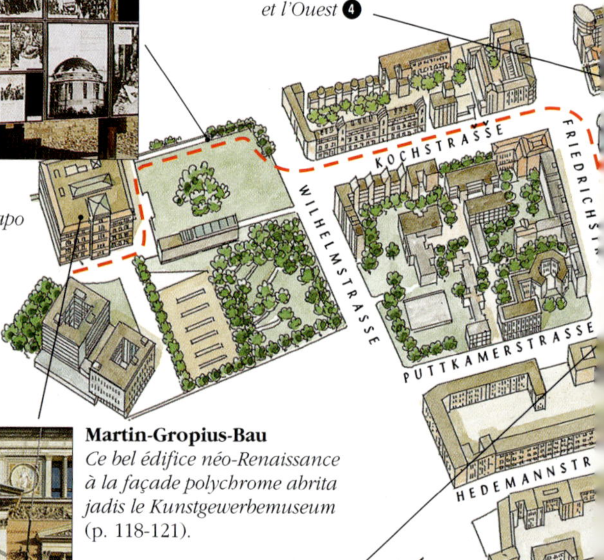

Martin-Gropius-Bau
Ce bel édifice néo-Renaissance à la façade polychrome abrita jadis le Kunstgewerbemuseum (p. 118-121).

Haus am Checkpoint Charlie
Ces papillons posés sur un fragment du Mur marquent l'entrée du musée.

À NE PAS MANQUER

★ Checkpoint Charlie

★ Jüdisches Museum

Berlin-Museum

Le monogramme de Frédéric-Guillaume Ier orne le balcon de cet ancien tribunal, désormais occupé par un musée qui retrace l'histoire de la ville au travers de documents tels que peintures et gravures ❺

CARTE DE SITUATION

Voir atlas des rues, plans 12 et 13

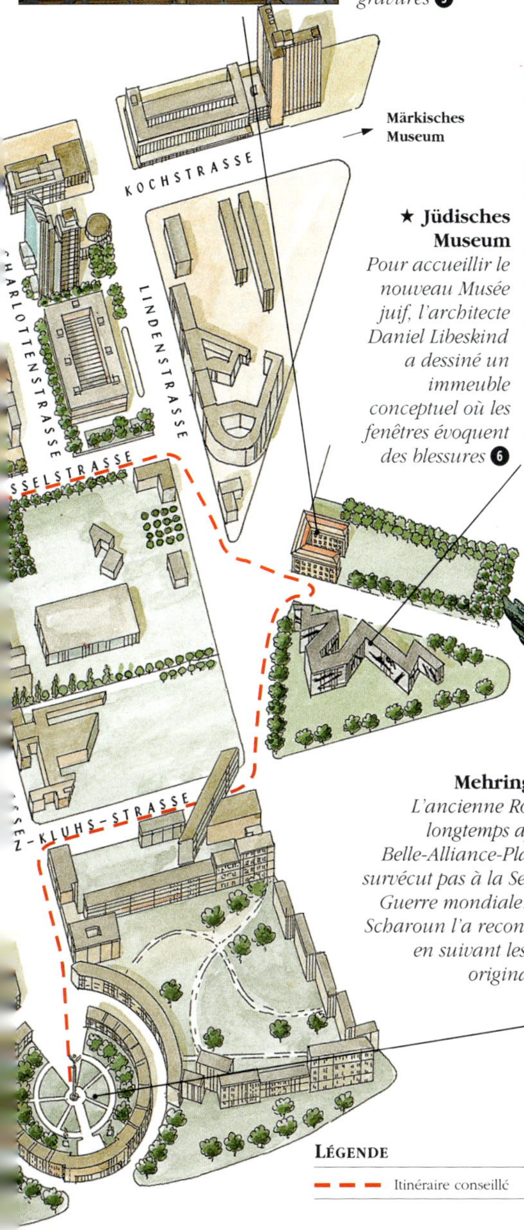

★ Jüdisches Museum

Pour accueillir le nouveau Musée juif, l'architecte Daniel Libeskind a dessiné un immeuble conceptuel où les fenêtres évoquent des blessures ❻

Mehringplatz

L'ancienne Rondell, longtemps appelée Belle-Alliance-Platz, ne survécut pas à la Seconde Guerre mondiale. Hans Scharoun l'a reconstruite en suivant les plans originaux ❼

LÉGENDE

Itinéraire conseillé

Anhalter Bahnhof ❶

Askanischer Platz 6-7. **Plan** 12 E1.
Ⓢ *Anhalter Bahnhof.* *129, 248, 341.*

Il ne reste que de maigres vestiges de ce qui fut la plus grande gare de Berlin. Franz Schwechten, qui en dirigea la construction en 1880, avait pour instruction d'en faire la plus vaste et la plus élégante d'Europe afin d'impressionner les personnalités en visite dans la capitale du jeune Empire allemand. Fermée au public en 1943 après la destruction de son toit par les bombardiers alliés, elle fut démolie en 1960 malgré les voix qui s'élevèrent pour demander sa restauration. Seul le portique subsiste, couronné de sculptures endommagées et de fragments de la façade.

Martin-Gropius-Bau ❷

Stresemannstrasse 110. **Plan** 12 E1.
25 48 60. Ⓢ & U *Potsdamer Platz.* *129, 248, 341.* *10h-20h mar.-dim.*

Heino Schmieden assista en 1881 Martin Gropius, le grand-père de Walter Gropius qui fonda le Bauhaus (p. 127), pour construire ce bâtiment destiné au musée des Arts décoratifs. L'édifice évoque un palais italien de la Renaissance et possède une magnifique cour intérieure protégée par une verrière. Sur la façade très animée, des écussons portent entre les fenêtres les armoiries de villes allemandes, tandis que les reliefs des frises illustrent les différentes formes d'artisanat. Des mosaïques séparent les fenêtres du dernier étage. Leurs personnages symbolisent les cultures de différentes époques et régions.

Le Martin-Gropius-Bau abrita le musée d'Ethnologie à partir de 1922, mais la Seconde Guerre mondiale le laissa en ruine. Sa restauration ne date que de 1981. Depuis une dernière rénovation, en 1999, il accueille des expositions

Mosaïque allégorique au Martin-Gropius-Bau

temporaires d'art, de photographie et d'architecture.

Le Mur se dressait juste derrière le bâtiment, le long de la Niederkirchner Strasse, mais il n'en reste plus aucun vestige.

Topographie des Terrors ❸

Stresemannstr. 110 (entrée par la Niederkirchner Strasse). **Plan** 6 F5, 12 F1. *25 48 67 03.* Ⓢ & U *Potsdamer Platz.* U *Kochstrasse.* *129, 248, 341.* *10h-18h t.l.j.*

L'endroit où se tient cette exposition explique son nom. S'il n'en subsiste aujourd'hui qu'un vaste terrain vague, le pâté de maisons défini par la Stresemannstrasse, la Wilhelmstrasse, l'Anhalter Strasse et la Prinz-Albrecht-Strasse (l'actuelle Niederkirchner Strasse) renferma de 1934 à 1945 les quartiers généraux de toutes les forces de répression du IIIe Reich. Celui de la police secrète, ou Gestapo, dirigée par Heinrich Müller, occupait l'école des Arts décoratifs du n° 8 de la Prinz-Albrecht-Strasse, à côté de la direction des SS de Heinrich Himmler installée au n° 9 dans l'hôtel Prinz Albrecht. Le siège des services de sécurité, ou SD, commandés par Richard Heydrich, se trouvait dans le Prinz-Albrecht-Palais, au n° 102 de la Wilhelmstrasse.

Ces bâtiments ont tous été rasés, mais, depuis 1987, sur le site où ont été mises au jour des cellules souterraines de la Gestapo, une exposition retrace les crimes nazis. La construction d'un musée dessiné par Peter Zumthor a commencé en 1998.

Checkpoint Charlie ❹

Friedrichstr. 43-44. **Plan** 7 A5.
253 72 50. U *Kochstrasse.* *129.* *9h-22h t.l.j.*

Le Mur est tombé et il ne reste plus de barrières ou de barbelés à l'emplacement du célèbre point de passage entre les secteurs soviétique et américain de Berlin. Réservé aux diplomates et aux étrangers, Checkpoint Charlie fut pendant la guerre froide le témoin de nombreux événements dramatiques, dont un face-à-face entre chars russes et américains en 1961, et il apparut dans de nombreux films d'espionnage.

L'exposition sur les crimes nazis de la Topographie des Terrors

Au cœur de ce qui doit devenir un quartier d'affaires, il ne subsiste qu'une guérite. Elle dépend du musée baptisé Haus am Checkpoint Charlie, qui propose une exposition consacrée à l'histoire du Mur. Elle décrit en particulier les moyens utilisés par les Allemands de l'Est pour tenter de le franchir. L'ingéniosité déployée témoigne de la difficulté de l'entreprise. Si certains réussirent à le franchir à bord d'un ULM bricolé ou en s'enfermant dans un coffre de voiture ou dans une valise, beaucoup échouèrent et le payèrent de leur vie.

Une deuxième exposition intitulée « De Gandhi à Walesa » évoque les grandes luttes pacifiques pour la démocratie.

Guérite du célèbre point de passage de Checkpoint Charlie

Berlin-Museum ❺

Lindenstrasse 14. **Plan** 13 A2. U *Hallesches Tor ou Kochstrasse.* *240.*

Œuvre de Philipp Gerlach, le bâtiment qu'occupe le Berlin-Museum fut l'un des premiers construits dans cette partie de Friedrichstadt, et sa façade baroque date du règne de Frédéric-Guillaume Ier. Il abritait à l'origine un collège et devint au début du XIXe siècle le siège de la Haute Cour. Les armoiries de la Prusse et des allégories de la Justice et de la Prudence ornent son fronton. À l'intérieur, le couloir qui conduit à l'aile gauche renferme un portail baroque provenant du palais Danckelmann, bâti en 1690 sur des plans de Johann Arnold Nering.

Relief ornant une fenêtre du Berlin-Museum

Le musée ouvrit après la restauration des dégâts causés pendant la Seconde Guerre mondiale. Consacrée à l'histoire de Berlin, son exposition éclaire surtout les événements survenus au cours des deux derniers siècles.

Le cahier des charges du concours organisé en 1989 pour la construction d'une annexe dédiée à l'histoire et à la culture de la communauté juive de la ville prévoyait un agrandissement d'environ 1 000 m². Le projet qui l'emporta, proposé par Daniel Libeskind, était dix fois plus ambitieux, et on décida finalement de créer une institution autonome : le Jüdisches Museum.

Jüdisches Museum ❻

Lindenstrasse 14. **Plan** 13 A2. *25 99 33.* U *Hallesches Tor ou Kochstrasse.* *240.* *ven. 15h, sam. 13h et 13h30, dim. 11h et 11h30.* *obligatoire.*

Conçu par une équipe d'architectes berlinois sous la direction de l'Américain d'origine juive Daniel Libeskind, l'édifice construit pour le nouveau Musée juif a pour ambition d'offrir à travers sa structure même – son plan, les circulations et la disposition des espaces et des volumes – une image du destin de la communauté juive de Berlin.

La forme en zigzag du bâtiment évoque une étoile de David déchirée et ce qui ressemble à une profonde crevasse le traverse comme une déchirure. Plusieurs itinéraires s'offrent aux visiteurs. L'un d'eux mène au « néant de l'Holocauste », un cul-de-sac éclairé par une unique fente qui ne permet pas de voir le ciel. Un autre conduit au « jardin de l'exil », une forêt de poteaux de bois où rien n'est parfaitement vertical ou horizontal, afin de provoquer un peu de la désorientation éprouvée par ceux contraints de quitter leur foyer. Le troisième sinue à travers le bâtiment et une exposition principalement consacrée à l'histoire et à l'art juifs. Elle comprend aussi de nombreux objets de la vie quotidienne. Une série de salles vides symbolise la part de la culture juive à jamais disparue. Une nouvelle exposition alimentée par le fond du Berlin-Museum ouvrira à l'automne 2000.

La cour austère du Jüdisches Museum

Allégorie de la Paix par Albert Wolff sur la Mehringplatz

Mehringplatz ❼

Plan 13 A2. *Mehringplatz.* *240, 241.*

L'ancienne Rondell, aménagée en 1734 par Philipp Gerlach, devait son nom à sa forme circulaire. Les trois grandes artères de Friedrichstadt, la Wilhelmstrasse, la Friedrichstrasse et la Lindenstrasse, y convergeaient. Peter Joseph Lenné remodela la place dans les années 1840.

Au centre, la colonne de la Paix, dessinée par Christian Gottlieb Cantian, commémore la victoire sur Napoléon en 1815. La statue est de Christian Daniel Rauch.

Deux sculptures ajoutées dans les années 1870 représentent la Paix (due à Albert Wolff) et Clio, la Muse de l'histoire (par Ferdinand Hartzer). Apprécié au tournant du siècle par les diplomates et les aristocrates, le quartier dut être reconstruit après la Seconde Guerre mondiale. Hans Scharoun dirigea la rénovation de la place, et les immeubles qui l'entourent datent des années 70.

Lapidarium ❽

Hallesches Ufer 78. **Plan** 12 E2. *25 48 63 41.* *Mendelssohn-Bartholdy-Park.* *10h-20h sam.-jeu.*

Cet intéressant bâtiment, décoré d'une étonnante cheminée orientalisante, était jadis la station de pompage de Berlin. Construit entre 1873 et 1876 par Hermann Blankenstein, il a conservé ses machines à vapeur. Il renferme aussi de nombreuses sculptures. Certaines sont des copies exécutées pour mieux assurer la conservation des originaux.

C'est au Lapidarium qu'ont abouti la plupart des statues qui ornaient l'allée de la Victoire du Tiergarten, celles que les Berlinois avaient surnommées les « poupées ». La perte, qui d'un bras, qui d'une tête, qui d'une autre partie du corps, diminue quelque peu la prestance de ces fiers chefs de guerre et souverains dressés côte à côte.

Deutsches Technikmuseum Berlin ❾

Trebbiner Strasse 9. **Plan** 12 E2. *25 48 40.* *Gleisdreieck.* *129.* *9h-17h30 mar.-ven., 10h-18h sam.-dim.*

Ce musée fondé en 1982 réunit en un même lieu plus de 100 collections spécialisées. Il occupe un site industriel et ferroviaire, dont les dimensions ont permis la conservation de vieux châteaux d'eau et entrepôts.

La section des locomotives et des wagons et celle des automobiles anciennes sont les plus spectaculaires, mais le Deutsches Technikmuseum possède aussi des départements consacrés à l'aéronautique, à la fabrication du papier, à l'imprimerie, au tissage, à l'électromécanique et à l'informatique. Presque tous proposent des démonstrations et des activités.

Au Spectrum, plus de 250 expériences rendent la science accessible, notamment aux enfants. Le parc renferme aussi deux moulins à vent, une brasserie et une forge.

Friedhöfe vor dem Halleschen Tor ❿

Mehringdamm, Blücher-, Baruther & Zossener Strasse. **Plan** 13 A3. *Mehringdamm.* *219, 341.*

Les quatre cimetières établis en 1735 sur un terrain hors des murs près de Hallesches Tor renferment les tombes de certains des plus grands créateurs de Berlin, notamment le compositeur Felix Mendelssohn-Bartholdy, les architectes Georg Wenzeslaus von Knobelsdorff, David Gilly et Carl Ferdinand Langhans, le portraitiste Antoine Pesne et l'écrivain et compositeur E.T.A. Hoffmann.

Riehmers Hofgarten ⓫

Yorckstr. 83-86, Grossbeerenstr. 56-57 & Hagelberger Strasse 9-12. **Plan** 12 F4. *Mehringdamm.* *119, 140, 219.*

Baptisé d'après le maître-maçon Wilhelm Riehmer, qui en assura la construction entre 1881 et 1892, cet ensemble résidentiel occupe une grande part du pâté de maisons défini par la

Pierre tombale dans un des Friedhöfe vor dem Halleschen Tor

Balcon d'un des immeubles du Riehmers Hofgarten

Yorckstrasse, la Hagelberger Strasse et la Grossbeerenstrasse. Otto Mrosk participa à l'élaboration des plans.

Une vingtaine d'immeubles d'habitation soigneusement restaurés composent le Riehmers Hofgarten. Ils entourent une jolie cour arborée que dominent des façades néo-Renaissance aussi élaborées que celles du côté rue. Le complexe abrite plusieurs cafés, à l'instar de la Yorckstrasse.

À côté du Riehmers Hofgarten s'élève l'église Saint-Boniface, œuvre néo-gothique de Max Hasak. Un ensemble résidentiel du même style la borde.

Pour avoir une image du Kreuzberg d'antan, il suffit de rejoindre la Bergmannstrasse, bordée de bâtiments du XIXe siècle rénovés. Des lampadaires anciens, une rue piétonne, des bars et des galeries d'art ajoutent à son atmosphère. La Marheinekeplazt, où se tient un marché couvert animé, a aussi beaucoup de charme.

Viktoriapark ⓬

Plan 12 E4, E5, F5. **U** *Platz der Luftbrücke.* 🚌 *119, 140.*

Aménagé entre 1884 et 1894 par Hermann Machtig, cet agréable parc agrémenté de cascades artificielles s'étend au sommet de la plus haute colline de Berlin. Il entoure le Monument national des Guerres de libération, érigé entre 1817 et 1821 par Karl Friedrich Schinkel pour célébrer les victoires de la Prusse sur Napoléon. La croix de fer installée au sommet de la flèche néo-gothique en fonte a donné son nom au quartier. Christian Daniel Rauch, Friedrich Tieck et Ludwig Wichmann sculptèrent les douze figures allégoriques qui occupent les niches au bas du monument. Le point de vue ménage un superbe panorama de la ville.

Flughafen Tempelhof ⓭

Platz der Luftbrücke. **Plan** 12 F5.
U *Platz der Luftbrücke.*
🚌 *104, 119, 184, 341.*

Ernst Sagebiel agrandit pour les nazis le premier aéroport de Berlin, construit en 1923. Achevé en 1939, l'édifice est caractéristique de l'architecture du IIIe Reich, même si les aigles qui servent de décoration datent d'avant l'arrivée au pouvoir de Hitler.

Érigé en 1951, le monument qui se dresse devant le Flughafen Tempelhof commémore le pont aérien mis en œuvre pendant le blocus de Berlin. Dessiné par Edward Ludwig, il porte à son sommet trois pointes qui symbolisent les trois couloirs utilisés par les avions alliés. Sur le socle figurent les noms des pilotes et des membres du personnel au sol qui périrent pendant l'opération.

Le blocus de Berlin (1948-1949)

Le 12 juin 1948, dans l'espoir de prendre le contrôle complet de Berlin, les autorités soviétiques décident de fermer tous les accès terrestres et fluviaux aux secteurs sous contrôle occidental. Le général américain Lucius Clay réplique en organisant un pont aérien pour approvisionner la ville. Les avions américains et anglais assureront un total de 212 612 vols, transportant près de 1,8 million de tonnes de marchandises : du charbon, des vivres, mais aussi une centrale électrique en pièces détachées. En avril 1949, ils atterrissent toutes les 63 secondes. Les Soviétiques lèvent le blocus le 12 mai suivant. L'opération aura coûté la vie à 70 aviateurs et 8 membres du personnel au sol.

Avion du pont aérien assuré pendant le blocus

GOTT
MIT
UNS
1870

AUTOUR DU KURFÜRSTENDAMM

Urbanisée à partir de 1886, la partie orientale de Charlottenbourg devint au début du XXe siècle un des quartiers résidentiels les plus recherchés de la capitale impériale. De luxueux immeubles d'habitation s'élevèrent le long de l'avenue du Kurfürstendamm (appelé le Ku'damm), tandis que les environs de la Breitscheidplatz et de la Wittenbergplatz s'imposaient comme l'un des principaux pôles de la vie mondaine avec l'ouverture de grands magasins, de cafés et de théâtres. Après la Seconde Guerre mondiale et l'édification du Mur, le Ku'Damm devint le cœur de Berlin-Ouest. Avec ses cinémas, ses restaurants et ses boutiques chic, il reste un lieu très animé, y compris la nuit, bien qu'il ait retrouvé depuis la réunification une position excentrée par rapport à l'arrondissement historique de Mitte.

Sculpture du Jüdisches Gemeindehaus

LE QUARTIER D'UN COUP D'ŒIL

Musée
Käthe-Kollwitz-Museum 9

Rues et place
Fasanenstrasse 8
Kurfürstendamm 4
Savignyplatz 10
Tauentzienstrasse 13

Parc
Zoologischer Garten 1

Bâtiments historiques
Europa-Center 2
Hochschule der Künste 11
Jüdisches Gemeindehaus 7
KaDeWe 14
Kaiser-Wilhelm-Gedächtniskirche p. 146-147 3
Ludwig-Erhard-Haus 5
Technische Universität 12
Theater des Westens 6

LÉGENDE
Plan pas à pas *p. 142-143*
Gare ferroviaire
Station de S-Bahn
Station de U-Bahn
Station de bus
Parc de stationnement

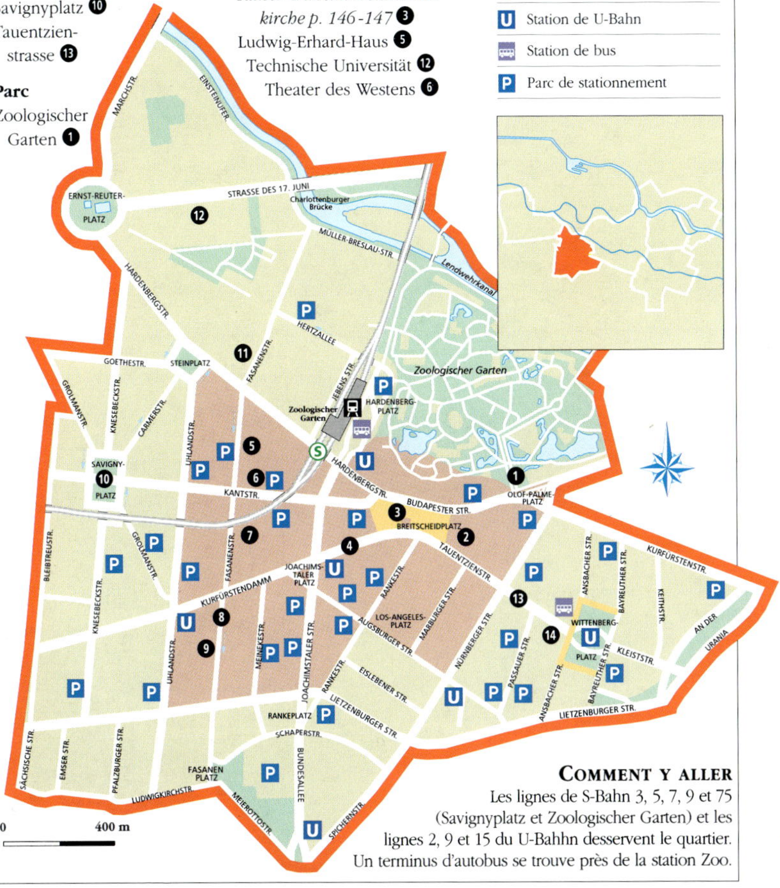

COMMENT Y ALLER

Les lignes de S-Bahn 3, 5, 7, 9 et 75 (Savignyplatz et Zoologischer Garten) et les lignes 2, 9 et 15 du U-Bahn desservent le quartier. Un terminus d'autobus se trouve près de la station Zoo.

◁ **Mosaïque de la Kaiser-Wilhelm-Gedächtniskirche**

La Breitscheidplatz et le Ku'damm pas à pas

Berlin-Ouest avait pour centre l'extrémité est du Ku'Damm, en particulier la Tauentzienstrasse et la Breitscheidplatz. Vitrine de l'Occident au cœur de l'Europe communiste, le quartier prit il y a 30 ans un visage ultramoderne, et ses cinémas et ses centres commerciaux attiraient des visiteurs du monde entier. S'il n'a rien perdu de son atmosphère, il subit aujourd'hui la concurrence de la Potsdamer Platz et des Friedrichstadtpassagen *(p. 65)*. Il n'existe toutefois pas à Berlin de lieu plus animé que la Breitscheidplatz, de grand magasin plus élégant que le KaDeWe ou de rue plus chic que la Fasanenstrasse.

Kantdreieck
La « voile » de son toit fait de cet immeuble dessiné par Josef Paul Kleihues un point de repère aisément reconnaissable.

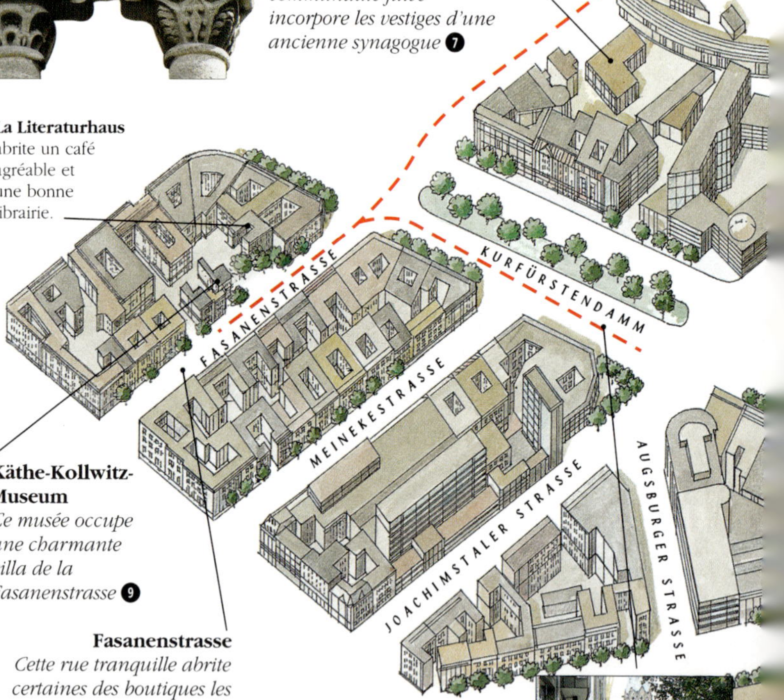

Jüdisches Gemeindehaus
La façade du Centre de la communauté juive incorpore les vestiges d'une ancienne synagogue ❼

La Literaturhaus abrite un café agréable et une bonne librairie.

Käthe-Kollwitz-Museum
Ce musée occupe une charmante villa de la Fasanenstrasse ❾

Fasanenstrasse
Cette rue tranquille abrite certaines des boutiques les plus chères de Berlin ❽

Ku'damm
Une visite de Berlin ne saurait être complète sans une balade sur cette artère toujours animée ❹

À NE PAS MANQUER

- ★ **Kaiser-Wilhelm-Gedächtniskirche**
- ★ **Zoologischer Garten**

LÉGENDE

– – – – Itinéraire conseillé

Ludwig-Erhard-Haus
Des arcs paraboliques forment la structure de la nouvelle Bourse de Berlin ❺

CARTE DE SITUATION
Voir atlas des rues, plans 4, 9, 10 et 11.

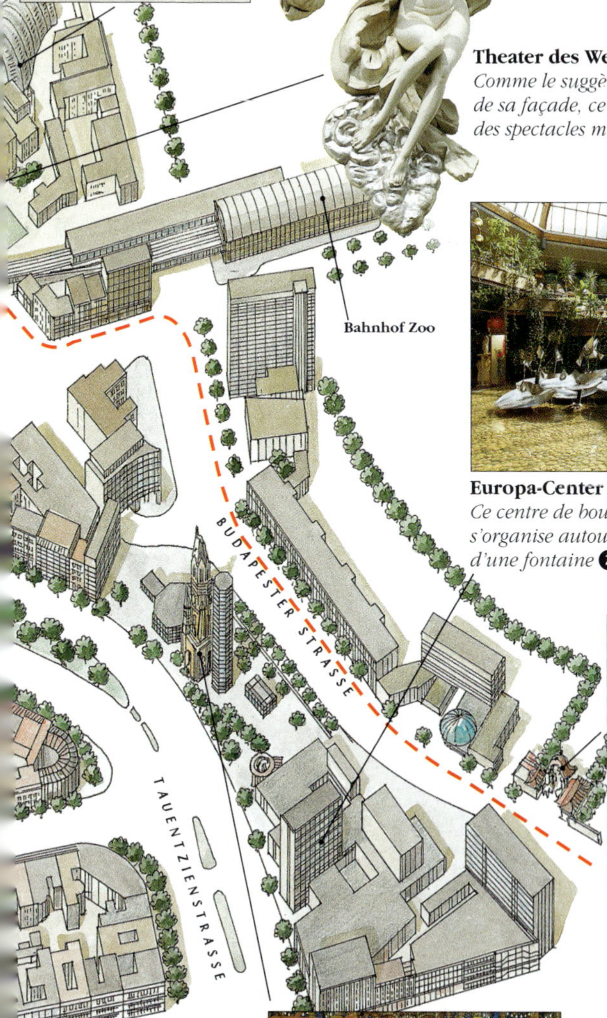

Theater des Westens
Comme le suggère la décoration de sa façade, ce théâtre propose des spectacles musicaux et légers ❻

Europa-Center
Ce centre de boutiques et de bureaux s'organise autour d'un atrium orné d'une fontaine ❷

★ Zoologischer Garten
Cette porte des Éléphants exotique est une des entrées du zoo de Berlin ❶

★ Kaiser-Wilhelm-Gedächtniskirche
Les mosaïques de Hermann Schaper qui parent les murs de la sacristie ont survécu aux bombardements ❸

Bao-Bao, le panda géant du Zoologischer Garten

Zoologischer Garten ❶

Hardenbergplatz 8 ou Budapester Strasse 34. **Plan** 4 E5, 10 E1. *25 40 10.* Ⓢ & Ⓤ *Zoologischer Garten.* *100, 109, 145, 146, 149, 245, 249.* *avr.-sept. : 9h-18h30 t.l.j. ; oct.-mars : 9h-17h t.l.j.*

Fondé en 1844 dans le Tiergarten grâce au don de la ménagerie royale par Frédéric-Guillaume, le zoo de Berlin fait partie des plus riches du monde avec plus de 12 000 animaux appartenant à près de 1 000 espèces. Il possède deux entrées : la porte des Lions sur Hardenbergerplatz et la porte des Éléphants donnant sur Budapester Strasse.

Les attractions les plus populaires comprennent le panda géant baptisé Bao-Bao, l'aire réservée aux singes, où vit notamment une famille de gorilles, un pavillon obscur permettant l'observation de mammifères nocturnes et le bassin aux hippopotames, doté d'une paroi vitrée qui permet de contempler les ébats de ses occupants.

L'aquarium, l'un des plus importants d'Europe, abrite entre autres des requins, des piranhas et de curieuses espèces marines qui ne peuplent que les récifs de corail. Des crocodiles hantent la jungle du vaste terrarium.

Europa-Center ❷

Breitscheidplatz. **Plan** 10 E1. Ⓢ & Ⓤ *Zoologischer Garten.* *100, 109, 119, 146, X-9.*

Construit en 1965 par Helmut Hentrich et Hubert Petschnigg, l'Europa-Center occupe l'emplacement du légendaire Romanisches Café où se retrouvaient les artistes du mouvement Dada dans les années 20. Il regroupe plusieurs bâtiments qui renferment le plus grand centre d'information touristique de Berlin, une centaine de boutiques, de nombreux restaurants et bars, un casino et un cinéma multisalles. Le complexe incorpore aussi le Palast Hotel *(p. 222)* et un immeuble de bureaux de 22 étages.

Les fontaines de l'Europa-Center n'ont pas échappé à l'ironie des Berlinois, toujours prêts à rebaptiser leurs monuments. Celle de l'escalier menant à l'entrée, censée représentée la Terre, est ainsi devenue la « quenelle », tandis que l'*Horloge du temps qui coule* du Français Bernard Gitton porte le surnom de « distributeur de jus de fruit ». Le centre abrite aussi le cabaret politique Die Stachelschweine (« Les Hérissons »).

Fontaine représentant la sphère terrestre devant l'Europa-Center

Kaiser-Wilhelm-Gedächtniskirche ❸

Voir p. 146-147.

L'une des nombreuses terrasses de café du Kurfürstendamm

Kurfürstendamm ❹

Plan 9 A2, B2, C3, 10 D1. Ⓤ *Kurfürstendamm.* *109, 119, 129, 219.*

Cette large avenue suit le tracé d'une route percée au XVIe siècle pour rejoindre la forêt de Grunewald, et c'est le chancelier Bismarck qui donna l'impulsion de son développement urbain à la fin du XIXe siècle. Pendant l'entre-deux-guerres, de grands cinémas ouvrirent sur le Ku'Damm, où abondaient déjà cafés et théâtres, et il devint le cadre d'une intense vie culturelle et nocturne où se croisaient artistes, écrivains et réalisateurs célèbres.

Des bâtiments modernes ont remplacé beaucoup d'immeubles bourgeois, mais ils n'ont pas changé l'ambiance des « Champs-Élysées » berlinois. Faire une pause au café du Kempinski Hotel Bristol ou manger un gâteau au Café Kranzler contribuera à vous la faire apprécier.

Ludwig-Erhard-Haus ❺

Fasanenstrasse 83-84. **Plan** 4 D5. Ⓢ & Ⓤ *Zoologischer Garten.* *145, 149, 245, X-9.*

Cet élégant immeuble moderne abrite la Bourse et la chambre de commerce et d'industrie de Berlin. Œuvre de l'architecte britannique Nicholas Grimshaw achevée en 1998, il a été comparé à un squelette géant ou à un coquillage, mais s'inspire en fait de la carapace du tatou.

Quinze arches elliptiques, qui s'élèvent au-dessus du toit et traversent les parois vitrées, forment l'ossature de la Ludwig-Erhard-Haus. Elles laissent ainsi l'espace intérieur libre de tout support ou mur de soutien et permettent une grande liberté d'aménagement et d'évolution.

Le bâtiment possède un système de jalousies qui s'ouvrent ou se ferment automatiquement en fonction des conditions climatiques. Le mouvement des lattes, quand un nuage cache le soleil par exemple, donne l'impression que tout l'édifice se met soudain à clignoter.

Theater des Westens ❻

Kantstrasse 9-12. **Plan** 10 D1.
882 28 88. Ⓢ & Ⓤ *Zoologischer Garten.* *149.*

Avec le « Théâtre de l'Ouest », Bernhard Sehring construisit en 1896 l'un des théâtres les plus pittoresques de Berlin, n'hésitant pas à associer sur sa façade des éléments néo-classiques, Renaissance et Art nouveau, tout en lui donnant un somptueux intérieur néo-baroque. Pour compléter cette riche palette d'influences, l'arrière et la partie qui renferme la scène ont été remaniés dans le style néo-gothique et incorporent des éléments décoratifs inspirés du jeu d'échecs.

Façade du Theater des Westens sur la Kantstrasse

Dès l'origine, le Theater des Westens se spécialisa dans des spectacles légers et populaires : opérettes et vaudevilles, puis revues, comédies musicales et numéros de cabaret. De nombreuses célébrités s'y produisirent, dont Joséphine Baker qui y interpréta sa célèbre danse des bananes en 1926. Non loin se trouvent un cinéma réputé, le Delphi, et le club de jazz Quasimodo.

Jüdisches Gemeindehaus ❼

Centre de la communauté juive

Fasanenstrasse 79/80. **Plan** 10 D1.
Ⓤ *Uhlandstrasse ou Kurfürstendamm.*
109, 119, 129, 219.

Devant le Jüdisches Gemeindehaus, une émouvante sculpture représente un rouleau de la Torah brisé. Elle rappelle qu'à cet emplacement s'élevait jadis une synagogue.

Édifié en 1912 dans le style néo-roman-byzantin d'après des plans d'Ehenfried Hessel, le sanctuaire fut incendié le 9 novembre 1938 pendant la Kristallnacht *(p. 27)*.

Les ruines restèrent en l'état jusqu'au milieu des années 50, quand se concrétisa la construction du bâtiment actuel. Dessiné par Dieter Knoblauch et Heinz Heise, il fut achevé en 1959. Les architectes ne conservèrent de l'ancienne synagogue que son portail et des fragments décoratifs de la façade.

Portail d'une ancienne synagogue à l'entrée du Jüdisches Gemeindehaus

Le Centre de la communauté juive réunit des bureaux, une école, un restaurant kasher appelé Arche Noah et une salle de prière éclairée par trois coupoles vitrées. Une cour à l'arrière renferme un lieu de souvenir.

Le cinéma allemand

Le cinéma allemand connut un âge d'or pendant les années 20. En absorbant les sociétés indépendantes qui avaient produit les premiers films influencés par l'expressionnisme, comme *Le Cabinet du docteur Caligari* (1920) de Robert Wiene, l'UFA (Universum Film Aktiengesellschaft, *p. 197*) réembaucha l'élite allemand du cinéma de l'époque, et ses studios de Babelsberg permirent le tournage -à côté d'innombrables navets- de chefs-d'œuvre de l'histoire du cinéma tels que *Nosferatu* (1922) de Friedrich Murnau ou *Le Docteur Mabuse* (1922) et *Metropolis* (1927) de Fritz Lang. C'est là que Joseph von Sternberg tourna *L'Ange bleu* (1930), qui rendit célèbre Marlène Dietrich. L'arrivée au pouvoir de Hitler incita de nombreux réalisateurs et acteurs à quitter l'Allemagne. Certains avaient déjà cédé aux sirènes de Hollywood, tel Ernst Lubitsch, dont *Madame Dubarry* (1919) avait pourtant connu le succès sur le Ku'Damm.

Marlène Dietrich dans *L'Ange bleu* de Sternberg

Kaiser-Wilhelm-Gedächtniskirche ❸

L'église commémorative de l'empereur Guillaume Ier est devenue un des symboles les plus représentatifs de Berlin. Ce sanctuaire néo-roman dessiné par Franz Schwechten fut consacré en 1895 et détruit par les bombes en 1943. Après la guerre, on décida de laisser debout le clocher au toit éventré (rebaptisé la « dent creuse » par les Berlinois) et de créer à sa base une salle du souvenir : la Gedenkhalle. Elle retrace l'histoire du monument et contient ce qui reste des mosaïques, des reliefs en marbre et des objets liturgiques qui l'ornaient. Egon Eiermann construisit en 1963 l'église octogonale qui se dresse à côté. Vingt mille blocs de verre bleu fabriqués à Chartres lui donnent un très bel éclairage.

Clocher
La tour moderne hexagonale s'élève à l'emplacement de la nef détruite.

Mosaïque de l'Empereur
Elle montre Henri Ier tenant les attributs du pouvoir.

Mosaïques
Des vestiges des mosaïques originelles subsistent près de l'escalier. Le duc de Prusse apparaît en médaillon au-dessus de la fenêtre.

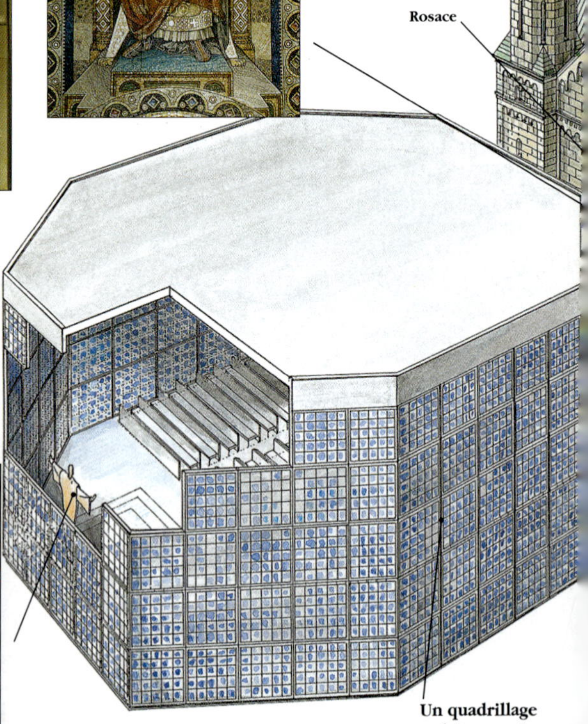

Un quadrillage en béton armé maintient les pavés en verre bleu.

Maître-autel
Le grand Christ en croix doré est de Karl Hemmeter.

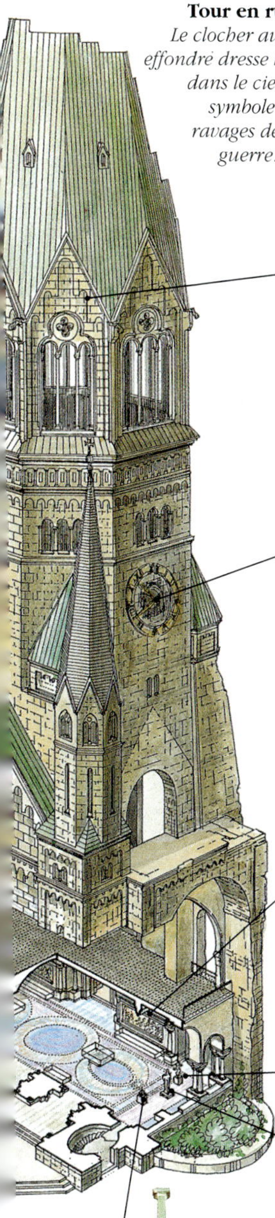

Tour en ruine
Le clocher au toit effondré dresse haut dans le ciel un symbole des ravages de la guerre.

MODE D'EMPLOI

Breitscheidplatz. **Plan** 10 D1. *218 50 23.* Ⓢ & Ⓤ *Zoologischer Garten* ou Ⓤ *Kurfürstenstrasse.* *100, 119, 129, 146, X-9.* **Église** *9h-19h t.l.j.* **Gedenkhalle** *10h-16h lun.-sam* *10h et 18h dim. En anglais, juil.-août : 9h dim.*

Horloge
L'horloge de l'ancien clocher reprend un motif traditionnel.

★ La mosaïque des Hohenzollern
La mosaïque du vestibule montre les Hohenzollern en procession. La reine Louise ouvre la marche et l'empereur Guillaume Ier domine le centre.

Croix orthodoxe
Les évêques russes orthodoxes de Volokolomsk et de Yourouеev l'offrirent en souvenir des victimes du nazisme.

Christ
Cette grande sculpture par Hermann Schaper a survécu aux bombardements. Elle ornait le maître-autel.

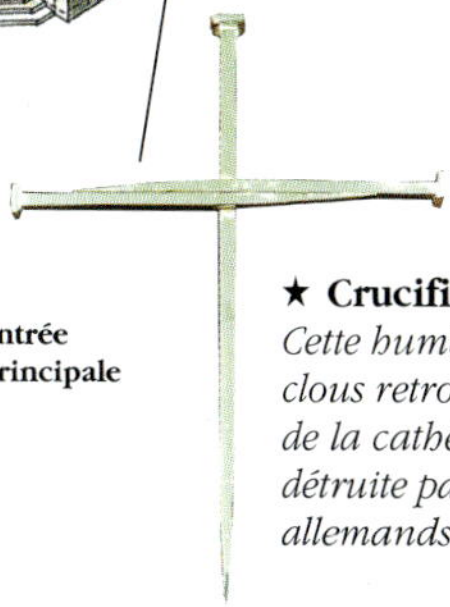

Entrée principale

★ Crucifix de Coventry
Cette humble croix est faite de clous retrouvés dans les cendres de la cathédrale de Coventry, détruite par des bombardements allemands.

À NE PAS MANQUER

★ Mosaïque des Hohenzollern

★ Crucifix de Coventry

La Fasanenstrasse, rue des boutiques de luxe

Fasanenstrasse ❽

Plan 9 C2, 10 D1, 10 D3. U *Uhlandstrasse.* 🚌 *109, 119, 129, 149, 219, 249.*

Les grands noms du luxe ont succombé au charme discret de la Fasanenstrasse, en particulier entre la Lietzenburger Strasse et le Kurfürstendamm ; les vitrines de bijouteries, de galeries d'art et de boutiques de mode, ainsi que des immeubles bourgeois bien conservés et d'élégantes villas fin de siècle en font un agréable lieu de promenade.

Les maisons des n°s 23-25 forment le Wintergarten-Ensemble. La première, au n° 23, date de 1889 et abrite au sein d'un beau jardin la Literaturhaus, réputée pour sa librairie et les expositions et lectures qu'elle organise. Elle possède aussi un excellent café prolongé par une véranda. Le n° 24 est devenu le musée Käthe-Kollwitz. Une galerie d'art et une salle des ventes occupent la villa du n° 25, construite en 1892 par Hans Grisebach.

Käthe-Kollwitz-Museum ❾

Fasanenstrasse 24. **Plan** 9 C2. ☎ *882 52 10.* U *Uhlandstrasse ou Kurfürstendamm.* 🚌 *109, 119, 129, 219, 249.* ◯ *11h-18h mer.-lun.*

Née à Königsberg en 1867, Käthe Schmidt épousa en 1891 le docteur Karl Kollwitz qui avait un cabinet dans un quartier ouvrier de Berlin : Prenzlauer Berg. Les souffrances des classes populaires, décrites avec une sincérité sans concession, devinrent le principal sujet de ses dessins, de ses lithographies et de ses sculptures. Après qu'elle eut perdu un fils en 1914, les thèmes de la maternité, de la guerre et de la mort passèrent au premier plan dans son œuvre. Le musée possède 100 gravures, 70 affiches et dessins et des sculptures. Il présente aussi des documents tels que lettres et photos.

***Mère et enfant,* dessin conservé au Käthe-Kollwitz-Museum**

Savignyplatz ❿

Plan 9 C1. Ⓢ *Savignyplatz.* 🚌 *149.*

Fermée au sud par le viaduc ferroviaire qui apparaît dans *Cabaret,* le film de Bob Fosse, cette esplanade aux parterres de fleurs soigneusement entretenus ne renferme pas d'édifice historique remarquable et ne semble pas présenter d'intérêt particulier pendant la journée, hormis pour les étudiants de l'université technique et de l'École des beaux-arts qui viennent s'y retrouver. Tout le quartier prend son vrai visage la nuit, quand ses douzaines de cafés et de restaurants font le plein. En été, le pourtour de la place et les rues avoisinantes se transforment en un immense jardin empli de tables et de parasols. Les clients viennent de loin passer la soirée dans des établissements tels que le Zwiebelfisch, le Dicke Wirtin ou le XII Apostel *(p. 240).* L'arcade du viaduc abrite des bars et des librairies, dont une succursale de Bücherbogen *(p. 254).*

Hochschule der Künste ⓫

Hardenbergstrasse 32-33 et Fasanenstrasse 1b. **Plan** 4 D5. Ⓢ *Zoologischer Garten.* U *Ernst-Reuter-Platz.* 🚌 *145, 245, X-9.*

La Hochschule der Künste est la descendante de la Preussische Akademie der Künste (Académie prussienne des beaux-arts), fondée en 1696. L'institution eut pour directeurs des artistes de renom tels que Gottfried Schadow et Anton von Werner. Une réforme menée entre 1875 et 1882 la divisa en deux écoles supérieures qui s'installèrent dans des corps de bâtiments néo-baroques, construits de 1897 à 1902 par Heinrich Keyser et Karl von Grossheim sur la Hardenbergstrasse et la Fasanenstrasse.

À la fin de la Seconde Guerre mondiale, il ne subsistait de ces édifices que deux grands bâtiments et leurs façades. La Hochschule für Bildende Künste (École des beaux-arts) bordait la Hardenbergstrasse, tandis que sur la Fasanenstrasse se dressait la Hochschule für Musik und Darstellende Kunst (École de musique et des arts de la scène). Cette dernière ayant perdu sa salle de concerts, Paul Baumgarten en édifia une nouvelle en 1955. Une troisième école,

Fronton néo-baroque, Hochschule der Künste

spécialisée dans la musique religieuse, occupe le petit immeuble fin de siècle qui ressemble à un château au n° 36 Hardenbergstrasse.

Technische Universität ⓬

Strasse des 17. Juni 135. **Plan** 3 C4. U *Ernst-Reuter-Platz.* 🚌 *145, 245, X-9.*

Le vaste campus de la Technische Universität s'étend à l'est de l'Ernst-Reuter-Platz le long de la Strasse des 17. Juni. Établie en 1879 par la réunion de l'École des arts et métiers et de la Bauakademie (Académie d'architecture), l'université technique, officiellement appelée Technische Hochschule Berlin (TUB), possède depuis l'origine cinq départements. Ils occupèrent à partir de 1884 un édifice néo-Renaissance dessiné par Richard Lucae, Friedrich Hitzig et Julius Raschdorff. À la fin de la Seconde Guerre mondiale, seules les ailes arrière et trois cours intérieures conservèrent leur aspect originel.

En continuant sur la Strasse des 17. Juni on atteint la colonnade de la Charlottenburger Tor (porte de Charlottenburg), élevée en 1908. Son décor montre Frédéric III et son épouse Sophie-Charlotte tenant dans leurs mains une maquette du château de Charlottenburg *(p. 154-155)*. Sur l'île située après la porte, un bâtiment peint en vert et un énorme tuyau rose créent un curieux décor. Il s'agit du centre de régulation du débit des voies d'eau. Il est entre autres chargé de répondre aux besoins de la navigation fluviale.

Tauentzienstrasse ⓭

Plan 10 E1. U *Wittenbergplatz.* 🚌 *119, 129, 146, 185.*

Une artère elle aussi commerçante et animée prolonge le Kurfürstendamm. Moins luxueuses, les boutiques de la Tauentzienstrasse attirent une clientèle plus nombreuse. La façade du grand magasin Peek und Clopenburg mérite un coup d'œil. Gottfried Böhm a recouvert les murs du bâtiment de « tabliers » ondulés, transparents et légèrement inclinés.

L'esplanade centrale agrémentée de parterres de fleurs offre une belle vue de la Kaiser-Wilhelm-Gedächtniskirche. Près de la Marburger Strasse s'élève la sculpture de Brigitte et Martin Matschinsky-Denninghoff intitulée *Berlin*. Elle fut dévoilée en 1987 pour le 750e anniversaire de la ville.

KaDeWe ⓮

Tauentzienstrasse 21-24. **Plan** 10 E2. U *Wittenbergplatz.* 🚌 *119, 129, 146, 185.*

Le Kaufhaus des Westens (« le magasin de l'Ouest ») est le plus grand en taille, en Europe, après Harrod's à Londres. Il ouvrit en 1912 dans un bâtiment entrepris en 1907 par Emil Schaudt. Le KaDeWe connut très vite un tel succès qu'il put bientôt revendiquer le slogan : « Chez nous, le client est un roi et le roi est un client. » Sa réussite imposa d'agrandir plusieurs fois le magasin.

À la fin de la Seconde Guerre mondiale, la reconstruction de ce temple de la consommation ne connut aucun retard, et il devint le symbole de la réussite économique de Berlin-Ouest. Le KaDeWe prétend posséder une surface de vente de 60 000 m², lui permettant de proposer près de 400 000 articles. Le sixième étage, consacré à l'alimentation, se révèle le plus intéressant. Le gourmet y a le choix entre 100 variétés de thé, 2 400 vins et autant de sortes de charcuterie ! Sous la verrière du dernier étage, un restaurant en self-service, le Wintergarten, offre un large panorama de la ville.

La sculpture *Berlin*, érigée alors que la ville était encore divisée

CHARLOTTENBURG

Riche en bâtiments de la fin du XIXe siècle, l'arrondissement qui entoure le château de Charlottenburg est un des plus agréables de Berlin. À la fin du XVIIe siècle le site n'abritait qu'un village : Lützow. L'électeur Frédéric III (le futur roi de Prusse Frédéric Ier) y fit construire un palais d'été en 1695, le Schloss Lietzenburg, qui prit son nom actuel à la mort de la reine Sophie-Charlotte en 1705. Entourée d'un vaste parc, cette élégante demeure baroque a connu plusieurs agrandissements. Sa visite permet de découvrir les anciens appartements royaux, ainsi que plusieurs musées. La ville de Charlottenburg se développa autour du château à partir du XVIIIe siècle. Faubourg résidentiel où s'élevaient d'élégantes villas, elle conserva son autonomie jusqu'en 1920. Elle comptait alors 335 000 habitants. Malgré les destructions de la Seconde Guerre mondiale, sa partie centrale a gardé son caractère historique.

Urne du Schloss Charlottenburg

LE QUARTIER D'UN COUP D'ŒIL

Musées

Ägyptisches Museum und Papyrussammlung 9
Bröhan-Museum 11
Galerie der Romantik 3
Museum für Vor- und Frühgeschichte 5
Sammlung Berggruen 10
Neuer Pavillon (Schinkel-Pavillon) 4
Schloss Charlottenburg p. 154-155 1
Schlossstrasse Villas 12

Bâtiments historiques

Belvedere 8
Luisenkirche 13
Mausoleum 7

Parc

Schlosspark 6

Monument

Reiterdenkmal des Grossen Kurfürsten 2

COMMENT Y ALLER

Pour rejoindre le château emprunter les lignes de bus 109, 110, 145, X-21 et X-26, les lignes de U-Bahn 7 (station Richard-Wagner-Platz), 2 et 12 (Sophie-Charlotte-Platz) et les lignes de S-Bahn 45 et 46.

LÉGENDE

Plan pas à pas *p. 152-153*
Station de U-Bahn
Terminus de bus
Parc de stationnement

0 600 m

◁ **Façade du Schloss Charlottenburg, palais d'été entrepris par Frédéric III**

Charlottenburg pas à pas

Détail du portail principal

Une restauration méticuleuse a rendu, après la Seconde Guerre mondiale, sa splendeur baroque au château de Charlottenburg, et il attire de nombreux visiteurs qui viennent admirer les somptueux appartements des anciens maîtres de la Prusse et les collections exposées. Après une promenade dans le parc, qui renferme un jardin à la française et un autre à l'anglaise, la Kleine Orangerie permet de prendre un rafraîchissement avant de découvrir le cœur historique de l'arrondissement de Charlottenburg.

★ Schloss Charlottenburg
La partie centrale du palais a pris le nom de Nering-Eosanderbau, en l'honneur de ses architectes ❶

Museum für Vor- und Frühgeschichte
Ce musée archéologique occupe l'ancien théâtre de la cour, un pavillon dessiné par Gotthard Langhans ❺

Monument au Grand Électeur
Frédéric Ier commanda cette statue équestre de son père à Andreas Schlüter ❷

Kleine Orangerie

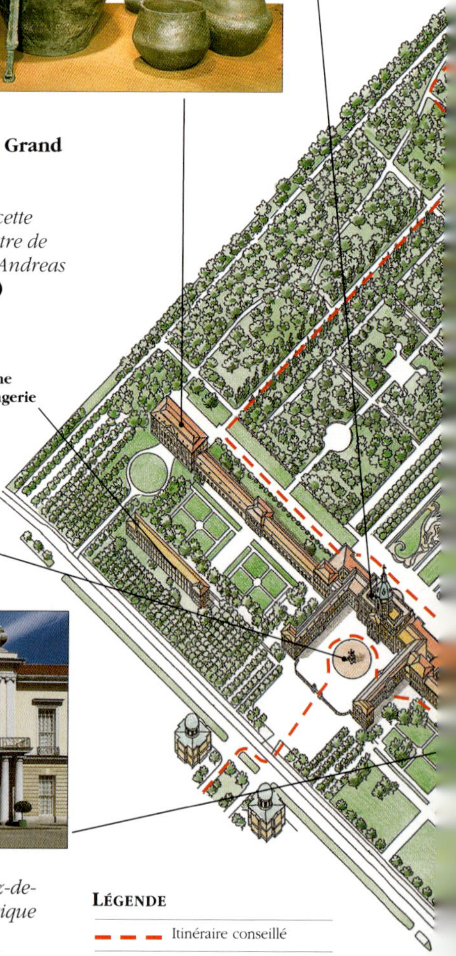

★ Galerie der Romantik
La Neuer Flügel du château abrite au rez-de-chaussée une galerie de peinture romantique liée à la Nationalgalerie (p. 78) ❸

LÉGENDE

– – – Itinéraire conseillé

Mausoleum
Le mausolée de la reine Louise abrite les tombes d'autres membres de la famille royale ❼

CARTE DE SITUATION
Voir atlas des rues, plan 2.

Belvedere
Exécutée en 1960 par Karl Bobeck, la sculpture au sommet du Belvédère est une imitation de l'œuvre d'origine dessinée par Johann Eckstein ❽

Parc
Un beau jardin à la française s'étend derrière le palais ❻

Neuer Pavillon
Devant la façade ouest de cette villa néo-classique, deux colonnes en granit (1820) portent des statues de la Victoire par Christian Daniel Rauch ❹

À NE PAS MANQUER

★ **Schloss Charlottenburg**

★ **Galerie der Romantik**

Schloss Charlottenburg ❶

Près du village de Lützow, Johann Arnold Nering entreprit en 1695 un palais d'été destiné à Sophie-Charlotte de Hanovre, l'épouse de l'électeur Frédéric III. Quand en 1701 celui-ci devint le roi de Prusse Frédéric Ier, il fit agrandir la demeure par Eosander von Göthe qui dota le bâtiment de sa cour d'honneur, de son orangerie et de sa coupole. À la mort de Sophie-Charlotte en 1705, le château de Lietzenburg prit le nom de Charlottenburg. Frédéric II commanda à Georg Wenzeslaus von Knobelsdorff la construction, entre 1740 et 1746, de l'aile orientale. Soigneusement restauré après la Seconde Guerre mondiale, le château de Charlottenburg offre le plus bel exemple d'architecture baroque de Berlin.

SUIVEZ LE GUIDE !
Les visiteurs peuvent découvrir à leur guise le premier étage et la Neuer Flügel au décor rococo, mais doivent suivre un guide au rez-de-chaussée du bâtiment principal.

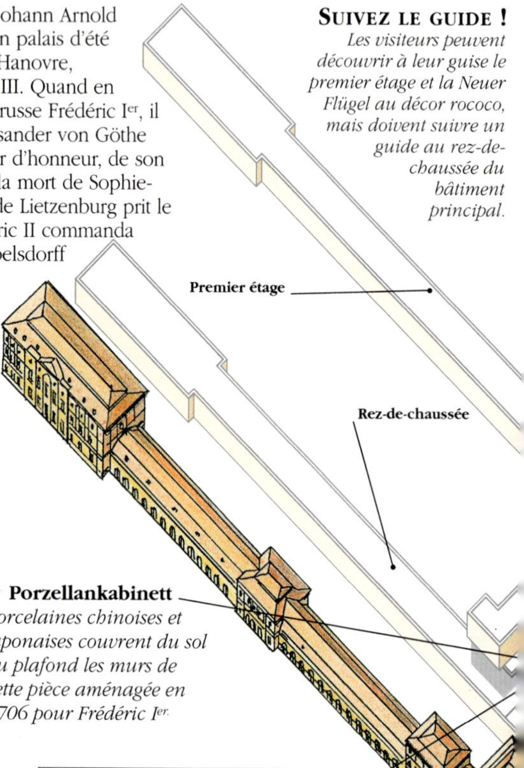

★ Porzellankabinett
Porcelaines chinoises et japonaises couvrent du sol au plafond les murs de cette pièce aménagée en 1706 pour Frédéric Ier.

Schlosskapelle
Hormis la chaire, il a fallu reconstituer tout le mobilier de cette chapelle, appelée aussi chapelle Eosander, notamment sa splendide loge royale.

Façade
Le portail et l'entrée du Schloss Charlottenburg possèdent une élégance typique de l'époque baroque.

Coupole
La coupole ajoutée par Eosander von Göthe donne son aspect caractéristique au palais.

Fortuna
Au sommet de la coupole, une sculpture par Richard Scheibe a remplacé celle d'origine détruite pendant la guerre.

MODE D'EMPLOI

Spandauer Damm. **Plan** 2 E2. **Altes Schloss (Nering-Eosander-bau)** ☎ *32 09 12 75.* Ⓤ *Richard-Wagner-Platz & Sophie-Charlotte-Platz.* Ⓢ *Westend.* 🚌 *109, 110, 145, X-26.* ◯ *9h-17h mar.-jeu., 9h-19h ven., 10h-18h sam.- dim.* *obligatoire au rez-de-chaussée.* **Neuer Flügel (Knobelsdorff-Flügel)** ☎ *32 09 12 02.* ◯ *10h-18h lun.-ven., 11h-18h sam.-dim.*

Eichengalerie
Achevée en 1713, la longue « galerie de Chêne » accueillait des concerts de musique de chambre.

LÉGENDE

- Salles de réception
- Appartements de Sophie-Charlotte
- Neuer Flügel ou Knobelsdorff-Flügel
- Appartements d'été de Frédéric-Guillaume II
- Appartements mecklembourgeois
- Appartements de Frédéric-Guillaume IV
- Appartements d'hiver de Frédéric-Guillaume II
- Appartements de Frédéric le Grand

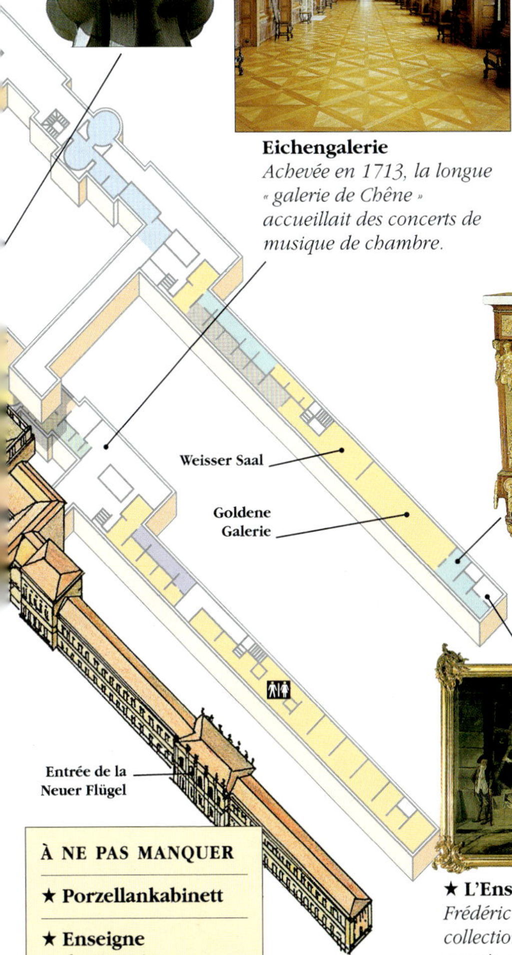

Neuer Flügel
L'« aile neuve » abrite les appartements somptueusement meublés de Frédéric le Grand.

★ L'Enseigne de Gersaint (1720)
Frédéric le Grand réunit une riche collection de peintures françaises. Il acquit en particulier huit Watteau, dont ce célèbre tableau.

À NE PAS MANQUER

- ★ **Porzellankabinett**
- ★ **Enseigne de Gersaint**

Clair de lune sur la mer **de Caspar David Friedrich, Galerie der Romantik**

Reiterdenkmal des Grossen Kurfürsten ❷

Spandauer Damm. **Plan** 2 E2. Ⓢ *Westend.* Ⓤ *Richard-Wagner-Platz & Sophie-Charlotte-Platz.* 🚌 *109, 110, 145, X-26.*

La statue équestre du Grand Électeur (Frédéric-Guillaume) qui accueille le visiteur au milieu de la cour du château de Charlottenburg est la plus belle effigie de ce prince visible à Berlin. Son fils, Frédéric III (le futur Frédéric Ier), la commanda en 1696 à Andreas Schlüter. Le sculpteur voulait la couler d'une seule pièce et il ne l'acheva qu'en 1703. Elle se dressait à l'origine près du Stadtschloss, à côté du Lange Brücke (l'actuel Rathausbrücke), et cette situation exposée incita à la mettre en sécurité pendant la Seconde Guerre mondiale. Ironie du destin, la péniche qui la rapportait à la fin du conflit coula dans le port de Tegel.

La statue en bronze sortit de l'eau intacte en 1949, mais elle avait perdu son socle, resté à Berlin-Est. On l'installa sur une copie dans la cour du château de Charlottenburg, tandis que le socle originel aboutissait au Bodemuseum sous une réplique de la sculpture. Des scènes allégoriques décorent ce socle. L'une montre le Royaume entouré de l'Histoire, de la Paix et de la Spree, une autre le Royaume protégé par la Foi, la Force (sous les traits d'Hercule) et le Courage (personnifié par Mucius Scaevola, un soldat romain qui mit sa main dans un brasier pour se punir d'un échec). Dominant des prisonniers de guerre enchaînés, le Grand Électeur porte une perruque du XVIIe siècle, mais une armure beaucoup plus ancienne.

Galerie der Romantik ❸

GALERIE DU ROMANTISME

Spandauer Damm (Schloss Charlottenburg-Neuer Flügel). **Plan** 2 E2. ☎ *20 90 55 55.* Ⓢ *Westend.* Ⓤ *Richard-Wagner-Platz & Sophie-Charlotte-Platz.* 🚌 *109, 110, 145, X-26.* 🕐 *10h-18h mar.-ven., 11h-18h sam.-dim.*

Construite entre 1740 et 1746, la Neuer Flügel du Schloss Charlottenburg possède une splendide décoration intérieure rococo. Elle abrite au rez-de-chaussée une galerie de peintures romantiques, qui compte parmi ses plus belles œuvres plusieurs paysages de Caspar David Friedrich, dont *Les Falaises de craie de Rügen*, et des toiles de Karl Friedrich Schinkel où des architectures médiévales s'inscrivent dans des décors imaginaires. Les autres peintres représentés comprennent Philip Otto Runge, Friedrich Overbeck et Moritz von Schwind. Plusieurs vues de Berlin remontant au début du XIXe siècle montrent à quel point le regard sur la ville a changé avec le temps.

La collection devrait rejoindre l'Alte National Galerie quand celle-ci rouvrira ses portes en 2001.

Neuer Pavillon (Schinkel-Pavillon) ❹

Spandauer Damm (Schlosspark Charlottenburg). **Plan** 2 F2. ☎ *32 09 12 12.* Ⓢ *Westend.* Ⓤ *Richard-Wagner-Platz & Sophie-Charlotte-Platz.* 🚌 *109, 110, 145, X-21, X-26.* 🕐 *avr.-oct. : 10h-17h mar.-ven. ; nov.-mars : 9h-17h mar.- ven., 10h-17h sam.-dim.*

Œuvre de Karl Friedrich Schinkel, cette résidence d'été destinée à Frédéric-Guillaume III et sa seconde épouse, la princesse Auguste von Liegnitz, s'inspire de la Villa Reale de Chiamonte, où le roi avait séjourné lors d'une visite à Naples. Achevé pour l'anniversaire du souverain le 3 août 1825, le pavillon

Le Neuer Pavillon inspiré d'une villa napolitaine

possède deux niveaux où l'organisation des pièces respecte une parfaite symétrie autour d'une cage d'escalier centrale. Des loggias animent les façades latérales.

Une fidèle reconstitution a rendu à l'intérieur sa décoration d'origine, ravagée par un incendie en 1943. Le mobilier, les peintures et les sculptures recréent l'atmosphère des demeures aristocratiques de l'époque romantique. L'un des tableaux les plus intéressants, peint en 1834 par Eduard Gärtner, est un *Panorama de Berlin* vu du toit de la Friedrichswerdersche Kirche *(p. 63)*.

Urne (v. 800 av. J.-C.), Museum für Vor- und Frühgeschichte

Museum für Vor- und Frühgeschichte ❺

MUSÉE DE PRÉHISTOIRE ET DE PROTOHISTOIRE

Spandauer Damm (Schloss Charlottenburg-Theater). **Plan** 2 E2. *32 09 11.* U *Richard-Wagner-Platz & Sophie-Charlotte-Platz.* S *Westend.* *109, 110, 145, X-21.* *10h-18h, mar.-ven., 11h-18h sam.-dim.*

Le théâtre du château de Charlottenburg occupait un pavillon néo-classique ajouté à l'aile de l'orangerie par Carl Gotthard Langhans entre 1787 et 1791. Il abrite aujourd'hui un musée qui illustre l'évolution de l'humanité depuis le paléolithique jusqu'au Moyen Âge. Des dioramas restituent les moments clés d'une histoire qui vit les hommes passer des outils de pierre au travail du bronze puis du fer, se sédentariser pour pratiquer l'agriculture et finir par créer des villes. De nombreux objets archéologiques les complètent. Ils proviennent de cultures très diverses, celte, germanique, slave, balte et même sumérienne.

Le musée a pour fleuron le « trésor de Priam », rapporté de Troie par Heinrich Schliemann (1822-1890). Cette magnifique collection de bijoux en or comprend quelques répliques car le trésor disparut à la fin de la guerre. Il fallut attendre cinquante ans pour apprendre que les Soviétiques l'avaient en fait emporté. Certaines des plus belles pièces restent aujourd'hui encore au musée Pouchkine de Moscou.

Schlosspark ❻

Spandauer Damm (Schloss Charlottenburg). **Plan** 2 D1. S *Westend.* U *Richard-Wagner-Platz & Sophie-Charlotte-Platz.* *109, 110, 145, X-21, X-26.*

Lieu de promenade très apprécié des Berlinois avec ses allées gravillonnées soigneusement entretenues, le vaste espace vert qui entoure le Schloss Charlottenburg dut être presque entièrement reconstruit à la fin de la Seconde Guerre mondiale. Des gravures du XVIIIe siècle ont permis de retrouver la disposition du jardin baroque à la française qui s'étend juste derrière le château. Le dessin géométrique des parterres de fleurs, agrémentés d'arbustes soigneusement taillés et de fontaines ornées de répliques de sculptures antiques, s'inspire des créations de Le Nôtre, l'architecte paysagiste de Louis XIV, dont la princesse Sophie-Charlotte connaissait le travail.

Peter Joseph Lenné dirigea entre 1819 et 1828 l'aménagement du parc à l'anglaise qui se trouve de l'autre côté de l'étang aux carpes. Il donna au plan d'eau ses rives sinueuses.

Mausoleum ❼

Spandauer Damm (Schlosspark Charlottenburg) **Plan** 2 D2. *32 09 12 80.* S *Westend.* U *Richard-Wagner-Platz & Sophie-Charlotte-Platz.* *109, 110, 145, X-26.* *avr.-oct. : 10h-17h mar.-ven.*

Très affecté par la mort de sa première épouse, la reine Louise, Frédéric-Guillaume III fit édifier en 1810 ce petit temple dorique par Heinrich Gentz et Friedrich Wilhelm Schinkel afin qu'elle puisse reposer dans un parc qu'elle avait apprécié de son vivant.

Le tombeau de la souveraine se trouvait à l'origine dans la crypte, tandis que son splendide cénotaphe, sculpté par Christian Daniel Rauch, se dressait au centre du mausolée. À la mort de Frédéric-Guillaume en 1840, la construction d'une abside permit de déplacer le sarcophage de la reine Louise pour faire de la place à celui de son mari, sculpté également par Rauch. La seconde épouse du roi, la princesse Auguste von Liegnitz, repose également dans la crypte mais n'eut pas droit à un tombeau.

Ajoutés entre 1890 et 1894, les sarcophages de Guillaume Ier et de sa femme, Auguste von Sachsen-Weimar, sont des œuvres d'Erdmann Encke.

Jardin à la française, Schloss Charlottenburg

Le Belvédère associe les styles baroque et néo-classique

Belvedere ❽

Spandauer Damm (Schlosspark Charlottenburg). **Plan** 2 E1.
32 09 12 85. U *Richard-Wagner-Platz & Sophie-Charlotte-Platz.* S *Westend.* *109, 110, 145, X-26.* *avr.-oct. : 10h-17h mar.-dim. ; nov.-mars : midi-16h mar.-ven., midi-17h sam.-dim.*

Le pavillon d'été du Belvédère accueillait les réunions qu'organisait Guillaume III avec ses amis rosicruciens. Il servit en temps de guerre de tour de guet. Carl Gotthard Langhans entreprit sa construction en 1788, et le bâtiment associe une rigueur néo-classique à des éléments baroques tels qu'une avancée ovale couronnée d'un dôme. Au sommet de ce dernier, trois enfants dorés portent une corbeille de fleurs.

Dévasté pendant la Seconde Guerre mondiale et transformé, lors de sa restauration entre 1956 et 1960, en un lieu d'exposition, le Belvédère abrite désormais un musée consacré à la Berlin Königliche Porzellan-Manufaktur *(p. 129)*. L'exposition réunit des porcelaines, pour certaines exceptionnelles, allant de la période rococo à la fin du Biedermeier.

Ägyptisches Museum ❾

Schlossstrasse 70. **Plan** 2 E3.
32 09 12 61. U *Richard-Wagner-Platz & Sophie-Charlotte-Platz.* S *Westend.* *109, 110, 145, X-26.* *10h-18h mar.-ven., 11h-18h sam.-dim.*

Construits entre 1851 et 1859 par Friedrich August Stüler selon les directives de Frédéric-Guillaume IV, les deux pavillons situés aux extrémités du château de Charlottenburg étaient destinés à la garde du roi. Le Musée égyptien occupe celui de l'aile orientale et les anciennes écuries attenantes. La collection comprend de nombreux sarcophages, sculptures, peintures murales et fragments architecturaux de diverses époques, dont, parmi les plus récents, la porte du temple de Kalabsha, exécutée en 20 av. J.-C., et la *Tête verte de Berlin* qui date du IVe siècle av. J.-C.

Les pièces exposées proviennent en majeure partie des fouilles effectuées au début du XXe siècle par Richard Lepsius et Ludwig Borchardt à Tell el-Amarna sur le site de la capitale d'Aménophis IV, un pharaon qui vécut au XIVe siècle av. J.-C et reste plus connu sous le nom d'Akhenaton, nom qu'il s'était lui-même donné quand il révolutionna brièvement la société égyptienne en imposant le culte d'un dieu unique : la divinité solaire Athon. L'art de l'époque connut aussi un bouleversement et la représentation des corps humains devient moins hiératique, comme le montrent de nombreuses effigies de la famille royale, dont le célèbre buste en calcaire peint de Néfertiti. Découvert en 1912 dans l'atelier du sculpteur Thoutmosis, il servit peut-être de modèle à d'autres portraits de la reine.

Sammlung Berggruen ❿

Schlossstrasse 1. **Plan** 2 E3.
32 69 58 11. U *Richard-Wagner-Platz & Sophie-Charlotte-Platz.* S *Westend.* *109, 110, 145, X-21, X-26.* *10h-18h mar.-ven., 1h-18h sam.-dim.* *(gratuit le 1er dimanche du mois).*

Né à Berlin en 1914, Heinz Berggruen dut s'exiler en 1936 à cause de ses origines juives. Après avoir séjourné aux États-Unis et travaillé pour l'Unesco, il ouvrit une galerie d'art à Paris dans l'île de la Cité. Elle lui permit de réunir une riche collection d'art moderne qu'il confia en 1996 à sa ville natale.

Aménagé par Hilmer et Sattler, les architectes de la Gemäldegalerie *(p. 122-125)*, le musée occupe le pavillon de l'aile occidentale (auparavant quartiers de soldats), à la place de

Statue (v. 660 av. J.-C.), Ägyptisches Museum

***Femme au chapeau* (1939) de Pablo Picasso, Sammlung Berggruen**

l'Antikensammlung transférée à l'Altes Museum *(p. 75)*. Il est surtout réputé pour sa section consacrée à Pablo Picasso. L'exposition couvre en effet toutes les facettes du talent de l'artiste avec des peintures, des gravures, des dessins et des sculptures. La collection comprend aussi plus de 20 Paul Klee, des tableaux de Van Gogh, Braque et Cézanne, et des sculptures d'Henri Laurens et Alberto Giacometti.

Le Grand Électeur (1620-1688)

Frédéric-Guillaume de Hohenzollern hérita en 1640 des titres d'électeur du Brandebourg et de duc de Prusse. Dès la fin de la guerre de Trente Ans en 1648 *(p. 19)*, il entreprit de redresser ses États ravagés par le conflit et de renforcer son armée. En 1660, sa puissance militaire lui permit d'obtenir de la Pologne la souveraineté du duché de Prusse. Pour développer l'économie, il favorisa l'immigration. Des marchands hollandais, des juifs chassés de Vienne et des huguenots fuyant la France après la révocation de l'édit de Nantes s'installèrent à Berlin et contribuèrent à l'essor de la ville. Il prit le surnom de Grand Électeur après sa victoire sur les Suédois en 1675.

Bröhan-Museum ⓫

Schlossstrasse 1a. **Plan** 2 E3.
321 40 29. U *Richard-Wagner-Platz & Sophie-Charlotte-Platz.*
S *Westend.* *109, 110, 145, X-26.* *10h-18h mar.-dim.*
24 et 31 déc.

Installé dans un bâtiment néo-classique qui, comme celui de la Sammlung Berggruen, servait au logement de soldats, ce petit musée présente une très intéressante collection d'arts décoratifs rassemblée à partir de 1966 par un particulier : Karl H. Bröhan. Elle couvre une période allant de la fin du XIXe siècle au début de la Seconde Guerre mondiale, et est particulièrement fournie en objets Art nouveau et Art déco. Ils proviennent de toute l'Europe avec des meubles d'Hector Guimard, Eugène Gaillard, Henry Van de Velde et Joseph Hoffman, de la verrerie d'Émile Gallé et des porcelaines de Sèvres, de Berlin et du Danemark. Les pièces exposées comprennent aussi de l'argenterie et des objets en métal, ainsi que des peintures, notamment des tableaux des membres de la Sécession berlinoise Karl Hagermeister et Hans Baluschek.

Vase Art déco, Bröhan-Museum

Schlossstrasse Villas ⓬

Villas de la Schlossstrasse

Schlossstrasse 65–67. **Plan** 2 E3.
U *Sophie-Charlotte-Platz.* *109.*

La Schlossstrasse devint résidentielle au cours du XIXe siècle, mais la majorité des demeures qui la bordaient ont aujourd'hui disparu. Soigneusement restaurées, les rares à avoir survécu offrent un aperçu de l'atmosphère d'un quartier bourgeois de Berlin au tournant du siècle. Il en existe trois aux nos 65, 66 et 67. La dernière, bâtie en 1873 dans le style néo-classique par G. Töbelmann, fut rénovée peu après la Seconde Guerre mondiale. Elle a conservé son jardin, caractéristique des villas de l'époque, qui a retrouvé son aspect originel en 1986.

Si vous prenez la première rue à gauche en vous éloignant du Schloss Charlottenburg, la Schustehrusstrasse, vous découvrirez aux nos 39-43 une belle école de la fin du XIXe siècle. Le parc voisin appartenait jadis à la villa Oppenheim. Un immeuble moderne dessiné par Inken et Heinrich Baller se dresse à l'angle de la Nithackstrasse, rue qui renferme une autre école intéressante. Elle date de 1913-1914, et des terres cuites décorent ses murs.

Luisenkirche ⓭

Église de la Reine-Louise

Gierkeplatz. **Plan** 2 F3. U *Richard-Wagner-Platz & Sophie-Charlotte-Platz.* *109, 110, 145, X-26.*

Cette petite église en croix grecque, qui s'élève au bout de la Schustehrusstrasse, a connu son premier remaniement avant même sa construction, entreprise en 1713 et achevée en 1716, car l'architecte Martin Böhme adapta des plans de Philipp Gerlach. Elle perdit ensuite son style baroque et fut rebaptisée en l'honneur de la reine Louise décédée en 1810 lors de la rénovation dirigée par Karl Friedrich Schinkel de 1823 à 1826. L'architecte lui donna alors sa tour.

Très endommagée pendant la Seconde Guerre mondiale, la Luisenkirche reçut ses vitraux en 1956, lors de sa restauration. Le mobilier intérieur n'est pas d'origine.

En dehors du centre

À l'échelle de l'histoire européenne, Berlin n'est une grande métropole que depuis relativement peu de temps. Elle ne devint capitale royale qu'en 1701, sept siècles après Paris, et sa population ne s'accrut réellement qu'au XIXe siècle, grâce à la révolution industrielle et la fondation de l'Empire allemand. Entourée de localités autonomes, elle se composait alors de ce qui correspond aux arrondissements actuels de Mitte, Tiergarten, Wedding, Prenzlauer Berg, Friedrichshain et Kreuzberg.

Armoiries sur l'Oberbaumbrücke

La capitale allemande prit ses dimensions actuelles en 1920, quand une réforme administrative l'unit à 7 villes de banlieue, 59 communes rurales et 27 domaines appartenant à des particuliers. Le *Gross Berlin* ainsi créé couvrait une superficie d'environ 900 km² et possédait quelque 3,8 millions d'habitants. Il incorporait des bourgs d'origine médiévale tels que Spandau, de vieux villages comme Marienfelde, dont l'église date du XIIIe siècle, et des châteaux devenus pour certains des musées, tels ceux de Britz et de Niederschönhausen. Au cours des 80 dernières années, le développement économique et la construction de centres résidentiels modernes ont changé l'aspect de beaucoup de ces quartiers, mais ils gardent chacun une personnalité propre et donnent une grande diversité à Berlin. Depuis le centre d'une métropole tournée vers l'avenir, quelques minutes en S-Bahn suffisent pour rejoindre la vaste forêt de Grunewald, les plages du lac de Wannsee, le superbe jardin botanique et les rues bordées de villas de Dahlem, le cœur historique de Köpenick ou la citadelle Renaissance et la grande église gothique de Spandau.

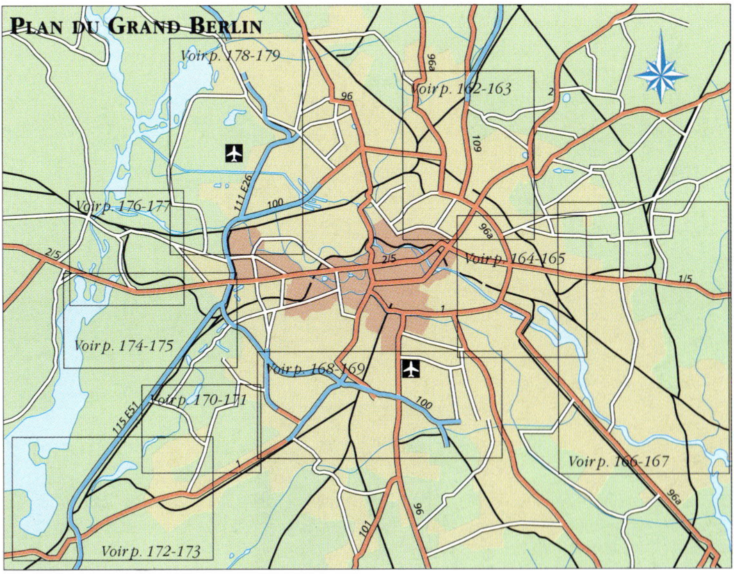

Légende

Quartiers du centre	Autoroute	Voie ferrée
Périphérie	Route principale	0 — 3 km
Aéroport	Route secondaire	

◁ **La Funkturm (tour de la Radio) dans les quartiers ouest de Berlin** ***(p. 175)***

Les quartiers nord-est

Au nord-est du centre, mais encore dans les limites de Mitte, un pan du Mur décrété monument historique entretient le souvenir d'une période noire de l'histoire allemande. Plus à l'est, le quartier de Prenzlauer Berg a remplacé Kreuzberg en tant que pôle de la scène alternative berlinoise. Dans la partie sud de Pankow, un beau parc entoure le château baroque de Niederschönhausen. L'arrondissement de Weissensee renferme le plus vaste cimetière juif d'Europe.

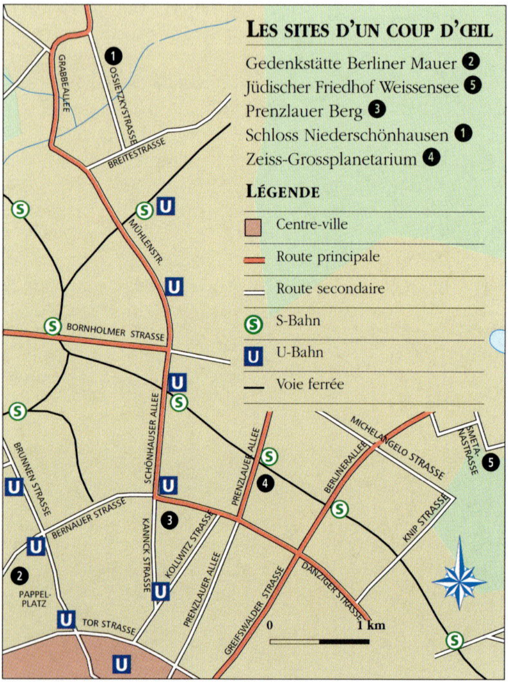

Schloss Niederschönhausen ❶

Ossietzkystrasse. 47 47 38 55. Ⓢ *Pankow.* 52. 107, 150, 250. **Schloss** *midi-17h sam., dim. et jours fériés..* *midi, 14h et 16h.* **Park** *8h-19h t.l.j.*

Le domaine de Niederschönhausen appartenait au XVIIe siècle à la famille Dohna qui le céda en 1691 à l'électeur Frédéric III. Celui-ci confia à Johann Arnold Nering la construction d'un palais que Johann Friedrich Eosander agrandit en 1704 en édifiant les ailes.

Frédéric le Grand en fit don en 1740 à son épouse, la reine Élisabeth-Christine avec laquelle il ne désirait pas vivre. Johann Boumann entreprit pour elle en 1763 un important remaniement, et elle habita la propriété jusqu'à sa mort en 1797.

Le Schloss Niederschönhausen vu du jardin

Une autre épouse royale s'y réfugia au milieu du siècle suivant : la princesse Auguste von Liegnitz, veuve de Frédéric-Guillaume III.

Le château de Niederschönhausen devint après la dernière guerre la résidence du président de la République démocratique allemande Wilhelm Pieck. Il accueillit en 1990 les négociations qui aboutirent à la réunification.

Le vaste parc à l'anglaise a conservé la disposition que lui donna Joseph Lenné entre 1828 et 1831.

Gedenkstätte Berliner Mauer ❷

MÉMORIAL DU MUR DE BERLIN

Bernauer Strasse 111. *46 41 03.* Ⓢ *Nordbahnhof.* Ⓤ *Bernauer Strasse.* *120, 328.*

Après que le gouvernement de la RDA eut décidé le 13 août 1961 de fermer tous les accès à Berlin-Ouest, le Mur *(die Mauer),* destiné à empêcher les Allemands de l'Est de passer en RFA, prit d'abord la forme de rouleaux de fil de fer barbelé. Un rempart en béton commença à les remplacer deux jours plus tard. Haut de 4 m, il fut bientôt doublé par une deuxième enceinte.

Les habitants des maisons qui se dressaient à proximité durent partir, et les fenêtres donnant à l'ouest furent murées. Les bulldozers dégagèrent un espace nu, le « couloir de la mort », où patrouillaient des gardes armés et des chiens. Le Mur finit par compter 293 miradors et 57 casemates.

Il perdit tout son sens à l'été 1989 quand la Hongrie ouvrit ses frontières, et il « tomba » le 9 novembre. Son démantèlement a demandé l'évacuation de plus d'un million de tonnes de déblais.

Il ne reste aujourd'hui que de petits fragments. Long de 300 m, le pan qui borde la Bernauer Strasse, entre l'Ackerstrasse et la Bergstrasse, est devenu un mémorial.

Prenzlauer Berg ❸

Plan 8 D1, E1. **Sammlung Industrielle Gestaltung** Knaackstrasse 97. ☎ *443 93 82.* Ⓢ *Senefelderplatz ou Eberswalderstrasse.* ◯ *14h-21h mar.-dim.* **Museum Berliner Arbeiterleben** Husemannstrasse 12. ☎ *442 25 14.* ◯ *10h-15h lun.-jeu.*

À la fin du XIXe siècle, Prenzlauer Berg était un des quartiers les plus pauvres et les plus densément peuplés de Berlin. Il souffrit peu des bombardements de la Seconde Guerre mondiale, mais resta longtemps négligé par les autorités de Berlin-Est.

Devenu, avant la chute du Mur, un repaire de jeunes artistes et un foyer de contestation, il joue depuis 1989 le rôle qu'avait Kreuzberg auparavant. Artistes, étudiants et marginaux venus de toute la ville y ont créé une communauté colorée et vivante qui emplit le soir cafés et restaurants.

La Senefelderplatz porte le nom d'Alois Senefelder, l'inventeur de la lithographie. Un monument lui rend hommage. La principale artère du quartier, la Schönhauser Allee, traverse la place et longe, quelques centaines de mètres plus au nord, l'ancienne brasserie Schultheiss qui se dresse au coin de la Sredzkistrasse. Bâti entre 1889 et 1892 par Franz Schwechten, ce vaste édifice néo-gothique en brique abrite désormais un centre culturel appelé KulturBrauerei. Dans l'un des bâtiments se trouve la **Sammlung Industrielle Gestaltung** (Collection de création industrielle), une exposition de projets industriels de l'Allemagne de l'Est.

La Sredzkistrasse conduit à la Husemannstrasse, la seule rue restaurée avant la réunification. Le n° 12 abrite le **Museum Berliner Arbeiterleben** (musée de la Vie ouvrière à Berlin). La Husemannstrasse rejoint au sud la Kollwitzplatz, où une statue par Gustav Seitz rappelle que l'artiste Käthe Kollwitz *(p. 148)* habita longtemps Prenzlauer Berg. La seule synagogue de Berlin à avoir survécu au régime nazi occupe le n° 53 de la Rykestrasse. Œuvre de Johann Hoeniger, elle date de 1904. Parmi la verdure, en face, s'élève un château d'eau de 1877 transformé en immeuble d'habitation. Non loin, en revenant sur la Schönhauser Allee, un cimetière juif fondé en 1827 renferme la tombe du peintre Max Liebermann.

Immeubles de la Hagenauer Strasse, Prenzlauer Berg

Zeiss-Gross-planetarium ❹

Prenzlauer Allee 80 (Ernst-Thälmann-Park). ☎ *42 18 45 12.* Ⓢ *Prenzlauer Allee, puis* 🚋 *1.* ◯ *10h-midi lun.-ven., 13h30-21h mer. et sam., 18h-22h jeu.-ven., 13h30-18h dim.*

Installé dans le parc dédié au chef du parti communiste Ernst Thälmann, arrêté par les nazis en 1933 et mort au camp de concentration de Buchenwald, ce planétarium abrite dans le hall d'entrée une exposition d'accessoires et d'instruments optiques fabriqués dans la célèbre usine de Carl-Zeiss-Jena.

Jüdischer Friedhof Weissensee ❺

Herbert-Baum-Strasse 45. Ⓢ *Greifswalder Strasse, puis* 🚋 *2, 3, 4, 13, 23, 24.*

Plus de 115 000 Berlinois reposent dans le plus vaste cimetière juif d'Europe, aménagé en 1880 d'après des plans de Hugo Licht. Beaucoup périrent à cause des persécutions nazies, et un mémorial aux victimes de l'Holocauste se trouve près de l'entrée principale. Des plaques portent les noms des camps de concentration. De nombreuses personnalités de la communauté juive de Berlin ont leur sépulture ici, dont l'éditeur Samuel Fischer et le restaurateur Berthold Kempinski. Certaines tombes sont de véritables œuvres d'art, comme celles de la famille Panowsky et de Ludwig Hoffman, et le monument de style cubiste conçu pour Albert Mendel par Walter Gropius, le fondateur du Bauhaus.

Le Zeiss-Grossplanetarium, Ernst-Thälmann-Park

Friedrichshain et Treptow

Ces deux arrondissements situés au sud-est de Mitte abritent de vastes parcs propices aux promenades à pied et conservent d'intéressants témoignages de l'histoire récente de Berlin. La Karl-Marx-Allee témoigne de la vision du progrès prônée par les régimes communistes à l'époque stalinienne, tandis que le mémorial du Treptower Park rappelle les sacrifices consentis par les Soviétiques pendant la guerre. Un ancien mirador et le pan du Mur devenu l'East Side Gallery évoquent un aspect plus noir du passé.

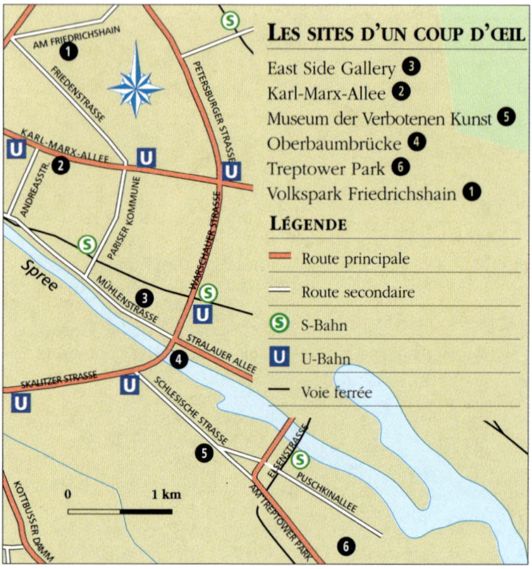

Volkspark Friedrichshain ❶

Am Friedrichshain/Friedenstrasse. **Plan** 8 F1. *100, 142, 257.*

Riche en coins et recoins, le vaste parc boisé de Friedrichshain fut l'un des premiers espaces verts publics de Berlin. Aménagé en 1840 par un élève de Peter Joseph Lenné, il devait offrir aux quartiers populaires situés à l'est de la ville un équivalent du Tiergarten.

Il possède pour principale attraction la Märchenbrunnen (« fontaine des Contes de fées »), construite dans le style néo-baroque entre 1902 et 1913 par Ludwig Hoffmann. Des personnages des récits des frères Grimm entourent ses bassins en pierre de Tivoli où l'eau coule en cascade.

Le parc a connu de nombreux remaniements. Les deux collines qu'il renferme sont artificielles. Elles recouvrent les ruines de deux abris de défense antiaérienne bâtis par l'armée allemande pendant la dernière guerre. Ouvert en 1973, le Freizeitpark permet de nombreuses activités telles que le bowling, l'escalade, le minigolf et le croquet.

La Märchenbrunnen néo-baroque du Volkspark Friedrichshain

Bas-relief réaliste-socialiste sur la Karl-Marx-Allee

Karl-Marx-Allee ❷

Plan 8 F3. *Strausberger Platz ou Weberwiese.*

La section de la Karl-Marx-Allee qui s'étend entre la Strausberger Platz et la Frankfurter Tor constitue un immense musée en plein air d'architecture réaliste-socialiste.

Baptisée Stalinallee de 1949 à 1961, l'avenue qui menait à l'est vers la Pologne et Moscou occupait une position de choix pour devenir la vitrine de la nouvelle République démocratique allemande. Le régime porta sa largeur à 90 m et éleva de part et d'autre de grands immeubles d'habitation qui dominaient un rang de boutiques. Sous l'autorité de Hermann Henselmann, les architectes s'efforcèrent de créer des édifices « nationalistes dans la forme, mais socialistes dans le contenu », et le résultat associe le style dit « confiseur » typique du stalinisme, avec des éléments traditionnels allemands, notamment des motifs ornementaux inspirés des décors de la porcelaine de Meissen et des créations néo-classiques de Schinkel et de von Gontard.

Classés monuments historiques, les bâtiments de la Karl-Marx-Allee sont en cours de restauration.

East Side Gallery 3

Mühlenstrasse. S & U *Warschauer Strasse.* S *Hauptbahnhof.* 147.

En 1990, sur l'initiative de l'artiste écossais Chris MacLean, 118 artistes originaires de 21 pays ont recouvert de graffitis le pan du Mur qui borde la Mühlenstrasse entre la Hauptbahnhof et l'Oberbaumbrücke, créant une fresque longue de 1 300 m. Cette « galerie de l'Est » est aussi appelée Mauer-Galerie (galerie du Mur).

Oberbaumbrücke 4

S & U *Warschauer Strasse.* U *Schlesisches Tor.* 147.

Construit entre 1894 et 1896 par Otto Stahn, ce joli pont sur la Spree cache une structure en béton armé derrière la brique rouge qui pare ses arches. Il doit son cachet à la ligne de U-Bahn surélevée qui le franchit et aux deux tours néo-gothiques qui encadrent sa partie centrale.

L'Oberbaumbrücke resta fermé au trafic pendant de longues années avant la chute du Mur, car il reliait deux secteurs appartenant respectivement à Berlin-Est et Berlin-Ouest. Seuls les piétons munis des autorisations adéquates pouvaient l'emprunter. Depuis la réunification, et sa restauration, il est redevenu pleinement opérationnel. Il offre une vue superbe.

Tours et arches néo-gothiques de l'Oberbaumbrücke

Museum der Verbotenen Kunst 5

Im Schlesischen Busch (Puschkinallee/ Schlesische Strasse) *204 20 49.* U *Schlesisches Tor.* S *Treptower Park.* *265.* *midi-18h sam., dim. et jours fériés.*

Un parc négligé, proche de l'ancien Mur, renferme le dernier des 293 miradors du système de surveillance de la frontière dressée en 1961 entre les Berlinois. Le rez-de-chaussée abrite un petit musée consacré aux artistes que le régime de la République démocratique allemande déclara hors-la-loi.

L'étage reste tel qu'il était quand le bâtiment servait aux gardes en poste le long du Mur.

Le dernier mirador du Mur abrite le Museum der Verbotenen Kunst

Treptower Park 6

Archenhold-Sternwarte. S *Treptower Park.* *166, 167, 177, 265.* **Archenhold Sternwarte** *14h-18h30 mer.-dim.* *20h jeu., 15h sam.-dim.*

Dans ce vaste espace vert aménagé à Treptow dans les années 1860 par Johann Gustav Meyer, les spartakistes Karl Liebknecht, Wilhelm Pieck et Rosa Luxemburg rassemblèrent en 1919 150 000 ouvriers en grève.

Le parc reste toutefois plus connu pour le Sowjetisches Erhenmal élevé entre 1946 et 1949 par l'architecte Jakow Bielopolski et le sculpteur Jewgien Wuczeticz.

Couronne monumentale du mémorial du Treptower Park

L'imposant monument rend hommage aux combattants de l'Armée rouge qui périrent pendant la guerre. Près de 5 000 d'entre eux, tombés pendant la dernière phase de la conquête de Berlin, reposent ici. À l'entrée, une statue en granit représente la Mère Patrie entre des soldats agenouillés. L'allée centrale conduit au mausolée. Un soldat de 11 m de haut le domine. Il porte un enfant dans un bras et appuie son glaive baissé sur une croix gammée brisée.

Derrière le Mémorial, l'**Archenhold Sternwarte** (observatoire Archenhold), bâti en 1896 pour une exposition d'arts appliqués, accueillit en 1915 une conférence d'Albert Einstein sur la théorie de la relativité. Il abrite un télescope long de 21 m et un petit planétarium.

Au début du XIXe siècle, les Berlinois aimaient venir se détendre dans les nombreuses auberges ouvertes au bord de la Spree. La seule à avoir subsisté, l'Eierschale-Zenner, occupe un bâtiment de 1822, mais ses origines remontent au XVIIe siècle. Vous pourrez louer à proximité une barque pour canoter sur la rivière.

Un autre parc, le Plänterwald, s'étend à l'est le long du cours d'eau. Il renferme un parc d'attractions.

Des prisonniers de guerre français construisirent en 1916 le pont qui mène à la petite Insel der Jugend (« île de la Jeunesse »). Elle abritait jadis une abbaye. On y trouve aujourd'hui un complexe culturel et un night-club.

Les quartiers sud-est

Dans les faubourgs situés à l'extrême sud-est de Berlin, Lichtenberg et Hohenschönhausen, les locaux de la Stasi, l'ancien service de sûreté de la RDA, sont devenus des lieux de mémoire et de visite. Mais cela permet aussi de se promener dans le parc zoologique aménagé dans le jardin du château baroque de Friedrichsfelde ou de découvrir l'arrondissement de Köpenick, qui a conservé l'atmosphère d'une petite ville.

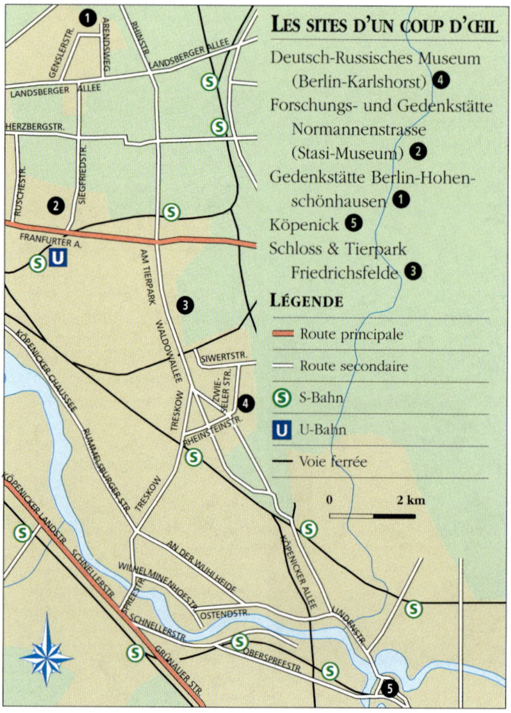

Gedenkstätte Berlin-Hohenschönhausen 1

Genslerstrasse 66. 982 42 19. S Landsberger Allee, puis 5, 6, 7, 15, 17. 256. 13h lun.-jeu., 11h et 13h ven.-sam.

Ce musée occupe depuis 1995 l'ancien centre de détention de la Stasi, le redouté service secret de la République démocratique allemande. L'édifice faisait partie d'un vaste complexe construit en 1938. Utilisé comme camp de transit par les autorités soviétiques à partir de mai 1945, il servit d'abord à l'internement de criminels de guerre en partance pour la Sibérie, puis, très vite, à celui de prisonniers arrêtés pour des raisons politiques. En quelques mois, plus de 20 000 personnes passèrent par le camp de Hohenschönhausen.

Le corps de bâtiments devint en 1946 un lieu de détention du KGB, les services secrets de l'URSS, puis il passa sous l'autorité de la Stasi en 1951.

La visite permet de découvrir les cellules et les salles d'interrogatoire. Le sous-sol abritait le « sous-marin », une série de cachots où la lumière du jour ne parvenait jamais. On y enfermait les « suspects » considérés comme les plus dangereux.

Forschungs- und Gedenkstätte Normannenstrasse (Stasi-Museum) 2

Ruschestrasse 103 (Haus 1). *553 68 54. U Magdalenenstrasse. 11h-18h mar.-ven., 14h-18h sam.-dim.*

Jusqu'à la réunification, cet immense corps de bâtiments situé sur la Ruchestrasse abritait le ministère de l'Intérieur de la République démocratique allemande, et la Stasi y avait son quartier général.

Depuis 1990, un musée occupe un des immeubles. Photos et documents retracent les activités d'un service secret qui avait fiché près d'un Allemand de l'Est sur trois, une efficacité sans équivalent dans aucun autre pays communiste. L'exposition comprend une maquette de son quartier général et du matériel utilisé pour espionner les citoyens soupçonnés d'opposition au régime. La visite permet de découvrir le bureau d'Erich Mielke, son directeur à partir de 1957, un homme dont l'ombre pesa sur la vie de millions de personnes.

Bureau du directeur de la Stasi Erich Mielke au Stasi-Museum

Schloss & Tierpark Friedrichsfelde 3

Am Tierpark 125. U *Tierpark. 194, 296.* **Schloss** *513 81 41. 10h-18h (9h-16h en hiver) mar.-ven., 10h-16h sam.-dim.* **Tierpark** *51 53 10. 9h-19h (jusqu'à la tombée de la nuit en hiver) t.l.j.*

Construit vers 1695 par Johann Arnold Nering pour le Néerlandais Benjamin von Raule, l'élégant château

Façade du Schloss Friedrichsfelde

baroque de Friedrichsfelde connut un premier remaniement par Martin Heinrich Böhme, en 1719. Une rénovation entreprise en 1786 par Peter Biron lui a donné son aspect actuel. Il possède un équilibre caractéristique de la période de transition du baroque au néo-classicisme. Transformé en musée, le palais abrite du mobilier et des objets d'art datant principalement des XVIIIe et XIXe siècles.

Le Tierpark Friedrichsfelde est l'ancien parc zoologique de Berlin-Est, fondé en 1957.

Deutsch-Russisches Museum (Berlin-Karlshorst) ❹

Zwieseler Strasse 4/Rheinsteinstrasse. *50 15 08 10.* Ⓢ *Karlshorst.* *26, 27, 28.* *396.* *10h-18h mar.-dim.*

Le 8 mai 1945, c'est dans un ancien casino de la Wehrmacht, bâti dans les années 30, que l'amiral Karl Dönitz, qui avait pris la succession de Hitler, accompagné par le maréchal Wilhelm Keitel, l'amiral Hans Georg von Friedeburg et le général Hans Jürgen Stumpff, signa la capitulation sans condition de l'Allemagne. La salle où se déroula l'événement est restée en l'état, à l'instar du bureau du maréchal russe Zukov. Une exposition consacrée au conflit entre l'Allemagne et l'Union soviétique détaille les exactions commises en URSS.

Köpenick ❺

Kunstgewerbemuseum Ⓢ *Spindlersfeld, puis* *167 ou* Ⓢ *Köpenick, puis* *269, 360.* *26, 60, 61, 63, 67, 68.* *fermé pour restauration jusqu'en 2002.*

Le bourg de Köpenick a une histoire beaucoup plus ancienne que celle de Berlin car il tire ses origines d'une colonie fortifiée du IXe siècle appelée Kopanica. Ses habitants, des Slaves originaires de la région de la rivière Laban, avaient pour chef au XIIe siècle le duc Jaksa qui disputait le Brandebourg à l'Ascanien Albrecht l'Ours *(p. 17)*. Ce dernier l'emporta et Köpenick passa sous l'autorité de ses descendants. Un château entrepris vers 1240 permit l'essor d'une ville où s'installèrent des artisans, et elle accueillit à la fin du XVIIe siècle une importante colonie de huguenots.

Bien que des constructions dans le style de Schinkel aient remplacé entre 1838 et 1841 ses églises médiévales, et malgré les dégâts subis pendant la Seconde Guerre mondiale, la vieille ville a gardé des traces de son histoire. Autour de l'Alter Markt (« Vieux Marché ») et dans des rues telles que l'Alt Köpenick et la Grünstrasse, de modestes maisons du XVIIIe siècle voisinent avec des édifices de la fin du XIXe.

Au n° 21 Alt Köpenick s'élève le bel hôtel de ville paré de briques vernissées, construit entre 1901 et 1904 par Hans Schütte et Hugo Kinzer. Le 16 octobre 1906, il fut le théâtre d'une escroquerie restée dans l'histoire. Vêtu d'un uniforme d'officier, Wilhelm Voigt, un repris de justice de 56 ans, ordonna à deux pelotons de soldats de l'accompagner en train de Berlin à Köpenick où il arrêta le maire et « saisit » les caisses de la municipalité. Carl Zuckmayer s'inspira de cet incident pour dénoncer dans une comédie, *Der Hauptmann von Köpenick (Le Capitaine de Köpenick)*, la soumission excessive des Prussiens face à l'autorité.

Partie de l'hôtel de ville de Köpenick

La ville possède pour principale attraction l'élégant château construit entre 1677 et 1681 sur une île de la Dahme pour le prince héritier Frédéric, le futur Frédéric Ier. Le palais baroque dessiné par Rutger Van Langfeld reçut un agrandissement, achevé en 1693 d'après des plans de Johann Arnold Nering. Ce dernier dota, entre autres, la demeure de sa chapelle et de son portail d'entrée. Le Schloss Köpenick abrite depuis 1963 un musée des Arts décoratifs, le **Kunstgewerbemuseum,** réputé pour ses pièces d'orfèvrerie et d'argenterie et ses riches collection de meubles et de porcelaines. Il est toutefois en cours de restauration et ne rouvrira qu'en 2002.

Reconstitution d'un bureau de 1548 au Kunstgewerbemuseum du château de Köpenick

Le sud-ouest de Berlin

Au sud-ouest de Berlin, l'arrondissement de Britz recèle une des rares demeures seigneuriales à avoir survécu en périphérie, le Schloss Britz. Schöneberg a gardé de l'époque de son autonomie municipale l'imposant hôtel de ville, où le président Kennedy prononça un discours resté dans l'histoire. L'actrice Marlène Dietrich repose dans le cimetière de ce quartier où elle grandit. À Dahlem, le jardin botanique mérite qu'on lui consacre une demi-journée.

La Königskolonnaden à l'entrée du Kleistpark

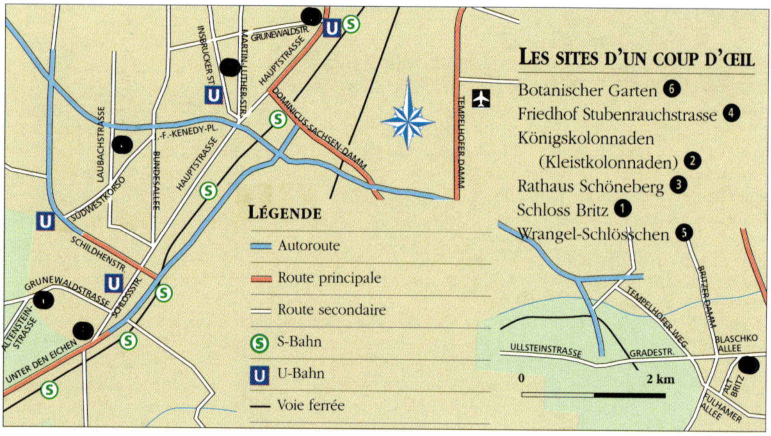

Schloss Britz ❶

CHÂTEAU DE BRITZ

Alt-Britz 73. ☎ 606 60 51.
U *Parchimer Allee.* 🚌 *144, 174, 181.*
◯ *14h-18h mer.* *obligatoire.*

Le Schloss Britz n'était à l'origine qu'un petit manoir bâti en 1706 pour Sigismund von Erlach. Un remaniement néo-classique, sous la houlette de Carl Busse entre 1880 et 1883, lui conféra sa taille actuelle en préservant des éléments baroques tels que les statues de la façade et la tour qui domine le jardin. Le château accueille des concerts et des expositions temporaires, et abrite une collection permanente de meubles datant de la période dite de « fondation » *(Gründerzeit),* qui suivit la création de l'Empire allemand en 1871.

Le parc se prête à une agréable promenade. Il renferme un buste d'un ancien propriétaire du domaine : Rüdiger von Ilgen. La sculpture ornait jadis l'allée de la Victoire du Tiergarten *(p. 128).*

À côté du domaine s'étend la Hufeisendsiedlung (« cité du Fer à cheval »), remarquable lotissement de logements sociaux qui doit son nom à la forme que lui donnèrent, à la fin des années 20, les architectes Bruno Taut et Bruno Schneidereit.

Façade néo-classique du Schloss Britz

Königskolonnaden (Kleistkolonnaden) ❷

Potsdamer Strasse. **Plan** 11 B4.
U *Kleistpark.* 🚌 *148, 187, 348.*

À quelques pas de la station du U-Bahn, l'élégante colonnade royale dotée de sculptures baroques, qui sert d'entrée au Kleistpark, tranche sur les immeubles de la Potsdamer Strasse. Dessinée par Carl von Gontard et exécutée entre 1777 et 1780, elle ornait la route entre la Königstrasse et l'Alexanderplatz. On la déplaça en 1911 pour la protéger de la circulation.

Ancien jardin potager du Grand Électeur, le Kleistpark renferme l'imposant Kammergericht, édifié entre 1909 et 1913 par Carl Vohl, Rudolf Mönnich et Paul Thoemer. Cette cour de justice devint le tristement célèbre Volksgericht (tribunal du Peuple) nazi, puis, jusqu'en 1990, le siège du commandement des forces alliées à Berlin.

Rathaus Schöneberg ❸

Hôtel de ville de Schöneberg

John-F.-Kennedy-Platz.
U *Rathaus Schöneberg.*

Construit entre 1911 et 1914, avant le réaménagement urbain qui intégra en 1920 la commune de Schöneberg au Grand Berlin, cet imposant bâtiment, dont la tour mesure 70 m de hauteur, fut, de 1948 à 1990, le siège du Sénat et le principal centre administratif de Berlin-Ouest.
Le 26 juin 1963, c'est de son balcon que le président des États-Unis J.F. Kennedy prononça devant une foule de plus de 400 000 personnes la célèbre phrase : *« Ich bin ein Berliner » (« Je suis un Berlinois »)*. Deux ans après la construction du Mur, il affirmait ainsi la solidarité des pays occidentaux avec Berlin-Ouest.

Rathaus Schöneberg, rendu célèbre par le président Kennedy

Friedhof Stubenrauchstrasse ❹

Cimetière de Stubenrauchstrasse

Stubenrauchstrasse/Südwestkorso.
S & U *Bundesplatz.* *348.*

Ce petit cimetière dans l'ombre de l'autoroute est devenu un lieu de pèlerinage pour les admirateurs de Marlène Dietrich. Née en 1901, de son vrai nom Maria Magdalena von Losch, l'actrice grandit à Schöneberg au n° 65 Leberstrasse. Elle connut le succès en 1930 grâce à un rôle de chanteuse de cabaret dans le film *L'Ange bleu* réalisé par Josef von Sternberg, d'après un roman de Heinrich Mann intitulé *Professor Unrat*. Cette même année, elle suivit à Hollywood le réalisateur américain d'origine autrichienne, et elle ne monta plus sur scène à Berlin que pour un concert au Titania-Palast en 1960. Elle mourut le 6 mai 1992 à Paris, mais repose dans sa ville natale.

Dans le Botanischer Garten

Wrangel-Schlösschen ❺

Schlossstrasse 48. *79 04 39 24.*
U *Rathaus Steglitz.* *148, 185, 186, 280, 285.*

La construction de ce petit palais, d'après des plans de Heinrich Gentz, remonte à 1804, mais il porte le nom du maréchal Wrangel qui en fut le propriétaire au milieu du XIXe siècle. Sa simplicité jusque dans les détails en fait une superbe réussite des débuts du néo-classicisme.

Le Wrangel-Schlösschen abrite le centre culturel de l'arrondissement de Steglitz.

Botanischer Garten ❻

Jardin botanique

Unter den Eichen 5-10 & Königin-Luise-Strasse 6-8. *83 00 60.*
S *Botanischer Garten.* U *Dahlem-Dorf.* *101, 148, 183.* *mars et oct. : 9h-17h t.l.j. ; avr. et sept. : 9h-20h t.l.j. ; mai-août : 9h-21h t.l.j. ; nov.-fév. : 9h-16h t.l.j.* **Musée** *10h-17h mar.-dim. (nov.-fév. : jusqu'à 16h).*

Aménagé à la fin du XIXe siècle sur un terrain vallonné agrémenté de lacs, le jardin botanique de Dahlem possède une superficie de 42 ha et offre un cadre très romantique à une promenade. Regroupées par continents d'origine, 18 000 variétés de plantes y poussent. La grande serre dessinée par Alfred Koemer date de 1906. Les serres plus récentes, construites entre 1984 et 1987, sont d'Engelbert Kremser. Près de l'entrée sur la Königin-Luise-Platz, le Botanisches Museum propose d'instructives expositions et abrite une riche bibliothèque.

Les églises rurales

Le réaménagement urbain de 1920 intégra au Grand Berlin près de 60 villages, pour certains fondés avant la ville elle-même. Ils se sont transformés en quartiers résidentiels, et ont souvent gardé leurs églises paroissiales. Plus de 50 de ces dernières ont survécu. Les plus anciennes datent du XIIIe siècle et se trouvent dans le sud de l'agglomération, notamment à Britz (près de la Backbergstrasse), à Buckow (Alt-Buckow) et à Mariendorf (Alt Mariendorf). La doyenne dresse son clocher de granit à Marienfelde (Alt-Marienfelde).

Ste-Anne de Dahlem

Wittenau

Marienfelde

Dahlem

Mentionné pour la première fois en 1275, Dahlem resta un petit village entouré de grands domaines privés jusqu'au XIXe siècle. Le développement de Berlin le transforma en un faubourg résidentiel aisé où ont subsisté l'église paroissiale gothique et un manoir baroque. À partir de 1914, la construction d'un complexe muséal a donné à Dahlem une vocation culturelle que confirma, après la Seconde Guerre mondiale, l'agrandissement des musées et la création de la Freie Universität. Le Botanischer Garten *(p. 169)*, qui s'étend un peu à l'écart, ajoute à l'attrait du quartier.

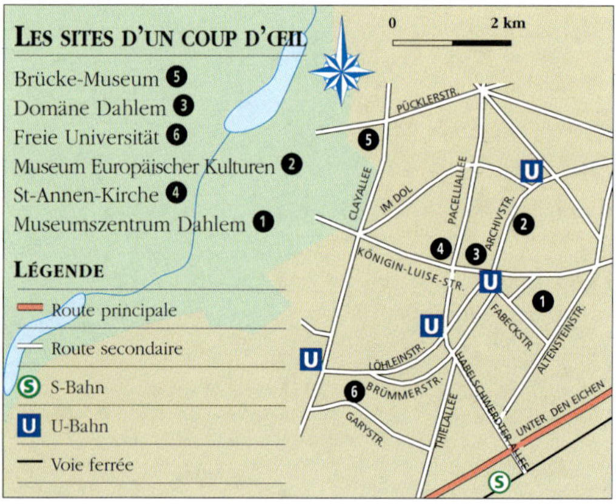

Museumszentrum Dahlem ❶

Lansstrasse. *830 14 38.* *Dahlem Dorf.* *110, 183, X-11.* **Museum für Indische Kunst** *jusqu'en 2002.* **Museum für Ostasiatische Kunst, Museum für Völkerkunde, Museum für Kunst Afrikas & Nord Amerika Ausstellung** *10h-18h mar.-ven., 11h-18h sam.-dim.*

Les musées construits à Dahlem entre 1914 et 1923 prirent à la fin de la Seconde Guerre mondiale une importance que n'avaient pas prévue leurs fondateurs, car ils accueillirent les collections d'art restées à l'Ouest. Après un agrandissement effectué dans les années 60, le Museumzentrum put rivaliser avec le complexe de la Museumsinsel de Berlin-Est.

Depuis la réorganisation des expositions, entraînée par la réunification, les peintures de la Gemäldegalerie se trouvent au Kulturforum *(p. 122-125)* et les sculptures au Bodemuseum *(p. 79)*, mais Dahlem a conservé cinq musées spécialisés dans les cultures non européennes : le Museum für Völkerkunde (musée d'Ethnographie) ; le Museum für Indische Kunst (musée d'Art indien) ; le Museum für Ostasiatische Kunst (musée d'Art d'Extrême-Orient) ; le Museum für Kunst Afrikas (musée d'Art africain) et la Nord-Amerika Austellung (Exposition nord-américaine), ouverte en 1999.

Estampe japonaise du Museum für Ostasiatische Kunst

Ils possèdent pour fleurons des bronzes du Bénin (musée d'Art africain), des bijoux en or incas (musée d'Ethnologie), des estampes japonaises et des peintures troglodytiques bouddhistes du Turkestan chinois (musée d'Art d'Extrême-Orient).

Tapis de la Prusse orientale au Museum Europäischer Kulturen

Museum Europäischer Kulturen ❷

MUSÉE DES CULTURES EUROPÉENNES

Im Winkel 6. *839 01 01.* *Dahlem Dorf.* *110, 183, X-11, X-83.* *10h-18h mar.-ven., 11h-18h sam.-dim.*

Ce musée, consacré aux traditions et aux folklores européens, accueille des expositions de longue durée, mais temporaires, généralement organisées en collaboration avec des institutions d'autres pays. Elles comprennent des poteries, des costumes, des bijoux, des outils et des jouets.

Domäne Dahlem ❸

FERME DE DAHLEM

Königin-Luise-Str. 49. *832 50 00.* *Dahlem Dorf.* *110, 183, X-11, X-83.* *10h-18h mer.-lun.* *(musée seulement).*

Le Domäne Dahlem offre, en pleine zone urbaine, le dépaysement d'un petit espace de vie paysanne. Construit vers 1680 pour Cuno Johann von

Une association garde en activité la ferme du Dömane Dahlem

Wilmersdorff, son manoir baroque appartient au Stadtmuseum Berlin *(p. 91)* et abrite du mobilier d'époque.

Les bâtiments agricoles, datant du XIXe siècle, renferment une collection d'outils que complète une riche exposition de ruches. Le domaine comprend aussi un jardin, des ateliers et des enclos à animaux. Il accueille des fêtes et des marchés qui donnent lieu à des démonstrations de techniques traditionnelles. Les visiteurs peuvent ainsi voir ferrer un cheval, apprendre à traire une vache ou simplement se détendre devant un verre de bière.

De style gothique, la St-Annen-Kirche date du XIVe siècle

St-Annen-Kirche ❹

ÉGLISE SAINTE-ANNE

Königin-Luise-Strasse/Pacelliallee.
U *Dahlem Dorf.* 🚌 *110, 183, X-11.*

Ce sanctuaire gothique du XIVe siècle se dresse au centre d'un petit cimetière verdoyant. L'édifice actuel a vu le jour en plusieurs étapes : le chœur date du XVIe siècle, les voûtes du XVIIe et la tour du XVIIIe.

L'intérieur conserve des peintures murales du XIVe siècle représentant des épisodes de la vie de sainte Anne, une *Crucifixion* du XVe siècle, 11 effigies de saints datant de la fin du gothique et une chaire baroque du XVIIe siècle.

Brücke-Museum ❺

Bussardsteig 9. ☎ *831 20 29.*
🚌 *115.* ◯ *11h-17h mer.-lun.*

Dans une rue paisible bordée de villas en lisière de forêt, ce petit musée occupe un élégant édifice fonctionnel construit par Werner Düttmann en 1967. Il est consacré au mouvement expressionniste Die Brücke (« le Pont »), fondé en 1905 à Dresden par Fritz Bleych, Erich Heckel, Ernst Ludwig Kirchner et Karl Schmidt-Rottluff. Emil Nolde et Max Pechstein les rejoignirent en 1906 et le groupe s'installa à Berlin en 1911. Il décida de se séparer en 1913. La collection permanente a pour origine 74 peintures offertes à la ville par Schmidt-Rottluff en 1964. Dons et acquisitions ont rapidement enrichi le fonds. Les pièces présentées, tableaux, dessins, sculptures et gravures, ainsi que les expositions temporaires qui les complètent permettent de se faire une meilleure idée des recherches de l'avant-garde allemande au début de ce siècle. Elles permettent aussi de découvrir des œuvres plus tardives des membres de Die Brücke.

Le siège de la fondation occupe non loin, au n° 8 Käuzchensteig, l'ancien atelier du sculpteur Bernhard Heliger. Le jardin qui borde le Brücke-Museum abrite plusieurs de ses créations.

Sculpture de Bernhard Heliger près du Brücke-Museum

Freie Universität ❻

Henry-Ford-Bau Garystrasse 35-39.
U *Thielplatz.* 🚌 *111.*

L'Université libre de Berlin fut fondée le 4 décembre 1948, en plein blocus, sur l'initiative d'intellectuels conduits par Ernst Reuter. Ils réagissaient aux restrictions d'accès à la Humboldt Universität imposées par les Soviétiques. La nouvelle université occupa tout d'abord des immeubles loués, et c'est grâce au soutien des Américains qu'elle put s'installer dans ses locaux actuels. La fondation Ford finança ainsi la construction, entre 1951 et 1954, du Henry-Ford-Bau qui abrite le bureau du recteur, l'auditorium et la bibliothèque. Franz Heinrich Sobotka et Gustav Müller lui ont donné d'harmonieuses proportions.

Le Henry-Ford-Bau, bureau du recteur et bibliothèque de la Freie Universität

Zehlendorf

Avec près de la moitié de sa surface couverte de forêts, de lacs et de rivières, l'arrondissement de Zehlendorf possède une atmosphère rustique qui paraît très éloignée de l'animation d'une grande métropole. Vingt minutes seulement, pourtant, le séparent du centre de Berlin. De belles villas ajoutent à l'intérêt des nombreuses promenades à pied possibles autour de Wannsee. Les plus intéressantes, détaillées en pages 200-203, parcourent les domaines royaux de la Pfaueninsel, de Klein Glienicke et de Babelsberg.

Reconstruction d'un bâtiment médiéval au Museumdorf Düppel

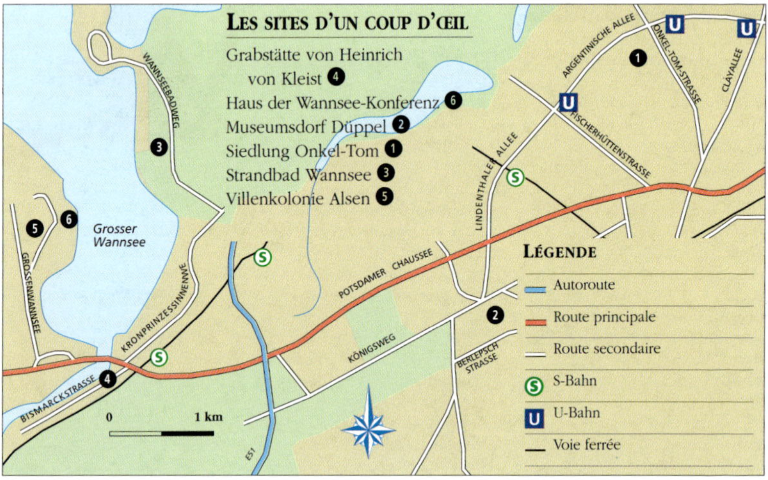

Siedlung Onkel-Tom 1

Argentinische Allee. U *Onkel-Toms-Hütte.*

De tous les programmes de logements sociaux entrepris sous la république de Weimar, le Siedlung Onkel-Tom est peut-être le plus réussi. Bruno Taut, Hugo Häring et Otto Rudolf Salvisberg aménagèrent cet immense lotissement en bordure de la forêt de Grunewald entre 1926 et 1932. S'inspirant du concept anglais de cité-jardin, ils inscrivirent les maisons dans la verdure et leur donnèrent des proportions harmonieuses et des dimensions humaines, qu'elles soient individuelles ou destinées à plusieurs familles. Près de 15 000 personnes vivent dans la « cité de l'Oncle Tom ».

Maison du Siedlung Onkel-Tom, construit entre 1926 et 1932

Museumsdorf Düppel 2

Clauerstrasse 11. *802 66 71.* S *Mexikoplatz ou* U *Krumme Lanke, puis* *115, 211, 629.* *avr.-oct. : 15h-18h mar.-jeu., 10h-17h dim.*

Les maisons à toit de chaume qui font partie de cette reconstitution d'un village médiéval de la Marche du Brandebourg occupent l'emplacement d'une implantation germanique du XIIIe siècle. Des passionnés y vivent comme des paysans du Moyen Âge et élèvent des races traditionnelles de porcs et de moutons.

Le dimanche, ils proposent des promenades en char à bœufs et des démonstrations de méthodes anciennes de vannerie, de poterie, de travail du métal, de filage, de tissage et de teinturerie.

Strandbad Wannsee 3

Wannseebadweg. S *Nikolassee.* *513.*

Le lac de Wannsee s'étend à la lisière de la forêt de Grunewald et constitue une aire de loisirs appréciée des Berlinois. Ils peuvent s'y baigner, faire une croisère, pratiquer des sports nautiques ou simplement se reposer au bord de l'eau. La

Embarcadère de bateaux de croisière sur le lac de Wannsee

partie la plus aménagée se trouve dans l'angle sud-est du plan d'eau où la station de S-Bahn Wannsee dessert plusieurs ports de plaisance. Plus au nord, la Strandbad Wannsee est la plus grande plage intérieure d'Europe. Utilisée depuis le début du XXe siècle, elle a pris son visage actuel en 1929-1930 lors de la construction de cabines, de boutiques et de cafés sur des terrasses artificielles.

En été, le sable se couvre d'amateurs de bains de soleil, tandis que bateaux de plaisance et planches à voile sillonnent le lac. Une promenade sur l'île de Schwanenwerder permet de découvrir d'élégantes villas. Le magnat de la presse Axel Springer fit bâtir celle des nos 24-26 Inselstrasse.

Grabstätte von Heinrich von Kleist ❹

TOMBE DE HEINRICH VON KLEIST

Bismarckstrasse (près du n° 3).
Ⓢ *Wannsee.* 🚌 *114, 116, 118, 211, 216, 316, 318.*

Une rue étroite part de la Königstrasse, au niveau du viaduc de la station du S-Bahn Wannsee. Elle conduit à l'endroit où, le 21 novembre 1811, le poète romantique Heinrich von Kleist se suicida à l'âge de 34 ans en entraînant dans la mort sa compagne Henriette Vogel. Ils reposent tous les deux ici, et les fleurs et bougies déposées sur leur tombe indiquent que leur tragédie continue d'émouvoir.

Villenkolonie Alsen ❺

QUARTIER D'ALSEN

Am Grossen Wannsee. Ⓢ *Wannsee, puis* 🚌 *114.*

Ce groupe de villas forme une charmante station balnéaire, la plus ancienne de Berlin. Son intérêt n'est pas uniquement dû à sa situation pittoresque au bord du lac, mais aussi à la qualité architecturale des bâtiments.

Le quartier commença à se développer dans les années 1860, à l'instigation du banquier Wilhelm Conrad. De riches industriels suivirent son exemple, commandant leurs résidences de villégiature aux architectes les plus renommés de l'époque. Nombre de ces demeures abritent aujourd'hui des clubs nautiques.

Aux nos 39-41 Am Grossen Wannsee, la Haus Springer date de 1901. Alfred Messl la couvrit de bardeaux à la mode américaine. Le peintre Max Liebermann passa de nombreux étés au n° 42, dans la villa dessinée pour lui en 1909 par Paul Baumgarten. Bâtie en 1891 d'après des plans de Wilhelm Mertens, la luxueuse maison en forme de château médiéval du n° 52 est caractéristique de l'éclectisme du XIXe siècle.

Haus der Wannsee-Konferenz ❻

MAISON DE LA CONFÉRENCE DE WANNSEE

Am Grossen Wannsee 56/58.
☎ *805 00 10.* Ⓢ *Wannsee, puis* 🚌 *114.* ◯ *10h-18h lun.-ven., 14h-18h sam.-dim.*

Paul Baumgarten édifia cette villa cossue en 1914-1915 pour l'homme d'affaires Ernst Marlier, elle est l'une des plus belles d'Alsen. Il lui donna la forme d'un petit palais néo-baroque, et un gracieux portique protège l'accès à un hall d'entrée ovale. En 1940, le propriétaire suivant, Friedrich Minou, vendit la maison aux SS, la police militaire du régime hitlérien. Le 20 janvier 1942, Richard Heydrich et quatorze autres officiers des services secrets et des SS, dont Adolf Eichmann, s'y réunirent pour décider de « la solution finale de la question juive ». Au cours de cette conférence, ils planifièrent l'extermination de 11 millions de personnes sur tout le territoire de l'Europe, y compris celui de la Grande-Bretagne et des pays neutres.

Depuis 1992, la villa abrite un musée et un mémorial. Une exposition retrace l'histoire de l'Holocauste entre 1933 et 1945 avec, notamment, des documents et des photographies sur les ghettos et les camps de concentration.

Pour des raisons de sécurité, le portail d'entrée reste verrouillé en permanence. Pour pénétrer dans le parc, il faut se présenter à l'interphone.

Sculptures dressées devant la Haus der Wannsee-Konferenz

L'ouest de Berlin

Les grandes manifestations commerciales ou culturelles donnent souvent l'occasion aux Berlinois de franchir le boulevard périphérique pour se rendre à l'ouest de Charlottenburg au Centre international des congrès et au Parc des expositions que domine la Funkturm. La maison de la radio voisine possède un splendide intérieur Art déco. Dans un domaine résidentiel aménagé après la Seconde Guerre mondiale, la villa qu'habitait le sculpteur Georg Kolbe est devenue un musée.

Extérieur futuriste de l'Internationales Congress Centrum

Grunewaldturm ❶

Havelchaussee. 🚌 *218.*

Cette tour néo-gothique en brique rouge, parée d'éléments décoratifs en stuc, domine toute la région depuis le sommet de la colline du Karlsberg au bord de la Havel. Construite en 1899 par Franz Schwechten pour commémorer le centième anniversaire de la naissance de Guillaume Ier, devenu empereur d'Allemagne en 1871, elle s'appelait à l'origine Kaiser-Wilhelm-Turm. Une salle renferme sous un plafond en coupole une statue en marbre du souverain sculptée par Ludwig Mansel.

La tour de Grunewald mesure 56 m de hauteur, et il faut gravir 204 marches pour atteindre sa plate-forme panoramique. Une vue exceptionnelle du réseau de lacs et de cours d'eau de la Havel récompense de l'effort. Par temps clair, le regard porte jusqu'à Spandau au nord et Potsdam au sud. Un restaurant très fréquenté occupe la base du monument.

La Grunewaldturm, tour néo-gothique élevée en 1899

Internationales Congress Centrum ❷

Messedamm 19. Ⓢ *Witzleben.* Ⓤ *Kaiserdamm.* 🚌 *104, 149, 204.*

L'immeuble futuriste du Centre international des congrès se dresse sur une péninsule isolée de deux côtés par un flot de voitures.

Cette ambitieuse réalisation vit le jour dans le cadre de la rivalité entre les deux Berlin : il s'agissait ici de répliquer à l'ouverture du chantier du Palast der Republik *(p. 74)* sur la Schlossplatz.

Construit par Ralf Schüler et Ursulina Schüler-Witte entre 1973 et 1979, l'International Congress Centrum (ICC) se présente comme un assemblage de volumes en aluminium et possède une organisation mûrement réfléchie. Ainsi, la zone réservée aux conférences est indépendante des salles de concert pour améliorer l'insonorisation. Un système perfectionné de sécurité électronique et de gestion des circulations permet à des milliers de personnes de participer en même temps à des événements très variés. Plus de 80 salles permettent l'organisation de manifestations aussi diverses qu'un séminaire en petit comité et un concert de rock devant 5 000 spectateurs. Un jardin a été aménagé sur le toit.

Une sculpture du Français Jean Ipoustéguy se dresse à l'entrée : *Alexandre le Grand devant Ectabane.*

Façade monumentale de l'Ehrenhalle du Messegelände

Messegelände ❸

PARC DES EXPOSITIONS

Hammarskjöldplatz. Ⓢ *Witzleben.* Ⓤ *Kaiserdamm.* 🚌 *104, 149, 204, 219.*

Constamment rénovés et agrandis, les pavillons du vaste Parc des expositions qui s'étend au sud de la Hammarskjöldplatz couvrent une superficie de plus de 160 000 m². Les foires internationales qu'ils accueillent, telle la Grüne Woche *(p. 51)*, « Semaine verte » consacrée à l'agriculture et la gastronomie, font partie des plus importantes d'Europe.

Il ne reste rien des premières halles érigées sur le site au début du XXe siècle, et la partie la plus ancienne du Messegelände entoure la **Funkturm.** L'imposant bâtiment qui s'élève devant, l'Ehrenhalle, date de 1936. Dessiné par Richard Ermisch, il offre un des rares exemples d'architecture nazie à avoir survécu à Berlin.

L'autoroute rectiligne qui file derrière le Parc des expositions en direction du Nikolassee est la célèbre Avus, la première autoroute d'Allemagne, construite en 1921. Elle servit de circuit de course automobile. En 1937, un pilote de légende, Berndt Rosemeyer, y établit le record du tour à une vitesse de 276,4 km/h.

Funkturm ❹

Hammarskjöldplatz. Ⓢ *Witzleben.* Ⓤ *Kaiserdamm.* 🚌 *104, 149, 204.*
Plate-forme d'observation
10 h-23 h t.l.j.

Entreprise en 1924, la Funkturm, dessinée par Heinrich Straumer, haute de 150 m, ressemble à la tour Eiffel. Elle garde une fonction d'antenne émettrice, notamment pour le contrôle du trafic aérien. Sa plate-forme d'observation (125 m) offre un splendide panorama. Un restaurant occupe le premier étage, à 55 m du sol.

Haus des Rundfunks ❺

Masurenallee 8-14. Ⓢ *Witzleben.* Ⓤ *Theodor-Heuss-Platz.* 🚌 *104, 149, 204.*

La maison de la radio, vaste édifice construit entre 1929 et 1931 par Hans Poelzig, cache derrière une triste façade en brique un intérieur Art déco d'une rare beauté.

Le bâtiment obéit à un plan triangulaire. Les trois ailes qui abritent les studios rayonnent depuis un hall central éclairé par une verrière. L'harmonie des proportions et la maîtrise des couleurs et des matières, qui ôtent toute rigueur aux formes géométriques, en font une des plus belles réussites architecturales de cette époque à Berlin.

Hall Art déco de la Haus des Rundfunks, achevée en 1931

Au pied des coursives se dresse une statue figurative de Georg Kolb : *Grosse Nacht* (« *Grande nuit* »). L'auditorium accueille des concerts retransmis par la station de radio SFB.

Fontaine du jardin de la villa du sculpteur Georg Kolbe

Georg-Kolbe-Museum ❻

Sensburger Allee 25. ☎ *304 21 44.* Ⓢ *Heerstrasse.* 🚌 *149, X-34, X-49.*
10h-17h mar.-dim.

Le sculpteur Georg Kolbe (1877-1947) vécut et travailla jusqu'à sa mort dans cette villa, construite en 1929 à son intention par l'architecte suisse Ernst Reutsch et agrandie quelques années plus tard par Paul Lindner. Il la légua à la ville de Berlin avec 180 de ces œuvres et sa collection d'art qui comprend des peintures de l'expressionniste Ernst Ludwig Kirchner, l'un des fondateurs du mouvement Die Brücke *(p. 171)*.

L'exposition a pour thème principal la sculpture figurative du XXe siècle. De nombreuses œuvres de Kolbe décorent aussi le jardin, tandis que l'atelier renferme toujours le matériel qu'utilisait l'artiste, notamment les instruments de levage qui lui permettaient de déplacer les pièces les plus lourdes ou les plus volumineuses.

Du stade olympique à Spandau

Au nord-ouest du centre, une unité d'habitation de Le Corbusier, type d'immeuble toujours considéré comme un modèle d'habitat collectif, s'élève près du monumental Olympia-Stadion, conçu pour célébrer l'idéologie du national-socialisme. Au confluent de la Spree et de la Havel, la ville historique de Spandau a gardé de belles rues médiévales et une forteresse Renaissance bien conservée. Au cœur du quartier ancien s'élève une église gothique : la St-Nikolai-Kirche.

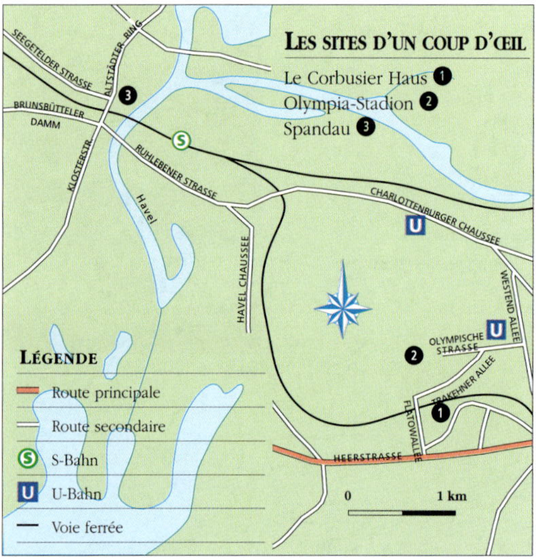

Le Corbusier Haus 1

Reichssportfeldstrasse 16.
S *Olympia-Stadion.* 🚌 *218.*

Contribution de Le Corbusier à l'Exposition internationale d'architecture de 1957 *(p. 129),* cet immeuble bâti sur une colline près de l'Olympia-Stadion renferme 527 appartements, dont 345 en duplex, prévus pour loger 1 500 personnes.

C'est la troisième « unité d'habitation » réalisée par le célèbre architecte, la plus connue, édifiée au lendemain de la Seconde Guerre mondiale, se trouvant à Marseille. Comme pour les autres, Le Corbusier voulait faire de celle de Berlin l'équivalent d'une ville autonome possédant ses propres commerces et des services tels qu'un bureau de poste, une salle de sport et un jardin d'enfants. Toutefois, des contraintes financières l'obligèrent à réduire ses ambitions et à modifier les proportions du bâtiment par rapport aux plans initiaux.

Le Corbusier Haus, construite pour l'exposition de 1957

Sculptures décorant l'Olympia-Stadion

Olympia-Stadion 2

Olympischer Platz. S & U *Olympia-Stadion.* 🚌 *218.*

Construit pour accueillir les Jeux olympiques de 1936, que le régime hitlérien transforma en une fructueuse opération de propagande, le Reichssportfeld, selon son nom d'origine, témoigne du goût des dignitaires nazis pour l'architecture monumentale inspirée de Rome.

Il possède néanmoins des proportions harmonieuses. Profitant de la configuration du terrain, son concepteur, Werner March, l'a en partie enterré, et ses véritables dimensions n'apparaissent qu'une fois à l'intérieur.

À l'ouest s'étend la vaste esplanade du champ de Mai (Maifeld) dominée par la tour du Carillon (Glockenturm), haute de 77 m. Son sommet offre une vue splendide du stade olympique et de Berlin. Édifié également à l'occasion des Olympiades, le théâtre de verdure de la Waldbühne accueille des concerts en été.

Intérieur de la St-Nikolai-Kirche de Spandau

Spandau ❸

Zitadelle Spandau Am Juliusturm.
354 94 42 00. U *Zitadelle.*
9h-17h mar.-ven., 10h-17h sam.-dim.

Relativement épargné par les bombardements alliés de la Seconde Guerre mondiale, Spandau a gardé son cachet historique. Ce bourg, né sur un site au confluent de la Havel et la Spree, où des Slaves s'installèrent dès le VIIIe siècle, a une riche histoire. Il reçut sa charte municipale en 1232, et resta indépendant jusqu'en 1920 et son intégration au Grand Berlin.

Au cœur du quartier ancien, quelques maisons à colombage bordent toujours les ruelles médiévales qui entourent une pittoresque place de marché. Au nord subsistent des pans de l'enceinte fortifiée qui protégeait la cité au XVe siècle. Datant également du XVe siècle, la St-Nikolai-Kirche domine la Reformationsplatz. Comme le rappelle le nom de la place, c'est là que l'électeur Joachim II se convertit à la foi protestante en 1639. De style gothique, l'église abrite des fonts baptismaux exécutés en 1398, un bel autel Renaissance en pierre de 1592 et une chaire baroque (v. 1700) qui provient d'un palais royal de Potsdam.

Aigle héraldique prussien

La **Zitadelle Spandau** occupe l'emplacement d'un château des margraves ascaniens *(p. 17)*, dont n'a survécu que la Juliusturm, tour massive haute de 36 m bâtie au XIIe siècle. La construction de la citadelle commença en 1560 d'après des plans du Vénitien Francesco Chiaramella da Gandino, mais elle dura plus de 30 ans, et c'est Rochus Guerini, comte de Linar, qui dirigea la majeure partie des travaux.

La prison militaire où Rudolf Hess, l'adjoint de Hitler, resta enfermé jusqu'à son suicide en 1987 a laissé place à un centre commercial.

Armoiries des Hohenzollern au fronton de l'entrée principale de la citadelle

Zitadelle Spandau

La citadelle de Spandau servit dès l'origine de chambre forte puisque les premiers margraves du Brandebourg gardaient leur trésor dans la Juliusturm. Le chancelier Otto von Bismarck les imita en y déposant, en 1874, l'or du Reichkriegsschatz, les indemnités de guerre versées par la France. Jusqu'en 1876, la citadelle abrita également une prison. Elle renferme désormais des musées consacrés à l'histoire locale. Le sommet de la tour offre un large panorama.

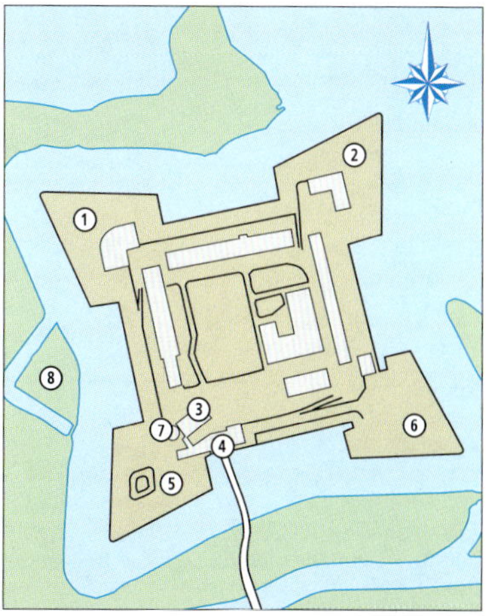

Légende

- Bastion Kronprinz ①
- Bastion Brandenburg ②
- Palais ③
- Entrée principale ④
- Bastion König ⑤
- Bastion Königin ⑥
- Juliusturm ⑦
- Ravelin Schweinekopf ⑧

Le nord de Berlin

Au nord du Tiergarten subsiste l'AEG-Turbinenhalle, dessinée par Peter Behrens, un édifice qui eut une grande influence sur l'architecture industrielle. Le site de la prison nazie de Plötzensee abrite un mémorial. En continuant au-delà de l'aéroport, les alentours du lac de Tegel renferment un beau château remanié par Schinkel, une pittoresque villa néo-baroque et un quartier résidentiel hors du commun aménagé en 1987. Ces dernières visites peuvent être liées à une croisière sur la Havel et la découverte de Spandau.

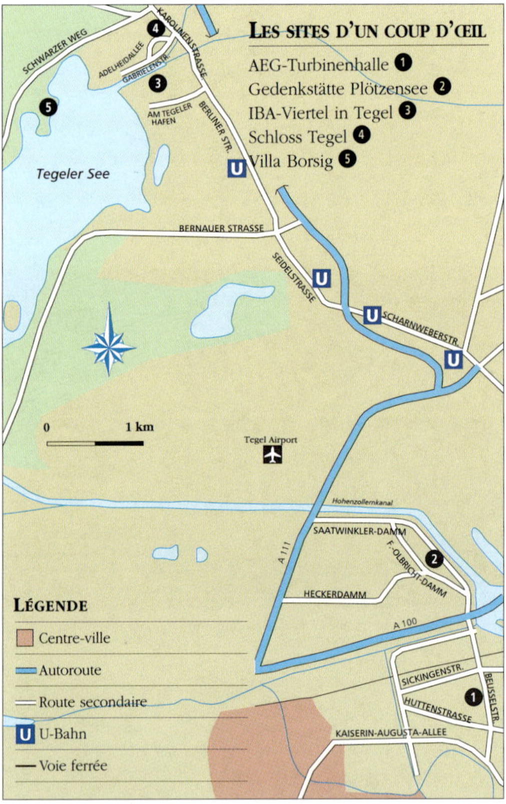

AEG-Turbinenhalle ❶

Huttenstrasse 12-16. U *Turmstrasse, puis* 🚌 *227.*

Peu de bâtiments modernes du début du XXe siècle sont autant donnés en exemple que celui-ci. Commandé par AEG, la Compagnie générale d'électricité, et achevé en 1909 d'après des plans de Peter Behrens et Karl Bernhardt, il fait partie des premières constructions dépourvues de tout élément, décoratif ou non, faisant référence à un style architectural antérieur.

Ses concepteurs ont pris pour parti de ne pas tenter de déguiser ses matériaux de construction : béton, fer et verre. Agrandi en 1939, l'immense hangar borde sur 123 m la Berlichingenstrasse. Ses hautes fenêtres s'inclinaient vers l'intérieur.

Gedenkstätte Plötzensee ❷

MÉMORIAL DE PLÖTZENSEE

Hüttigpfad. ☎ *344 32 26.* U *Jakob-Kaiser-Platz, puis* 🚌 *123.* ◯ *jan. et nov. : 9h-16h30 ; fév. et oct. : 9h-17h30 ; mars-sept. et déc. : 9h-18h.*

Depuis le Saatwinkler Damm, une petite rue conduit au site de la prison de Plötzensee, où les nazis pendirent près de 2 500 personnes accusées de crime contre le IIIe Reich. À l'exception des chefs du complot, exécutés dans la cour du Benderblock *(p. 127)*, c'est ici que périrent les conjurés qui tentèrent d'assassiner Hitler le 22 juin 1944. Le comte Helmut James von Moltke fut aussi tué à Plötzensee. Il animait un des mouvements de la résistance allemande : le Kreisauer Kreis (cercle Kreisauer) qui, entre autres, fournit des renseignements aux Alliés. Les crochets conservés dans le mémorial rappellent la vocation sinistre du lieu.

Mémorial aux victimes des nazis exécutées à Plötzensee

IBA-Viertel in Tegel ❸

Karolinenstrasse & Am Tegeler Hafen. U *Alt Tegel.*

D'une superficie de 4 km², le lac de Tegel est, au sein d'une région boisée, un but d'excursion apprécié des Berlinois. Depuis la Berliner

Élégante façade néo-classique du Schloss Tegel

Strasse, une rue piétonnière, l'Alt-Tegel, conduit à la Greenwichpromenade et à l'embarcadère d'où partent les vedettes proposant des croisières.

Le quartier situé au sud du port de Tegel est un lotissement aménagé lors de l'Exposition internationale d'architecture de 1987 (IBA 87). Il ravira les amateurs d'architecture contemporaine, en particulier post moderne. Plus de 30 architectes ont participé au projet sous la direction de Charles Moore, John Ruble et Buzz Yudell, et les bâtiments possèdent tous leur propre caractère. Par exemple, la maison du n° 8 Am Tegeler Hafen, œuvre de Stanley Tigerman, évoque un style traditionnellement associé aux villes de la Hanse, tandis que celle du n° 10, dessinée par Paolo Portoghesi, semble avoir été brisée en deux. Partie intégrante du projet, la Humboldt-Bibliothek joue de thèmes néo-classiques. Au nord de l'IBA-Viertel, le moderne Hotel Sorat incorpore la partie préservée d'un ancien moulin à vent qui appartenait jadis au domaine Humboldt.

Schloss Tegel ❹

Adelheidallee 19-21. *434 31 56.*
Alt Tegel. *124, 133, 222.*
mai-sept. : 10h-midi et 15h-17h lun. *obligatoire.*

Ce petit palais, l'un des plus intéressants de Berlin, tire ses origines d'un manoir bâti au XVIe siècle et transformé au siècle suivant en pavillon de chasse à la demande de l'électeur Frédéric-Guillaume. La famille Humboldt acquit le domaine en 1766, et commanda à Karl Friedrich Schinkel un remaniement entrepris entre 1820 et 1824. L'architecte agrandit la demeure en la dotant de quatre tours d'angle, ornées au dernier étage de bas-reliefs par Christian Daniel Rauch. Ils représentent les divinités antiques du Vent. Schinkel conçut aussi la gracieuse décoration intérieure qui compose un cadre parfaitement adapté à une collection d'antiquités aujourd'hui principalement constituée de copies.

Le Schloss Tegel reste la propriété de la famille Humboldt, et on ne peut le découvrir que lors des visites guidées organisées le lundi. Un parc agréable l'entoure.

Une allée de tilleuls conduit à l'ouest au tombeau familial dessiné lui aussi par Schinkel. La sculpture qui le décore par Bertel Thorwaldsen est une réplique. L'original se trouve dans le château.

Villa Borsig ❺

Reiherwerder. *Alt Tegel.*
124, 133, 222, 824, puis 15 min de marche.

Cette villa bâtie sur une péninsule du Tegeler See possède un air de famille avec le Schloss Sanssouci de Potsdam, mais elle est de construction beaucoup plus récente. Alfred Salinger et Eugen Schmohl l'édifièrent entre 1911 et 1913 pour les Borsig, dynastie industrielle berlinoise connue dans le monde entier pour ses locomotives et ses machines à vapeur. Elle présente un visage particulièrement pittoresque vue du lac depuis un bateau de promenade.

Façade la villa Borsig donnant sur le jardin

Karl Friedrich Schinkel (1781-1841)

Diplômé de la Bauakademie de Berlin, Karl Friedrich Schinkel compléta ses études d'architecture par un séjour de deux ans en Italie. Il remplit de nombreuses commandes de l'État prussien, à Berlin et à Potsdam, tout en travaillant pour des particuliers. Les palais, édifices publics et églises qu'il construisit se comptent par dizaines, et beaucoup existent toujours. Bien que surtout connu pour ses réalisations néo-classiques, il fut l'un des premiers, en Europe, à se tourner vers le néo-gothique. Cet attrait pour le Moyen Âge influença notamment sa peinture, comme le montrent les tableaux exposés à la Galerie der Romantik du Schloss Charlottenburg *(p. 156)*. Schinkel créa également des décors d'opéra, entre autres pour le Staatsoper Unter den Linden *(p. 63)*.

SOUCI

Les environs de Berlin

POTSDAM

Commune autonome située à la périphérie de Berlin, Potsdam est la capitale du Brandebourg et possède une population de près de 140 000 habitants. Mentionnée dès 993, la ville se développa à partir du XVIIe siècle quand le Grand Électeur y établit une résidence princière. Elle souffrit beaucoup de la Seconde Guerre mondiale, en particulier des bombardements du centre historique qui eurent lieu dans les nuits du 14 et du 15 avril 1945. Aujourd'hui restaurée, elle séduit chaque année des milliers de visiteurs attirés par le quartier ancien dominé par la Nikolaikirche, les châteaux rococo édifiés par Frédéric II dans le Park Sanssouci et plusieurs autres demeures des Hohenzollern comme le Marmorpalais néo-classique du Neuer Garten ou le Schloss Cecilienhof de style anglais. Mais Potsdam a davantage encore à offrir : des datchas qui semblent tout droit sorties de Russie, un quartier hollandais, les plus vastes studios de cinéma d'Europe et le parc de Babelsberg *(p. 202-203)*.

Sculpture du Park Sanssouci

LES SITES D'UN COUP D'ŒIL

Bâtiments historiques
- Altes Rathaus 21
- Bildergalerie 11
- Chinesisches Teehaus 6
- Communs 3
- Historische Mühle 12
- Marmorpalais 16
- Marstall (Filmmuseum) 22
- Neue Kammern 9
- *Neues Palais p. 186-187* 1
- Orangerie 7
- Römische Bäder 5
- Schloss Cecilienhof 15
- Schloss Charlottenhof 4
- *Schloss Sanssouci p. 192-193* 10
- Wasserwerk Sanssouci 24

Quartiers historiques
- Alexandrowka 13
- Holländisches Viertel 17

Églises
- Französische Kirche 19
- Friedenskirche 8
- Nikolaikirche 20
- Peter und Paul Kirche 18

Parcs
- Neuer Garten 14
- Park Sanssouci 2
- Telegrafenberg 25

Musée
- Potsdam-Museum 23

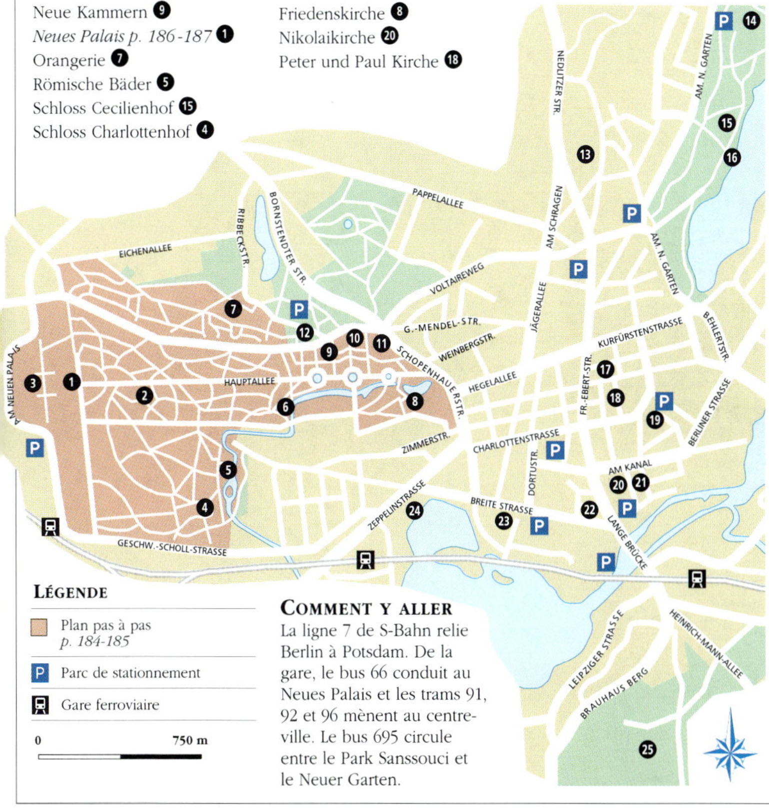

LÉGENDE

- Plan pas à pas *p. 184-185*
- P Parc de stationnement
- Gare ferroviaire

0 — 750 m

COMMENT Y ALLER

La ligne 7 de S-Bahn relie Berlin à Potsdam. De la gare, le bus 66 conduit au Neues Palais et les trams 91, 92 et 96 mènent au centre-ville. Le bus 695 circule entre le Park Sanssouci et le Neuer Garten.

◁ **Galerie du cloître de la Friedenskirche**

Le Park Sanssouci pas à pas

Urne fleurie du Park Sanssouci

Ce vaste espace paysagé de 287 ha, l'un des plus beaux domaines royaux d'Europe, a pour origine un verger où Frédéric le Grand fit construire à partir de 1747 une splendide demeure rococo : le Schloss Sanssouci. Il commanda quelques années plus tard l'imposant Neues Palais, puis ses successeurs continuèrent à agrandir le parc et à y bâtir de nombreux édifices d'agrément. Le résultat est d'une grande variété et riche en surprises. Mieux vaut s'accorder au moins une journée entière pour en profiter pleinement.

Communs
Les quartiers des serviteurs du Neues Palais sont d'une élégance rare pour ce genre de bâtiment ❸

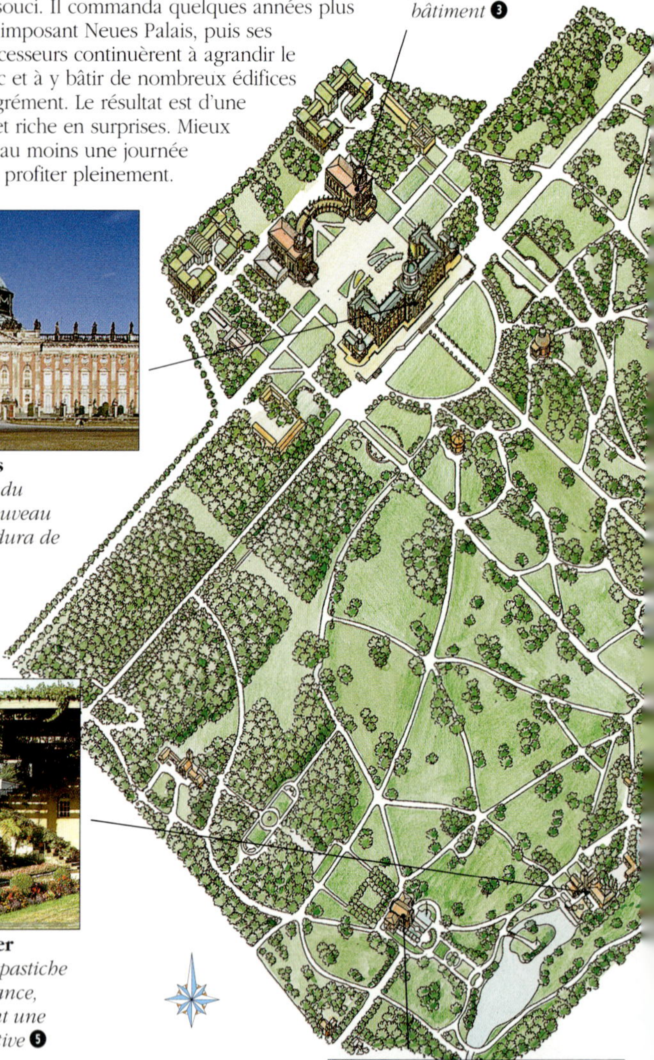

★ Neues Palais
La construction du majestueux « Nouveau Palais » rococo dura de 1763 à 1769 ❶

Römische Bäder
Attenants à un pastiche de villa Renaissance, ces bains avaient une fonction décorative ❺

0 200 m

Schloss Charlottenhof
Ce palais néo-classique doit son nom à Charlotte von Gentzkow, l'ancienne propriétaire du terrain où il se dresse ❹

À NE PAS MANQUER

- ★ Schloss Sanssouci
- ★ Neues Palais

Park Sanssouci
Ce vaste parc est composé de plusieurs jardins de styles différents, dont le Lustgarten (jardin d'agrément) près de l'Orangerie ❷

Orangerie
La plus grande demeure du parc, destinée aux hôtes et souverains étrangers, évoque la Renaissance, mais date du milieu du XIXe siècle. ❼

Neue Kammern
Remaniée, l'ancienne Orangerie rococo du Schloss Sanssouci servit à l'accueil des invités ❾

★ Le Schloss Sanssouci
Sur un site choisi par Frédéric II pour sa vue, le premier palais bâti dans le parc domine six terrasses plantées de vigne ❿

Bildergalerie
La « galerie de tableaux », achevée en 1764, fut le premier édifice d'Allemagne conçu pour abriter un musée ⓫

Friedenskirche
Néo-romane, l'« église de la Paix » a pour modèle la basilique San Clemente de Rome ❽

Chinesisches Teehaus
La ravissante « maison de thé chinoise » abrite une collection de porcelaines du XVIIIe siècle ❻

Neues Palais ❶

Cabinet du bureau

À la demande de Frédéric le Grand, Georg Wenzeslaus von Knobelsdorff dessina en 1750 les plans initiaux de l'imposant Nouveau Palais qui domine l'allée principale du Park Sanssouci. Toutefois la construction ne commença qu'en 1763, après la guerre de Sept Ans *(p. 19)*, sous la direction de Johann Gottfried Büring, Jean Laurent Le Geay et Carl von Gontard. Le résultat devait montrer au monde que le conflit n'avait pas ruiné la Prusse, et des centaines de sculptures ornent la vaste demeure royale qui comptait plus de 200 pièces richement décorées. Guillaume II l'appréciait beaucoup et y fit installer l'électricité.

Façade
Deux guérites en pierre encadrent le portail d'entrée qui précède la façade principale du Neues Palais, qui fait face à l'ouest.

Bureau
Cette pièce au décor très rococo fait partie des appartements privés de Frédéric le Grand.

Le Schlosstheater, achevé en 1768, est de J.C. Hoppenhaupt.

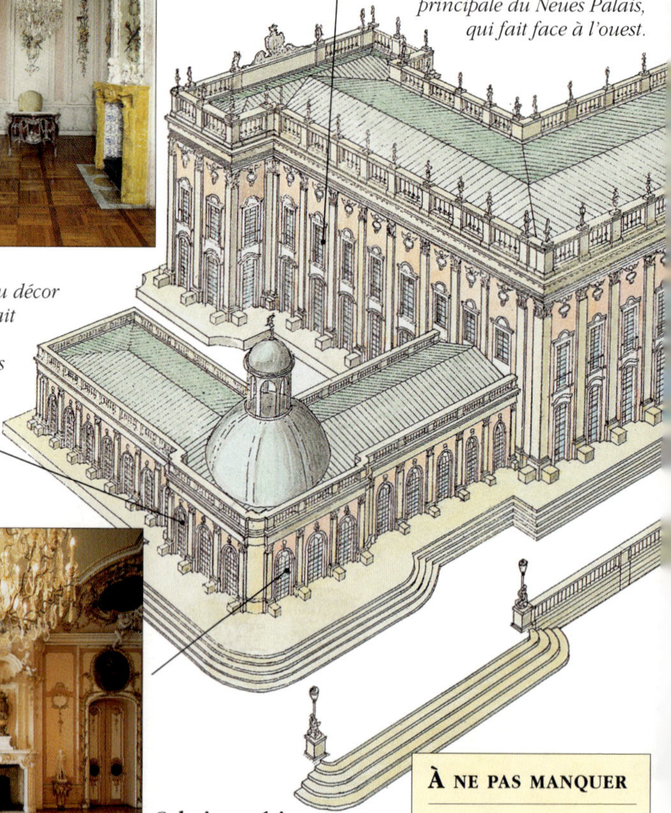

Galerie supérieure
Parquet en marqueterie et peintures italiennes créent une atmosphère raffinée.

À NE PAS MANQUER

★ **Grottensaal**

★ **Marmorsaal**

Les bas-reliefs du fronton s'inspirent de la mythologie et représentent, entre autres, Minerve, les Muses et Pégase.

Statues du dôme
Au sommet du dôme, trois nymphes portent la couronne de Prusse.

MODE D'EMPLOI

Am Neuen Palais. ☎ (0331) 969 42 55. 🚌 606, 695. ◯ *fév., mars et oct. : 9h-12h30, 13h-16h sam.-mer. ; avr.-sept. : 9h-12h30, 13h-17h sam-mer. ; nov.-jan. : 9h-12h30, 13h-15h sam.-mer.*

★ Marmorsaal
Cette grande salle de bal doit son nom au marbre qui pare le sol et les murs. Une belle fresque orne le plafond. L'orchestre s'installait sur la tribune.

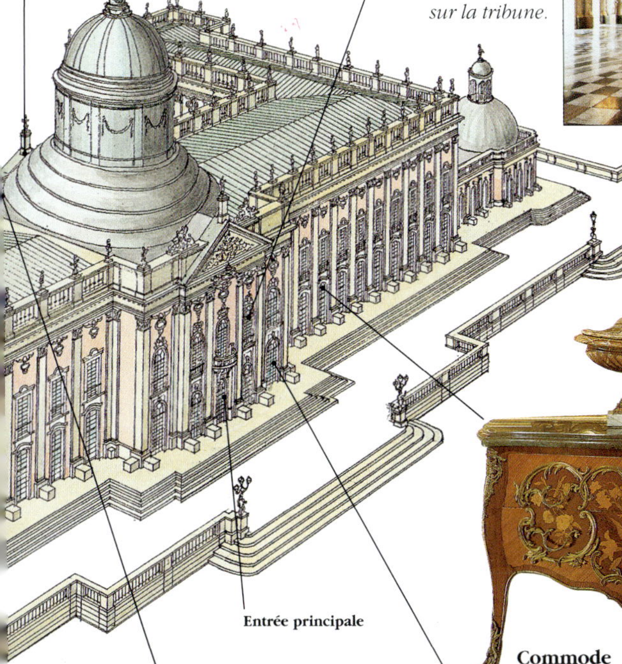

Entrée principale

Commode
La Chambre rouge des appartements du duc abrite ce meuble rococo fabriqué par J.F. Spindler vers 1765.

Le vestibule supérieur
Carl von Gontard donna à cette salle élégante ses murs parés de marbre de Silésie et son plafond où trônent Vénus et les Grâces.

★ Grottensaal
Des coquillages, du corail, des pierres semi-précieuses et des stalactites artificielles composent un décor marin dans la « salle de la Grotte ».

Park Sanssouci ❷

Schopenhauerstrasse/ Zur Historischen Mühle. 🚌 *612, 614, 695.*

Aménagé de manière à mettre en valeur les palais et les édifices pittoresques qu'il renferme, le parc Sanssouci occupe une superficie de 287 ha. Ses créateurs l'ont paré de nombreuses sculptures, de monuments inspirés de l'Antiquité et de curiosités comme la grotte de Neptune. Ils s'offrent à la découverte au détour d'un sentier ou s'inscrivent dans d'harmonieuses perspectives, rendant la promenade particulièrement plaisante.

Le parc a pour origine un verger dont la vigne plantée sur les terrasses du Schloss Sanssouci *(p. 192-193)* entretient le souvenir. Il se compose de plusieurs jardins de styles variés, créés à des époques différentes et qui ont conservé ou retrouvé leur personnalité initiale.

La partie la plus ancienne s'étend au pied du château de Sanssouci. Agrémentée de fontaines, elle comprend le Jardin hollandais et le Lustgarten (jardin d'agrément) à la française dont les splendides parterres de roses suivent un dessin géométrique. Œuvre de Ludwig Persius, le Marlygarten qui entoure la Friedenskirche date du milieu du XIXe siècle.

Dans la partie orientale du parc, Peter Josef Lenné (1789-1866) transforma une ancienne réserve de chasse en « jardin du Chevreuil », l'élégant Rehgarten de style anglais qui s'étend jusqu'au Neues Palais. Il dessina également le parc qui entoure le petit château néo-classique de Charlottenhof. Au nord, près de l'Orangerie, se trouvent le Nordischer Garten (« Jardin nordique ») et le Paradiesgarten (« jardin du Paradis »).

Une des nombreuses sculptures du Park Sanssouci

Communs ❸

Am Neuen Palais. 🚌 *606, 695.*

Carl von Gontard édifia entre 1766 et 1769, d'après des plans de Jean Laurent Le Geay, ces pavillons de deux étages attachés au Neues Palais. Le bâtiment nord abritait les logements des domestiques, celui du sud les cuisines. Avec la colonnade en hémicycle qui les relie et ferme une jolie cour, ils possèdent une élégance inhabituelle pour ce genre de dépendance, mais ils servaient aussi à cacher aux hôtes du palais des champs cultivés situés en bordure du parc. Un passage souterrain reliait la cuisine à la demeure royale.

Les Communs renferment aujourd'hui les bureaux du recteur de l'université de Potsdam.

Façade rococo des Communs du Neues Palais

Schloss Charlottenhof ❹

CHÂTEAU DE CHARLOTTENHOF

Geschwister-Scholl-Strasse (Park Charlottenhof). ☎ *(0331) 969 42 02.* 🚌 *606.* 🚋 *91, 94, 96, 98.* 🕘 *15 mai-15 oct. : 10h-12h30, 13h-17h mar.-dim.*

Sur un domaine portant le nom de sa propriétaire antérieure, le prince héritier, le futur Frédéric-Guillaume IV, commanda à Friedrich Schinkel et à son élève Ludwig Persius un petit palais néo-classique, dans le style d'une villa romaine. La construction de cette résidence d'été s'acheva en 1829. Peter Josef Lenné aménagea le jardin.

À l'arrière de la demeure, un portique dorique s'ouvre sur une terrasse au bord d'un bassin. L'intérieur a conservé certaines des peintures murales inspirées de Pompéi que lui donna Schinkel. L'architecte dessina aussi une partie du mobilier. Destinée aux dames d'honneur de la princesse, la pièce la plus intéressante, la chambre Humboldt, est aussi appelée chambre de la Tente à cause de sa décoration. Le Schloss Charlottenhof abrite également une collection de gravures italiennes.

Römische Bäder ❺

BAINS ROMAINS

Lenné-Strasse (Park Charlottenhof). *(0331) 969 42 02.* *606.* *91, 94, 96, 98.* *15 mai-15 oct. : 10h-17h mar.-dim.*

Bâti entre 1829 et 1840 par Karl Friedrich Schinkel et Ludwig Persius, ce groupe de pavillons situé au bord d'un lac servait au logement des invités du roi. Inspirée d'une villa de la Renaissance italienne et flanquée d'une tour basse asymétrique, l'ancienne maison du jardinier de la cour *(Hofgärtnerhaus)* offre depuis sa terrasse une belle vue du Schloss Charlottenhof. Pastiche raffiné de thermes antiques, les bains n'avaient d'autre fonction que d'offrir une retraite pittoresque et romantique. Ils accueillent désormais des expositions temporaires.

Les bâtiments entourent un jardin intérieur aux plantations multicolores. En regardant de plus près, on s'aperçoit qu'il s'agit souvent de légumes.

Fontaine des Römische Bäder

Chinesisches Teehaus ❻

MAISON DE THÉ CHINOISE

Ökonomieweg (Rehgarten). *(0331) 969 42 02.* *606.* *91, 94, 96, 98.* *15 mai-15 oct. : 10h-12h30, 13h-17h mar.-dim.*

Ce pavillon, dont on voit scintiller de loin le mandarin doré perché sur la toiture, est caractéristique des

La Chinesisches Teehaus abrite une collection de porcelaines

chinoiseries dont s'enticha l'Europe pendant la période rococo, qu'il s'agisse de soieries, de meubles, de tentures murales, de vaisselle ou de folies construites pour agrémenter les jardins.

Bâtie entre 1754 et 1756 par Johann Gottfried Bühring pour servir de maison de thé et de salle à manger d'été, la Chinesisches Teehaus possède une salle centrale circulaire qu'entourent trois cabinets séparés par de jolis portiques en trompe l'œil. Elle abrite aujourd'hui une collection de porcelaines du XVIIIe siècle.

Des statues dorées de personnages grandeur nature ornent l'extérieur. À l'entrée, les groupes mis en situation au pied des colonnes en forme de palmier ont un aspect étrangement vivant.

Orangerie ❼

Maulbeerallee (Nordischer Garten). *(0331) 29 61 89.* *695.* *15 mai-15 oct. : 10h-12h30, 13h-17h mar.-dim.* **Terrasse panoramique** *1er avr.-14 mai : 10h-12h30, 13h-17h sam.-dim ; 15 mai-15 oct. : 10h-12h30, 13h-17h mar.-dim.*

Frédéric-Guillaume IV participa personnellement à la conception de cette vaste demeure inspirée des villas Renaissance de Rome. Friedrich August Stüler l'édifia entre 1851 et 1860 sur une hauteur dominant le parc. Il suivit, en partie, des plans de Ludwig Persius.

Malgré son nom, l'Orangerie ne servait pas de serre, mais abritait les somptueux appartements de Charlotte, sœur du roi de Prusse, et de son époux le tsar Nicolas Ier. Les pièces s'organisent autour de la Raffaelsaal qui renferme 47 copies de peintures de Raphaël datant du XIXe siècle. La terrasse panoramique de la tour offre une vue qui porte jusqu'à Potsdam.

Friedenskirche ❽

ÉGLISE DE LA PAIX

Allee nach Sanssouci (Marlygarten). *692, 695.* *94, 98.* *15 mai-15 oct. : 10h-18h mar.-dim.*

Cette église, commandée pour le 100e anniversaire de Sanssouci, eut pour architectes Ludwig Persius, Friedrich August Stüler et Ludwig Hesse, qui s'inspirèrent de la basilique San Clemente de Rome. Frédéric-Guillaume IV posa la première pierre en 1845 et les travaux s'achevèrent en 1848.

À l'intérieur, une splendide mosaïque byzantine du XIIe siècle orne la voûte de l'abside. Elle provient de l'église San Capriano située sur l'île de Murano dans la lagune vénitienne.

La Friedenskirche se mire dans un étang et son clocher domine au bord de l'eau un atrium entouré d'une colonnade et un mausolée qui contient les tombeaux de Frédéric-Guillaume Ier, de Frédéric-Guillaume IV et de l'empereur Frédéric III.

L'Orangerie s'inspire des villas romaines de la Renaissance

Neue Kammern 9

NOUVELLES CHAMBRES

Zur Historischen Mühle (Lustgarten). *(0331) 969 42 02.* *612, 614, 695.* *mi-mai-mi-oct. : 10h-12h30, 13h-17h mar.-dim. ; avr.-mi-mai : 10h-12h30, 13h-17h sam.-dim.*

Cette ancienne orangerie, bâtie en 1747 par Georg Wenzeslaus von Knobelsdorff, fait pendant à la Bildergalerie. En 1777, à la demande de Frédéric II, Georg Christian Unger la convertit en appartements pour les invités de la cour, mais toucha peu à son élégant extérieur baroque. Le roi choisit personnellement les vues de Potsdam qui ornent les chambres.

Les suites ont conservé leur luxueuse décoration rococo, cadre idéal à l'exposition d'une collection de figurines en porcelaine de Meissen. Quatre grandes salles permettaient aux hôtes de se retrouver. La plus belle, l'Ovidsaal au sol dallé de marbre, possède des boiseries dorées illustrant les *Métamorphoses* d'Ovide.

Schloss Sanssouci 10

CHÂTEAU DE SANSSOUCI

Voir p. 192-193.

Datcha sculptée de la colonie russe Alexandrowka

Bildergalerie 11

Zur Historischen Mühle. *(0331) 969 42 02.* *612, 614, 695.* *mi-mai-mi-oct. : 10h-12h30, 13h-17h mar.-dim.*

Frédéric II commanda ce bâtiment, édifié entre 1755 et 1764 par Johann Gottfried Bühring, afin d'y installer sa collection de peintures. La façade qui donne sur le jardin porte une scène allégorique où figurent l'Art, l'Éducation et les Métiers. Les bustes d'artistes réputés décorent les fenêtres.

Bien qu'une partie de la collection se trouve désormais à la Gemäldegalerie *(p. 122-125)*, la galerie abrite toujours plus de 100 tableaux de maîtres italiens, flamands et hollandais, dont Rubens et Van Dyck. Parmi ses fleurons figurent un *Thomas doutant* du Caravage et *La Mort de Cléopâtre* de Guido Reni.

Historische Mühle 12

MOULIN HISTORIQUE

Zur Historischen Mühle. *(0331) 969 42 02.* *612, 614, 695.* *avr.-oct. : 10h-12h30, 13h-18h sam.-jeu.*

Selon la légende, le moulin installé ici depuis le début du XVIIIe siècle faisait un tel bruit que Frédéric II décida qu'il devait s'arrêter. Toutefois, son propriétaire ne céda ni aux promesses ni aux pressions et l'affaire finit au tribunal. La cour donna raison au meunier et le roi s'inclina devant la justice. En 1790, ce premier moulin céda la place à un nouveau qui ne changea pas d'aspect jusqu'en 1945. Celui d'aujourd'hui est une reconstruction de 1993. Il abrite un petit musée de moulins à vent mécaniques.

Alexandrowka 13

COLONIE RUSSE ALEXANDROWKA

Russische Kolonie Allee/ Puschkinallee. *92, 95.* *138, 604, 609, 650, 692, 697.*

Des milliers de kilomètres pourraient séparer ce lotissement résidentiel du Park Sanssouci, tant ses maisons en

Détail du *Thomas doutant* du Caravage à la Bildergalerie

rondins ornées de sculptures sur bois paraissent appartenir au monde de Pouchkine plutôt qu'à celui de Frédéric le Grand. Bien qu'elles semblent sorties tout droit de la steppe russe, c'est un architecte militaire allemand, le capitaine Snethlage, qui dirigea leur construction en 1826.

Frédéric-Guillaume III commanda ce domaine pour loger les chanteurs d'un chœur russe, fondé en 1812 pour distraire la troupe. Ses membres avaient été recrutés parmi plus de 500 prisonniers russe qui avaient combattu aux côtés de Napoléon. Au retour de la paix en 1815, après la bataille de Waterloo, le tsar Nicolas Ier les laissa à son allié le roi de Prusse.

Peter Joseph Lenné donna sa disposition générale au domaine, en prenant pour forme de base une croix de saint André inscrite dans un ovale. Les douze datchas de la colonie russe restent pour certaines la propriété des descendants des chanteurs du chœur. Un treizième bâtiment abrite un petit musée. Il s'agit de l'ancien presbytère de l'église orthodoxe Alexandre-Nevski (1829) qui s'élève au nord sur le Kapellenberg.

Orange cultivée au Marmorpalais du Neuer Garten

Neuer Garten ⓮

Nouveau jardin

Am Neuen Garten. 🚌 *695.*

Ce parc, d'une superficie de 74 ha, s'étend le long du Heiliger See à l'emplacement d'anciens vignobles. Johann August Eyserbeck le Jeune l'aménagea à l'anglaise entre 1787 et 1791 à la demande de Frédéric-Guillaume II. Un remaniement par Peter Joseph Lenné lui donna en 1816 son aspect actuel. Il renferme de nombreux édifices de tailles et de styles variés : des résidences de la famille royale comme le charmant Marmorpalais qui se mire dans le lac, et le Schloss Cecilienhof bâti pendant la Première Guerre mondiale, mais aussi des maisons de jardiniers, une glacière en forme de pyramide et une bibliothèque néo-gothique, datant de 1794.

Le Schloss Cecilienhof où résida la famille des Hohenzollern

Schloss Cecilienhof ⓯

Am Neuen Garten. ☎ *(0331) 969 42 44.* 🚌 *695.* 🕒 *avr.-oct. : 9h-17h ; nov.-mars : 9h-16h mar.-dim.*

Construite entre 1914 et 1917 d'après des plans de Paul Schultze-Naumburg, la plus récente des demeures royales allemandes a l'aspect d'un manoir rural anglais avec ses colombages en arête de poisson, même si des reliefs baroques ornent le portail conduisant aux cours intérieures. Destiné au prince héritier Frédéric-Guillaume et à son épouse, la princesse Cécile, le château de Cecilienhof compte plus de 100 pièces ; et il devint la résidence des Hohenzollern après l'abdication de Guillaume II en 1918. La famille habita Potsdam jusqu'en février 1945.

Le bâtiment est toutefois entré dans l'histoire pour une autre raison : c'est là qu'eut lieu en juillet 1945 la conférence de Potsdam. La partie ouverte à la visite permet de découvrir les salles où travaillèrent les délégations russe, anglaise et américaine. L'autre abrite un hôtel de luxe.

La conférence de Potsdam

Le 17 juillet 1945, les chefs de gouvernement du Royaume-Uni (Winston Churchill, puis Clement Attlee), des États-Unis (Harry Truman) et de l'Union soviétique (Joseph Staline) se réunirent au Schloss Cecilienhof pour confirmer les décisions prises cinq mois plus tôt à Yalta, afin de résoudre les problèmes qui se posaient à la fin de la Seconde Guerre mondiale. Les Alliés réussirent à s'entendre sur l'interdiction du parti nazi, le contrôle du réarmement de l'Allemagne, la question des réparations et le jugement des criminels de guerre. Ils fixèrent aussi la frontière germano-polonaise à la ligne Oder-Neisse, rendant la Silésie à la Pologne. Les traités laissaient toutefois de nombreuses zones d'ombre. Elles furent des sources potentielles de conflits pendant la guerre froide.

Attlee, Truman et Staline au Cecilienhof

Schloss Sanssouci ⓾

Le nom que le francophile Frédéric le Grand donna à son château de Sanssouci indique bien la place qu'il comptait y réserver aux plaisirs malgré la charge de l'État. Il dessina lui-même les plans de ce charmant palais rococo et confia la construction à Georg Wenzeslaus von Knobelsdorff. L'architecte conçut aussi la splendide décoration intérieure en collaboration avec Johann August Nahl. Le roi adora cette demeure où il faisait donner des concerts de flûte dans la Konzertzimmer et soupait dans la Marmorsaal en compagnie de philosophes tels que Voltaire. Il avait prévu d'y être enterré à côté de ses chiens, sur la terrasse la plus élevée. Son vœu ne fut exaucé qu'en 1991.

Bacchantes
Les bacchantes et les satyres qui animent les pilastres de la façade sont de Friedrich Christian Glume.

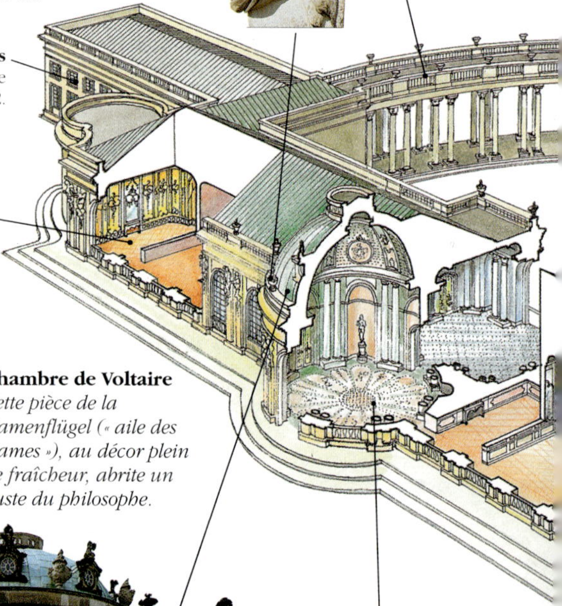

La colonnade encadre la vue du Ruinenberg.

Les ailes datent de 1841 et 1842.

Chambre de Voltaire
Cette pièce de la Damenflügel (« aile des Dames »), au décor plein de fraîcheur, abrite un buste du philosophe.

Dôme
Des sculptures baroques ornent le dôme oxydé qui couvre la Marmorsaal.

Marmorsaal
Les colonnes en marbre de Carrare qui l'entourent reflètent les desiderata *de Frédéric II. Il voulait que la salle de Marbre où il donnait ses « soupers philosophiques » rappelât le Panthéon de Rome.*

À NE PAS MANQUER

- ★ **Konzertzimmer**
- ★ ***Les Fêtes galantes* d'Antoine Watteau**

Pergola
Des tonnelles ornées de motifs solaires agrémentent les terrasses.

MODE D'EMPLOI

Zur Historischen Mühle.
(0331) 969 42 02.
695. *91, 94, 96, 98.*
1er avr.-31 oct. : 8h30-17h t.l.j. ; 1er nov.-31 mars : 9h-16h t.l.j. **Damenflügel** *15 mai-15 oct. :10h-12h30, 13h-17h sam-dim.*

★ **Les Fêtes galantes** (v. 1715)
Frédéric II était un fervent admirateur du peintre français Antoine Watteau dont il acheta plusieurs tableaux.

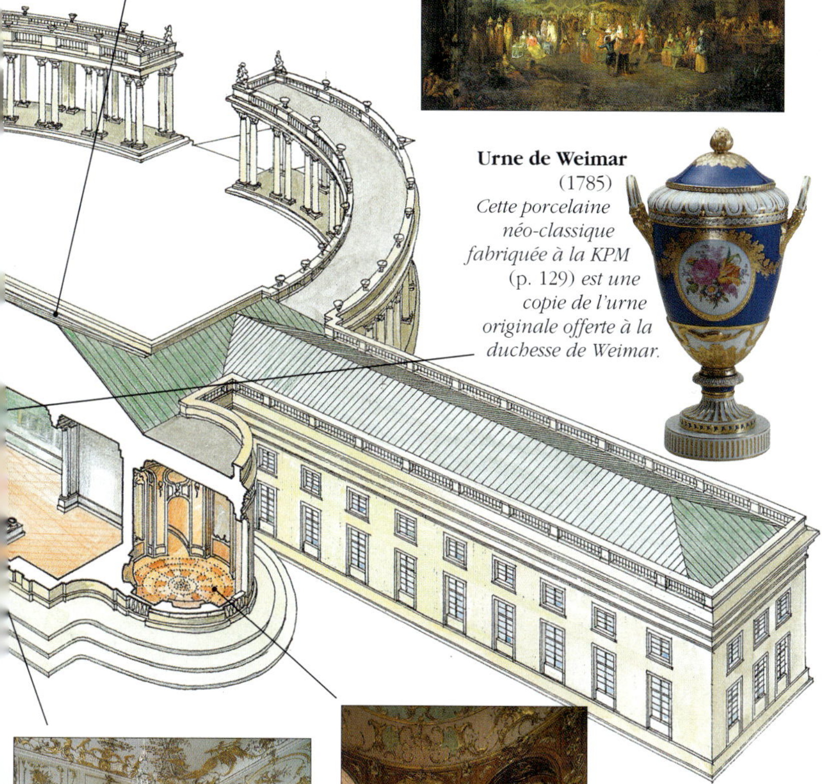

Urne de Weimar (1785)
Cette porcelaine néo-classique fabriquée à la KPM (p. 129) *est une copie de l'urne originale offerte à la duchesse de Weimar.*

★ **Konzertzimmer**
Antoine Pesne s'inspira des Métamorphoses *d'Ovide pour les peintures de ce salon rococo.*

Bibliothèque
Ses boiseries de cèdre donnent une atmosphère chaleureuse à la bibliothèque de Frédéric II. Elle contient environ 2 100 volumes.

Marmorpalais ⓰

PALAIS DE MARBRE

Am Ufer des Heiligen Sees (Neuer Garten). *(0331) 969 42 46.* 695. *15 mai-31 oct. : 10h-17h mar.-dim. ; 1er nov.-14 mai : 10h-16h sam.-dim.*

Résidence d'été commandée par Frédéric-Guillaume II, le palais de Marbre qui borde le Heiliger See du Neuer Garten doit son nom aux éléments ornementaux qui animent sa façade en brique.

Achevée en 1791 par Carl von Gontard, la partie centrale est un des premiers exemples d'architecture néo-classique à Berlin. Carl Gotthard Langhans en assura la décoration intérieure.

La demeure abritait de petites pièces disposées autour d'un escalier central et elle se révéla rapidement de dimensions trop modestes. L'ajout de deux ailes à colonnade lui donna en 1797 le caractère d'une villa palladienne.

Le principal corps de bâtiment contient des meubles datant de la fin du XVIIIe siècle, dont certains furent fabriqués dans les ateliers de Roentgen. Certaines des porcelaines proviennent de la célèbre fabrique anglaise de Wedgwood. L'aménagement intérieur des ailes est plus récent puisque Ludwig Persius le dessina en 1845. La salle de musique de l'aile droite est particulièrement réussie. Guillaume-Frédéric II mourut au Marmorpalais en 1797.

Façade rehaussée de marbre du Marmorpalais

Maisons de style hollandais du Holländisches Viertel

Holländisches Viertel ⓱

QUARTIER HOLLANDAIS

Friedrich-Ebert-/Kurfürsten-/Hebbel-/Gutenbergstr. *138, 601, 602, 603, 604, 606, 607, 608, 609, 610, 611, 612, 614, 631, 632, 650.* *92, 95.*

Ce quartier au cachet aussi original que celui de la colonie russe d'Alexandrowka *(p. 190)* connaît un grand succès auprès des visiteurs, et des boutiques, des cafés et des bars à bière bordent la Mittelstrasse, l'une des rues les plus pittoresques.

Il n'a rien d'une fantaisie. C'est dans l'espoir d'accélérer le drainage des environs de Potsdam par des spécialistes des Pays-Bas que Frédéric-Guillaume Ier commanda à Johann Boumann l'Ancien la construction, entre 1733 et 1742, de 134 maisons à pignon réparties en quatre blocs. Elles ont gardé leur aspect caractéristique mais ont perdu leurs jardins, sacrifiés lors d'un élargissement de la rue.

Peter und Paul Kirche ⓲

ÉGLISE SAINT-PIERRE-ET-SAINT-PAUL

Bassinplatz. *138, 601, 602, 603, 604, 606, 607, 608, 609, 610, 611, 612, 614, 631, 632, 650.* *92, 95.*

Construite à l'initiative de Frédéric-Guillaume IV, la première grande église catholique de Potsdam date de 1870. Wilhelm Salzenberg acheva les travaux entrepris d'après des plans de Friedrich August Stüler. Le sanctuaire obéit à un plan en forme de croix romane et abrite trois belles peintures d'Antoine Pesne. Son clocher est une copie du campanile de San Zeno Maggiore de Vérone.

Portique de la Französische Kirche, dessinée par Boumann

Französische Kirche ⓳

ÉGLISE FRANÇAISE

Bassinplatz. *138, 601, 602, 603, 604, 606, 607, 608, 609, 610, 611, 612, 614, 631, 632, 650.* *92, 95.*

Les nombreux huguenots qui répondirent à l'invitation de s'installer en Prusse lancée en 1685 par le Grand Électeur, en réponse à l'abrogation de l'édit de Nantes par Louis XIV *(p. 19)* dépendirent, après leur arrivée, de l'hospitalité des églises existantes pour assister aux offices religieux. La communauté française de Potsdam ne disposa de son propre lieu de culte qu'en 1752.

Johann Boumann l'Ancien donna à la Französisches Kirche une forme elliptique et un haut portique dont le fronton triangulaire tranche sur la courbe du toit en coupole.

Des allégories de la Foi et de la Connaissance décorent les niches latérales qui servent d'entrées au sanctuaire. L'intérieur, basé sur des dessins de Karl Friedrich Schinkel, date des années 1830.

Nikolaikirche ⓴

Église Saint-Nicolas

Am Alten Markt. 🚌 *601, 603, 692, 694,* 🚋 *91, 92, 93, 95, 96, 98.* 🕐 *14h-17h lun., 10h-17h mar.-sam, 11h30-17h dim.*

Imposant monument de style néo-classique tardif, la plus belle église de Potsdam est une œuvre de Karl Friedrich Schinkel dessinée en 1830. Son élève Ludwig Persius en dirigea la construction. De plan carré, elle possède un presbytère en hémicycle.

Schinkel avait envisagé dès le début de doter l'édifice d'un dôme supporté par un tambour à colonnade, mais la commande de Frédéric-Guillaume III ne prévoyait pas un tel élément, et il ne fut ajouté qu'après la mort de l'architecte survenue en 1841. La coupole et son tambour devaient reposer à l'origine sur une structure en bois, mais Persius et Friedrich August Stüler utilisèrent finalement l'acier. Lors de ce remaniement, ils élevèrent aussi les quatre tours d'angles. Les travaux durèrent de 1843 à 1848.

Le mobilier et la décoration intérieure remontent aux années 1850. Le sanctuaire garde néanmoins dans sa partie principale l'aspect que lui avait donné Schinkel.

Sur l'Alter Markt, devant l'église, se dresse un obélisque érigé par Georg Wenzeslaus von Knobelsdorff entre 1753 et 1755. Lors de sa restauration après la Seconde Guerre mondiale, les portraits de célèbres architectes ont remplacé les effigies de souverains prussiens qui le décoraient initialement.

L'imposante Nikolaikirche sur l'Alter Markt

Altes Rathaus ㉑

Ancien Hôtel de ville

Am Alten Markt. 🚌 *601, 603, 692, 694.* 🚋 *91, 92, 93, 95, 96, 98.*

Édifié en 1753 par Johann Boumann l'Ancien, cet élégant bâtiment à colonnade qui domine le côté oriental de l'Alter Markt (« place du Vieux-Marché ») occupe l'emplacement d'un hôtel de ville antérieur. La façade porte au dernier étage les armoiries de la ville et des sculptures allégoriques. Au sommet de la petite tour, deux Atlas dorés ploient sous le poids de globes terrestres. Un passage vitré relie l'Altes Rathaus à l'immeuble voisin : la Knobelsdorff-Haus, bâtie également au milieu du XVIIIe siècle. Les deux édifices abritent un centre culturel qui comprend, entre autres, une salle d'exposition, un bar et une cave à vin.

De l'autre côté de l'Alter Markt s'élevait jadis le superbe portail surmonté d'une tour qui ouvrait sur la cour du château royal de Potsdam. Construit en 1662 à l'initiative du Grand Électeur, ce bâtiment massif de deux étages possédait trois ailes et avait connu plusieurs agrandissements et modernisations. Frédéric II s'en servit pour loger des invités, et Voltaire y aurait habité lors du séjour qu'il fit à la cour prussienne de 1750 à 1753. Bombardé en 1945, le château resta en ruine pendant de nombreuses années, et le gouvernement de l'Allemagne de l'Est finit par décider de le démolir en 1960. Un théâtre occupe temporairement le site.

Atlas de l'Altes Rathaus

Les portes de Potsdam

En 1722, Frédéric-Guillaume Ier, le Roi-Sergent, enferma Potsdam dans un rempart. L'enceinte n'avait pas de fonction défensive : elle devait servir à tenir les criminels à l'écart et à empêcher les soldats de déserter. La muraille grandit avec la ville et entoura en 1733 de nouveaux quartiers. Des cinq portes qui la perçaient, trois ont survécu. La seule à avoir gardé son aspect initial, la Jägertor (« porte des Chasseurs »), date de 1733. La sculpture à son sommet montre un cerf aux prises avec des chiens. Œuvre de Johann Gottfried Bühring élevée en 1755, la Nauener Tor (« porte de Nauen ») est l'un des premiers exemples d'architecture néo-gothique hors de Grande-Bretagne. Le plus imposant de ces trois monuments, l'arc de triomphe de la Brandenburger Tor (« porte de Brandebourg ») néo-classique bâtie en 1770, commémore la victoire de la Prusse lors de la guerre de Sept Ans *(p. 19)*. Ses architectes, von Gontard et Unger, l'ont couronné de plusieurs groupes sculptés où figurent des personnages héroïques et guerriers de la mythologie antique comme Hercule et Mars.

Nauener Tor

Jägertor

Brandenburger Tor

Façade baroque des anciennes écuries abritant le musée du Cinéma

Marstall (Filmmuseum) ㉒

Écuries (musée du Cinéma)

Alter Markt. *27 18 10.* *601, 603, 692, 694.* *91, 92, 93, 95, 96, 98.* *10h-18h mar.-dim.*

Ce pavillon baroque est le seul bâtiment d'une ancienne résidence royale à avoir survécu. Il a pour origine une orangerie, construite en 1685 par Johann Nering et aménagée en écurie en 1714. Georg Wenzeslaus von Knobbelsdorff l'agrandit en 1746. Très endommagé pendant la Seconde Guerre mondiale, l'édifice fut transformé en musée du Cinéma après une importante restauration en 1977. La collection permanente illustre l'histoire des studios de Babelsberg, et comprend de vieux projecteurs, des caméras et des accessoires utilisés pour le tournage de certains des plus grands films allemands. Le Filmmuseum accueille aussi des expositions temporaires.

Potsdam-Museum ㉓

Musée de Potsdam

Breite Strasse 8-12. *289 66 00.* *9h-17h mar.-dim.*

Ce musée consacré à l'histoire et à l'écologie de Potsdam et de ses environs illustre, entre autres, l'environnement du bassin de la Havel. Les documents historiques du bâtiment principal ne concernent que la période antérieure au XXe siècle, mais l'exposition se poursuit dans les Hiller-Brandt Häuser. Georg Christian Unger édifia en 1769 ces deux copies de la Banqueting House (1622) du palais londonien de Whitehall.

Fenêtre ouvragée de la façade du Potsdam-Museum

Wasserwerk Sanssouci ㉔

Station de pompage de Sanssouci

Breite Strasse. *(0331) 969 42 48.* *91, 94, 96, 98.* *15 mai-15oct. : 10h-17h sam.-dim.* *606.*

Pour alimenter les fontaines du Park Sanssouci, ce que Frédéric II n'avait pas réussi à faire, Frédéric-Guillaume IV commanda à la compagnie Borsig une pompe à vapeur, que Ludwig Persius dissimula en 1842 dans un bâtiment construit à l'image d'une mosquée. Sa coupole n'avait qu'une fonction strictement décorative, mais le minaret cache une cheminée. L'intérieur mérite une visite car il possède un décor aussi soigné que l'extérieur : carrelages polychromes et arcs trilobés offrent un curieux contraste avec la machinerie restée en place.

Telegrafenberg ㉕

Albert-Einstein-Strasse. *694.* **Einsteinturm** *(0331) 288 233 33 ou 29 17 41.* *sam.* *obligatoire.*

Les édifices du Telegrafenberg intéresseront surtout les amateurs d'architecture moderne.

Un relais de télégraphe optique, sur la ligne servant aux communications entre Berlin et Koblenz, donna en 1832 son nom à la colline où plusieurs organismes d'enseignement s'établirent à la fin du XIXe siècle. L'Institut d'astrophysique en faisait partie. Ses bâtiments en brique jaune existent encore aujourd'hui.

Les rues qui serpentent sur le Telegrafenberg conduisent à une pittoresque clairière où la petite Einsteinturm (« tour Einstein ») apparaît au milieu des arbres qui l'entourent.

Construite entre 1920 et 1924 afin de permettre des observations du système solaire, destinées à vérifier la théorie de la relativité d'Albert Einstein, elle est considérée comme l'une des plus belles réussites de l'architecture expressionniste.

La forme élaborée que lui donna Erich Mendelsohn devait démontrer les possibilités offertes par le béton armé, mais des problèmes de coût imposèrent de finir la construction, au-dessus du premier étage, en briques enduites.

La Wasserwerk Sanssouci, pastiche de mosquée

Filmpark Babelsberg

Pour les cinéphiles, le nom de Babelsberg évoque immédiatement les studios de l'Universum-Film-AG (UFA), qui produisirent à partir de 1917 certains des plus grands chefs-d'œuvre du muet, dont *Metropolis* de Fritz Lang *(p. 145)*. Si ils sont encore en activité aujourd'hui, une partie du complexe est toutefois devenue un parc de loisirs qui propose aux visiteurs de se promener parmi d'anciens décors, de voir la mise en scène des effets spéciaux et d'assister à des numéros de cascadeurs.

Der Unbold
Des éléments de décor ayant servi au tournage de films connus bordent les allées.

Sandmann
Héros de dessins animés de télévision, Sandmann distrait les enfants d'Allemagne de l'Est depuis 1959.

Island Town, entourée d'une rivière artificielle, se rejoint en bateau.

Wild West
L'ampleur et la qualité de ce décor permettent de se croire brièvement transporté au Far West.

Showscan-Action Kino
Une projection dynamique rend très concret un voyage mouvementé à travers le temps et l'espace.

TROIS PROMENADES À PIED

La périphérie de Berlin renferme de nombreux espaces verts agrémentés de lacs et de bâtiments pittoresques qui offrent des décors variés à découvrir à pied. Les trois itinéraires que nous vous proposons dans ce chapitre vous permettront d'échapper pendant quelques heures au bruit et à l'animation du centre-ville. Le premier parcourt la Pfaueninsel (« île aux Paons »), transformée à la fin du XVIIIe siècle en un parc à l'anglaise qui recèle un charmant petit palais néo-gothique et plusieurs pavillons. En quittant l'île, vous pourrez faire une pause à la datcha de Nikolsoïe, maison de style russe construite pour le futur tsar Nicolas Ier et son épouse, la fille de Frédéric-Guillaume III.

Statue de Klein Glienicke

La deuxième promenade commence à Berlin dans le Klein Glienicke Park, commandé à Peter Joseph Lenné par le prince Charles de Prusse. Elle franchit ensuite l'ancienne frontière avec l'Allemagne de l'Est pour rejoindre, sur la commune de Potsdam, le parc romantique de Babelsberg aménagé autour d'un château néo-gothique bâti par Karl Friedrich Schinkel pour le futur Guillaume Ier.

Dans la forêt de Grunewald, la troisième promenade débute dans un quartier résidentiel recelant de belles villas du tournant du siècle, puis elle suit la rive du Grunewaldsee où se dresse un pavillon de chasse d'origine Renaissance. Elle mène ensuite au Brücke-Museum consacré à l'avant-garde picturale allemande du début du siècle.

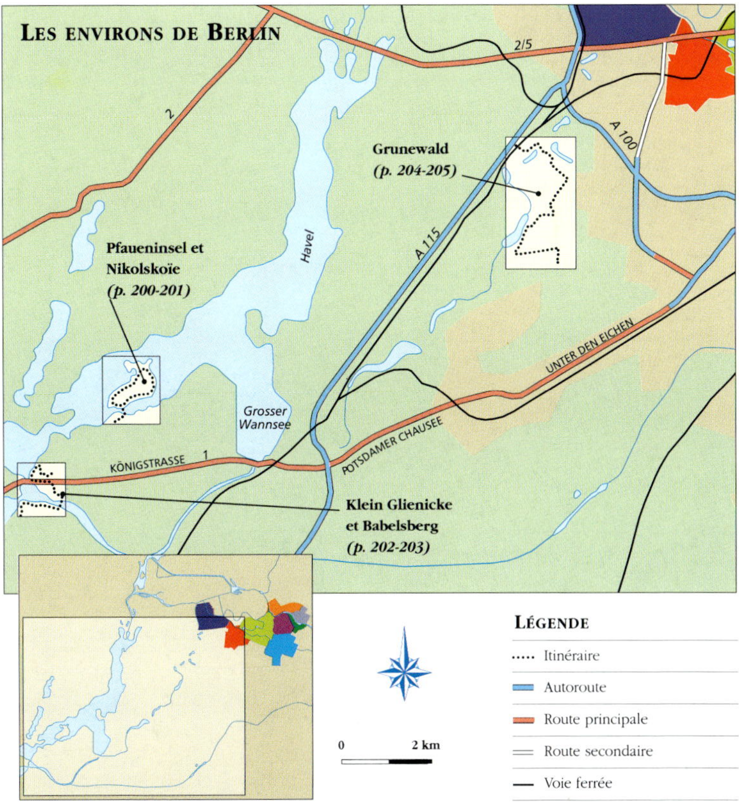

◁ **Recoin pittoresque du château néo-gothique de Babelsberg**

Pfaueninsel et Nikolskoïe

Statue du petit palais

Protégée aujourd'hui par le statut de réserve naturelle, la Pfaueninsel devint un pittoresque parc à l'anglaise en 1795 lors de son aménagement par Johann August Eyserbeck à l'initiative de Frédéric-Guillaume II. Elle prit son visage actuel lors d'un remaniement par Peter Joseph Lenné. L'itinéraire de la promenade passe par les édifices et les sites les plus intéressants. En quittant l'île, vous pourrez prendre un rafraîchissement au bord du lac ou continuer directement jusqu'à Nikolskoïe, datcha russe qui abrite un restaurant.

La Jacobsbrunnen ressemble volontairement à une ruine

Des paons continuent de se promener en liberté sur la Pfaueninsel

Sur la Pfaueninsel

Depuis l'embarcadère ①, une petite vedette met quelques minutes à effectuer le trajet jusqu'à l'île. À terre, prenez le chemin qui part à gauche. Il longe le bord de l'eau et monte en pente douce jusqu'à la maison du Conservateur ②, puis au Chalet suisse, construit en 1830, où logeait le jardinier. Continuez jusqu'au vaste espace dégagé planté de fleurs derrière lequel s'élève le romantique Schloss Pfaueninsel ③. Frédéric-Guillaume II commanda ce pastiche de ruine médiévale, bâti entièrement en bois en 1794 par Johann Gottlieb Brendel, pour y abriter ses amours avec sa maîtresse, Wilhelmine Encke (la future comtesse de Lichtenau). La façade, dissimulée aux regards, pouvait toutefois être aperçue depuis le Neuer Garten de Potsdam. Le pont en fonte qui relie les tours date de 1807. On peut visiter le château en été. Son mobilier date du XVIIIe et du XIXe siècle.

Après le palais, restez sur le chemin qui suit la rive, dépassez le pavillon des cuisines ④, niché à gauche dans la verdure, et prenez à droite au premier croisement pour vous diriger vers l'intérieur de l'île. Après la Jacobsbrunnen ⑤, fontaine ressemblant à une ruine antique, vous traverserez un pré en direction du petit bois qui renferme la Kavalierhaus ⑥, maison de la Cour où logeait la suite du roi. C'est une œuvre de Karl Friedrich Schinkel. L'architecte remploya la façade d'une maison de la fin du gothique qui s'élevait à Dantzig (Gdańsk), ville de la Hanse annexée par la Prusse en 1793 et rattachée à la Pologne en 1945. Poursuivez dans la même direction jusqu'à déboucher à nouveau sur

Le Schloss Pfauensinel néo-gothique dessiné par Johann Brendel

un vaste espace dégagé. À gauche, au loin, s'étend la baie de Parschenkessel ⑦ dont les arbres morts servent de perchoirs à des cormorans. Prenez à gauche le chemin qui mène à la Laiterie ⑧ néo-gothique et à la Maison

hollandaise ⑨, ancienne étable construite en 1802. Fausse ruine d'abbaye médiévale, la laiterie date de 1795. De là, suivez vers le sud le chemin qui court parallèlement à la rive, offrant des vues magnifiques. À droite, à l'orée de la forêt, se dresse le Luisentempel ⑩ en forme de temple grec. Déplacé en 1829, son portique en grès provient du mausolée de la reine Louise du Schlosspark Charlottenburg

Sur la terrasse du Blockhaus Nikolskoïe un jour d'été

(p. 157). Le chemin continue de longer le lac. À droite, parmi les arbres, se trouve une stèle à la mémoire de Johannes Kunckel, un alchimiste qui habita sur la Pfaueninsel au XVIIe siècle. Malgré tous ses efforts, il ne réussit pas à changer du plomb en or, mais il découvrit la méthode de fabrication d'un verre couleur rubis.

Poursuivez à travers la forêt, franchissez le Pont gothique ⑧, puis prenez à droite le chemin qui monte vers la colline de la Volière ⑫. Celle-ci abrite des perroquets et des faisans aux plumes multicolores. De là, continuez vers la haute colonne de la fontaine ⑬ dessinée par Martin Friedrich Raabe en 1824. Rejoignez ensuite le quai d'embarquement, longeant au passage des exploitations maraîchères et leurs serres.

De l'embarcadère à Nikolskoïe

En descendant de la petite vedette qui permet de traverser la Havel, dirigez-vous à droite

CARNET DE ROUTE

Départ : *embarcadère du bac pour la Pfaueninsel.*
Longueur : *4,4 km.*
Durée : *2 h 30-3 h.*
Comment y aller ? *En bus (A16 ou 116) depuis la gare de S-Bahn Wannsee ou en bateau depuis Wannsee ou Potsdam.*
Où faire une pause ? *Il n'y a pas de cafés ou de restaurants sur l'île. Mais près du quai le Wirtshaus zur Pfaueninsel est une petite brasserie qui sert à manger. Le restaurant du Blockhaus Nikolskoïe est réputé.*

vers le sud. Vous arriverez alors à une fourche. Prenez le chemin à gauche qui monte en pente douce à flanc de colline. Il conduit à l'église Saint-Pierre-et-Saint-Paul. Construit entre 1834 et 1837 d'après des plans de Friedrich August Stüler, le petit sanctuaire domine une large terrasse qui offre un beau panorama de la Pfaueninsel. Devant l'église s'élève une tour couronnée d'un dôme en bulbe qui ne déparerait pas une église orthodoxe. Non loin, le Blockhaus Nikolskoïe ⑮ évoque aussi la Russie. Frédéric-Guillaume III fit construire cette datcha en bois en 1819 pour l'offrir à son gendre, le futur tsar Nicolas Ier (Nikolskoïe signifie « à Nicolas »). Il choisit comme architecte le capitaine Snethlage qui réalisa plus tard la colonie Alexandrowka de Potsdam. Restauré après un incendie en 1985, le bâtiment abrite désormais un restaurant très fréquenté. Vous trouverez non loin un arrêt de bus qui vous permettra de rejoindre la gare de S-Bahn Wannsee.

Vedette assurant le service de bac de la Pfaueninsel

Klein Glienicke et Babelsberg

Griffon de Klein Glienicke

L'itinéraire que nous vous proposons parcourt deux domaines aménagés pour des membres de la famille royale au milieu du XIXe siècle. Œuvres de Karl Friedrich Schinkel, Ludwig Persius et von Arnim, les bâtiments néo-classiques de Klein Glienicke s'inscrivent dans une des créations les plus réussies du célèbre paysagiste Joseph Peter Lenné. Babelsberg possède une atmosphère très différente. Hermann von Pückler-Muskau a donné au parc un visage beaucoup plus romantique, bien adapté au style néo-gothique des édifices qui s'y dressent non loin de la Havel.

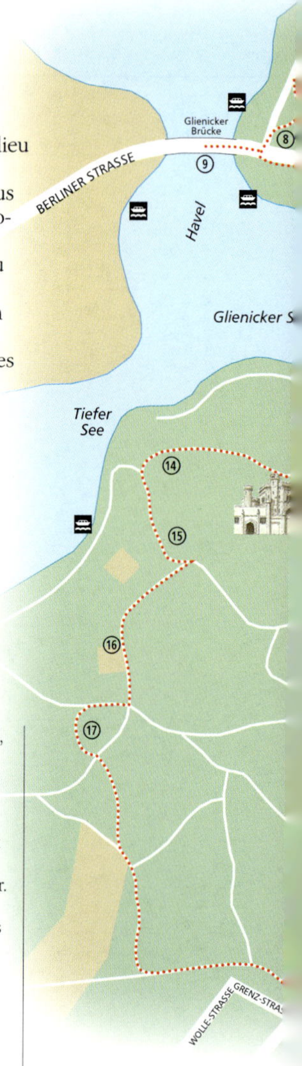

Mosaïque du Klosterhof, dans les jardins de Klein Glienicke

Dans le parc de Klein Glienicke

La promenade commence à l'entrée principale du parc, dont toute la partie sud évoque l'Italie. Peu après le portail, à gauche, un pavillon dessiné par Ludwig Persius, le Stibadium ①, s'élève à côté des fauves en bronze doré de la fontaine des Lions ②. Celle-ci prolonge l'axe de symétrie du château de Glienicke ③. Construit en 1825 d'après des plans de Karl Friedrich Schinkel pour le prince Charles de Prusse, le frère de Frédéric-Guillaume III, ce palais néo-classique n'est ouvert aux visites qu'en été de 10 h à 17 h. Derrière la demeure, un groupe de bâtiments, dont une pergola et des pavillons destinés aux domestiques, entoure une cour. Dépassez le palais pour atteindre l'ancienne remise des voitures à chevaux ④, une œuvre de Schinkel maintes fois remaniée. Elle abrite désormais un restaurant, le Remise *(p. 243)*.
Au-delà, on découvre l'orangerie et les serres construites par Persius. Un sentier prend la direction du lac. Faites un détour à droite pour voir le Klosterhof ⑥, pastiche de monastère conçu lui aussi par Persius. Les murs de tous ces bâtiments incorporent des fragments architecturaux byzantins et romans provenant d'Italie. Peter Joseph Lenné donna à la partie nord du parc, le long de la Havel, un aspect plus « sauvage » et plus alpin avec ses cascades artificielles, ses ponts en bois et ses pavillons de chasse.
Prenez la direction du lac, et montez vers le Casino ⑦ bâti par Schinkel. Cet édifice élégant servit autrefois au logement des hôtes. De là, un chemin longe la rive jusqu'à la Grosse Neugierde (« Grosse Curiosité ») ⑧, un pavillon circulaire au toit supporté par des colonnes corinthiennes.
Il a pour modèle le monument de Lysicrates d'Athènes (334 av. J.-C.), et offre un beau point de vue de la Havel et du Glienicker Brücke ⑨, que le régime de la RDA baptisa paradoxalement « pont de l'Unité ». La frontière entre Berlin-Ouest et l'Allemagne de l'Est passait par ce pont, devenu célèbre car il servait pendant la

Le Gerichtslaube, galerie de tribunal médiévale

guerre froide aux échanges d'espions. Le chemin du retour suit le mur du portail principal et passe par la Kleine Neugierde (« Petite Curiosité ») ⑩. Ce pavillon de thé, élevé en 1825, possède la forme d'un temple antique et ses murs incorporent des fragments architecturaux romains et byzantins.

Légende

Itinéraire

Embarcadère

De Klein Glienicke à Babelsberg

En sortant du parc, vous devez traverser la Potsdamer Chaussee et prendre la Mövenstrasse. Vous verrez à droite la silhouette massive du Jagdschloss Glienicke ⑪. Il occupe l'emplacement d'un ancien pavillon de chasse, et doit son aspect néo-maniériste à un important remaniement entrepris en 1889 par Albert Geyer pour le compte du prince Frédéric-Léopold. Il abrite désormais un centre international de rencontres et une académie d'art populaire. Après avoir dépassé le Jagdschloss, vous tournerez à droite dans la Waldmüllerstrasse, puis à droite encore dans la Lankestrasse, qui mène au pont reliant Glienicke et Babelsberg.

Autour du Schloss Babelsberg

Après le pont, dirigez-vous à droite vers le bâtiment des machines ⑫ auquel Persius donna l'aspect d'un château médiéval, et dont la haute tour dissimule une cheminée. De là, prenez la direction du Schloss Babelsberg ⑬ dessiné par Karl Friedrich Schinkel pour le futur empereur Guillaume Ier. Construit entre 1833 et 1835, le château possède un style néo-gothique influencé par l'architecture anglaise de l'époque. Un remaniement effectué en 1854

Le Schloss Babelsberg, dessiné par Karl Friedrich Schinkel

Flatowturm néo-gothique (1853-1856), parc de Babelsberg

a accentué l'irrégularité que lui donnent ses nombreuses tours. Il est ouvert aux visites. Continuez sur le chemin qui mène au bord de la Havel jusqu'au Kleines Schloss ⑭. Les dames de la cour résidaient jadis dans ce palais néo-gothique, de taille plus modeste que celui de Babelsberg. Un café l'occupe aujourd'hui.

Poursuivez le long du lac et prenez à gauche vers l'écurie néo-gothique ⑮. Tournez ensuite à droite vers le Gerichtslaube ⑯, galerie d'un tribunal qui siégeait au Moyen Âge à Berlin. Le dernier monument sur le parcours, la Flatowturm ⑰, élevée de 1853 à 1857, offre depuis son sommet une vue splendide des environs. Rejoignez ensuite la sortie du parc située sur la Grenzstrasse. En tournant à gauche, vous atteindrez un arrêt de bus. Le 690 et le 691 desservent la station de S-Bahn Babelsberg.

Carnet de route

Départ : *arrêt de bus de Klein Glienicke.* ***Longueur :*** *4,2 km.* ***Durée :*** *3 h.* ***Comment y aller ?*** *Bus 116 depuis la gare de S-Bahn Wannsee ou bateau depuis Wannsee ou Potsdam.* ***Où faire une pause ?*** *Café du Park Babelsberg. Le Remise à Klein Glienicke.* ***Schloss Babelsberg*** *avr.-oct. : 10h-12h30, 13h-17h mar.-dim. ; nov.-mars : 10h-12h30, 13h-16h sam.-dim.*

Grunewald

Cette promenade traverse tout d'abord l'un des quartiers résidentiels les plus huppés de Berlin où les grands noms de l'industrie, de la politique et de la culture firent construire, à partir de 1889, de somptueuses villas. Beaucoup servent aujourd'hui de siège à des institutions universitaires. Elle s'enfonce ensuite dans la forêt jusqu'à un pavillon de chasse qui abrite une intéressante collection d'art, puis s'achève, à la lisière de Grunewald, au Brücke-Museum.

Élégante villa, n° 11 Winklerstrasse

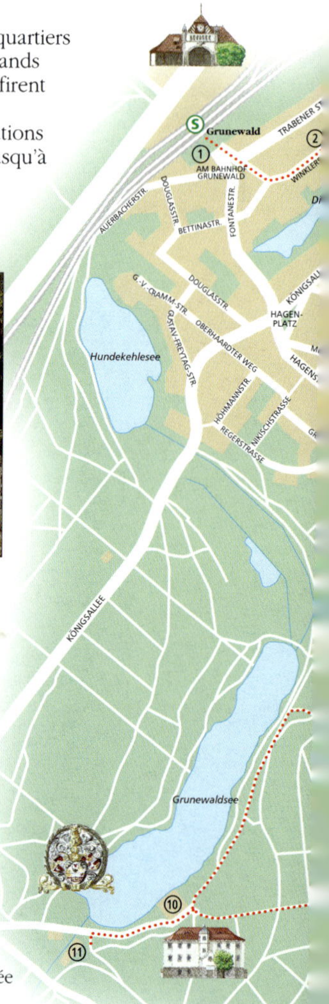

De la station de S-Bahn Grunewald à la Hagenstrasse

Depuis la station de S-Bahn Grunewald ①, suivez les panneaux « Grunewald (Ort) ». Édifice à structure en bois datant de 1899, la gare elle-même est pittoresque. De la place qui s'étend devant, prenez la Winklerstrasse et suivez-la quand elle tourne à gauche. Elle vous fera passer devant de magnifiques villas. Celle du n° 15 ②, bâtie dans le style néo-classique en 1899, fut la résidence de l'architecte Ewald Becher. Un peu plus loin du même côté, la demeure du n° 11 ③ offre un exemple réussi d'interprétation germanique du style rustique anglais. Hermann Muthesius la dessina en 1906. À droite s'élève au n° 12 ④ la Villa Maren (1897) néo-Renaissance. Avec sa décoration en sgraffite, elle évoque un palais florentin.

Construite en 1902, la villa des nos 8-10 associe en façade un luxueux parement en pierre et une ornementation inspirée de la Renaissance allemande ⑤. Prenez ensuite le Hasensprung à droite, qui mène à un pont décoré de lièvres en plein bond, qui enjambe le bras d'eau reliant deux petits lacs : le Dianasee et le Königssee. En atteignant la Königsallee, tournez à gauche, puis tout de suite à droite dans la Lassenstrasse et encore à droite dans la Bismarckstrasse. Cette rue conduit à la petite place où s'élève la Grunewald-Kirche ⑥, église néo-gothique asymétrique édifiée entre 1902 et 1904. De là, engagez-vous à gauche dans la Furtwänglerstrasse. Elle renferme au n° 15 ⑦ une magnifique villa inspirée des maisons rurales de l'Allemagne méridionale. Tournez ensuite à droite dans la Hubertusbader Strasse. La villa du n° 25 ⑧ a conservé des motifs néo-classiques. Arnold Hartmann en dirigea la construction en 1896. Il est aussi l'auteur de la maison du n° 23 Seebergsteig ⑨, petit château néo-gothique dont le style de la Sécession influença la décoration. Continuez ensuite sur la Hubertusbader Strasse jusqu'à la Hagenstrasse.

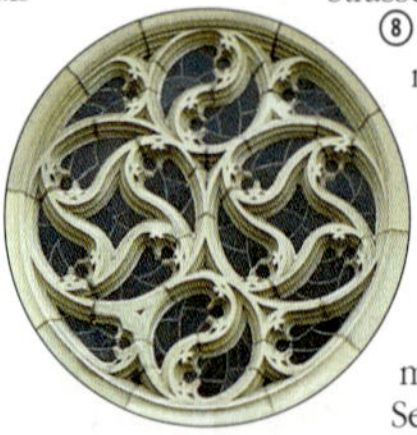

Rosace, Grunewald-Kirche

De la Hagenstrasse au Brücke-Museum

Traversez la Hagenstrasse et prenez le Wildpfad qui part en face de vous. Vous y tournerez à gauche dans la Waldmeisterstrasse qui longe la clôture d'un terrain appartenant à des clubs privés. Prenez à droite dans l'Eichhörnchensteig. L'atmosphère change. Les arbres deviennent progressivement plus serrés,

LÉGENDE

Itinéraire

S-Bahn

la rue se transforme en piste forestière. Après avoir dépassé le domaine des clubs privés, suivez une route qui s'incurve doucement à droite et descend jusqu'au bord du pittoresque Grunewaldsee. Longez ensuite la rive à gauche jusqu'au Jagdschloss Grunewald (pavillon de chasse de Grunewald) ⑩. Bâti en 1452 pour l'électeur Joachim II, c'est l'un des plus anciens bâtiments séculiers à avoir survécu à Berlin. Il a connu un remaniement dans le style baroque vers 1700. Le portail ouvre sur une cour entourée de trois côtés par des bâtiments à usage domestique. Le petit palais conserve la seule salle Renaissance subsistant à Berlin. Elle abrite une collection de peintures comprenant plusieurs Lucas Cranach l'Ancien et des tableaux de Rubens et Van Dyck. Le petit Waldmuseum, installé dans l'aile gauche, est consacré à l'écologie de la forêt et à l'histoire de l'exploitation forestière. En face du Jagdschloss, le Jagdmuseum (musée de la Chasse) présente des armes et des équipements historiques.

Depuis le palais, continuez sur la rive jusqu'au Forsthaus Paulsborn ⑪. Ce restaurant *(p. 242)* occupe un bâtiment construit en 1905 d'après des plans de Friedrich Wilhelm

Détail décoratif du n° 23 Seebergsteig

Restaurant Forsthaus Paulsborn près du Jagdschloss Grunewald

Dans la cour du Jagdschloss Grunewald

Göhre. En été, les tables installées dans le jardin permettent de se détendre ou de se restaurer en plein air.

Revenez sur vos pas jusqu'au Jagdschloss Grunewald : au carrefour, prenez l'avenue centrale marquée « Wilmesdorf », qui vous fera traverser la forêt et déboucher sur la Pücklerstrasse. Continuez tout droit en passant devant de luxueuses villas modernes et tournez à droite dans le Fohlenweg, puis encore à droite dans le Bussardsteig. Au bout se trouve le Brücke-Museum *(p. 171)* ⑫. Ne manquez pas les sculptures de Bernhard Heliger exposées dans le jardin du n° 8 Käuzchensteig. Poursuivez jusqu'à la Clayallee qu'empruntent des bus de la ligne 115.

CARNET DE ROUTE

Départ : *station de S-Bahn Grunewald.* ***Longueur :*** *3 km.*
Durée : *2 h 30-3 h.*
Comment y aller ? *Ligne 3 ou 7 du S-Bahn ; U-Bahn Oskar-Helene-Heim ; bus 115.*
Musée : *Jagdschloss Grunewald. 813 35 97. mai-oct : 10h-13h, 13h30-17h mar.-dim. ; nov.-avr. : 10h-13h, 13h30-16h sam.-dim.*
Où faire une pause ? *Il existe de nombreux cafés et restaurants dans la zone résidentielle. Le Forsthaus Paulsborn est une adresse réputée.*

BUS

Les bonnes adresses

HÉBERGEMENT

Se loger à Berlin est relativement coûteux, mais le choix est vaste et devrait permettre à chacun de trouver un hébergement selon ses moyens. Le centre, notamment, renferme aussi bien des pensions aux tarifs raisonnables que des hôtels de luxe appartenant souvent à des chaînes internationales. Berlin-Est abrite de nombreux établissements de milieu de gamme, neufs ou rénovés, ainsi que quelques palaces autour d'Unter den Linden. À l'ouest, nombre des hôtels les plus abordables ont un besoin urgent de réparations. Les alentours de la forêt de Grunewald forment une oasis de paix qui garantit un sommeil paisible. Les établissements décrits en pages 217-225 ont été sélectionnés dans une large gamme de prix. En pages 214-216, un tableau les classe par quartier et résume leurs principales caractéristiques, tandis que les pages 212-213 présentent les plus confortables et les plus luxueux.

Le Sorat Art'otel *(p. 222)* joue la carte de l'art moderne

TROUVER UN HÔTEL

Plusieurs quartiers de Berlin regroupent dans un faible périmètre un ou plusieurs hôtels de luxe et des établissements meilleur marché. Ainsi, vous trouverez à Charlottenburg, autour du Kurfürstendamm et de la Tauentzienstrasse, des pensions aux tarifs accessibles proches d'adresses prestigieuses comme le Kempinski, le Savoy, le Palace Berlin et le Steigenberger. Pour éviter une déception, n'oubliez pas que cette partie de la ville a terriblement souffert des bombardements pendant la Seconde Guerre mondiale, et que les hôtels, sauf rares exceptions comme le Brandenburger Hof, occupent des bâtiments modernes. Les établissements les moins chers sont généralement situés dans des rues latérales. Demandez à voir les chambres avant de vous décider. L'est de Charlottenburg, autour de Lützowufer, abrite aussi de bons hôtels.

Les conditions d'hébergement ont beaucoup changé dans l'ancien Berlin-Est. Privatisés, la majorité des hôtels existants ont été rénovés, tandis que s'ouvraient de nombreux chantiers. Les établissements les plus luxueux, notamment l'Adlon, le Hilton et le Grand, se trouvent dans la partie occidentale de Mitte, sur Unter den Linden ou à proximité. Les hôtels situés plus à l'est, autour du Marx-Engels-Forum et d'Alexanderplatz, proposent des chambres assez confortables à des prix plus raisonnables.

Même quand tout est plein ailleurs, l'Estrel, le plus grand hôtel d'Allemagne, laisse toujours une chance de trouver de la place. Il faut toutefois se résigner à loger hors du centre, à Neukölln, près du Treptower Park.

TARIFS

Les chambres d'hôtel sont chères comparées aux tarifs français, et les prix varient peu selon la saison. Certains augmentent lors de grandes manifestations. Les établissements de standing proposent souvent des forfaits le week-end, et il arrive qu'on fasse de bonnes affaires en se présentant sans réservation. Pour un long séjour, essayez toujours de négocier une réduction.

SUPPLÉMENTS-SURPRISE

Dans toute l'Allemagne, le prix d'une chambre d'hôtel comprend les taxes, mais, comme partout ailleurs, un pourboire est attendu par le personnel qui porte vos bagages à votre chambre ou s'occupe de vous trouver une place à l'opéra. Toutefois, les succursales de la chaîne Dorint proposent sans supplément des

Piscine du Grand Hotel Esplanade *(p. 219)*

Café du Hilton ***(p. 217)***

services comme la mise à disposition de bicyclettes.

Il n'existe pas de règle stricte en ce qui concerne le petit déjeuner, mieux vaut donc demander s'il est inclus au moment de la réservation.

La plupart des hôtels de Berlin possèdent leur propre parc de stationnement, mais ils louent les emplacements à des tarifs parfois exorbitants. Les communications téléphoniques depuis la chambre, la télévision à péage et les consommations du minibar peuvent également réserver de mauvaises surprises.

SERVICES

Il n'existe pas en Allemagne de système standardisé de classification des hôtels par étoiles, mais les prix demandés reflètent le plus souvent la catégorie des établissements. Les plus modestes incluent généralement le petit déjeuner dans le coût de la nuitée, mais ne possèdent pas toujours un restaurant. Pour un séjour prolongé, envisagez la solution de l'Aparthotel qui vous permettra de disposer d'une cuisine entièrement équipée.

RÉSERVATION

Vous pouvez réserver une chambre à Berlin par courrier, par téléphone ou par fax et, de plus en plus, par Internet. Vous pouvez aussi passer par l'agence **Berlin Tourismus Marketing** *(p. 211)*, joignable par fax, par téléphone et par Internet. Elle assure des réservations dans toute la ville. Que vous utilisiez ou non les services d'un intermédiaire, il vous faudra le plus souvent donner un numéro de carte bancaire.

Si vous êtes déjà sur place, le plus simple consiste à vous rendre dans un des grands bureaux de l'office de tourisme. Les plus importants se trouvent à l'**Europa-Center,** à la **porte de Brandebourg** et à l'**aéroport de Tegel** *(p. 211)*.

CHAMBRES CHEZ L'HABITANT

Les formes d'hébergement du type chambres d'hôte ou bed-and-breakfast sont peu répandues à Berlin, et se limitent à des quartiers résidentiels situés loin du centre. Vous pouvez vous renseigner auprès des bureaux de l'office de tourisme et des autres organismes de réservation indiqués dans le carnet d'adresses, page 211.

Salle de conférence de la Villa Kastania ***(p. 224)***

LÉGENDE DES TABLEAUX

Les hôtels des pages 217-225 sont classés par quartier et par catégorie de prix. Pour faciliter votre choix, les symboles ci-dessous résument les services offerts.

- Bains ou douche dans la plupart des chambres
- 1 Chambres individuelles
- Chambres familiales ou lits supplémentaires disponibles
- 24 Service de chambre 24 h/24
- TV Télévision dans la plupart des chambres
- Chambres non-fumeur
- Chambres avec vue
- Climatisation dans toutes les chambres
- Salle de gymnastique
- Piscine dans l'hôtel
- Service affaires : service de renseignements, fax, bureau et salle de réunion ou de conférence
- Lits d'enfants et, parfois, baby-sitting
- Accès en fauteuil roulant
- Ascenseur
- P Parc de stationnement
- Jardin ou terrasse
- Bar
- Restaurant
- i Information touristique
- Cartes de crédit acceptées :
  - *AE* American Express
  - *DC* Diners' Club
  - *MC* MasterCard/Access
  - *V* VISA
  - *JCB* Japanese Credit Bureau
  - *EC* EuroCard

Catégories de prix pour une chambre double avec salle de bains ou douche, y compris le petit déjeuner (habituellement), le service et 7 % de TVA (en deutsche Marks).

- DM moins de 150 DM
- DM DM de 150 à 250 DM
- DM DM DM de 250 à 350 DM
- DM DM DM DM de 350 à 450 DM
- DM DM DM DM DM plus de 450 DM

Luxueux salon du Kempinski Hotel *(p. 222)*

Voyager avec des enfants

La majorité des hôtels de Berlin disposent de berceaux et acceptent que les jeunes enfants partagent la chambre des parents sans surcoût. Au-delà d'un certain âge, la fourniture d'un lit supplémentaire devient parfois payante. Les établissements haut de gamme ont un service de baby-sitting. Les chaises hautes font partie de l'équipement habituel des restaurants d'hôtel.

L'élégance est de mise au Four Seasons Hotel *(p. 217)*

Voyageurs handicapés

Presque tous les hôtels haut de gamme et de luxe sont équipés pour recevoir des personnes handicapées : au moins une entrée permet l'accès en fauteuil roulant et certaines chambres possèdent une salle de bains adaptée. La situation s'avère malheureusement moins brillante dans les établissements de milieu ou de bas de gamme : rares sont ceux qui disposent d'un équipement approprié et beaucoup ne se trouvent pas en rez-de-chaussée. Dans les plus anciens, il n'existe même pas d'ascenseur. Nous recommandons l'**Hotel Mondial** *(p. 221)* situé près du Kurfürstendamm. L'aménagement des pièces communes les rend toutes pratiques en fauteuil roulant, et 22 chambres répondent aux besoins des personnes ayant des difficultés motrices.

Acomptes

Beaucoup d'établissements demandent un acompte ou une caution à la réservation d'une chambre. Par téléphone, il faut généralement donner son numéro de carte bancaire. Si vous n'en avez pas, il vous faudra alors envoyer un chèque d'un montant de 20 à 40 % du prix d'une nuitée. Certains petits hôtels et pensions réclament le paiement de la première nuit à la réservation.

Auberges de jeunesse

Berlin renferme plusieurs auberges de jeunesse. Les moins chères sont affiliées à la fédération internationale, et il vous faudra obligatoirement une carte de membre. Vous pourrez l'obtenir auprès du **Deutsches Jugendherbergswerk** (DJH). Il existe aussi des hôtels pour étudiants et des auberges de jeunesse indépendants. Ils sont un peu plus onéreux, mais certains offrent l'avantage d'une situation plus centrale. Quel que soit votre choix, mieux vaut toujours réserver vos places à l'avance.

Tous ces établissements permettent principalement de dormir en dortoirs à lits superposés, une salle de bains commune équipant chaque étage. Certaines auberges ferment pendant la journée, interdisant l'accès aux chambres, pensez à vous renseigner. La plupart possèdent une salle à manger et servent des petits déjeuners et des plats chauds le soir. Sauf exception, les hôtes disposent tout de même d'une cuisine où préparer leurs propres repas.

Campings

Le **Deutscher Camping Club (DCC)** offre la meilleure source d'informations sur les terrains de camping de la capitale allemande et de ses alentours.

Façade illuminée du Westin Grand *(p. 217)*

Tous ferment pendant l'hiver, en général de début novembre à fin mars, à l'exception du Berlin-Kladow de Spandau et de l'Am Krossinsee de Köpenick qui restent ouverts toute l'année. Attention, ce sont en général des jeunes qui se logent à Berlin en camping, et ils peuvent se révéler très bruyants, en particulier pendant l'Oktoberfest *(p. 50)* et le week-end de juillet où a lieu la célèbre Love Parade *(p. 49)*.

Dans une suite du Palace Hotel *(p. 222)*

SÉJOURS ORGANISÉS POUR LES JEUNES

Berlin offre de nombreuses possibilités d'hébergement pour les groupes, en particulier dans des institutions situées en périphérie, souvent en pleine nature, et proposant un accueil en dortoirs. Leur création n'avait pas pour seul but de permettre de recevoir des groupes scolaires d'Allemagne en visite. En fait, elles servaient avant tout à l'accueil de jeunes Berlinois de l'Ouest. En effet, jusqu'en 1990, pour sortir de la ville, ils ne pouvaient guère aller que dans la forêt de Grunewald, la partition de l'Allemagne leur interdisant les zones rurales proches de Berlin. Le Berlin Tourismus Marketing et les grands bureaux d'information, notamment celui de l'Europa-Center, permettent de prendre renseignements et réservations.

CARNET D'ADRESSES

RENSEIGNEMENTS ET RÉSERVATIONS

Berlin Tourismus Marketing
Am Karlsbad 11
10785 Berlin.
Plan 12 D1.
☎ *25 00 25.*
FAX *25 00 24 24.*
W *www.berlin.de*

Office de tourisme
Europa-Center
Budapester Strasse.
Plan 10 E1.
🕒 *8h30-20h30 lun.-sam., 10h-18h dim.*

Porte de Brandenburg
Pariser Platz.
Plan 6 E3, 15 A3.
🕒 *9h30-18h t.l.j.*

Tegel Airport
🕒 *5h-22h30 t.l.j.*

Potsdam Information
Friedrich-Ebert-Strasse 5.
☎ *(0331) 275 58 0.*
FAX *(0331) 275 58 99.*
W *www.potsdam.de*

CAMPINGS

Deutscher Camping Club
Geisbergstrasse 11
10777 Berlin.
Plan 10 E3, 10 F3.
☎ *218 60 71.*
🕒 *10h30-18h lun., 8h-16h mer., 8h-13h ven.*

DCC-Campingplatz Berlin-Kladow (Spandau)
Krampnitzer Weg 111-117
14089 Berlin.
☎ *365 27 97.*
FAX *365 12 45.*

DCC-Campingplatz Am Krossinsee
Wernsdorfer Strasse 45
12527 Berlin.
☎ *675 86 87.*
FAX *675 91 50.*

AUBERGES DE JEUNESSE

DJH (Deutsches Jugendherbergs-werk)
Tempelhofer Ufer 32
10963 Berlin.
Plan 12 E2.
☎ *264 95 20.*
FAX *262 04 37.*

Jugendherberge Ernst Reuter
Hermsdorfer Damm 48-50
13467 Berlin.
☎ *404 16 10.*
FAX *404 59 72.*

Jugendgästehaus
Kluckstrasse 3
10785 Berlin.
Plan 11 C1.
☎ *25 79 98 08.*
FAX *265 03 83.*

Jugendgästehaus Am Wannsee
Badeweg 1, 14129 Berlin.
☎ *803 20 34.*
FAX *803 59 08.*

VOYAGEURS HANDICAPÉS

Berliner Behinderten-verband
Jägerstrasse 63d
10117 Berlin-Mitte.
☎ *204 38 47.*

Behinderten-beauftragter des Landes Berlin
Oranienstrasse 106
10997 Berlin.
☎ *90 28 29 17.*

CHAMBRES D'HÔTES

Bed & Breakfast in Berlin
☎ *746 14 46.*
FAX *44 05 05 83.*

Erste Mitwohn-zentrale in Charlottenburg
Sybelstrasse 53.
10629 Berlin-Charlottenburg.
Plan 9 A2.
☎ *324 30 31.*
FAX *324 99 77.*

Last Minute
☎ *3082 0885.*
FAX *3082 0887.*

Fine and mine
Neue Schönhauser Str. 20.
10178 Berlin.
☎ *23 55 120.*
FAX *23 55 12 12.*
@ *office@fineandmine.de.*

Wohnwitz
Holsteinische Strasse 55.
10717 Berlin-Wilmersdorf.
Plan 9 C4, 9 C5.
☎ *861 82 22.*
FAX *861 82 72.*

Les meilleurs hôtels de Berlin

Berlin possède de nombreux hôtels haut de gamme. Beaucoup appartiennent à des chaînes internationales, mais certains restent des établissements indépendants qui conservent une atmosphère intime voire familiale. Ceux que nous vous présentons ont été sélectionnés pour leur décoration intérieure et la qualité du service. Les tarifs qu'ils pratiquent sont justifiés par les prestations offertes.

Hotel Palace Berlin
Chaque chambre possède sa propre décoration, toujours subtile, dans cet établissement fréquenté par des vedettes de cinéma (p. 222).

Savoy Hotel
Le Savoy abrite le premier bar pour amateurs de cigares de Berlin, et les hôtes peuvent venir y fumer un havane tout en lisant le journal confortablement installés dans un bon fauteuil (p. 222).

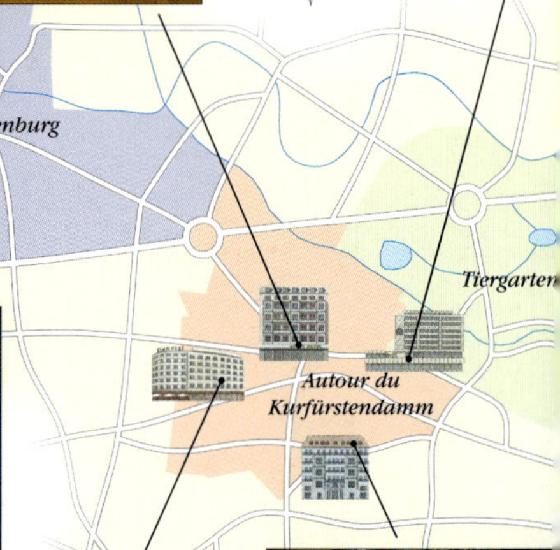

Villa Kastania
Cet hôtel accueillant offre un grand confort, un service attentif et le calme, à courte distance du cœur de la ville (p. 225).

Kempinski Hotel Bristol Berlin
Depuis de nombreuses années, son élégance, ses chambres luxueuses et son personnel discret attirent dans cette institution berlinoise une clientèle fidèle (p. 222).

Brandenburger Hof
Les clients du Brandenburger Hof jouissent d'un décor sophistiqué et d'une atmosphère familiale (p. 222).

Hotel Adlon
Cet établissement de très grand luxe propose des chambres aux fenêtres et aux cloisons parfaitement insonorisées (p. 217).

Hackescher Markt
Cet hôtel de charme a ouvert en 1998, mais sa façade ne dépare pas le caractère historique du quartier (p. 218).

Four Seasons Hotel
Un intérieur somptueux et un service impeccable font du Four Seasons l'un des trois palaces considérés comme les meilleurs de Berlin (p. 217).

DeragHotel Grosser Kurfürst
Des prestations comme la mise à disposition gratuite de bicyclettes distinguent cet hôtel moderne des autres établissements de sa catégorie (p. 218).

Berlin Hilton
Près du Gendarmenmarkt, certaines des chambres offrent des vues spectaculaires. Autre avantage du Hilton : un large choix de restaurants (p. 217).

0 750 m

Choisir un hôtel

Ce tableau offre un moyen rapide d'effectuer un premier choix parmi les hôtels, décrits plus en détail pages 217-225. Nous les avons sélectionnés dans une large gamme de tarifs pour leur qualité et leur situation. Ils sont classés par quartier et par ordre alphabétique dans chaque catégorie de prix.

		Nombre de chambres	Service affaires	Équipement pour enfants	Restaurant recommandé	Proche des commerces	Situation calme	Service de chambre 24 h/24
Unter den Linden et les alentours *(p. 217)*								
Hotel Unter den Linden	DM DM	320		■		■		
Madison Friedrichstrasse	DM DM	83	●			■		
Berlin Hilton	DM DM DM DM	500	●	■	●	■		■
Maritim proArte Hotel Berlin	DM DM DM DM	401	●	■		■		■
Das Dorint Select Hotel am Gendarmenmarkt	DM DM DM DM	92	●	■	●	■		■
Westin Grand	DM DM DM DM DM	358	●	■		■		■
Four Seasons Hotel Berlin	DM DM DM DM DM	204	●	■	●	■		■
Hotel Adlon	DM DM DM DM DM	337	●	■	●	■		■
Museumsinsel *(p. 217-218)*								
art'otel Ermelerhaus Berlin	DM DM DM	109	●	■	●		●	■
DeragHotel Grosser Kurfürst	DM DM DM	144	●	■			●	■
Nikolaiviertel et Alexanderplatz *(p. 218)*								
Forum Hotel Berlin	DM DM DM	1006	●			■		■
Alexander Plaza Berlin	DM DM DM	92	●					■
Radisson SAS Hotel Berlin	DM DM DM	540	●		●	■		■
Du Scheunenviertel à l'Hamburger Bahnhof *(p. 218)*								
Boarding House Berlin	DM	21				■		
Märkischer Hof	DM DM	20				■	●	
Taunus Hotel	DM DM	18				■		
Hackescher Markt	DM DM DM	31	●	■	●	■	●	
Hotel Albrechtshof	DM DM DM	107	●					■
Tiergarten *(p. 219)*								
Blue Band Hotel Berlin	DM DM DM	701	●	■	●			■
Hotel Hamburg	DM DM DM	200	●	■		■		■
Dorint Berlin Schweizerhof	DM DM DM DM	384	●	■				■
Grand Hotel Esplanade Berlin	DM DM DM DM	400	●	■	●		●	■
Inter-Continental Berlin	DM DM DM DM	510	●	■	●		●	■
Grand Hyatt Berlin	DM DM DM DM DM	340	●		●	■		■
Kreuzberg *(p. 219-220)*								
Hotel am Anhalter Bahnhof	DM	33						
Hotel Transit	DM	49						
Jugendgästehaus der DSJ	DM	124		■				
Hotel Antares	DM DM	85	●	■				■
Hotel Riehmers Hofgarten	DM DM	25			●	■	●	
Best Western Hotel Stuttgarter Hof	DM DM DM	110	●	■	●			■

Catégories de prix pour une nuit en chambre double, toutes taxes comprises (en Deutsche Marks).
DM moins de 150 DM
DM DM de 150 à 250 DM
DM DM DM de 250 à 350 DM
DM DM DM DM de 350 à 450 DM
DM DM DM DM DM plus de 450 DM

SERVICE AFFAIRES
Téléphone et fax équipent les chambres, l'hôtel abrite une salle de réunion ou de conférence et les hôtes ont accès à des ordinateurs connectés à Internet.

ÉQUIPEMENT POUR ENFANTS
L'hôtel dispose de chambres familiales ou propose un lit supplémentaire dans des chambres doubles, ainsi que des berceaux et un service de baby-sitting. Certains établissements abritent une crèche ou une salle de jeu équipée.

SITUATION CALME
L'hôtel est situé dans une rue tranquille.

PROCHE DE COMMERCES
Hôtel situé à cinq minutes à pied de boutiques et de restaurants.

		Nombre de chambres	Service affaires	Équipement pour enfants	Restaurant recommandé	Proche des commerces	Situation calme	Service de chambre 24 h/24
Autour du Kurfürstendamm *(p. 220-222)*								
Hotel Pension Funk	DM	14				■	●	
Alpenland	DM DM	35				■		
Best Western Hotel Boulevard am Kurfürstendamm	DM DM	57	●	■		■		
Blue Band Berlin Mark Hotel	DM DM	233	●	■		■		
Blue Band Berlin Plaza Hotel	DM DM	131	●		●			
Consul	DM DM	75				■		■
Hotel Askanischer Hof	DM DM	16		■				
Hotel Astoria	DM DM	32		■		■		■
Hotel Berliner Hof	DM DM	80		■		■		
Hotel California	DM DM	45	●	■		■		
Hotel Pension Augusta	DM DM	26				■		
Propeller Island City Lodge	DM DM	31				■	●	
Remter	DM DM	31				■		
Alsterhof	DM DM DM	200	●	■		■		
Best Western Hotel President	DM DM DM	187	●			■		■
Bleibtreu Hotel	DM DM DM	60	●	■		■	●	■
Blue Band Berlin Excelsior Hotel	DM DM DM	320	●	■				■
Comfort Hotel Frühling am Zoo	DM DM DM	70				■		■
Concept Hotel	DM DM DM	106		■			●	■
Hecker's Hotel	DM DM DM	72	●	■		■		■
Holiday Inn Crowne Plaza Berlin	DM DM DM	425	●	■		■		■
Hotel Ambassador Berlin	DM DM DM	199	●	■	●	■		■
Hotel Avantgarde	DM DM DM	27				■		
Hotel Mondial	DM DM DM	75	●	■	●			■
Hotel Residenz Berlin	DM DM DM	80		■				■
Sorat Art'otel Berlin	DM DM DM	133	●	■				■
Hotel Brandenburger Hof	DM DM DM DM	82	●	■	●		●	■
Hotel Palace Berlin	DM DM DM DM	282	●	■	●	■		■
Savoy Hotel	DM DM DM DM	125	●			■	●	■
Steigenberger Berlin	DM DM DM DM	397	●	■	●	■		■
Kempinski Hotel Bristol Berlin	DM DM DM DM DM	301	●	■	●	■		■
Charlottenburg *(p. 223)*								
Hotel an der Oper	DM DM	46				■		
Schlossparkhotel	DM DM DM	39	●	■			●	
En dehors du centre *(p. 223-225)*								
Die Fabrik	DM	41				■		
Hotel Ahorn	DM	28				■		
Hotel Belvedere	DM	18					●	
Hotelpension Alpina	DM	17					●	
Alfa Hotel	DM DM	33	●				●	■
Artemisia	DM DM	8	●				●	
Best Western Kanthotel Berlin	DM DM	70	●			■		■
East-Side Hotel	DM DM	36	●				●	
Estrel Residence & Congress Hotel	DM DM	1 125	●	■				■

Catégories de prix pour une nuit en chambre double, toutes taxes comprises (en Deutsche Marks).
DM moins de 150 DM
DM DM de 150 à 250 DM
DM DM DM de 250 à 350 DM
DM DM DM DM de 350 à 450 DM
DM DM DM DM DM plus de 450 DM

Service affaires
Téléphone et fax équipent les chambres, l'hôtel abrite une salle de réunion ou de conférence et les hôtes ont accès à des ordinateurs connectés à Internet.

Équipement pour enfants
L'hôtel dispose de chambres familiales ou propose un lit supplémentaire dans des chambres doubles, ainsi que des berceaux et un service de baby-sitting. Certains établissements abritent une crèche ou une salle de jeu équipée.

Situation calme
L'hôtel est situé dans une rue tranquille.

Proche de commerces
Hôtel situé à cinq minutes à pied de boutiques et de restaurants.

	Prix	Nombre de chambres	Service affaires	Équipement pour enfants	Restaurant recommandé	Proche des commerces	Situation calme	Service de chambre 24 h/24
En dehors du Centre *(p. 223-225)*								
Forsthaus an der Hubertusbrücke	DM DM	22					●	
Forsthaus Paulsborn	DM DM	10			●		●	
Holiday Inn City Center East Berlin	DM DM	122	●	■				
Hotel Igel	DM DM	70	●		●		●	
Hotel Pension Wittelsbach	DM DM	31		■				
Hotel Rheinsberg am See	DM DM	81	●	■			●	
Hotel Ibis Berlin Mitte	DM DM	198	●			■		
Ibis Hotel Berlin-Messe	DM DM	168	●			■		
Imperator	DM DM	11				■		
Jurine	DM DM	53		■			●	
Modena	DM DM	19				■		
Queens Hotel Berlin	DM DM	108	●	■		■	●	■
Villa Kastania	DM DM	43	●	■			●	
Villa Toscana	DM DM	16					●	
Hotel Luisenhof	DM DM DM	27	●	■			●	
Hotel Seehof Berlin	DM DM DM	77	●	■	●		●	■
SORAT Hotel Humboldt-Mühle Berlin	DM DM DM	120	●	■			●	■
SORAT Hotel Spree-Bogen Berlin	DM DM DM	220	●	■			●	■
The Ritz-Carlton Schlosshotel, Berlin	DM DM DM DM DM	54	●		●		●	■
Les environs de Berlin *(p. 225)*								
art'otel potsdam	DM DM	123	●		●			
Hotel Voltaire	DM DM	143				■		
Relexa Schlosshotel Cecilienhof	DM DM DM DM	42	●				●	■

UNTER DEN LINDEN ET LES ALENTOURS

Hotel Unter den Linden

Unter den Linden 14, 10117 Berlin. **Plan** 7 A3, 16 C3. *238 110.* FAX *238 11 100. **Chambres** : 320.* *AE, DC, MC, V, JCB, EC.* DM DM

L'un des meilleurs hôtels de cette partie de Berlin avant la chute du Mur est devenu l'un des moins chers : la concurrence l'a obligé à réduire ses prix. Ne vous attendez pas au luxe, le mobilier des chambres et des salles de bains montre des signes d'usure, mais ce n'est pas une mauvaise adresse pour séjourner dans le centre avec un budget serré.

Madison Friedrichstrasse

Friedrichstrasse 185-190, 10117 Berlin. **Plan** 6 F4, 15 C4. *20 29 20.* FAX *20 29 29 20. **Chambres** : 83.* *AE, DC, MC, V, JCB, EC.* DM DM

Cet établissement ne loue que des suites. Leurs prix dépendent de leur taille et de la longueur de votre séjour. Ils deviennent particulièrement intéressants au-delà d'une semaine, mais, même pour une nuitée, ils restent très inférieurs à ceux qui sont pratiqués par beaucoup d'hôtels des environs. Des lecteurs de CD équipent toutes les chambres et les services disponibles comprennent la possibilité de faire réparer ses vêtements et de louer voitures et bicyclettes.

Berlin Hilton

Mohrenstrasse 30, 10117 Berlin. **Plan** 7 A4, 16 D4. *20 23 0.* FAX *20 23 42 69. **Chambres** : 500.* *AE, DC, MC, V, JCB.* DM DM DM DM W *www.hilton.com* @ *sales–berlin@hilton.com*

Le Hilton de Berlin jouit d'une excellente situation près du Gendarmenmarkt et propose des chambres spacieuses et superbement meublées. Celles qui se trouvent en façade offrent une vue superbe du Konzerthaus et des deux églises de la place, la Deutscher Dom et la Französischer Dom. L'hôtel abrite en outre des cafés, des bars, un pub, un bistro et deux restaurants réputés : le Brandenburg et le Fellini, spécialisé dans la cuisine italienne. Ils attirent tous deux des clients de toute la ville.

Das Dorint Hotel am Gendarmenmarkt

Charlottenstrasse 50-52, 10117 Berlin. **Plan** 7 A4, 16 D4. *203 750.* FAX *203 75100. **Chambres** : 92.* *AE, DC, MC, V, JCB, EC.* DM DM DM DM W *www.dorint.de* @ *bergen@dorint.com*

Cet hôtel moderne, mais d'une élégance classique, se trouve à proximité du Gendarmenmarkt, d'Unter den Linden et de la Friedrichstrasse. Il appartient à la chaîne Dorint, réputée pour le confort des chambres et la qualité du service.

Maritim proArte Hotel Berlin

Friedrichstrasse 151, 10117 Berlin. **Plan** 6 F3, 15 C2. *203 35.* FAX *20 33 42 09. **Chambres** : 401.* *AE, DC, MC, V, JCB, EC.* DM DM DM DM W *www.maritim.de* @ *info.lopa@maritim.de*

Avant tout dédié à l'accueil de congrès et de conférences, cet établissement est situé en plein centre. Il offre des prestations de qualité et se revèle pratique lors d'un séjour touristique. Il occupe un bâtiment ultramoderne, et les œuvres d'un artiste différent décorent chaque étage. Luxueuses avec leurs salles de bains en marbre et en granit, les chambres sont divisées en trois catégories. On y trouve aussi une piscine et un sauna.

Westin Grand

Friedrichstrasse 158-164, 10117 Berlin. **Plan** 6 F3, 15 C3. *20 27 0.* FAX *20 27 33 62. **Chambres** : 358.* *AE, DC, MC, V, JCB, EC.* DM DM DM DM W *www.westin-grand.com* @ *info@westin-grand.com*

Palace construit à la fin du XIXe siècle et décoré dans les styles wilhelmien et Sécession, le Westin Grand abrite un hall particulièrement impressionnant avec un atrium qui s'étend sur toute la longueur du bâtiment et un escalier spectaculaire. Il bénéficie d'une excellente situation, à quelque minutes de tous les sites historiques les plus importants.

Four Seasons Hotel

Charlottenstrasse 49, 10117 Berlin. **Plan** 7 A4, 16 D3. *20 33 8.* FAX *20 33 61 66. **Chambres** : 204.* *E, DC, MC, V, JCB, EC.* DM DM DM DM DM W *www.fourseasons.com* @ *kerstin.pundt@fourseasons.com*

Classé parmi les trois meilleurs hôtels de Berlin, le Four Seasons occupe un édifice moderne à deux pas du Gendarmenmarkt. Objets néo-baroques et superbes arrangements floraux créent à l'intérieur une décoration saisissante. Les chambres luxueuses sont proposées en trois catégories, le centre d'affaires est confortable et le service impeccable. Le restaurant sert une cuisine légère et raffinée.

Hotel Adlon

Unter den Linden 77, 10117 Berlin. **Plan** 6 E3, 15 A3. *226 10.* FAX *22 61 22 22. **Chambres** : 337.* *AE, DC, MC, V, JCB.* DM DM DM DM DM W *www.hotel-adlon.com*

Cet établissement de luxe proche de la porte de Brandebourg a ouvert en 1997, mais il entretient une tradition entamée par son prédécesseur inauguré en 1907 et détruit en 1945 *(p. 68)*. Les matériaux les plus coûteux ont servi à sa décoration, dont du marbre, du cuir et des bois exotiques. L'Adlon se distingue par un service très haut de gamme et des prestations très pointues : chambres spécialement conçues pour les personnes souffrant d'allergies, système électronique de verrouillage des portes, téléphones portables pouvant être emportés au restaurant... Extrêmement confortables, les chambres possèdent des salles de bains décorées de boiseries.

MUSEUMSINSEL

art'otel Ermelerhaus Berlin

Wallstrasse 70-73, 10179 Berlin. **Plan** 7 C4. *240 62 0.* FAX *240 62 222. **Chambres** : 109.* *AE, DC, MC, V, EC.* DM DM DM W *www.artotel.de* @ *info@artotel.de*

Bien situé, l'art'otel domine la Spree en face de la station de U-Bahn Märkisches Museum. Des prix raisonnables pour le quartier en font un des hôtels les plus populaires de Mitte. Les chambres occupent un bâtiment moderne meublé avec élégance. Les restaurants se trouvent dans l'Ermeler Haus *(p. 84-85)* qui donne sur le Märkisches Ufer. L'Ermeler Haus *(p. 237)* permet de dîner sous un plafond rococo, le Raabe Diele *(p. 237)* sert dans la cave de la cuisine berlinoise. En été, un café en plein air s'installe sur une péniche amarrée au quai.

Légende des symboles, *voir rabat de couverture*

DeragHotel Grosser Kurfürst

Neue Ross Strasse 11-12, 10179 Berlin. **Plan** 7 C4. *24 60 00.* FAX *24 60 03 00.* ***Chambres :*** *144.* *AE, DC, MC, V, EC.*
www.deraghotels.de.
grosser-kurfuerst@t-online.de

Ouvert en 1997, cet hôtel de milieu de gamme offre tout le confort moderne et jouit d'une bonne situation près de la station de U-Bahn Märkisches Museum. Il appartient à la chaîne DeragHotel, qui a pour spécificité de proposer des services complémentaires à ses clients. Par exemple, le prix de la chambre inclut l'accès aux transports publics ou la mise à disposition d'une bicyclette.

NIKOLAIVIERTEL ET ALEXANDERPLATZ

Forum Hotel Berlin

Alexanderplatz, 10178 Berlin. **Plan** 8 D2. *23 89 0.* FAX *23 89 43 05.* ***Chambres :*** *1006.* *AE, DC, MC, V, JCB, EC.*
www.interconti.com
forumberlin@interconti.com

Impossible de manquer le Forum. Malgré sa rénovation dans les années 90, cette tour de 37 étages, construite du temps de la RDA, est vraiment laide. Elle abrite toutefois un hall élégant, un très bon restaurant, un vaste espace de conférence et un casino installé au dernier étage. Les chambres ont malheureusement tendance à être de taille modeste et l'absence de climatisation rend les plus ensoleillées un peu chaudes certains jours d'été. Côté est, les plus hautes offrent une vue splendide.

Alexander Plaza Berlin

Rosenstrasse 1, 10187 Berlin. **Plan** 7 B2, 16 F1. *24 00 10.* FAX *240 01 777.* ***Chambres :*** *92.* *AE, DC, MC, V, EC.*
www.alexander-plaza.com
info@alexander-plaza.com

Près de la station de S-Bahn Hackescher Markt, à courte distance de la Marienkirche et des restaurants de l'Oranienburger Strasse, cet hôtel de grande classe, inauguré en 1997, loue des chambres spacieuses, confortables, très lumineuses et bien insonorisées. L'aménagement intérieur intègre des équipements modernes à des éléments architecturaux datant du tournant du siècle.

Radisson SAS Hotel Berlin

Karl-Liebknecht-Strasse 5, 10178 Berlin. **Plan** 7 C3, 16 F2. *23 828.* FAX *23 82 75 91.* ***Chambres :*** *540.* *AE, DC, MC, V.*

Très proche de la Museumsinsel, le Radisson SAS mérite d'être mentionné depuis qu'il a été modernisé en 1994. Il possède des chambres de bonne dimension et propose un tarif affaires donnant droit à des services supplémentaires. Les personnes âgées bénéficient d'une remise de 1 % par année au-dessus de 65 ans. Le restaurant l'Orangerie jouit d'une bonne réputation.

DU SCHEUNENVIERTEL À L'HAMBURGER BAHNHOF

Boarding House Berlin

Mulackstrasse 1, 10119 Berlin. **Plan** 7 C1. *283 88 488.* FAX *283 88 489.* ***Chambres :*** *21.* *AE, DC, MC, V.*
www.boarding-house-berlin.de
info@Boarding-House-Berlin.de

Voici une pension qui peut convenir à un séjour prolongé à Berlin car elle loue des appartements, simples ou en duplex, pour un minimum de trois nuits. Le prix comprend le petit déjeuner, mais vous pourrez également le préparer dans votre propre cuisine ou sortir le prendre dans l'un des nombreux cafés du voisinage.

Hackescher Markt

Grosse Präsidentenstrasse 8, 10178 Berlin. **Plan** 7 B2, 16 F1. *28 00 30.* FAX *280 03 111.* ***Chambres :*** *31.* *AE, DC, MC, V, JCB, EC.* *hohama@AOL.COM*

Cet hôtel de charme jouit d'une excellente situation en face des Hackesche Höfe *(p. 103)* et, bien que sa construction ne date que de 1998, sa façade ne dépare pas ce quartier historique. Le Hackescher Markt bénéficie d'une ambiance intime, d'un service discret et a des chambres claires et meublées avec goût. Le restaurant, le Mags, sert une excellente cuisine. Aux beaux jours, un petit patio permet de boire un café en plein air.

Hotel Albrechtshof

Albrechtstrasse 8, 10117 Berlin. **Plan** 6 F2, 15 B1. *30 88 60.* FAX *308 86 100.* ***Chambres :*** *107.* *AE, DC, MC, V, JCB, EC.*
www.hotel-albrechtshof.de.
albrechtshof-hotel@t-online.de

Près de la Spree et de la Friedrichstrasse, l'Albrechthof jouit d'une situation idéale pour visiter les environs d'Unter den Linden et de la Museumsinsel. Il propose en outre d'importantes réductions le week-end. Installé dans un immeuble du XIXe siècle modernisé, il appartient à la plus vieille association d'établissements hôteliers d'Allemagne, la Verband Christlicher Hotels (Association des hôtels chrétiens), et renferme une chapelle. Il ne répond toutefois pas seulement aux besoins spirituels de ses hôtes et possède un bar, un restaurant et une salle de banquets.

Märkischer Hof

Linienstrasse 133, 10115 Berlin. **Plan** 6 F1. *282 71 55.* FAX *282 43 31.* ***Chambres :*** *20.* *MC, V.*
www.gnosisag.de/hotel.htm
hotelmh.@t-online.de

Ce petit hôtel accueillant à l'ambiance familiale occupe un bâtiment du XIXe siècle bien situé près de l'Oranienburger Strasse, une artère commerçante et animée. Ses chambres, récemment rénovées, sont d'un standing étonnamment élevé pour le prix. Au petit déjeuner, le café propose un *Frühstück* berlinois traditionnel.

Taunus Hotel

Monbijouplatz 1, 10178 Berlin. **Plan** 7 B2, 16 E1. *283 52 54.* FAX *283 52 55.* ***Chambres :*** *18.* *AE, DC, MC, V.*

Difficile de manquer la façade du Taunus, avec ses briques jaunes et rouges agrémentées d'éléments décoratifs bleu saphir. Cet hôtel agréable, à l'intérieur entièrement refait de fraîche date, propose des chambres modestes, meublées avec simplicité et d'une propreté impeccable. Il abrite un bar ouvert le soir, mais, si vous aspirez à un peu plus d'aventure pénétrez dans le dédale de cours des Hackesche Höfe voisines. Ce haut lieu de la vie nocturne berlinoise reste animé jusqu'au petit matin.

TIERGARTEN

Blue Band Hotel Berlin

Lützowplatz 17, 10785 Berlin. **Plan** 11 A1. *26 05 27 00.* FAX *260 52 715.* ***Chambres :*** *701.*

AE, DC, MC, V, JCB, EC. DM DM DM
www.hotel-berlin.de
info@hotel-berlin.de

Lumineuses, spacieuses et classiques dans leur aménagement, les 700 chambres du Blue Band offrent de bonnes chances de trouver à se loger même sans réservation. Un personnel avenant et une excellente organisation permettent aux clients de ne pas se sentir oppressés par la taille de l'établissement.

Hotel Hamburg

Landgrafenstrasse 4, 10787 Berlin. **Plan** 11 A1. *26 47 70.* FAX *262 93 94.* ***Chambres :*** *200.* AE, DC, MC, V, JCB, EC. DM DM DM
www.ringhotel.de
Hamburg@ringhotels.de

Sa situation dans la partie sud de l'arrondissement de Tiergarten, près de la Tauentzienstrasse, vaut à l'Hotel Hamburg d'attirer une clientèle à la fois touristique et d'affaires. Depuis une complète rénovation en 1994, la décoration des chambres, élégantes mais un peu exiguës, joue d'une riche palette de tons chauds.

Dorint Schweizerhof Berlin

Budapester Strasse 25, 10787 Berlin. **Plan** 10 F1. *269 60.* FAX *269 61 000.* ***Chambres :*** *384.* AE, DC, MC, V, EC. DM DM DM DM
info.bersch@dorint.com

Construit en 1997 sur le site d'un prédécesseur du même nom, cet établissement de standing, l'un des plus modernes de Berlin, a ouvert en 1999. Derrière une façade élégante, il renferme des chambres au mobilier superbe, deux restaurants, un grand centre de conférence et une salle de bal.

Grand Hotel Esplanade Berlin

Lützowufer 15, 10785 Berlin. **Plan** 11 A1. *25 47 80.* FAX *254 78 8224.* ***Chambres :*** *400.* AE, DC, MC, V, JCB, EC. DM DM DM DM
www.esplanade.de
info@esplanade.de

Moderne et luxueux, le Grand Hotel Esplanade domine le Landwehrkanal non loin de la Bauhaus-Archiv *(p. 127)* et du Kulturforum *(p. 114-115)*. Il accueille, dans des chambres confortables et bien meublées, des célébrités du monde artistique et politique. Le Harry's New York Bar est réputé dans tout Berlin, à l'instar du restaurant Harlekin. L'hôtel possède son propre bateau de promenade, qui navigue sur le canal et la Spree.

Inter-Continental Berlin

Budapester Strasse 2, 10787 Berlin. **Plan** 10 F1. *260 20.* FAX *26 02 26 00.* ***Chambres :*** *511.* AE, DC, MC, V, JCB, EC. DM DM DM DM
www.interconti.com
berlin@interconti.com

À la lisière du Zoologischer Garten *(p. 144)*, l'Inter-Continental dresse une silhouette massive difficile à manquer avec sa verrière en coupole protégeant le hall principal. Spacieuses, les chambres sont réparties en plusieurs catégories. Le bâtiment abrite une piscine, un Jacuzzi, un sauna et un club de remise en forme, ainsi que le restaurant Zum Hugenotten *(p. 240)*, apprécié des gourmets berlinois.

Grand Hyatt Berlin

Marlene-Dietrich-Platz 2, 10785 Berlin. **Plan** 6 . *25 53 12 34.* FAX *25 53 12 35.* *(0180) 523 12 34.* ***Chambres :*** *342.* AE, DC, MC, V, JCB, EC. DM DM DM DM DM www.hyatt.com
afischer@hyattintl.com

Construit près du complexe de la Potsdamer Platz, le Grand Hyatt met ses hôtes à courte distance d'un centre commercial, de salles de concerts et de théâtre, et du cinéma où se déroule le Festival du film de Berlin. Le quartier renferme aussi un casino, des restaurants et le Kulturforum *(p. 114-115)*. L'hôtel lui-même comprend un bar à sushi japonais, un bistro, un bon restaurant appelé le Vox et un café tranquille : le Tizian.

KREUZBERG

Hotel am Anhalter Bahnhof

Stresemannstrasse 36, 10963 Berlin. **Plan** 12 E1. *251 03 42.* FAX *251 48 97.* ***Chambres :*** *33.* MC, V, EC. DM
www.hotel-anhalter-bahnhof.de
Hotel-AAB@t-online.de

Installé dans un ancien immeuble d'habitation, ce petit établissement accueillant loue des chambres dont les prix dépendent du confort. Les moins chères donnent sur une rue bruyante et ne possèdent pas de salle de bains. Celles du côté cour sont nettement plus calmes.

Hotel Transit

Hagelberger Strasse 53-54, 10965 Berlin. **Plan** 12 F4. *789 04 70.* FAX *789 04 777.* ***Chambres :*** *49.* AE, MC, V. DM
www.hotel-transit.de
welcome@hotel-transit.de

À l'ouest du Victoriapark, voici un petit hôtel aux tarifs abordables. Ne vous attendez certes pas au luxe, mais les alentours sont animés et la situation permet de rejoindre facilement le centre-ville.

Jugendgästehaus der DSJ

Franz-Künstler-Strasse 10, 10969 Berlin. **Plan** 13 B2. *615 10 07.* FAX *61 40 11 50.* ***Chambres :*** *124.* DM

Agréable malgré sa taille, cette auberge de jeunesse jouit d'une excellente situation au centre de Kreuzberg près du Jüdisches Museum *(p. 137)*. Les chambres n'ont pas de salles de bains, il faut donc utiliser les douches communes. Les tarifs les plus bas s'appliquent à des lits en dortoirs.

Hotel Antares

Stresemannstrasse 97, 10963 Berlin. **Plan** 12 E1. *254 16 0.* FAX *261 50 27.* ***Chambres :*** *85.* AE, DC, JCB, MC, V, EC. DM DM
www.hotel-antares.com
GAWRON@hotel-antares.com

Cet établissement moderne, proche du Martin-Gropius-Bau *(p. 136)* et de la Potsdamer Platz, propose des chambres en classe « affaires » ou simples. La différence entre les deux justifie le surcoût si vous envisagez un séjour prolongé où si vous devez travailler pendant votre séjour. Si vous venez pour un week-end, n'hésitez pas à vous renseigner sur d'éventuelles offres spéciales.

Hotel Riehmers Hofgarten

Yorckstrasse 83, 10 965 Berlin. **Plan** 12 F4. *78 09 88 00.* FAX *78 09 88 08.* ***Chambres :*** *25.* AE, DC, MC, V. DM DM
www.hotel-riehmers-hofgarten.de
info@hotel-riehmers-hofgarten.de

Dans une élégante cité résidentielle néo-Renaissance *(p. 138-139)*, construite à la fin du XIXe siècle, hauts plafonds et salles de bains raffinées caractérisent les chambres spacieuses d'un ancien immeuble d'appartements. Les plus agréables donnent sur la cour intérieure.

Best Western Hotel Stuttgarter Hof

Anhalter Strasse 9, 10963 Berlin.
Plan 12 F1. *264 830.* FAX *264 83 900.* ***Chambres :*** *110.* 1 24 TV P AE, DC, MC, V, JCB, EC. DM DM DM
www.bestwestern.de
030264830@t-online.de

Proche du centre derrière la Potsdamer Platz, cet hôtel de chaîne haut de gamme date de 1907. Il possède une façade intéressante, des chambres de bonnes dimensions, un restaurant baptisé le Gershwin et un charmant jardin intérieur.

AUTOUR DU KURFÜRSTENDAMM

Hotel Pension Funk

Fasanenstrasse 69, 10719 Berlin.
Plan 10 D2. *882 71 93.*
FAX *883 33 29.* ***Chambres :*** *14.*
1 P AE, MC, V. DM

Ce charmant petit hôtel borde la Fasanenstrasse, la rue des boutiques de luxe, et il se trouve à courte distance de cabarets, de théâtres et de restaurants renommés. Le bâtiment date du tournant du siècle et fut jadis la demeure d'Asta Nielsen, une vedette du cinéma muet. Il conserve des éléments décoratifs d'époque tels que des plafonds en voûte et des vitraux Art nouveau.

Alpenland

Carmerstrasse 8, 10623 Berlin.
Plan 3 C5. *312 39 70.* FAX *313 84 44.*
Chambres : *35.* 1 TV V, EC DM DM

Situé dans un ancien immeuble d'appartements, ce modeste établissement occupe une position centrale sur une petite rue reliant la Savignyplatz à la Steinplatz. Toutes les chambres n'ont pas leur propre salle de bains, et celles qui n'en ont pas, au quatrième étage, sont bien moins chères. Le restaurant sert des spécialités berlinoises.

Best Western Hotel Boulevard and Kurfürstendamm

Kurfürstendamm 12, 10719 Berlin.
Plan 10 D1. *884 250.* FAX *884 25 450.* ***Chambres :*** *57.* 1 TV P AE, DC, MC, V, EC. DM DM
www.bestwestern.de
info@boulevard.bestwestern.de

Bien située sur le Kurfürstendamm, cette succursale de chaîne ne possède pas de restaurant, ce qui n'est pas gênant dans la mesure où les environs n'en manquent pas. En été, un café en plein air offre depuis le toit une belle vue du quartier.

Blue Band Berlin Mark Hotel

Meinekestrasse 18-19, 10719 Berlin.
Plan 10 D2. *88 00 20.* FAX *880 02 804.* ***Chambres :*** *233.* 1 TV P AE, DC, MC, V, JCB, EC.
DM DM *www.markhotel.de*
info@markhotel.de

Ce trois étoiles confortable proche du Kurfürstendamm loue des chambres meublées dans des tons clairs. Seize d'entre elles offrent des prestations supplémentaires, destinées aux voyageurs d'affaires. Les tarifs varient en fonction de la période de l'année. Ils augmentent lors de grandes manifestations ou de foires commerciales.

Blue Band Berlin Plaza Hotel

Knesebeckstrasse 63, 10719 Berlin.
Plan 9 C2. *884 130.* FAX *884 13 754.* ***Chambres :*** *131.* 1 TV P AE, DC, MC, V, JCB, EC. DM DM
www.plazahotel.de
info@plazahotel.de

Cet hôtel de chaîne a pour principaux avantages la proximité du Kurfürstendamm et des chambres fonctionnelles et lumineuses, mais il offre aussi des tarifs réduits le week-end. Son restaurant, le Knese, est réputé pour sa cuisine berlinoise.

Consul

Knesebeckstrasse 8-9, 10623 Berlin.
Plan 3 C5. *311 060.* FAX *312 20 60.* ***Chambres :*** *75.* 1 24 TV AE, DC, MC, V, JCB. DM DM
www.hotel-consul.de
info@hotel-consul.de

Non loin du Kurfürstendamm, le Consul abrite des chambres dont le prix varie en fonction du niveau de confort. Certaines viennent d'être équipées d'une salle de bains et d'un téléviseur.

Comfort Hotel Frühling am Zoo

Kurfürstendamm 17, 10719 Berlin.
Plan 10 D1. *881 80 83.*
FAX *881 64 83.* ***Chambres :*** *70.* 1 24 TV AE, DC, MC, V, JCB, EC. DM DM
www.hotelchoice.com
info@fruehling.com

Cet établissement de milieu de gamme occupe au-dessus d'une série de magasins un immeuble du XIXe siècle situé à l'angle du Kurfürstendamm et de la Joachimstaler Stasse. Il ne possède pas de restaurant, mais loue, entre autres, des appartements dotés de petites cuisines. Les chambres dominent une rue bruyante, mais des fenêtres à double vitrage assurent une bonne insonorisation. Toutefois, l'absence de climatisation peut contraindre en été à choisir entre deux maux.

Hotel Ambassador Berlin

Bayreuther Strasse 42-43, 10787 Berlin. **Plan** 10 F1. *219 020.*
FAX *219 02 380.* ***Chambres :*** *199.* 1 24 TV P AE, DC, MC, V, EC. DM DM DM
www.ambassador-berlin.de
info@ambassador-Berlin.de

Cet établissement borde une rue tranquille près de la Wittenbergplatz et du KaDeWe (p. 149). Il loue des chambres confortables et insonorisées. Le restaurant au décor rustique propose un service à la carte ou en buffet.

Hotel Askanischer Hof

Kurfürstendamm 53, 10707 Berlin.
Plan 9 B2. *881 80 33.* FAX *881 72 06.* ***Chambres :*** *16.* 1 TV P AE, DC, MC, V, JCB, EC. DM DM

Cette petite pension proche de la Schlüterstrasse, l'un des rares hôtels à avoir survécu à la Seconde Guerre mondiale, possède beaucoup d'atmosphère avec son décor dans le style des années 20 et ses meubles d'époque. Les écrivains Franz Kafka et Arthur Miller y séjournèrent, et des célébrités continuent d'en apprécier le charme désuet.

Hotel Astoria

Fasanenstrasse 2, 10623 Berlin.
Plan 4 D5. *312 40 67.* FAX *312 50 27.* ***Chambres :*** *32.* 1 24 TV P AE, DC, MC, V, JCB. DM DM
www.hotelastoria.de
astoriahotel@t-online.de

Dirigé par la même famille depuis trois générations, l'Astoria loue des chambres confortables dans un édifice du XIXe siècle. La proximité de la Savignyplatz compense l'absence de restaurant. Il existe des tarifs spéciaux le week-end, mais les prix augmentent pendant les grandes foires commerciales.

Hotel Berliner Hof

Tauentzienstrasse 8, 10789 Berlin. **Plan** 10 E1. *254 95 0.* FAX *262 30 65.* ***Chambres :*** *80.* *AE, DC, MC, V.* *www.berliner-hof.com* *info@berliner-hof.com*

Le Berliner Hof ne possède pas de restaurant, mais il se trouve près du célèbre Europa-Center *(p. 144)*, dans un quartier où le choix est vaste. Grandes et lumineuses, dotées du confort moderne, toutes les chambres ont été rénovées en 1998. Celles donnant sur la Tauentzienstrasse ont des fenêtres à double vitrage, mais vous pouvez aussi demander à dormir côté cour.

Hotel California

Kurfürstendamm 35, 10719 Berlin. **Plan** 9 C1. *880 120.* FAX *880 12 111.* ***Chambres :*** *45.* *AE, DC, MC, V, JCB, EC.*

Très agréable et fort bien situé, le California séduira ceux qui préfèrent les établissements de taille modeste. Il occupe un édifice du XIXe siècle et, comme souvent à Berlin, la réception se trouve au premier étage. Il n'a pas de restaurant, mais les environs offrent un large choix.

Hotel Pension Augusta

Fasanenstrasse 22, 10719 Berlin. **Plan** 10 D1. *883 50 28.* FAX *882 47 79.* ***Chambres :*** *25.* *MC, V.* *www.hotel-augusta.de* *info@hotel-augusta.de*

Cette pension relativement bon marché se trouve au cœur même de Berlin. Elle propose, dans un édifice du XIXe siècle, des chambres spacieuses et calmes. Celles qui ne possèdent pas de salles de bains sont beaucoup moins chères. Il n'y a pas de restaurant à l'hôtel, mais vous aurez l'embarras du choix aux alentours.

Propeller Island City Lodge

Albrech-Achilles Strasse 58, 10709 Berlin-Wilmersdorf. *891 90 16.* FAX *891 87 21.* ***Chambres :*** *31.* *www. propeller-island.com*

Cet « hôtel d'art », installé dans un immeuble d'appartements datant du XIXe siècle, borde l'une des rues les moins bruyantes parmi toutes celles qui partent du Kurfürstendamm. Chaque chambre y est considérée comme une œuvre contemporaine et décline un thème. Passer la nuit dans la chambre aux symboles, ou celle des nains, est une expérience qui sort de l'ordinaire.

Remter

Marburger Strasse 17, 10789 Berlin. **Plan** 10 E1. *23 50 88 0.* FAX *213 86 12.* ***Chambres :*** *31.* *AE, DC, MC, V.* *hotel-remter@t-online.de*

Le Remter jouit à la fois du calme et d'une excellente situation à environ 200 m de la Kaiser-Wilhelm-Gedächtniskirche *(p. 146-147)*. Il ne pratique pas les tarifs les plus bas de Berlin, mais offre un des meilleurs rapports qualité-prix dans cette partie du centre.

Alsterhof

Augsburger Strasse 5, 10789 Berlin. **Plan** 10 E2. *212 42 719.* FAX *212 42 731.* ***Chambres :*** *200.* *AE, DC, V, EC.* *www.alsterhof.com* *info@alsterhof.com*

L'Alsterhof constitue une base idéale pour se lancer dans l'exploration des rayons du grand magasin KaDeWe *(p. 149)*. On peut y louer une chambre non-fumeur et le tabac est banni de la salle de petit déjeuner. En été, les tables dressées dans la cour intérieure permettent de prendre le café à l'ombre d'un beau noyer.

Best Western Hotel President

An der Urania 16-18, 10787 Berlin-Schöneberg. **Plan** 10 F2. *21 90 30.* FAX *21 41 200.* ***Chambres :*** *186.* *AE, DC, MC, V.* *www. bestwestern.de* *info@president.bestwestern.de*

Ce grand hôtel proche de la Nollendorfplatz propose des chambres confortables et fonctionnelles appartenant à plusieurs catégories, ce qui lui permet de répondre aux besoins d'un voyage d'affaires comme à ceux d'un séjour touristique. Il pratique des tarifs réduits le week-end et pendant les périodes de vacances.

Bleibtreu Hotel

Bleibtreustrasse 31, 10707 Berlin. **Plan** 9 B2. *88 47 40.* FAX *884 74 444.* ***Chambres :*** *60.* *AE, DC, MC, V, EC.*

Le Bleibtreu occupe un bâtiment du XIXe siècle dominant une rue tranquille près du Kurfürstendamm. Sa décoration raffinée enchantera tous ceux qui apprécient les matériaux naturels. Le restaurant utilise principalement des ingrédients biologiques produits aux environs de Berlin. Un joli jardin intérieur offre un cadre très agréable où se détendre à la belle saison.

Blue Band Berlin Excelsior Hotel

Hardenbergstrasse 14, 10623 Berlin. **Plan** 4 D5. *31 55 0.* FAX *31 55 10 53.* ***Chambres :*** *320.* *AE, DC, MC, V, JCB, EC.* *www.blueband.de* *info@hotel-excelsior.de*

Situé à côté de la célèbre Ludwig-Erhard-Haus *(p. 144-145)*, cet établissement bien tenu propose un service attentif et une bonne cuisine. Les enfants de moins de 16 ans accompagnant leurs parents ne paient pas.

Concept Hotel

Grolmanstrasse 41-43, 10623 Berlin. **Plan** 9 C1. *884 260.* FAX *884 26 500.* ***Chambres :*** *106.* *AE, DC, MC, V, JCB, EC.* *www.concept-hotel.com* *info@concept-hotel.com*

Les personnes de très grandes tailles trouveront des lits plus longs que la moyenne dans cet établissement moderne bordant une rue tranquille. La terrasse du toit domine le quartier, et on dîne en été dans la cour intérieure.

Hecker's Hotel

Grolmanstrasse 35, 10623 Berlin. **Plan** 9 C1. *88 900.* FAX *88 90 260.* ***Chambres :*** *71.* *AE, DC, MC, V, JCB.* *www.heckers-hotel.com* *info@heckers-hotel.com*

En plein cœur de la ville tout près du Kurfürstendamm, cet hôtel privilégie une approche personnalisée de l'accueil. Derrière une façade insignifiante, il cache un intérieur sophistiqué, qui séduira tous les amateurs d'art contemporain, et du mobilier dessiné par Frank Lloyd Wright et Hans Martin Unger.

Crowne Plaza Berlin City Centre

Nürnberger Strasse 65, 10787 Berlin. **Plan** 10 E2. *21 00 70.* FAX *213 20 09.* ***Chambres :*** *425.*

Légende des symboles, *voir rabat de couverture*

AE, DC, MC, V, EC. ⓓⓜⓓⓜⓓⓜ

@ info@crowneplaza.de

Proche de la Kaiser-Wilhelm-Gedächtniskirche et de la Tauentzienstrasse, ce luxueux hôtel de chaîne possède une atmosphère agréable, une piscine, un bon restaurant et des chambres spacieuses. Il propose le week-end des forfaits comprenant des visites guidées.

Hotel Avantgarde

Kurfürstendamm 15, 10719 Berlin. **Plan** 10 D1. *882 64 66.* FAX *882 40 11.* ***Chambres :*** *27.* *AE, DC, MC, V, JCB.* ⓓⓜⓓⓜⓓⓜ

W *www.hotel-avantgarde.com*

@ *info@hotel-avantgarde.com*

L'Avantgarde occupe depuis la fin du XIXe siècle les étages supérieurs d'un édifice néo-baroque. Il loue de grandes chambres dotées de fenêtres à double vitrage et de plafonds moulurés. Il ne dispose pas de sa propre salle de restaurant, mais le rez-de-chaussée de l'immeuble abrite un établissement de la chaîne Mövenpick.

Hotel Mondial

Kurfürstendamm 47, 10707 Berlin. **Plan** 9 B2. *88 41 10.* FAX *8841 11 50.* ***Chambres :*** *75.* *AE, DC, MC, V, JCB, EC.* ⓓⓜⓓⓜⓓⓜ

W *www.hotel-mondial.com*

@ *hotel-mondial@t-online.de*

Bien situé près de la George-Grosz-Platz, le Mondial possède une agréable décoration moderne. Accessible en fauteuil roulant, il propose des chambres adaptées aux besoins des personnes handicapées.

Hotel Residenz Berlin

Meinekestrasse 9, 10719 Berlin. **Plan** 10 D2. *88 44 30.* FAX *882 47 26.* ***Chambres :*** *80.* *AE, DC, MC, V.* ⓓⓜⓓⓜⓓⓜ

W *www.hotel-residenz.com*

Dans une rue proche du Kurfürstendamm, le Residenz offre un confort de milieu de gamme dans un immeuble du XIXe siècle récemment réhabilité. Moulures et rampes ouvragées donnent à l'intérieur un aspect très rétro. De nombreux objets Art déco et un plafond peint décorent le restaurant : le Grand Cru. Le choix d'hébergements est large puisqu'il comprend des chambres, des suites et des appartements équipés d'une cuisine. Les tarifs incluent un petit déjeuner servi en buffet. En cas de séjour prolongé, renseignez-vous sur les réductions pratiquées.

Sorat Art'otel Berlin

Joachimstaler Strasse 29, 10719 Berlin. **Plan** 10 D2. *88 44 70.* FAX *88 447 700.* ***Chambres :*** *133.* *AE, DC, MC, V, JCB, EC.* ⓓⓜⓓⓜⓓⓜ

W *www.sorat-hotels.com*

À quelques pas du Kurfürstendamm, non loin de la Kaiser-Wilhelm-Gedächtniskirche *(p. 146-147)*, le discobole qui domine sa façade aide à reconnaître de loin cet hôtel appartenant à une chaîne de création récente. La décoration intérieure joue résolument la carte du modernisme, et Johann et Gernotow Nalbach l'ont conçue comme une œuvre d'art globale où chaque chambre, personnalisée, abrite un dessin original. Le service satisfait la plus haute exigence, et on y trouve un restaurant en plus de la salle de petit déjeuner.

Hotel Brandenburger Hof

Eislebener Strasse 14, 10789 Berlin. **Plan** 10 E2. *214 050.* FAX *214 05 100.* ***Chambres :*** *82.* *AE, DC, MC, V, JCB.* ⓓⓜⓓⓜⓓⓜⓓⓜ

W *www.brandenburger-hof.com*

@ *info@brandenburger-hof.com*

Son élégance, une atmosphère intime, un service impeccable, des chambres luxueuses et calmes et l'un des meilleurs restaurants de la ville, Die Quadriga *(p. 241)*, font du Brandenburger Hof l'une des adresses les plus recherchées de Berlin. Membre de Relais et Châteaux, l'hôtel occupe un édifice plein de charme bâti au tournant du siècle, restauré avec soin et meublé d'objets de la période du Bauhaus. Le personnel est réputé pour l'attention qu'il porte à tous les clients.

Hotel Palace Berlin

Budapester Strasse 45, 10789 Berlin. **Plan** 10 E1. *250 20.* FAX *2502 11 61.* ***Chambres :*** *282.* *AE, DC, MC, V, JCB, EC.* ⓓⓜⓓⓜⓓⓜⓓⓜ

W *www.palace.de.*

@ *hotel@palace.de*

Installé dans l'Europa-Center en face de la Kaiser-Wilhelm-Gedächtniskirche, l'Hotel Palace offre un cadre raffiné conçu par le designer Ezra Pavrir, et que ne laisse pas présager l'extérieur insignifiant du bâtiment. Le personnel s'efforce de créer une atmosphère intime et assure aux hôtes un service personnalisé, ce qui explique la popularité de l'établissement auprès des hommes politiques et des stars du cinéma. On y trouve aussi bien des chambres individuelles que de vastes suites présidentielles. Les restaurants et bars comprennent l'élégant Sam's Bar aux boiseries d'acajou et l'une des meilleures tables de Berlin : le First Floor *(p. 241)*.

Savoy Hotel

Fasanenstrasse 9-10, 10623 Berlin. **Plan** 10 D1. *31 10 30.* FAX *311 03 333.* ***Chambres :*** *125.* *AE, DC, MC, V, CB.* ⓓⓜⓓⓜⓓⓜⓓⓜ

W *www.hotel-savoy.com*

Ce somptueux palace, fondé en 1930, jouit d'une situation exceptionnelle sur la Fasanenstrasse, à courte distance des magasins de luxe et des salles de spectacle réputées. Des chambres confortables et une atmosphère chaleureuse lui valent une clientèle d'habitués, et il a accueilli des célébrités comme Greta Garbo et Thomas Mann.

Hotel Steigenberger Berlin

Los-Angeles-Platz 1, 10789 Berlin. **Plan** 10 E2. *212 70.* FAX *212 71 17.* ***Chambres :*** *397.* *AE, DC, MC, V, EC.* ⓓⓜⓓⓜⓓⓜⓓⓜ

@ *steigenbergerBerlin@compuserve.com*

Le Steigenberger borde la paisible Los-Angeles-Platz près de l'Europa-Center, et propose des chambres accueillantes et des appartements de plusieurs catégories. Il attire une clientèle mixte, hommes d'affaires ou touristes, et possède une piscine, un sauna, un salon de massage et un bar agréable. L'un des restaurants, le Berliner Stube, sert une bonne cuisine régionale. L'Aromaküche permet de prendre des repas plus légers.

Kempinski Hotel Bristol Berlin

Kurfürstendamm 27, 10719 Berlin. **Plan** 10 D1. *884 340.* FAX *883 60 75.* ***Chambres :*** *301.* *AE, DC, MC, V, JCB.* ⓓⓜⓓⓜⓓⓜⓓⓜⓓⓜ

@ *Berl.reservation@kempinski.com*

Installé dans un édifice en arc de

cercle difficile à manquer sur le Kurfürstendamm, le Kempinski jouit d'une telle popularité que les Berlinois l'appellent plutôt par son diminutif : « Kempi ». Ouvert en 1953, il a connu une importante rénovation dans les années 90, et des éléments modernes s'intègrent harmonieusement à un décor classique. Des salles de bains en marbre équipent les chambres luxueuses et très confortables. 56 sont réservées aux non-fumeurs et 18 accessibles en fauteuil roulant. Les restaurants du « Kempi » partagent son renom. Le Kempinski-Grill propose une cuisine internationale et le Kempinski-Eck, de style bistro, sert des spécialités berlinoises et ouvre sa terrasse l'été.

CHARLOTTENBURG

Hotel an der Oper

Bismarckstrasse 100, 10625 Berlin. **Plan** 3 A4. *315 830.* FAX *315 83 109.* ***Chambres :*** *46.* TV *AE, DC, MC, V, JCB.* DM DM W *www.hotel-an-der-oper.de.* @ *webmaster@hotel-an-der-oper.de*

Comme son nom le laisse deviner, l'Hotel an der Oper se trouve près du Deutsche Oper Berlin *(p. 266)*, l'opéra de Charlottenburg. La Bismarckstrasse est une rue bruyante, mais les chambres sont équipées de fenêtres à double vitrage. Toutefois, celles qui donnent sur la cour permettent de dormir en gardant la fenêtre ouverte. Les hôtes disposent d'une salle de petit déjeuner non-fumeur.

Schlossparkhotel

Heubnerweg 2a, 14059 Berlin. **Plan** 2 D2. *326 90 30.* FAX *325 88 61.* ***Chambres :*** *39.* TV *AE, DC, MC, V, JCB, EC.* DM DM DM W *www.schlossparkhotel.de.* @ *webmaster@schlossparkhotel.de*

Cet agréable petit hôtel n'est pas bien desservi par le métro, mais une station de S-Bahn, Westend, n'est qu'à une courte distance à pied. Il a en revanche l'avantage de posséder quelques chambres dotées d'un balcon dominant le parc de Charlottenburg.

EN DEHORS DU CENTRE

Die Fabrik

Schlesische Strasse 18, 10997 Berlin-Kreuzberg. *611 71 16.* FAX *618 29 74.* ***Chambres :*** *41.* DM

Dans une ancienne usine, Die Fabrik propose des chambres simples, doubles et pour trois ou quatre personnes, ainsi qu'un hébergement en dortoir très bon marché. Simple, le mobilier est en bois clair. Les salles de bains sont communes. Il règne une atmosphère décontractée, mais le lieu n'est pas spécialement réservé aux jeunes.

Hotel Ahorn

Schlüterstrasse 40, 10707 Berlin-Charlottenburg. **Plan** 9 B2. *881 43 44.* FAX *8871 98 71.* ***Chambres :*** *28.* TV *AE, DC, MC, V, JCB, EC.* DM

Cet établissement de style chambre d'hôtes jouit d'une situation privilégiée à quelques pas du Kurfürstendamm. Il loue des chambres pour deux ou trois personnes, ainsi que des appartements avec une cuisine destinés à des séjours plus longs.

Hotel Belvedere

Seebergsteig 4, 14193 Berlin-Wilmersdorf. *82 60 010.* FAX *82 60 0163.* ***Chambres :*** *18.* TV DM

Dans une rue paisible de l'arrondissement de Grunewald, un jardin romantique entoure cette villa pittoresque transformée en hôtel de charme. À l'intérieur, tapis, papiers peints désuets et lustres en cristal créent une ambiance bourgeoise qui semble appartenir à une autre époque.

Hotelpension Alpina

Trabener Strasse 3, 14193 Berlin-Wilmersdorf. *891 35 17.* FAX *893 53 42.* ***Chambres :*** *17.* TV DM

L'Alpina est géré par les mêmes propriétaires que le Belvedere, et lui aussi borde une rue tranquille et verdoyante de Grunewald. Il occupe une villa néo-baroque qui date du début du siècle et possède une atmosphère familiale. Décorées à l'ancienne, les chambres n'ont pas toutes leur propre salle de bains.

Artemisia

Brandenburgische Strasse 18, 10707 Berlin-Wilmersdorf. *873 89 05.* FAX *861 86 53.* ***Chambres :*** *8.* TV DM DM

Installé dans un immeuble ancien, l'Artemisia est le seul hôtel de Berlin qui n'accueille que des femmes. Il reçoit beaucoup de clientes en voyage d'affaires, et les hommes ont tout de même le droit d'entrer dans la salle de conférence. Les chambres se trouvent aux quatrième et cinquième étages.

Best Western Kanthotel Berlin

Kantstrasse 111, 10627 Berlin-Charlottenburg. **Plan** 9 A1. *323 020.* FAX *324 09 52.* ***Chambres :*** *70.* 24 TV *AE, DC, EC, V.* DM DM W *www.kanthotel.com.* @ *info@kanthotel.bestwestern.de*

Bien tenu, cet établissement de milieu de gamme présente l'avantage de se trouver à courte distance de la gare de chemin de fer de Charlottenburg et tout près du quartier commerçant de la Wilmersdorfer Strasse. Il propose, entre autres, des chambres non-fumeur et des chambres de classe affaires. Services baby-sitting et blanchissage. Il n'y a pas de restaurant, mais les alentours en offrent un large choix.

East-Side Hotel

Mühlenstrasse 6, 10243 Berlin-Friedrichshain. **Plan** 8 F5. *29 38 33.* FAX *29 38 35 55.* ***Chambres :*** *36.* TV *AE, DC, MC, V, EC.* DM DM

L'immeuble se dresse en face de la partie du Mur devenue l'East-Side-Gallery *(p. 165)*, et il servait aux logements d'ouvriers du temps de la RDA. Modernisé, il loue depuis 1996 de grandes chambres lumineuses avec salles de bains spacieuses. L'ambiance est familiale.

Estrel Residence & Congress Hotel

Sonnenallee 225, 12057 Berlin-Neukölln. **Plan** 14 F5. *68 31 0.* FAX *68 31 23 45.* ***Chambres :*** *1125.* 24 TV *AE, DC, MC, V, EC.* DM DM W *www.estrel.com.*

Inaugurée en 1994, cette succursale d'une des plus grandes chaînes hôtelières d'Allemagne a pour vocation première l'accueil de congrès. Néanmoins, elle attire aussi une importante clientèle touristique. Relié au centre par le S-Bahn, l'Estrel renferme tant de chambres que le visiteur imprévoyant est presque toujours sûr d'en trouver une de libre même sans réservation. Les hôtes disposent d'une crèche où déposer leurs enfants et de cinq restaurants. En été, un café s'installe en plein air au bord du canal.

Forsthaus an der Hubertusbrücke

Stölpchenweg 45, 14109 Berlin-Wannsee. *805 86 80.* FAX *805 35 24.* ***Chambres :*** *22.* TV *AE, EC, ML, V.* DM DM @ *info@forsthaus.com*

Une ambiance intime dans un cadre verdoyant permet de se reposer ici après une journée de visite. On y oublie presque que la « maison forestière » Hubertusbrücke ne se trouve qu'à vingt minutes d'une grande métropole moderne.

Forsthaus Paulsborn

Am Grunewaldsee/Hüttenweg 90, 14193 Berlin-Grunewald. *818 19 10.* FAX *81 81 91 50.* ***Chambres :** 10.* *AC, DC, V.* *paulsborn@t-online*

Cet ancien pavillon de chasse construit au début du siècle n'abrite que 10 chambres et, bien que quelques kilomètres seulement le séparent du centre-ville, il est assez isolé, au bord d'un lac de la forêt de Grunewald. Mieux vaut disposer d'une voiture, et donc affronter la circulation, pour pouvoir profiter de ce havre de paix.

Holiday Inn Berlin City Center East

Prenzlauer Allee 169, 10409 Berlin-Prenzlauer Berg. *44 66 10.* FAX *44 66 16 61.* ***Chambres :** 122.* *AE, DC, MC, V, EC.* *www.circle-hotel.com.* *holidayinn@circle-hotel.com*

Cet établissement porte le nom de l'artiste espagnol dont les œuvres apparaissent partout : sur les murs, sur le sol et jusque sur les porte-clefs. Gaies, les peintures et les sculptures correspondent parfaitement à l'esprit du quartier. Modernes et propres, les chambres abritent toutes une gravure signée de Gustavo. Des tarifs réduits sont proposés pendant le week-end, et les transports publics s'arrêtent devant l'hôtel.

Hotel Igel

Friederikestrasse 33-34, 13505 Berlin-Tegelort. *436 00 10,* FAX *436 24 70.* ***Chambres :** 70.* *EC, AE, V, DC*

Si vous ne venez pas à Berlin uniquement pour découvrir la ville, mais aussi pour vous reposer, l'Hotel Igel devrait parfaitement répondre à vos souhaits avec ses chambres confortables et silencieuses près du Tegeler See. Restaurant réputé pour ses spécialités de gibier et de poisson.

Hotel Pension Wittelsbach

Wittelsbacher Strasse 22, 10707 Berlin-Wilmersdorf. *864 98 40.* FAX *862 15 32.* ***Chambres :** 31.* *AE, MC, V, JCB.*

Dans un édifice du XIXe siècle aux chambres immenses et pour certaines décorées de moulures, la pension Wittelsbach s'adresse tout particulièrement aux familles avec des jeunes enfants. Un étage leur est consacré, avec des salles de jeu aux décors inspirés du Far West et des palais de contes de fées. Les parents pris au dépourvu peuvent y louer du matériel tel qu'un chauffe-biberon.

Hotel Rheinsberg am See

Finsterwalder Strasse 64, 13435 Berlin-Reinickendorf. *402 10 02.* FAX *403 50 57.* ***Chambres :** 81.* *MC, V, EC.* *www.hotel-rheinsberg.com*

L'Hotel Rheinsberg am See vous conviendra parfaitement si vous êtes prêts à vous éloigner du centre pour jouir du calme, d'un cadre pittoresque au-dessus d'un lac et de chambres confortables à prix raisonnable. La forme curieuse du bâtiment et son intérieur rustique en font un lieu de séjour qui ne manque pas d'originalité.

Hotel Ibis Berlin Mitte

Prenzlauer Allee 4, 10405 Berlin-Mitte. **Plan** 8 D1. *44 33 30.* FAX *44 33 31 11.* ***Chambres :** 198.* *AE, DC, MC, V, JCB, EC.* *h0357@accor-hotels.com*

La chaîne Ibis possède trois hôtels à Berlin. Celui-ci propose à Mitte, à quelques centaines de mètres d'Alexanderplatz, des chambres modernes un peu exiguës, un service agréable et des prix relativement bas. La boutique de la station-service voisine reste ouverte 24 h/24.

Ibis Hotel Berlin-Messe

Messedamm 10, 14057 Berlin-Charlottenburg. **Plan** 1 C5. *30 39 30.* FAX *301 95 36.* ***Chambres :** 168.* *AE, DC, EC, V.* *h0657@accor-hotels.com*

Les participants des nombreux congrès et foires commerciales organisés dans le quartier n'ont que quelques pas à faire pour rejoindre cet Ibis qui occupe un immeuble récemment rénové près de la Funkturm *(p. 175)*. Il permet aussi de rejoindre aisément le Kurfürstendamm et l'arrondissement de Mitte.

Imperator

Meinekestrasse 5, 10719 Berlin-Charlottenburg. **Plan** 10 D2. *881 41 81.* FAX *885 19 19.* ***Chambres :** 11.*

Dans une rue élégante à un jet de pierre du Ku'damm, l'Imperator occupe un immeuble de la fin du XIXe siècle, qui rappelle le passé aristocratique du quartier. Réputé pour la prévenance de son personnel, il attire, entre autres, une clientèle d'artistes.

Jurine

Schwedter Strasse 15, 10119 Berlin-Mitte. *443 29 90.* FAX *44 32 99 99.* ***Chambres :** 53.* *AE, DC, EC, MC, V.* *www.hotel-jurine.de* *mail@hotel-jurine.de*

Dans une petite rue proche de la Senefelderplatz, au cœur de Prenzlauer Berg, le Jurine constitue une excellente base d'où découvrir ce quartier animé et profiter de sa vie nocturne, d'autant que la station de U-Bahn voisine procure un accès rapide au centre-ville. Récemment rénovées, les chambres offrent un haut niveau de confort. L'hôtel possède un jardin.

Modena

Wielandstrasse 26, 10707 Berlin. **Plan** 9 B2. *885 70 10.* FAX *881 52 94.* ***Chambres :** 19.*

Cette pension berlinoise typique occupe, près du Kurfürstendamm et de l'Olivaer Platz, un immeuble d'appartements de la fin du XIXe siècle ; il n'y a pas de salle de bains dans toutes les chambres. Celles-ci sont d'ailleurs moins chères quand elles ne disposent que d'un lavabo. Le prix comprend le petit déjeuner. Nombreux restaurants et cafés aux alentours.

Queens Hotel Berlin

Güntzelstrasse 14. 10717 Berlin-Wilmersdorf. **Plan** 10 D4. *868 860.* FAX *861 93 26.* ***Chambres :** 108.* *AE, DC, MC, V, EC.* *www.queenshotel.de* *reservation.QBerlin@queensgruppe.de*

Voici un hôtel confortable, bordant une rue paisible près d'une station de U-Bahn, et à courte distance du centre et des bars de Schöneberg. Le calme, des chambres accueillantes et bien équipées, un service attentif et un bon petit déjeuner garantissent un séjour agréable.

Villa Kastania

Kastanienallee 20, 14052 **Plan** 1 A5. Berlin-Charlottenburg. *30 00 02 0.* FAX *30 00 02 10.* ***Chambres :*** *43.* *AE, DC, MC, V, JCB, EC.* DM DM

Située dans une rue tranquille à quelques minutes à pied du Messegelände *(p. 175)*, la Villa Kastania ne présente pas uniquement de l'intérêt pour les visiteurs venant assister à une foire commerciale, mais aussi pour tous ceux désirant découvrir la ville. Bien desservie par les transports publics, elle a pour atouts des prix raisonnables, un service de haut niveau, une atmosphère intime et des chambres dotées de balcons et de cuisinettes.

Villa Toscana

Bahnhofstrasse 19, 12207 Berlin-Steglitz. *76 89 270.* FAX *773 44 88.* ***Chambres :*** *16.* *AE, DC, MC, V, JCB.* DM DM *www.villa-toscana.de*

De style italianisant, la Villa Toscana date de la fin du XIXe siècle, et il est difficile d'y descendre sans voiture car elle se trouve loin du centre et n'est pas desservie par le métro ou le S-Bahn. Les hôtes y jouissent en revanche du calme et d'une atmosphère romantique. Des antiquités meublent les chambres aux salles de bains en marbre.

Hotel Luisenhof

Köpenicker Strasse 92, 10179 Berlin-Mitte. **Plan** 8 D5. *241 59 06.* FAX *279 29 83.* ***Chambres :*** *27.* *AE, DC, MC, V, JCB, EC.* DM DM DM *www.luisenhof.de* *info@luisenhof.de*

En 1993, une importante restauration a transformé le plus vieux bâtiment (1882) du quartier du Märkisches Museum en un charmant petit hôtel qui abrite de belles chambres et un restaurant installé dans la cave. Les tarifs sont plus intéressants le week-end.

Hotel Seehof Berlin

Lietzenseeufer 11, 14057 Berlin-Charlottenburg. **Plan** 2 D5. *32 00 20.* FAX *32 00 22 51.* ***Chambres :*** *77.* *AE, DC, MC, V, JCB, EC.* DM DM DM

Cet hôtel surprenant domine un lac pittoresque et un immeuble d'habitation construit sous l'empire. Pourtant, il suffit de dix minutes à pied pour rejoindre le champ de foire du Messegelände. Moderne, l'extérieur du Seehof Berlin ne révèle rien de l'élégance de l'intérieur. Vastes et meublées d'acajou, les chambres ont vue sur le lac. Le restaurant est un des meilleurs de Berlin.

SORAT Hotel Humboldt-Mühle Berlin

An der Mühle 5-9, 13507 Berlin-Reinickendorf *43 90 40.* FAX *43 90 44 44.* ***Chambres :*** *120.* *AE, DC, MC, V, JCB, EC.* DM DM DM *www.sorat-hotels.com*

Dans un ancien moulin près de l'aéroport de Tegel, meubles modernes en bois clair et éléments architecturaux traditionnels composent un décor recherché. Clin d'œil au passé, du blé complet entre dans la composition du petit déjeuner et de certains plats du restaurant.

SORAT Hotel Spree-Bogen Berlin

Alt-Moabit 99, 10559 Berlin-Tiergarten. **Plan** 4 F1. *399 200.* FAX *399 20 999.* ***Chambres :*** *220.* *AE, DC, MC, V, JCB, EC.* DM DM DM *www.sorat-hotels.com.*

Entourée de tours modernes non loin du Tiergarten et du quartier gouvernemental, cette ancienne laiterie occupe un site magnifique au bord de la Spree. Les chambres les plus agréables dominent la rivière. L'hôtel offre tout le confort moderne et possède son propre bateau, utilisable pour de courtes promenades jusqu'à la Museumsinsel ou le Reichstag.

The Ritz-Carlton Schlosshotel, Berlin

Brahmsstrasse 10, 14193 Berlin-Wilmersdorf. *895 840.* FAX *895 84 800.* ***Chambres :*** *54.* *AE, DC, MC, V, JCB, EC.* DM DM DM DM DM *www.ritzcarlton.com*

Le palace sans doute le plus luxueux et le plus cher de Berlin a donné une nouvelle vie au palais construit en 1912 pour Walter von Pannwitz, l'avocat personnel de l'empereur Guillaume II, dans la banlieue résidentielle huppée de Grunewald. La décoration intérieure est une œuvre du créateur de mode Karl Lagerfeld et le hall, somptueux, contient un magnifique plafond à caissons. De style Régence, le restaurant le Vivaldi *(p. 243)* jouit d'une grande renommée.

Les environs de Berlin

art'otel potsdam

Zeppelinstrasse 136, 14471 Potsdam. *(0331) 98 15 0.* FAX *(0331) 98 15 555.* ***Chambres :*** *123.* *AE, DC, MC, V.* DM DM *www.artotel.de* *potsdam@artotel.de*

Cet établissement de standing au bord de la Havel se distingue par le soin apporté à la décoration intérieure. Les chambres occupent une aile moderne, et elles ont pour principal atout leurs balcons au-dessus de la rivière, et un entrepôt à grain du XIXe siècle, doté de beaux plafonds aux poutres restaurées et d'un mobilier dépouillé dessiné par Jasper Morris. Le restaurant a pour spécialité les plats de poisson.

Hotel Voltaire

Friedrich-Ebert-Strasse 88, 14467 Potsdam. *(0331) 23 170.* FAX *(0331) 23 17 100.* ***Chambres :*** *143.* *AE, DC, MC, V, EC.* DM DM *www.astron-hotels.de* *potsdam-voltaire@astron-hotels.de*

En centre-ville près du quartier hollandais, cet hôtel de standing loue des chambres confortables dans un ancien palais baroque, agrandi d'un corps de bâtiment moderne.

Relexa Schlosshotel Cecilienhof

Am Neuen Garten, Potsdam. *(0331) 37 050.* FAX *(0331) 29 24 98.* ***Chambres :*** *42.* *AE, DC, MC, V, JCB, EC.* DM DM DM DM *www.castle-cecilienhof.com* *cecilienhof@t-online.de*

Peu d'endroits offrent à Berlin l'occasion de séjourner dans un endroit aussi chargé d'histoire. L'hôtel occupe en effet la majeure partie du château Cecilienhof *(p. 191)*, vaste manoir de style anglais bâti en 1917 pour les Hohenzollern. Il accueillit en 1945 la conférence de Potsdam *(p. 191)*, et les salles de réunion sont devenues un musée. Quand les visiteurs de passage sont partis, les hôtes peuvent profiter en toute quiétude du jardin et même se promener en bateau sur le lac.

Restaurants, cafés et bars

L'Allemagne n'a pas une haute réputation culinaire, mais la gastronomie a longtemps constitué un moyen d'évasion pour les habitants de Berlin-Ouest cernés de toutes parts. Vous trouverez ainsi en ville un choix de restaurants sans équivalent dans le reste du pays, que vous vouliez manger des spécialités indiennes, grecques, turques, chinoises, thaïlandaises, cambodgiennes ou même alsaciennes. Les solides recettes traditionnelles locales, souvent servies en portions généreuses, sont aussi à découvrir. Tous les quartiers renferment suffisamment de restaurants, de cafés et de bars pour répondre à des goûts et des moyens très variés. Les pages 228-229 donnent un rapide aperçu de quelques-unes des meilleures tables, distinguées parmi les établissements que nous vous présentons en pages 234-243. Nous les avons sélectionnés pour la finesse de leur cuisine ou leur bon rapport qualité-prix. Les pages 244-249 décrivent également les nombreuses possibilités qu'offre Berlin aux visiteurs en quête d'un en-cas ou d'un repas léger.

Armoiries ornant le Forsthaus Paulsborn

Décor simple et chaleureux au Bamberger Reiter *(p. 243)*

Trouver un restaurant

Les grands hôtels de luxe abritent certains des établissements gastronomiques les plus réputés. **Die Quadriga** *(p. 241)* dépend ainsi du Brandenburger Hof, et le **First Floor** *(p. 241)* de l'Hotel Palace Berlin. Quelques chefs de renom ont préféré s'installer dans des rues tranquilles loin du centre-ville, et il faut consentir à se déplacer pour dîner au **Rockendorfs** *(p. 243)*, au **Grand Slam** *(p. 243)* ou au **Bamberger Reiter** *(p. 243)*.

Il existe dans certains quartiers une dense concentration de restaurants qui permettent de disposer dans un petit périmètre d'un vaste choix de styles, de cuisines et de tarifs. Dans l'ancien Berlin-Ouest, essayez la Savignyplatz et ses alentours, dans le centre, les environs de l'Oranienburger Strasse, et à Prenzlauer Berg, l'arrondissement apprecié des jeunes à l'heure actuelle, la Kollwitzplatz et les rues voisines. Kreuzberg reste très animé, en particulier aux alentours de l'Oranienstrasse, malgré les nombreux changements survenus dans cette partie de la ville depuis la chute du Mur.

Que manger ?

Pratiquement tous les établissements, y compris dans les hôtels, proposent le matin de copieux petits déjeuners : les *Frühstücke*. Des œufs, du jambon, de la charcuterie et du fromage entrent dans la composition, variable, de ces repas substantiels qui tiennent plutôt du brunch que du café-croissants et restent servis tard. Certains endroits les proposent le dimanche en buffet jusqu'à 14 h.

On peut, au déjeuner, trouver à peu près partout un bol de soupe ou une salade. Un menu complet est souvent moins cher à midi que le soir. L'éventail de possibilités pour le dîner est pratiquement illimité, depuis des spécialités brandebourgeoises comme la soupe de pomme de terre et le jarret porc à la choucroute *(p. 230-231)* jusqu'aux cuisines asiatiques particulièrement bien représentées à Prenzlauer Berg et autour de la Savigny Platz. De nombreux restaurants italiens, grecs et turcs, de standing varié et souvent d'un bon rapport qualité-prix, témoignent du goût des

En terrasse devant l'Operncafé

Le Pasternak, restaurant russe de Prenzlauer Berg *(p. 242)*

Berlinois pour l'éclectisme. Beaucoup d'enseignes mexicaines ont également ouvert sur l'Oranienburger Strasse et à Kreuzberg.

Presque partout, des plats sans viande figurent à la carte. Nous avons néanmoins mentionné pages 234-246 les adresses qui proposent une grande variété de plats végétariens.

Prix et pourboires

Une carte près de l'entrée indique habituellement le menu et les prix. Ceux-ci varient beaucoup, en fonction du quartier notamment. Dans les plus populaires il est possible de faire un repas de trois plats pour une somme de 20 à 25 DM, (sans boisson alcoolisée), mais dans le centre il faut s'attendre à payer de 35 à 45 DM.
Dîner dans un établissement gastronomique peut revenir à plus de 150 DM. La note inclut toujours le service et les taxes, mais les Allemands arrondissent souvent la somme demandée. Dans les restaurants les plus chic, un pourboire de 10 % est la norme.

Heures d'ouverture

En règle générale, les cafés ouvrent de 9 h à tard dans la nuit et les restaurants commencent à servir à midi. Certains ferment entre 15 h et 18 h. Dans les quartiers les plus animés, il reste possible de trouver où manger jusqu'à 2 h ou 3 h du matin. Certains établissements réputés ne servent pas à midi et font relâche un soir par semaine.

Réserver

Il faut presque toujours réserver pour obtenir une table dans un grand restaurant, et il faut parfois s'y prendre longtemps à l'avance pour les plus renommés. Dans les établissements d'un standing moins élevé, la réservation n'est vraiment nécessaire que le vendredi et le samedi soir. Dans un quartier où les restaurants abondent, vous finirez toujours par trouver de la place quelque part.

Voyageurs handicapés

Prenez la précaution de téléphoner avant de vous déplacer pour éviter les déconvenues. N'oubliez pas que si la salle offre un accès aisé en rez-de-chaussée, il n'en va pas obligatoirement de même des toilettes, qui peuvent très bien se trouver au sous-sol ou dans un couloir étroit.

Avec des enfants

Les enfants sont les bienvenus partout, hormis dans certains restaurants très chic. Ils ont le droit d'entrer dans les pubs et les bars. Beaucoup d'établissements fournissent des chaises hautes et proposent des menus spéciaux ou des portions réduites, en particulier au déjeuner.

Lire la carte

En général, dans les quartiers centraux de Berlin, les noms des plats apparaissent sur la carte écrits en allemand et en anglais, parfois aussi en français. Comme en France, les spécialités du jour ou du chef, quand il y en a, méritent qu'on s'y intéresse. Certains bistros les affichent sur une ardoise et les noms, écrits à la main, peuvent poser des problèmes de déchiffrage à un étranger. N'hésitez pas à demander des précisions au personnel.

Une institution : l'Olive *(p. 242)*

Le tabac

Fumer est autorisé partout à Berlin en dehors de quelques fast-foods, et les restaurants abritant une zone non-fumeurs demeurent une rareté. En été, la meilleure solution consiste à prendre chaque fois que possible ses repas en terrasse.

Restaurant des studios de cinéma de Babelsberg

Les meilleurs restaurants de Berlin

Capitale cosmopolite, Berlin offre un très large choix d'établissements où se restaurer, depuis de simples *Kneipen* (tavernes) proposant quelques plats simples pour accompagner une bière jusqu'aux tables des chefs de renommée internationale, en passant par des restaurants thaïlandais, italiens ou grecs. Voici une sélection de quelques adresses parmi les plus réputées, souvent depuis longtemps, de la ville.

Ana e Bruno
L'excellent carpaccio attire dans cet élégant restaurant italien des fidèles de tout Berlin (p. 242).

Alt Luxemburg
Servie dans un cadre au charme et au confort d'une autre époque, la cuisine de Karl Wannemacher impressionnera les plus fins gourmets (p. 243).

Die Quadriga
Des mets allemands et français raffinés voisinent sur la carte de ce restaurant très apprécié (p. 241).

Bamberger Reiter
Une cuisine gastronomique française de haut niveau et un décor qui privilégie l'intimité justifient la réputation acquise par le restaurant de Franz Raneburger (p. 243).

Rockendorf's Restaurant
Situé loin du centre, cet établissement impose de se déplacer, mais l'effort est toujours récompensé (p. 243).

First Floor
Renommé pour ses spécialités allemandes, le First Floor possède aussi une excellente carte des vins (p. 241).

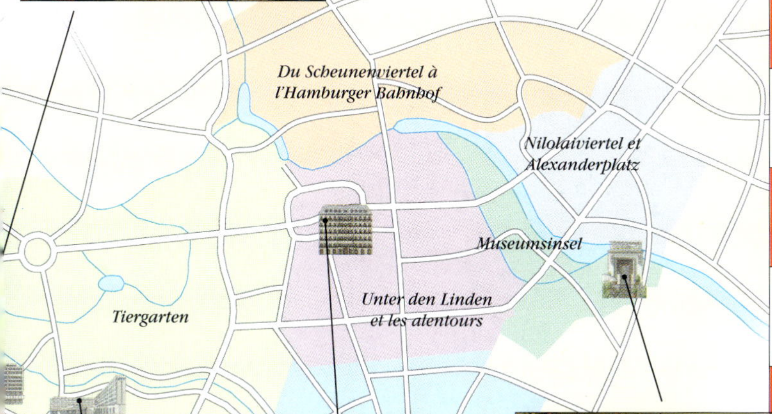

Ermeler-Haus
On savoure ici des recettes traditionnelles dans une salle historique, au décor rococo (p. 237).

Harlequin
L'Arlequin qui domine les convives est sans doute le seul à ne pas avoir besoin de réserver dans ce restaurant moderne (p. 239).

L'Étoile
La table de l'hôtel Adlon sait conjuguer grand luxe et discrétion (p. 237).

Que manger à Berlin ?

Miche de pain

Malgré leur variété et leur qualité, les spécialités du Brandebourg souffrent de l'image de la cuisine allemande, généralement considérée comme lourde car le porc, le chou et les pommes de terre y tiennent une grande place. Le jarret de porc à la berlinoise *(Berliner Eisbein)* est pourtant excellent. Pour élargir leur palette, les chefs de la capitale utilisent aussi des produits de saison comme les girolles *(Pfifferlingen)*, les écrevisses *(Langusten)* et les anguilles. En sauce aux herbes, ces dernières prennent le nom d'*Aal grün*.

Pains berlinois
La boulangerie disponible à Berlin est aussi variée que savoureuse.

Zander mit Radieschenpfannkuchen
Filet de sandre sauté et crêpes fourrées au radis.

Forelle mit Spargel
Des pointes d'asperges vertes accompagnent à merveille la truite du Wannsee.

Kalb mit Petersilienmousse
Une mousse au persil parfume du veau cuit à l'étouffée et servi avec les pâtes allemandes appelées Spätzle.

Wilde Pilze in Aspik
Des champignons de forêt présentés en gelée froide constituent un hors-d'œuvre de saison léger et raffiné.

Geräucherte Barbell mit Kartoffelpuffern
Le barbeau fumé fait un excellent hors-d'œuvre avec des galettes de pomme de terre.

Rote Bete mit Schlagsahne
Des boulettes de viande donnent du corps à un potage à la betterave rouge.

Kartoffelsuppe
Des morceaux de saucisse et de l'origan relèvent un bouillon de pomme de terre.

Brotsuppe
Bacon et croûtons enrichissent une soupe au pain complet et à la crème.

Entenbraten mit Kraut
Ce plat traditionnel associe canard rôti, pommes de terre nouvelles et chou de printemps cuit à l'étouffée.

Ochsenschwanz mit Lendenfilet
De la queue de bœuf farcie accompagne du rôti et des légumes de saison.

Eisbein mit Kraut und Erbsenpüree
Le jarret de porc à la choucroute et à la purée de pois est un grand classique.

Hühnerfrikassee mit Languste
Ce plat marie les saveurs complémentaires du poulet en casserole et des écrevisses.

Gefüllte Forelle
La truite de la Havel farcie prend tout son relief avec une simple salade mélangée.

Desserts berlinois

Les recettes sucrées comptent deux grands classiques : le *Berliner,* un beignet, et la *Rote Grütze,* une compote de baies rouges servie avec une crème à la vanille.

Savarin mit Blaubeeren und Minzsorbet
Savarin, groseilles et sorbet à la menthe composent un dessert rafraîchissant.

Berliner mit Holundersorbet
Le beignet berlinois est très raffiné, fourré à la mousse de prune et accompagné de sorbet au sureau.

Currywurst

Inventé à Berlin peu après la guerre, le snack le plus répandu en ville, la *Currywurst,* est une saucisse grillée nappée d'une sauce à la tomate et au curry et servie avec du pain.

Que boire à Berlin ?

Comme dans tout le pays, la bière est de loin la boisson alcoolisée la plus consommée dans la capitale allemande, mais un séjour à Berlin offre aussi l'occasion de découvrir les vins du Rhin et de la Moselle. En apéritif, ou avec des plats de porc, les Berlinois apprécient le schnaps, une eau-de-vie proche de la vodka. Il existe de nombreux digestifs à base de plantes aromatiques.

Logo de la brasserie Engelhardt

Bières blondes brassées à Berlin

Pilsner

La bière joue un rôle essentiel dans la vie sociale allemande, et les Berlinois en boivent en toute occasion. La plus appréciée, la *Pilsner* blonde fabriquée avec du houblon, n'en doit pas moins son nom à la ville tchèque de Plzen où elle fut fabriquée pour la première fois. Berlin possède ses propres brasseries, qui produisent notamment la *Schultheiss*, la *Berliner Kindl*, la *Berliner Pils* et l'*Engerhardt*, mais les bières provenant d'autres régions du pays sont aussi très appréciées. Dans les *Kneipen,* les bistros traditionnels, vous pourrez accompagner vos libations de plats simples et regarder les meilleurs serveurs remplir les chopes à la pression *(vom Fass)* avec toute la lenteur (plusieurs minutes) nécessaire à l'obtention de l'épaisseur de mousse exigée par les connaisseurs.

La *Bock*, brune et forte

Autres bières

Les brasseries de Berlin, en particulier les petites entreprises artisanales, ne proposent pas que des *Pilsner.* Sombre et sucrée, la *Schwarzbier,* la « bière noire », devient de plus en plus populaire. Elle contient souvent un taux d'alcool supérieur aux quatre degrés habituels. La bière blanche *(Weizenbier)* est une spécialité d'origine munichoise à base de froment. On la sert par demi-litres, en général avec une rondelle de citron. La *Bock,* une bière d'orge, est particulièrement forte. Il en existe une version de printemps : la *Maibock,* disponible en mai.

Un amuse-gueule apprécié avec la bière

Berliner Weisse **à base de froment**

Berliner Weisse **teintée au sirop d'aspérule et de framboise**

Berliner Weisse mit Schuss

Spécialité locale, la « blanche de Berlin » *(Berliner Weisse)* est une bière de froment jeune et très pétillante, dont la fermentation se poursuit dans la bouteille. Acidulée et un peu amère, elle manque d'agrément seule et on la boit donc *mit Schuss* (litt. : avec un doigt), c'est-à-dire adoucie par du sirop de framboise ou d'aspérule, une plante qui lui donne un goût légèrement médicinal et une belle teinte verte. Servie dans un grand verre ballon avec une paille, la *Berliner Weisse mit Schuss* est une boisson très rafraîchissante et fort appréciée l'été.

VIN

Le climat du Brandebourg ne permet pas la viticulture, et les vignes du Schloss Sanssouci *(p. 188-189)* ont une fonction purement décorative. Il existe cependant des vignobles en Allemagne de l'Ouest et du Sud, et une visite à Berlin donne l'occasion de goûter leur production. Ce sont les blancs qui présentent le plus d'intérêt, en particulier les rieslings. Les plus chers proviennent des régions rhénanes. La mention d'un cépage sur l'étiquette indique qu'il entre pour au moins 85 % dans la fabrication du vin. Parmi les rouges du Rhin, vous pouvez essayer le *Assmanshausen Spätburgunder*, obtenu à partir de pinot noir. À défaut d'un classement par région comparable aux appellations d'origine françaises, un système national de contrôle de qualité sépare les crus en trois catégories : le *Tafelwein* (vin de table) ; le *Qualitätswein* et le *Qualitätswein mit Prädikat* qui ne peut être chaptalisé. *Trocken* signifie « sec », *halbtrocken* « demi-sec » et *süss* « doux ». Un *Sekt* est un mousseux.

Vin rouge de Franconie primé

Riesling du Schloss Vollrads

Eau-de-vie de grain

Liqueur de plantes

Digestif à la saveur aigre-douce

AUTRES BOISSONS ALCOOLISÉES

Sous le terme générique de *Schnaps*, les Allemands fabriquent toutes sortes d'eau-de-vie. Ils s'en servent entre autres pour accompagner certains plats de porc. Une tradition consiste à boire un petit verre de *Korn*, un schnaps à base de grain, avec une chope de bière. Les différents cognacs sont connus sous le nom générique de *Weinbrand*. Des plantes aromatiques entrent dans la composition de nombreux digestifs dont, parmi les plus appréciés, le *Kümmerling*, le *Jägermeister* et la *Kaulzdorferkräuter Likör*. Vous remarquerez souvent sur les cartes des restaurants une spécialité au miel de l'est de la Prusse : le *Bärenfang*. Plus exotique, la *Goldwasser* de Dantzig contient des paillettes d'or. Le secret de cette liqueur à base d'herbes remonte au XVIe siècle.

BOISSONS NON ALCOOLISÉES

Les restaurants n'ont pas l'habitude de fournir à table une carafe remplie au robinet, et si vous voulez boire de l'eau il vous faudra commander une bouteille de *Mineralwasser* en précisant « *ohne Gas* » si vous la voulez plate. L'éventail de sodas et de boissons rafraîchissantes diverses ressemble beaucoup en Allemagne à ce qu'on trouve en France ou aux États-Unis. Restaurants et cafés proposent entre autres un large choix de jus de fruits. Essayez l'*Apfel-Schorle*, jus de pomme coupé d'eau minérale gazeuse.

Apfel-Schorle

Menthe et camomille, deux tisanes très répandues

CAFÉ, THÉ ET TISANES

Les restaurants et les bars de Berlin proposent surtout du café filtre, servi à la tasse ou dans un pot avec du lait concentré et du sucre. Si vous le préférez plus corsé, vous n'aurez toutefois aucun mal à trouver de l'espresso. En milieu d'après-midi, du thé *(Schwarzen Tee)*, parfois au lait *(Tee mit Milch)*, peut remplacer le café du traditionnel *Kaffee und Kuchen* (« café et gâteaux »). Les Allemands apprécient également les tisanes dont, parmi les plus répandues, les infusions de menthe *(Pfefferminztee)* et de camomille *(Kamillentee)*.

Choisir un restaurant

Ce tableau résume les principaux éléments susceptibles de guider votre choix parmi les restaurants. Ils sont classés par quartiers et dans l'ordre alphabétique par catégorie de prix. Nous les avons sélectionnés pour leur atmosphère et la qualité du service et de la cuisine. Les pages suivantes les présentent plus en détail.

Restaurant	Prix	Cuisine régionale	Ouvert tard le soir	Menu à prix fixe	Plats végétariens	Tables en extérieur	Bonne carte des vins	Cadre agréable
Unter den Linden et les alentours *(p. 237)*								
XII Apostel *(italien)*	DM		■		■			●
Borchardt *(international)*	DMDMDM		■	●	■			
Möve *(allemand)*	DMDMDM	●		●	■		■	●
Königin Luise im Opernpalais *(allemand)*	DMDMDMDM	●		●	■	●	■	●
Seasons *(international)*	DMDMDMDM			●	■		■	●
L'Étoile *(international)*	DMDMDMDMDM			●	■		■	●
Vau *(autrichien et international)*	DMDMDMDMDM				■		■	
Museumsinsel *(p. 237)*								
Raabe Diele *(berlinois)*	DMDM	●	■	●				●
Ermeler-Haus *(international)*	DMDMDMDM	●	■	●			■	●
Nikolaiviertel et Alexanderplatz *(p. 237-238)*								
Historische Weinstuben *(berlinois)*	DMDM	●		●			■	●
Mutter Hoppe *(allemand)*	DMDM	●			■	●		●
Podewil *(italien)*	DMDM				■	●		●
Reinhard's *(international)*	DMDM	●	■	●	■		■	●
T.G.I. Friday's *(américain)*	DMDM		■		■			
Zum Nussbaum *(allemand)*	DMDM	●	■			●		●
Zur Letzten Instanz *(allemand)*	DMDM	●	■					●
La Riva *(italien)*	DMDMDM				■	●	■	●
Du Scheunenviertel à l'Hamburger Bahnhof *(p. 238-239)*								
Las Cucarachas *(mexicain)*	DM		■		■	●	■	
Yosoy *(espagnol)*	DM		■		■			
Bar-Celona *(espagnol)*	DMDM		■		■			
Brazil *(brésilien)*	DMDM		■		■			
Fridas Schwester *(international)*	DMDM		■		■			
Goa *(asiatique)*	DMDM		■		■	●		
Kamala *(thaïlandais)*	DMDM				■			
Kartoffelkeller *(international)*	DMDM		■	●	■			
Kellerrestaurant im Brecht-Haus *(autrichien)*	DMDM		■			●		●
Kurvenstar *(international)*	DMDM		■		■			
Orange *(italien)*	DMDM		■		■			
Oren *(juif et moyen-oriental)*	DMDM		■		■		●	●
Ständige Vertretung *(allemand)*	DMDM	●	■					
Ganymed *(international)*	DMDMDM		■		■			
Hackescher Hof *(international)*	DMDMDM		■	●	■	●	■	●
Mare Bê *(méditerranéen)*	DMDMDM		■		■	●		●
Modellhut *(international)*	DMDMDM	●			■			
Schwarzenraben *(italien, méditerranéen)*	DMDMDM		■		■		■	
Tiergarten *(p. 239-240)*								
Tony Roma's *(américain)*	DMDM					●		●
Am Karlsbad *(italien)*	DMDMDM			●	■	●	■	
Du Pont *(français)*	DMDMDM							
Il Sorriso *(italien)*	DMDMDM			●	■	●	■	
Harlekin *(international)*	DMDMDMDMDM			●	■		■	
Zum Hugenotten *(international)*	DMDMDMDMDM			●	■		■	

Catégories de prix pour un repas avec entrée et dessert, taxes et service compris, mais sans les boissons :
(DM) moins de 35 DM
(DM)(DM) de 35 à 50 DM
(DM)(DM)(DM) de 50 à 70 DM
(DM)(DM)(DM)(DM) de 70 à 100 DM
(DM)(DM)(DM)(DM)(DM) plus de 100 DM

MENU À PRIX FIXE
Le restaurant propose un menu, de trois plats en général.

PLATS VÉGÉTARIENS
La carte offre un choix étendu de spécialités végétariennes.

OUVERT TARD LE SOIR
L'établissement reste ouvert après minuit.

CADRE AGRÉABLE
Le restaurant offre une belle vue ou occupe un bâtiment historique, un palais par exemple.

	Prix	CUISINE RÉGIONALE	OUVERT TARD LE SOIR	MENU À PRIX FIXE	PLATS VÉGÉTARIENS	TABLES EN EXTÉRIEUR	BONNE CARTE DES VINS	CADRE AGRÉABLE
KREUZBERG *(p. 239-240)*								
Bar Centrale *(italien)*	(DM)(DM)		■	●	■			
Bergmann 103 *(allemand)*	(DM)(DM)	●	■		■			
Parlamento *(italien)*	(DM)(DM)			●	■	●		
Thürnagel *(végétarien et poisson)*	(DM)(DM)		■		■			
Tres Kilos *(mexicain)*	(DM)(DM)(DM)		■	●	■			
Altes Zollhaus *(allemand)*	(DM)(DM)(DM)(DM)	●	■	●		●	■	●
AUTOUR DU KURFÜRSTENDAMM *(p. 240-241)*								
XII Apostel *(italien)*	(DM)		■		■	●		
Marché *(international)*	(DM)			●	■	●		
Satyam *(indien)*	(DM)				■			
Don Quijote *(espagnol)*	(DM)(DM)		■		■	●		
El Bodegon *(espagnol)*	(DM)(DM)		■		■	●		
Hamlet *(international)*	(DM)(DM)		■	●	■	●		
Schildkröte *(berlinois)*	(DM)(DM)	●	■	●	■			
Bacco *(italien)*	(DM)(DM)(DM)				■		■	
Bovril *(international)*	(DM)(DM)(DM)	●	■	●	■	●		
Fischküche *(poisson)*	(DM)(DM)(DM)	●	■	●			■	
Florian *(international)*	(DM)(DM)(DM)		■		■	●	■	
Istanbul *(turc)*	(DM)(DM)(DM)			●	■			
Kashmir Palace *(indien)*	(DM)(DM)(DM)			●	■			
Kuchi *(japonais)*	(DM)(DM)(DM)		■		■			
Le Canard *(français)*	(DM)(DM)(DM)			●	■			
Ottenthal *(autrichien)*	(DM)(DM)(DM)		■	●			■	●
Paris Bar *(français)*	(DM)(DM)(DM)		■		■			
Peppino *(italien)*	(DM)(DM)(DM)			●	■	●	■	
Heising *(français)*	(DM)(DM)(DM)(DM)			●			■	
Die Quadriga *(français)*	(DM)(DM)(DM)(DM)(DM)		■	●			■	
First Floor *(allemand)*	(DM)(DM)(DM)(DM)(DM)	●		●			■	
CHARLOTTENBURG *(p. 241-242)*								
Angkor *(cambodgien)*	(DM)(DM)			●	■			
Hitit *(turc)*	(DM)(DM)			●	■			
Woolloomoolloo *(australien)*	(DM)(DM)		■			●		
Ponte Vecchio *(italien)*	(DM)(DM)(DM)		■	●			■	
Ana e Bruno *(italien)*	(DM)(DM)(DM)(DM)(DM)			●			■	
EN DEHORS DU CENTRE *(p. 242-243)*								
Blockhaus Nikolskoe *(berlinois)*	(DM)(DM)	●		●	■	●		●
Blue Goût *(international)*	(DM)(DM)		■	●	■	●		●
Mao Thai *(thaïlandais)*	(DM)(DM)			●	■	●		
Merhaba *(turc)*	(DM)(DM)					●		
Nola *(californien)*	(DM)(DM)		■	●	■	●		
Olive *(berlinois)*	(DM)(DM)	●	■	●				
Ostwind *(chinois)*	(DM)(DM)		■	●	■	●		
Pasternak *(russe)*	(DM)(DM)		■	●	■	●		
Restauration 1900 *(international)*	(DM)(DM)	●	■	●	■	●		
Trattoria Lappeggi *(italien)*	(DM)(DM)		■	●	■	●		

Catégories de prix pour un repas avec entrée et dessert, taxes et service compris, mais sans les boissons :
DM moins de 35 DM
DM DM de 35 à 50 DM
DM DM DM de 50 à 70 DM
DM DM DM DM de 70 à 100 DM
DM DM DM DM DM plus de 100 DM

Menu à prix fixe
Le restaurant propose un menu, de trois plats en général.

Plats végétariens
La carte offre un choix étendu de spécialités végétariennes.

Ouvert tard le soir
L'établissement reste ouvert après minuit.

Cadre agréable
Le restaurant offre une belle vue ou occupe un bâtiment historique, un palais par exemple.

		Cuisine régionale	Ouvert tard le soir	Menu à prix fixe	Plats végétariens	Tables en extérieur	Bonne carte des vins	Cadre agréable
Abendmahl *(végétarien)*	DM DM DM		■		■			
Chalet Suisse *(suisse)*	DM DM DM	●			■	●		●
Forsthaus Paulsborn *(allemand)*	DM DM DM	●		●	■	●		●
Grunewaldturm *(allemand)*	DM DM DM	●		●	■	●	■	●
Jelängerjelieber *(international)*	DM DM DM		■	●	■			
Maxwell *(international)*	DM DM DM			●	■	●	■	
Spree-Athen *(berlinois)*	DM DM DM	●	■					
Storch *(alsacien)*	DM DM DM		■			●		
Paris-Moskau *(français)*	DM DM DM DM		■				■	
Remise im Schloss Klein-Glienicke *(allemand)*	DM DM DM DM	●		●	■	●	■	●
Restaurant im Logenhaus *(allemand)*	DM DM DM DM	●	■	●		●	■	
Alt Luxemburg *(français)*	DM DM DM DM DM		■	●			■	
Bamberger Reiter *(français)*	DM DM DM DM DM		■	●		●	■	
Grand Slam *(français)*	DM DM DM DM DM			●		●	■	●
Rockendorf's Restaurant *(allemand)*	DM DM DM DM DM	●		●			■	●
Vivaldi *(français)*	DM DM DM DM DM		■	●			■	●

Unter den Linden et les alentours

XII Apostel (italien)

Georgenstrasse 2 (S-Bahnbögen 177-180). **Plan** 7 A2, 16 D2. *201 02 22.* *9h-2h t.l.j.* (DM)

Le XII Apostel occupe un cadre pittoresque, l'arcade d'un viaduc du S-Bahn, et propose une cuisine populaire. Le lundi, le prix d'une portion donne droit à une quantité illimitée de pizza.

Borchardt (international)

Französische Strasse 47. **Plan** 6 F4, 15 C3. *20 38 71 10.* *V.* *11h30-1h.* (DM)(DM)(DM)

Apprécié des hommes politiques, le Borchardt a conservé un intérieur de style wilhelmien, y compris les colonnes en marbre et les mosaïques. La nourriture est excellente et les prix restent raisonnables.

Möve (allemand)

Am Festungsgraben 1. **Plan** 7 A3, 16 E2. *201 20 29.* *AE, DC, V.* *18h-minuit lun.-sam.* (DM)(DM)(DM)

Meublé de sofas confortables, cet élégant restaurant installé dans le Palais am Festungsgraben *(p. 69)* présente une gastronomie allemande légère.

Königin Luise im Opernpalais (allemand)

Unter den Linden 5. **Plan** 7 A3, 16 E3. *20 26 83.* *AE, DC, MC, V.* *18h-minuit mar-sam.* (DM)(DM)(DM)(DM)

Il faut réserver pour dîner dans la salle de bal rococo, située au premier étage du Prinzessinenpalais *(p. 63)*. La vue du Neue Wache et du Zeughaus, ainsi qu'une ambiance agréable, ajoutent aux plaisirs offerts par une cuisine allemande sans lourdeur et une carte des vins de bon niveau.

Seasons (international)

Charlottenstrasse 49. **Plan** 7 A4, 16 D3. *20 33 63 63.* *AE, DC, MC, V.* *6h30-11h30, midi-14h30 et 18h-23h30 t.l.j.* (DM)(DM)(DM)(DM)

Avec ses boiseries, l'élégant restaurant du Four Seasons Hotel *(p. 217)* offre un cadre romantique à un dîner en tête à tête, dans la lueur chaleureuse diffusée par des lustres, des bougies et, en hiver, le feu de cheminée. Il possède une aire non-fumeur. La carte propose une belle sélection végétarienne et des plats spéciaux pour les personnes devant surveiller leur taux de cholestérol. Les prix sont moins élevés au déjeuner.

L'Étoile (international)

Unter den Linden 77. **Plan** 6 E4, 15 A3. *22 610.* *AE, DC, MC, V, JCB.* *9h30-11h, midi-15h et 18h-23h t.l.j.* (DM)(DM)(DM)(DM)(DM)

L'Étoile est digne de l'hôtel Adlon qui l'abrite, et le chef, Karlheinz Hauser, a su en faire dès l'ouverture l'une des dix meilleures tables de Berlin, une position maintenue jusqu'à aujourd'hui.

Vau (autrichien et international)

Jägerstrasse 54-55. **Plan** 6 F4, 15 C4. *202 97 30.* *AE, DC, EC, V.* *midi-14h et 19h-23h30 lun.-sam.* (DM)(DM)(DM)(DM)(DM)

Plusieurs restaurants haut de gamme entourent le Gendarmenmarkt, mais le Vau sort du lot. Dans un décor élégant mais sans prétention, un personnel souriant sert les créations d'un chef renommé. Elles s'inspirent des cuisines française et autrichienne, et une riche carte des vins permet de choisir le cru adapté pour les accompagner. Les habitués comprennent des hommes politiques et des célébrités. On peut déjeuner dans la petite cour intérieure à midi.

Museumsinsel

Raabe Diele (berlinois)

Märkisches Ufer 10. **Plan** 7 C4. *24 06 20.* *AE, DC, MC, V.* *midi-2h t.l.j.* (DM)(DM)

Les énormes portions servies par le Raabe Diele dans la cave de l'Ermeler-Haus *(p. 84-85)* rassasient les appétits les plus grands. Si la carte met en avant le jarret de porc à la purée de pois et à la choucroute *(Eisbein mit Erbsenpüree und Sauerkraut)*, elle propose aussi d'autres spécialités berlinoises dignes d'intérêt, dont une salade de pommes de terre et de champignons de forêt et des plats de poissons d'eau douce comme le sandre *(Zander)* et l'anguille *(Aal)*, nappés, selon les recettes traditionnelles de la région, d'épaisses sauces goûteuses.

Ermeler-Haus (international)

Märkisches Ufer 10. **Plan** 7 C4. *24 06 20.* *AE, DC, MC, V.* *18h-1h mar.-sam.* (DM)(DM)(DM)(DM)

Lié à l'art'otel qui borde la Wallstrasse, ce restaurant propose sous un plafond rococo, au premier étage d'un palais du XVIIIe siècle *(p. 84-85)*, une bonne cuisine régionale, moderne et légère, métissée d'influences méditerranéennes.

Nikolaiviertel et Alexanderplatz

Historische Weinstuben (berlinois)

Poststrasse 23. **Plan** 7 C3. *242 41 07.* *V.* *11h-minuit (11h-1h) en été.* (DM)(DM)

Une jolie maison du Nikolaiviertel, la Knoblauchhaus *(p. 91)* bâtie au XVIIIe siècle, abrite ce bar à vin très fréquenté. Les clients peuvent y manger au rez-de-chaussée au milieu de meubles datant de la période Biedermeier ou dans la cave où règne une atmosphère plus détendue. Les mets servis comprennent surtout des spécialités berlinoises. Pour les accompagner, la carte des vins propose une riche sélection de crus issus des plus célèbres vignobles allemands.

Mutter Hoppe (allemand)

Rathausstrasse 21. **Plan** 7 C3. *241 56 25.* *11h30-minuit t.l.j.* (DM)(DM)

Le Mutter Hoppe possède un intérieur rustique dans une cave voûtée du Nikolaiviertel. Le répertoire de recettes traditionnelles inclut toutes les spécialités régionales, servies en portions plus que généreuses. Un guitariste distrait les convives le vendredi et le samedi soir.

Podewil (italien)

Klosterstrasse 68-70. **Plan** 8 D3. *242 67 45.* *midi-minuit lun.-sam.* (DM)(DM)

Ce restaurant italien à l'atmosphère décontractée fait partie du complexe culturel du palais Podewils *(p. 97)*. Les pâtes et les pizzas n'ont pas complètement envahi sa carte où apparaissent aussi de nombreuses salades, ainsi que des plats de viande. Des tables dressées dans le jardin permettent en été de dîner en plein air.

Reinhard's (international)

Poststrasse 28. **Plan** 7 C3. *238 42 95.* DM V *AE, DC, V.* *9h-1h.* DM DM

Ce lieu enchanteur, décoré dans le style des années folles, sert une excellente cuisine et a pour spécialité *Das Geheimnis aus dem Kaiserhof* (« le secret de la cour de l'empereur »), un steak de premier choix nappé d'une sauce inventée pour le peintre Max Liebermann.

T.G.I. Friday's (américain)

Karl-Liebknecht-Strasse 5. **Plan** 7 B3. *238 279 66.* V *AE, DC, EC, V.* *midi-minuit lun.-jeu., 11h30-1h ven.-sam.* DM DM

De copieuses portions et des mets à l'image de la diversité américaine, grillades, hamburgers et nachos notamment, assurent le succès de cet immense restaurant.

Zum Nussbaum (allemand)

Am Nussbaum 3. **Plan** 7 C3. *242 30 95.* *midi-2h t.l.j.* DM DM

Dans une ruelle du Nikolaiviertel, cette reconstruction d'une auberge ouverte à Cölln en 1571 offre, outre son intérêt historique, de bons plats berlinois comme le jarret de porc et les rollmops (filets de harengs marinés). On peut profiter en été d'un petit mais agréable jardin.

Zur Letzten Instanz (allemand)

Waisenstrasse 16. **Plan** 8 D3. *242 55 28.* *AE, DC, V.* *midi-1h lun.-sam., midi-23h dim.* DM DM

La « Taverne de la Dernière Instance », l'un des plus vieux restaurants de Berlin, fut jadis un rendez-vous d'avocats *(p. 97)*, comme le rappellent son nom et ceux de nombreux plats. Son approche de la cuisine allemande privilégie la tradition plutôt que la légèreté, et c'est l'endroit où venir se caler l'estomac d'un solide jarret de porc, de paupiettes de bœuf *(Rinderroulade)* ou d'une assiette de charcuterie *(Albertliner Schlachbplatte)*.

La Riva (italien)

Spreeufer 2. **Plan** 7 C4. *242 51 83.* V *AE, DC, V.* *11h30-minuit t.l.j.* DM DM DM

La Riva se trouve dans le Nikolaiviertel derrière l'Ephraim-Palais *(p. 91)*, sur le quai de la Spree. De nombreuses recettes de pâtes et de bons vins italiens figurent à la carte. En été, les tables installées sur la terrasse dominent les bateaux et les péniches amarrés le long de la rivière.

Du Scheunenviertel à l'Hamburger Bahnhof

Las Cucarachas (mexicain)

Oranienburger Strasse 38. **Plan** 7 A1. *282 20 44.* V *MC, DC, V.* *11h30-4h lun.-ven., 10h-4h sam.-dim.* DM

Complètement bondé le week-end, Las Cucarachas doit son succès à un cadre agréable et à des prix très raisonnables. Sans surprise, il propose tous les grands classiques mexicains tels que tacos, burritos, fajitas et enchiladas, mais se montre plus original en ayant à la carte les versions végétariennes de ces plats. On y vient aussi boire des cocktails, dont l'inévitable margarita à la fraise.

Yosoy (espagnol)

Rosenthaler Strasse 37. **Plan** 7 B2. *283 912 13.* V *17h-tard t.l.j.* DM

Cette *cantina* bon marché offre un large choix de mets et de vins espagnols. Délicieux, les tapas constituent un excellent moyen de composer un dîner varié.

Bar-Celona (espagnol)

Hannoversche Strasse 2. **Plan** 6 F1. *282 91 53.* V *AE, DC, MC, V.* *midi-2 h t.l.j.* DM DM

Décoré avec goût, le Bar-Celona a pour spécialité la paella dont il propose de multiples variantes. Sur la carte apparaissent aussi des grillades de poisson et de viande, des plats catalans et un choix de vins espagnols. Des artistes de flamenco se produisent le jeudi.

Brazil (brésilien)

Gormannstrasse 22. **Plan** 7 C1. *28 59 90 26.* V *18h-2h t.l.j.* DM DM

Une cuisine de qualité et une ambiance chaleureuse expliquent qu'il y ait toujours du monde au Brazil, un endroit idéal pour une soirée nonchalante. Si vous n'avez pas assez d'appétit pour manger un repas entier, n'hésitez pas à commander les en-cas appelés *pastel* : de délicieux beignets aux garnitures variées.

Fridas Schwester (international)

Neue Schönhauser Strasse 11. **Plan** 7 B2. *283 84 710.* V *10h-2h lun.-ven., 10h-3h sam.-dim.* DM DM

Un cadre agréable, un buffet original et un mobilier amusant donnent envie de s'arrêter ici aussi bien pour un bref déjeuner que pour un dîner détendu. Le Fridas Schwester propose surtout des plats italiens et autrichiens.

Goa (asiatique)

Oranienburger Strasse 50. **Plan** 6 F1. *28 59 84 51.* V *AE, DC, EC, V.* *10h-tard t.l.j.* DM DM

L'intérieur du Goa donne l'impression d'avoir été décoré par un hippy tout juste rentré d'un long voyage en Asie. La carte fait voisiner des mets de tout l'Extrême-Orient, notamment des currys indiens, des spécialités frites chinoises et des hors-d'œuvre thaïlandais.

Kamala (thaïlandais)

Oranienburger Strasse 69. **Plan** 7 A1. *283 27 97.* V *11h30-minuit t.l.j.* DM DM

Ce petit restaurant au mobilier des plus simples occupe un sous-sol. Le service est souriant et rapide, et la cuisine savoureuse et authentique. L'art thaïlandais d'utiliser des aromates comme le gingembre et la citronnelle s'exprime notamment dans d'excellentes soupes.

Kartoffelkeller (international)

Albrechtstrasse 14b. **Plan** 6 F2. *282 85 48.* V *AE, V.* *11h-1h t.l.j.* DM DM

En papillote, farcie, frite, bouillie ou en purée, la pomme de terre prouve au Kartoffelkeller qu'elle offre bien des possibilités. Vous ne risquez pas de sortir avec l'estomac dans les talons. Toutefois, le décor manque d'intérêt.

Kellerrestaurant im Brecht-Haus (autrichien)

Chausseestrasse 125. **Plan** 6 E1. *282 38 43.* *AE, MC.* *midi-15h, 18h-1h lun.-ven.* DM DM

Le restaurant installé au sous-sol de la maison où vécut Bertolt Brecht jusqu'à sa mort en 1956 *(p. 109)* sert des plats préparés selon des recettes d'Helene Weigel, l'épouse du célèbre dramaturge.

Kurvenstar (international)

Kleine Präsidentenstrasse 3. **Plan** 7 B2, 16 F1. *28 59 97 10.* DC, MC, V. *21h-tard t.l.j.*

Le Kurvenstar réunit un restaurant, un night-club et un bar, et permet sous un même toit de boire un verre, de dîner et de danser. Quelques mets européens figurent à la carte, mais celle-ci invite surtout au voyage, et il ne faut pas manquer les sushi, le calaloo des Caraïbes et toutes les spécialités chinoises.

Orange (italien)

Oranienburger Strasse 32. **Plan** 7 A1. *28 38 52 42.* *9h-tard t.l.j.*

Plutôt café que restaurant, le cadre est ici plaisant. On vient à l'Orange aussi bien pour manger sur le pouce que pour s'installer et faire un repas complet à base de classiques italiens.

Oren (juif et moyen-oriental)

Oranienburger Strasse 28. **Plan** 7 A1. *282 82 28.* *10h-1h t.l.j.*

Installé dans des locaux du Centrum Judaicum *(p. 102)* près de la synagogue, l'Oren a pour spécialités des recettes végétariennes juives et moyen-orientales comme les *falafels* (boulettes de pois chiches), l'*hoummous* parfumé à la menthe, les poivrons farcis au tofu et un excellent choix de plats d'aubergine. Les vins israéliens méritent d'être découverts.

Ständige Vertretung (allemand)

Schiffbauerdamm 8. **Plan** 6 F2. *282 39 65.* *11h-tard dim.-ven., 16h-tard sam.*

Cet établissement accueillant propose des mets et des boissons de la région du Rhin, entre autres du sandre *(Zander)* sur un lit de choucroute et des tartes flambées *(Flammekuchen)* à la viande, aux légumes et aux crevettes.

Ganymed (international)

Schiffbauerdamm 5. **Plan** 6 F2, 15 C1. *28 59 90 46.* *10h-1h30 lun.-ven., 11h-1h sam.-dim.* V.

Le chef de ce bon restaurant au décor agréable accommode le poisson selon des recettes berlinoises.

Hackescher Hof (international)

Rosenthaler Strasse 40/41. **Plan** 7 B2. *283 52 93.* AE, DC, MC, V. *7h-1h lun.-jeu, 7h-3h ven.-sam., 9h-3h dim.*

Toujours plein, ce café-restaurant du complexe récemment restauré des Hackesche Höfe *(p. 103)* ouvre tôt pour le petit déjeuner, propose à midi des menus à prix fixe bon marché et offre le soir le choix entre de nombreuses spécialités italiennes. Mieux vaut réserver.

Mare Bê (méditerranéen)

Rosenthaler Strasse 46 -48. **Plan** 7 B2. *283 65 45.* EC, V. *midi-1h t.l.j.*

Une discrète influence orientale marque les mets du sud de la France, de l'Italie et de l'Espagne servis au Mare Bê. Le mardi est le jour des huîtres. En été, quelques tables permettent de dîner en plein air dans le paisible jardin intérieur.

Modellhut (international)

Alte Schönhauser Strasse 28. **Plan** 7 C1. *283 55 11.* EC, V. *19h-2h t.l.j.*

Très apprécié des yuppies berlinois, le Modellhut séduira les amateurs de nouvelle cuisine. Les plats sont français, allemands et italiens. Le décor ne manque pas d'intérêt.

Schwarzenraben (italien, méditerranéen)

Neue Schönhauser Strasse 13. **Plan** 7 B2. *28 39 16 98.* AE, DC, MC, V. *10h-minuit t.l.j.*

Cet établissement élégant réunit un bistro et un restaurant. Ce dernier occupe l'arrière du bâtiment et n'ouvre que le soir. Il sert une bonne cuisine italienne et propose une belle sélection de fromages et de vins.

TIERGARTEN

Tony Roma's (américain)

Marlene-Dietrich-Platz 3. **Plan** 6 D5. *25 29 58 30.* *11h30-minuit t.l.j.*

La chaîne américaine Tony Roma's a bâti son succès sur de grands classiques comme le travers de porc mariné au barbecue et le maïs en épi *(corn on the cob)*. Elle vient d'ouvrir une succursale près de la Potsdamer Platz.

Am Karlsbad (italien)

Am Karlsbad 11. **Plan** 12 D1. *264 53 49.* *midi-15h, 19h-minuit mar.-ven, 19h-minuit sam.*

Ce restaurant de style bistro se cache dans la cour d'un gratte-ciel. Granit, bois, chrome et verre composent un décor moderne. Légère et délicieuse, la cuisine utilise des produits de saison. Les prix sont généralement moins élevés à midi.

Du Pont (français)

Budapester Strasse 1. **Plan** 10 F1. *261 88 11.* AE, DC, EC, V. *midi-15h, 18h-minuit lun.-ven., 18h-minuit sam.-dim.*

Malgré sa finesse, la cuisine servie au Du Pont ne justifie pas ses prix aussi élevés. Mais une salle intime, une ambiance agréable et la gentillesse du personnel compensent presque cet inconvénient.

Il Sorriso (italien)

Kurfürstenstrasse 76. **Plan** 11 A1. *262 13 13.* AE, DC, V. *midi-minuit lun.-sam.*

Installé dans un immeuble d'appartements restauré, qui abritait jadis une cantine d'ouvriers, le Sorriso offre un large choix de plats traditionnels italiens cuisinés avec art. Sa carte évolue avec les saisons. On peut manger en extérieur l'été.

Harlekin (international)

Lützowufer 15. **Plan** 11 A1. *25 47 88 58.* AE, DC, MC, V, JCB. *18h-23h mar.-sam.*

Dirigé par le chef autrichien Kurt Jäger, ce restaurant, l'un des meilleurs de Berlin, contribue au prestige du Grand Hotel Esplanade. Dans une salle au décor moderne, les tables entourent une effigie d'Arlequin installée sur une estrade. Tous les plats, préparés dans une cuisine ouverte aux regards des clients, ont une superbe présentation. Le service est impeccable et la réservation obligatoire.

Zum Hugenotten (international)

Budapesterstrasse 2. **Plan** 10 F1. *26 02 12 63.* DM V *AE, DC, MC, V.* *6h30-minuit lun.-sam.* DM DM DM DM DM

Le restaurant de l'Inter-Continental a fondé sa réputation sur des plats français originaux marqués d'un soupçon d'influence allemande. Le chef excelle tout particulièrement dans les créations à base de poisson et de fruits de mer. Il faut réserver pour obtenir une table.

Kreuzberg

Bar Centrale (italien)

Yorckstrasse 82. **Plan** 12 F4. *786 29 89.* DM V *EC, V.* *midi-2h lun.-sam.* DM DM

Une clientèle où la jeunesse domine vient déguster au Bar Centrale une cuisine italienne plus expérimentale que traditionnelle et servie dans un décor moderne.

Bergmann 103 (allemand)

Bergmannstrasse 103. **Plan** 12 F4. *694 83 23.* V *9h30-1h t.l.j.* DM DM

Les plateaux des tables ont pour supports les pieds d'anciennes machines à coudre. Les mets s'inspirent parfois de traditions culinaires étrangères.

Parlamento (italien)

Bergmannstrasse 3. **Plan** 12 F4. *694 77 45.* V *midi-minuit, 18h-minuit en hiver.* DM DM

Un italien comme tant d'autres à Kreuzberg, mais les plats ont la saveur de la cuisine familiale et l'ambiance est agréable.

Thürnagel (végétarien et poisson)

Gneisenaustrasse 57. *691 48 00.* V *20h-1h t.l.j.* DM DM

Le Thürnagel propose une intéressante sélection de spécialités végétariennes et de poisson. Réservation exigée.

Tres Kilos (mexicain)

Marheinekeplatz 3. **Plan** 13 A4. *693 60 44.* DM V *18h-tard t.l.j.* DM DM DM

Si vous aimez manger épicé, boire de la bière Corona avec une tranche de citron, dessiner au pastel sur des nappes en papier et jeter des coquilles de cacahuète par terre, le tout dans une ambiance décontractée que la musique rend bruyante, vous vous sentirez chez vous au Tres Kilos.

Altes Zollhaus (allemand)

Carl-Herz-Ufer 30. **Plan** 13 B3. *692 33 00.* DM *AE, DC, MC, V.* *18h-1h mar.-sam.* DM DM DM DM

Au bord du Landwehrkanal, l'Altes Zollhaus occupe, comme son nom l'indique, un bâtiment ancien qui abritait jadis un poste de douane. Le chef propose une excellente cuisine allemande mais sans utiliser les sauces si typiques des recettes berlinoises. En saison, les plats à base de champignons de forêt sont particulièrement réussis.

Autour du Kurfürstendamm

XII Apostel (italien)

Bleibtreustrasse 49. **Plan** 9 B1. *312 14 33.* V *7 h-5 h t.l.j.* DM

Le XII Apostel reste ouvert presque 24 h/24 et il y a toujours du monde. Pâtes et pizzas de toutes sortes y sont disponibles toute la nuit.

Marché (international)

Kurfürstendamm 14. **Plan** 10 D1. *882 75 78.* V *AE, DC, MC, V, JCB.* *8h-minuit t.l.j.* DM

Près de la Kaiser-Wilhelm-Gedächtniskirche, ce self-service lié à l'hôtel Mövenpick permet de faire son choix parmi un assortiment de viandes, de poissons, de salades, de desserts, de bières et de vins.

Satyam (indien)

Goethestrasse 5. **Plan** 3 C5. *312 90 79.* V *9h-23h t.l.j.* DM

Le Satyam a un intérieur miteux, mais on y déguste d'excellents plats indiens végétariens souvent peu épicés et très bon marché. Il a pour spécialité les mets à base du fromage frais appelé *panir.*

Don Quijote (espagnol)

Bleibtreustrasse 41. **Plan** 9 B1. *881 32 08.* V *AE, DC, MC, V.* *16 h 30-1 h lun.-ven., midi-1 h sam.-dim.* DM DM

L'odeur qui émane de la cuisine donne l'impression de se trouver en Espagne, et le Don Quijote garde en cave un excellent vin de la Rioja à prix abordable.

El Bodegon (espagnol)

Schlüterstrasse 61. **Plan** 9 B1. *312 44 97.* V *AE, DC, EC.* *19h-1h30 t.l.j.* DM DM

Des musiciens le vendredi et du flamenco le samedi distraient les convives attablés autour de tapas, de paellas et de bouteilles de vins espagnols.

Hamlet (international)

Uhlandstrasse 47. **Plan** 9 C3. *882 13 61.* V *AE, DC, MC, V.* *8h-2h t.l.j.* DM DM

Malgré son nom, ce restaurant n'inscrit à sa carte que des plats français et orientaux, rien d'anglais ni de danois.

Schildkröte (berlinois)

Kurfürstendamm 212. **Plan** 9 C1. *881 67 70.* *AE, DC, MC, V.* *midi-1h t.l.j.* DM DM

Dans une salle à manger au décor évoquant le Berlin d'avant-guerre, ce restaurant propose de bonnes spécialités traditionnelles comme le porc rôti au vinaigre *(Sauerbraten)* et le chou farci *(Kohlrouladen).*

Bacco (italien)

Marburger Strasse 5. **Plan** 10 E1. *211 86 87.* V *AE, DC, EC V.* *midi-15h, 18h-minuit lun.-ven., 18h-minuit sam.* DM DM DM

Malgré des prix relativement élevés et des portions modestes, la finesse de la cuisine toscane servie dans un cadre intime et le brio de la carte des vins ne donnent pas l'impression de gaspiller son argent.

Bovril (international)

Kurfürstendamm 184. **Plan** 9 B2. *881 84 61.* DM V *AE, DC, MC, V.* *10h-2h lun.-sam.* DM DM DM

Les plats légers d'influence allemande de ce bistro chic attirent à midi une clientèle d'habitués travaillant dans le quartier du Ku'damm.

Fischküche (poisson)

Uhlandstrasse 181-183. **Plan** 9 C1. *882 48 62.* *AE, MC, V.* *midi-15h, 18h-0h30 lun.-ven., midi-0h30 sam.* DM DM DM

Dans un quartier dont les restaurants commencent à attirer l'attention, cette antenne d'un établissement de Hambourg se distingue par la fraîcheur de ses produits. Les plats recommandés comprennent la soupe de poisson et la sole que le chef apprête avec art. Mieux vaut réserver à l'avance.

Florian (international)

Grolmannstrasse 52. **Plan** 3 C5.
313 91 84. *18h-3h t.l.j.* DM DM DM

Réputé pour la qualité de ses plats et sa riche carte des vins, le Florian connaît un grand succès auprès des journalistes, et il faut y réserver sa table. Les spécialités du jour changent en permanence au gré des saisons. Celles à base d'asperge ou de champignons de forêt méritent toujours un essai.

Istanbul (turc)

Knesebeckstrasse 77. **Plan** 9 C1.
883 27 77. *AE, DC, MC, V.* *midi-minuit t.l.j.* DM DM DM

Voici l'un des meilleurs restaurants turcs de Berlin, et des recettes traditionnelles de tout le pays se côtoient sur la carte. Des danseuses du ventre se produisent le samedi et le dimanche.

Kashmir Palace (indien)

Marburger Strasse 14. **Plan** 10 E1.
214 28 40. *AE, DC, MC, V.* *midi-15h, 18h-minuit mar.-ven., midi-minuit sam., 17h-minuit dim.-lun.* DM DM DM

On déguste ici, dans un décor colonial, une cuisine indienne authentique sans être trop pimentée pour les palais européens.

Kuchi (japonais)

Kantstrasse 30. **Plan** 9 B1.
31 50 78 15. *AE, EC, V.* *midi-minuit lun.-jeu., midi-2h ven.-dim.* DM DM DM

Le Kuchi propose des sushi et des plats régionaux, et fait sans conteste partie des restaurants japonais de Berlin offrant le meilleur rapport qualité/prix. Un décor sans prétention et un personnel accueillant le rendent très agréable pour un tête-à-tête.

Le Canard (français)

Knesebeckstrasse 88. **Plan** 3 C5.
312 26 45. *AE, DC, V.* *midi-tard lun.-sam., 19h-tard dim.* DM DM DM

Ce bistro sert une cuisine française excellente et apprête magnifiquement le volatile dont il a pris le nom.

Ottenthal (autrichien)

Kantstrasse 153. **Plan** 10 D1.
313 31 62. *AE, V.* *18h-1h t.l.j.* DM DM DM

Mozart tient la vedette en musique de fond et le décor dépouillé intègre une horloge de l'église d'Ottenthal en Autriche. Les vins qui accompagnent des recettes autrichiennes très élaborées proviennent pour certains des vignobles du propriétaire. Il est prudent de réserver.

Paris Bar (français)

Kantstrasse 152. **Plan** 9 C1.
313 80 52. *AE.* *midi-1h t.l.j.* DM DM DM

Le monde artistique et politique apprécie cet établissement plutôt cher malgré son style bistro . On y trouve d'excellentes spécialités comme le boudin aux pommes de terre *(Blutwurst mit Kartoffeln)*. Mieux vaut réserver.

Peppino (italien)

Fasanenstrasse 65. **Plan** 10 D2.
883 67 22. *AE, DC, V.* *midi-15h, 18h-minuit t.l.j.* DM DM DM

La carte évolue selon les saisons, mais comporte principalement des plats toscans toujours préparés avec soin, entre autres à base de poisson, une des spécialités de la maison.

Heising (français)

Rankerstrasse 32. **Plan** 10 E1.
213 39 52. DM *19h-minuit lun.-sam.* DM DM DM DM

Avec un intérieur néo-rococo, un service impeccable et une cuisine française d'un strict classicisme qui ne cède jamais à l'attrait des expériences fantaisistes, le Heising peut aspirer au titre de temple berlinois de l'orthodoxie gastronomique.

Die Quadriga (français)

Eislebener Strasse 14. **Plan** 10 E2.
214 05 0. DM *AE, DC, MC, V, JCB.* *19h-tard lun.-ven.* DM DM DM DM DM

L'hôtel Brandenburger Hof abrite l'une des meilleures tables de la capitale allemande. Une petite salle à manger et des meubles dessinés par Frank Lloyd Wright créent un cadre feutré où les gourmets viennent déguster, sur réservation, des spécialités françaises sortant de l'ordinaire. Excellent service.

First Floor (allemand)

Budapester Strasse 42. **Plan** 10 E1.
25 02 10 20. DM *AE, DC, MC, V, JCB.* *midi-14h, 18h-1h lun.-ven., 18h-1h sam.* DM DM DM DM DM

L'élégant First Floor réussit à démontrer que la cuisine allemande, bien préparée, peut se révéler à la hauteur de celles des autres pays d'Europe. Des classiques comme le jarret de porc au chou figurent bien entendu à la carte, mais ils y côtoient de superbes créations à base de poisson, d'écrevisse et de truffe. Déjeuner est plus abordable. Réservation obligatoire.

CHARLOTTENBURG

Angkor (cambodgien)

Seelingstrasse 34-36. **Plan** 2 E4.
325 59 94. *18h-23h lun.-ven., 16h-minuit sam.-dim.* DM DM

L'Angkor possède un intérieur légèrement plus coloré que les habituels restaurants asiatiques, et il sert une cuisine raffinée qui fait un grand usage d'épices exotiques et de lait de coco.

Hitit (turc)

Knobelsdorffstrasse 35. **Plan** 2 D4.
322 45 57. *midi-minuit lun.-ven., midi-1h sam.-dim.* DM DM

Des sculptures modernes turques décorent une salle un peu extravagante, paradis des amateurs de *köfte* et de *kebabs*. Le Hitit propose aussi une bonne sélection de vins turcs.

Woolloomoolloo (australien)

Röntgenstrasse 7. **Plan** 3 B3.
34 70 27 77. *17h-1h t.l.j..* DM DM

En aborigène, Woolloomoolloo signifie « au croisement des rivières », et cet établissement se trouve en effet au confluent de la Spree et du Landwehrkanal. Kangourou, autruche et crocodile figurent à la carte. Des musiciens australiens jouent le dimanche.

Ponte Vecchio (italien)

Spielhagenstrasse 3. **Plan** 2 F4.
342 19 99. DM *DC.* *18h30-1h t.l.j.* DM DM DM

Ce restaurant sans prétention, spécialisé dans la cuisine toscane, possède une clientèle d'habitués toujours prêts à écouter les recommandations du chef. Mais ils peuvent aussi demander que les plats soient préparés selon leurs goûts. Mieux vaut réserver.

Légende des symboles, *voir rabat de couverture*

Ana e Bruno (italien)

Sophie-Charlotten-Strasse 101. **Plan** 2 D3. *325 71 10.* *AE.* *18h-minuit mar.-sam.* DM DM DM DM DM

Voici sans aucun doute le meilleur restaurant italien de Berlin. Musique douce et décor élégant y créent l'atmosphère adéquate à la dégustation des somptueuses créations du chef. Tout est délicieux, y compris l'oignon fourré au chocolat. Les femmes reçoivent des cartes qui n'indiquent pas les prix, mais précisent l'apport en calories de chaque plat.

En dehors du centre

Blockhaus Nikolskoe (berlinois)

Nikolskoer Weg 15 (Wannsee). *805 29 14.* V *V.* *16 avr.-oct. : 10h-22h t.l.j. ; nov.-15 avr. : 10h-19h t.l.j.* DM DM

Ce restaurant occupe une datcha en bois construite par le roi de Prusse Frédéric-Guillaume III pour son gendre, le futur tsar Nicolas Ier *(p. 201)*. La terrasse, ouverte seulement en été, offre une vue splendide du lac. D'excellents desserts concluront un repas composé de classiques allemands (jarret de porc, poisson et gibier).

Blue Goût (international)

Anklamer Strasse 38 (2e cour) (Mitte). *448 58 40.* V *V.* *19h-1h.* DM DM

Des créations originales, végétariennes entre autres, et une ambiance plaisante justifient le succès du Blue Goût. La porte de la cuisine reste ouverte, ce qui permet de regarder la préparation des plats en attendant sa table.

Mao Thai (thaïlandais)

Wörtherstrasse 30. *441 92 61.* V *V.* *midi-minuit t.l.j.* DM DM

De superbes antiquités birmanes décorent ce restaurant thaïlandais réputé. Il propose un large éventail de spécialités parfumées et authentiques, mais pimentées dans des limites supportables pour des palais européens.

Merhaba (turc)

Hasenheide 39. **Plan** 13 C5, 14 E5. *692 17 13.* *AE, EC, V.* *16h-minuit, lun.-ven., 16h-1h sam., midi-minuit dim.* DM DM

Turcs et Allemands venus de tous les quartiers de Berlin se côtoient au Merhaba pour apprécier aussi bien une cuisine savoureuse que la danse du ventre. Une terrasse permet de manger en plein air l'été.

Nola (californien)

Dortmunder Strasse 9 (Moabit). **Plan** 4 E2. *399 69 69.* V *AE, V.* *17h-1h t.l.j.* DM DM

Il est parfois difficile d'expliquer pourquoi certains lieux deviennent populaires, car ni le décor ni les plats servis au Nola ne sortent vraiment de l'ordinaire. Il y règne cependant une ambiance sensationnelle et il faut réserver le week-end.

Olive (berlinois)

Tegeler Weg 97 (Charlottenburg). **Plan** 2 F2. *344 33 96.* *V.* *17h-1h lun.-sam., 10h-1h dim.* DM DM

C'est ici que l'empereur Guillaume aurait mangé sa première olive, et le décor semble ne pas avoir beaucoup changé depuis. Il serait difficile d'en trouver un mieux adapté à la dégustation de spécialités brandebourgeoises parmi les meilleures de Berlin. Si vous commandez un jarret de porc, il pèsera probablement un kilo, tandis que les portions de viande tiendront à peine sur votre assiette.

Ostwind (chinois)

Husemannstrasse 13. *441 59 51.* V *18h-1h lun.-sam., 10h-1h dim.* DM DM

L'Ostwind n'ouvre que le soir, hormis le dimanche où il sert toute la journée. La carte offre le choix entre de délicieuses spécialités de plusieurs régions de la Chine. Le décor est malheureusement un peu criard.

Pasternak (russe)

Knaackstrasse 22-24. *441 33 99.* V *midi-2h lun.-sam., 10h-2h dim.* DM DM

Le Pasternak possède une charmante salle meublée de fauteuils confortables. Les plats russes proposés à des prix très abordables, des recettes de la région de Saint-Pétersbourg notamment, comprennent des classiques comme le *borchtch* (soupe de betterave), les blinis et le bœuf Stroganov.

Restauration 1900 (international)

Husemannstrasse 1. *4422 494.* V *AE.* *midi-1h lun.-ven., 10h-1h sam.-dim.* DM DM

La cuisine, légère, accorde une large place aux mets végétariens. La terrasse offre une vue superbe de l'est de Berlin, et les solides *Frühstücke* du dimanche font d'excellents brunchs.

Trattoria Lappeggi (italien)

Kollwitzstrasse 56. *442 63 47.* V *AE, V.* *midi-2h t.l.j.* DM DM

Des meubles en bois brut, disposés sur un carrelage en terre cuite, composent ici un décor rustique. Des pâtes maison côtoient sur la carte de nombreux autres plats italiens.

Abendmahl (végétarien)

Muskauer Strasse 9 (Kreuzberg). **Plan** 14 F2. *612 51 70.* V *18h-1h t.l.j.* DM DM DM

Les ingrédients utilisés pour confectionner les plats végétariens de l'Abendmahl proviennent de fermes biologiques de la région. Un large choix de salades garantit un apport suffisant de vitamines et de sels minéraux. Du poisson figure aussi à la carte. Le cadre est toutefois un peu clinquant, et si la nourriture est saine et goûteuse, elle n'est pas bon marché.

Chalet Suisse (suisse)

Clayallee 99. *832 63 62.* V *AE, DC, EC, MC, V.* *11h30-minuit t.l.j.* DM DM DM

Difficile de se tromper en cherchant le Chalet Suisse : le bâtiment ressemble beaucoup à un chalet. Il offre un cadre idéal où se restaurer après une promenade dans la forêt de Grunewald. En saison, asperges, champignons et gibier rejoignent sur la carte des classiques des Alpes comme la raclette.

Forsthaus Paulsborn (allemand)

Hüttenweg 90 (Grunewald). *818 19 10.* V *AE, DC, MC, V, JCB.* *mars-oct. et déc. :11h-23h mar.-dim. ; jan.-fév. et nov. : 11h-18h mar.-dim.* DM DM DM

Au cœur de la forêt de Grunewald, cet ancien pavillon de chasse abrite désormais en rez-de-chaussée un restaurant qui s'étend dans le jardin en été. Le gibier tient une grande place sur la carte. Des produits de saison comme les asperges et les cèpes entrent dans la composition d'excellentes soupes.

Grunewaldturm (allemand)

Havelchaussee 61. 304 12 03. V AE, V. *10h-23h t.l.j.* DM DM DM

Un déjeuner ou un dîner dans la pittoresque tour de Grunewald terminera agréablement une promenade dans la forêt ou le long de la Havel. Une vue superbe de la rivière ajoute au plaisir procuré par un solide plat de gibier ou de produits de saison comme les champignons.

Jelängerjelieber (international)

Göhrener Strasse 1. *441 22 95.* V *18h-2h t.l.j.* DM DM DM

Meublé d'objets venant du Palast der Republik, cet établissement porte un nom qui signifie approximativement « plus c'est long, plus c'est bon », une invitation à prendre son temps pour savourer des mets du monde entier ou une création originale : une soupe aux brocolis, au chou rouge et aux orties.

Maxwell (international)

Bergstrasse 22 (Mitte). *280 71 21,* V AE, DC, V. *mai-sept. : midi-15h, 18h-minuit t.l.j. ; oct.-avr. : 18h-minuit t.l.j.* DM DM DM

Ce restaurant très fréquenté a forgé sa réputation sur une cuisine d'influence méditerranéenne. Il est moins cher à midi, mais la carte des vins ne recèle rien d'abordable. En été, il offre le choix entre une salle élégante et les tables dressées dans une cour très agréable.

Spree-Athen (berlinois)

Leibnizstrasse 60 (Charlottenburg). **Plan** 9 B1. *324 17 33.* AE, DC, EC, V. *18h-1h lun.-sam.* DM DM DM

Voici une excellente adresse où vous initier à la cuisine berlinoise. Le cadre incite à la nostalgie et de vieilles chansons allemandes passent en musique de fond. La carte change quotidiennement, mais le jarret de porc est toujours disponible.

Storch (alsacien)

Wartburgstrasse 54 (Schöneberg). **Plan** 11 A5. *784 20 59.* *EC, MC.* *18h-1h t.l.j.* DM DM DM

Avec ses serveurs en habit et ses grandes tables qui obligent le plus souvent à s'asseoir à côté d'étrangers, la « Cigogne » aime les contrastes. Saucisses, choucroute, champignons, la cuisine alsacienne y apparaît sous son meilleur jour. Les tartes sucrées sont la grande spécialité de la maison.

Paris-Moskau (français)

Alt Moabit 141. **Plan** 5 C2. *394 20 81.* *18h-1h t.l.j.* DM DM DM DM

Voici un lieu extraordinaire : au milieu d'un chantier, un bâtiment isolé abrite l'une des meilleures tables de Berlin. La cuisine est exceptionnelle et la carte des vins remarquable.

Remise im Schloss Klein-Glienicke (allemand)

Königstrasse 36 (Klein-Glienicke). *805 40 00.* V *avr.-oct. : midi-22h t.l.j. ; nov.-mars : midi-22h mar.-dim.* DM DM DM DM

Le cadre historique *(p. 202)* et l'expérience du propriétaire, Siegfried Rockendorf, concourent à vous garantir une soirée raffinée. Des recettes allemandes imaginatives apprêtent perche, écrevisses et gibier.

Restaurant im Logenhaus (allemand)

Emser Strasse 12-13 (Wilmersdorf). **Plan** 9 B3. *873 25 60.* *AE, V.* *19h-1h lun.-sam.* DM DM DM DM

Une cuisine ouverte permet aux clients de voir le chef à l'œuvre (et quel spectacle !), tandis qu'il prépare des spécialités de la région de Baden.

Alt Luxemburg (français)

Windscheidstrasse 31. **Plan** 2 E5. *323 87 30.* *AE, DC, MC, V.* *19h-1h lun.-sam.* DM DM DM DM DM

Un véritable maître, Karl Wannemacher, crée ici des mets de gourmets en s'inspirant de saveurs orientales, pour apporter une touche personnelle à la meilleure gastronomie française. Le décor conjugue élégance et discrétion.

Bamberger Reiter (français)

Regensburger Strasse 7. **Plan** 10 E3. *218 42 82.* *AE, DC, MC, V.* *18h-1h mar.-sam.* DM DM DM DM DM

Le domaine de l'Autrichien Franz Raneburger est sans conteste l'un des plus grands restaurants de Berlin. L'atmosphère y reste toutefois intime et un personnel expérimenté assure un service impeccable. Il faut réserver longtemps à l'avance. À côté, plus décontracté et moins cher, le Bistro Bamberger Reiter propose une cuisine similaire.

Grand Slam (français)

Gottfried-von-Cramm-Weg 47-55 (Grunewald). *825 38 10.* *AE, DC, V.* *18h30-minuit mar.-sam.* DM DM DM DM DM

Trouver le Grand Slam demande un peu d'effort car il se trouve sur le terrain d'un club de tennis appelé Rot-Weiss dans une des petites rues de Grunewald, mais la salle, classique et distinguée, offre une belle vue du lac. Le chef, Johannes King, propose des créations légères, originales et sophistiquées qui justifient pleinement leur prix. Réserver.

Rockendorf's Restaurant (allemand)

Düsterhauptstrasse 1/ Waidmannsluster Damm (Reinickendorf). *402 30 99.* *AE, DC, MC, V.* *midi-14h, 19h-23h mar.-sam.* DM DM DM DM DM

Le talent de Siegfried Rockendorf vaut à son établissement d'être considéré par certains comme le meilleur restaurant de cuisine allemande du pays. Il apporte une touche moderne à des recettes traditionnelles, et les spécialités de la maison comprennent une brioche au gibier, et de la dorade et du homard servis avec un confit au fenouil.

Vivaldi (français)

Brahmsstrasse 10. *89 58 45 21.* *AE, DC, MC, V, JCB.* *18h30-tard mar.-sam.* DM DM DM DM DM

Le couturier Karl Lagerfeld a joué des boiseries, des dorures et des lustres pour décorer le restaurant du palace le plus cher de la capitale allemande : le Ritz-Carlton. La cuisine, marquée de légères influences allemandes et méditerranéennes, est depuis longtemps classée parmi les meilleures de Berlin. Réserver.

Légende des symboles, *voir rabat de couverture*

Repas légers et snacks

Les chaînes internationales de fast-foods ont ouvert des succursales à Berlin comme dans toutes les grandes villes occidentales, mais il existe beaucoup d'autres formules permettant de manger sur le pouce sans se limiter au hamburger ou à la pizza. Partout en ville, les cafés proposent aussi des plats chauds ou froids à prix abordables, tandis que d'innombrables kiosques, les *Imbissbude,* vendent dans la rue des spécialités locales comme la *Currywurst* ou des mets plus exotiques tels que le *döner kebab* ou le *falafel.*

Imbissbude et snack-bars

Omniprésent partout en ville, en particulier dans des endroits passants comme les rues et les carrefours animés et les alentours des stations de S-Bahn et de U-Bahn, l'*Imbissbude* a pour forme la plus classique celle d'un petit kiosque vendant des snacks comme la *Currywurst* et des portions de frites *(Pommes)* accompagnées de mayonnaise et de ketchup. Spécialité berlinoise, la *Currywurst* consiste en une saucisse grillée *(Bratwurst)* coupée en morceaux sur une assiette en carton et nappée d'une sauce parfumée. Quelques établissements, **Ku'damm 195, Amtsgerichtsplatz** et **Konnopke** notamment, entretiennent la tradition et préparent leur propre sauce, plutôt que de se contenter, comme la plupart de leurs concurrents, de ketchup saupoudré de curry et de paprika.

Grillées ou cuites à l'eau, les saucisses servent de base à de nombreux autres en-cas. Les plus répandues sont la saucisse de Francfort *(Wienerwurst* « de Vienne » !) et la *Bockwurst,* plus épaisse. Une variante du hamburger à l'allemande porte le nom français de *Bulette.*

Il existe malheureusement peu d'endroits comparables à l'*Imbissbude* où les visiteurs peuvent goûter les cuisines d'autres régions d'Allemagne. Le **Spätzle** fait exception. Installé sous une arcade du viaduc du S-Bahn près de la station Bellevue, il propose des plats typiques du Sud à base de courtes nouilles épaisses appelées *Spätzle.*

Spécialités mondiales

Berlin abrite une importante communauté turque et des *Döner Kebab* concurrencent désormais dans toute la ville les autres vendeurs de snacks. Le *kebab* typique consiste en une galette de pain plat, ou *pitta,* garnie de feuilles de laitue, de tranches de mouton grillé, de rondelles d'oignon, de concombre et de tomate que vient recouvrir une épaisse sauce épicée à base de yaourt. Les meilleurs se trouvent à Kreuzberg, l'arrondissement où s'installent traditionnellement les immigrants turcs, et vous n'aurez que l'embarras du choix aux alentours de la Kottbusser Tor et de l'Oranienstrasse. Nous vous conseillons aussi **Kebab. Kulinarische Delikatessen** propose des *kebabs* sans viande. Ils sont à la fois variés et savoureux.

Les végétariens apprécieront également le *falafel,* une spécialité du Moyen-Orient très répandue. Des boulettes de purée de pois chiche parfumée à la coriandre ou au persil sont roulées dans de la panure, passées à la friture, puis posées sur de la salade dans une galette de pain et nappées d'une sauce au yaourt. Les environs de la Winterfeldtplatz renferment d'excellents marchands de *falafel,* dont **Habibi, Dada Falafel** et **Baharat Falafel. Safran** se trouve dans la partie orientale de la ville.

Les cuisines d'Extrême-Orient ont aussi leurs représentants dans les rues de Berlin. Sur la Goltzstrasse, **Fish & Vegetables** prépare des plats thaïlandais, tandis qu'à Kreuzberg, sur la Bergmannstrasse, **Pagode** sert des mets chinois. Coréen, le **Kwang-Ju-Grill** propose une étonnante variété de hors-d'œuvre, de soupes et de plats principaux. Vous pourrez les comparer aux spécialités vietnamiennes de **Vietnam Imbiss**.

Une famille mexicaine tient **Viva Mexico !** et ses *tacos* et *burritos* sont authentiques. Pour manger indien, essayez la Grolmanstrasse, où l'**Ashoka** mérite une mention spéciale, près de la Savignyplatz. Les restaurants japonais sont plutôt chic et chers, mais ils servent de bonnes soupes et des sushi. Nous vous conseillons le **Sushi Bar Ishin, Cat Food sushi bar, Sushi-Bar, FUKU Sushi, Mäcky Messer** et **Musashi.**

Sandwichs et en-cas

Les personnes qui préfèrent des snacks plus traditionnels trouveront de nombreux stands vendant des sandwichs à la viande ou au fromage près des stations de S-Bahn et de U-Bahn et le long des rues les plus fréquentées.

Les rayons des boulangeries renferment également de quoi combler un petit creux, du croissant moelleux au bretzel croquant et saupoudré de gros sel.

À l'heure du déjeuner, les restaurants de la chaîne **Nordsee** permettent non seulement de prendre un repas sur place, mais aussi d'acheter des sandwichs à emporter.

Quiches et tartes salées ont de nombreux adeptes. Si vous en faites partie, nous vous conseillons le snack-bar **Fressco** situé à Kreuzberg. **Bagles & Bialys,** sur la Rosenthaler Strasse, et **Salomon Bagels,** sur la Joachimstaler Strasse, ont transplanté à Berlin la tradition des traiteurs juifs américains. L'éventail de garnitures disponibles est sidérant.

Soup-Kultur ne prépare que des soupes, mais quelle diversité entre les chaudes, les froides, les exotiques, les pimentées ou les douces ! À Prenzlauer Berg, **Knofel** enchantera les amateurs d'ail. Les végétariens apprécieront **Deli, Curry 36** et, surtout, la **Little Shop of Foods** de Kreuzberg qui propose des plats végétariens du monde entier.

Comme partout, un bon moyen d'assouvir une petite faim consiste à choisir une part de pizza dans un établissement comme **Piccola Italia.**

Manger dans les centres commerciaux

La pratique du lèche-vitrines a tendance à creuser l'appétit, mais s'installer devant un repas copieux réduit considérablement le temps consacré aux achats. Les lieux de restauration des temples du shopping mettent donc l'accent sur la rapidité du service. Certains n'en négligent pas pour autant le cadre. La vue offerte par le dernier étage vitré rend très agréable un déjeuner au self-service du grand magasin **KaDeWe,** une visite presque obligatoire lors d'un premier séjour à Berlin.

Le self-service des **Galeries Lafayette** de la Friedrichstrasse se trouve quant à lui en sous-sol, ce qui ne l'empêche pas d'être également très fréquenté. Plus au sud, dans le Quartier 205, **Bio Insel** vous permettra de manger biologique et **E33** de boire un excellent café.

Si vous accordez davantage d'importance aux plaisirs de la table, vous apprécierez le choix offert par les bars et les cafés de la galerie marchande **Arkaden** située près de la Potsdamer Platz. Elle renferme une succursale de Salomon Bagels, un pavillon asiatique et l'établissement baptisé Pomme de Terre qui met à toutes les sauces l'humble *Kartoffel*.

Pour combler une envie de sucré, nous vous recommandons le Wiener Café pour ses gâteaux et Caffé e Gelato si vous préférez une crème glacée.

Cafés

Le large éventail de plats chauds, en-cas et gâteaux disponibles dans les très nombreux cafés de Berlin permet en cours de visite, à peu près n'importe où en ville, de trouver à se restaurer quels que soient ses goûts et ses moyens.

Les cafés ouvrent en général à 9 h ou à 10 h et ne ferment que tard dans la nuit. Après le petit déjeuner, servi à la carte ou en buffet, et dont les composantes restent souvent disponibles une grande partie de la journée, les mets proposés comprennent traditionnellement plusieurs salades et quelques plats chauds simples, des ragoûts *(Eintöpfe)* notamment. Raisonnables, les prix ne dépassent habituellement pas 15-20 DM. Tous les cafés offrent aussi un grand choix de desserts, de gâteaux de glaces et de boissons alcoolisées.

Dans le quartier du Ku'Damm, le **Café Kranzler,** fondé en 1932, ainsi que le **Café Adlon** et le **Café Möhring** méritent une visite. Près de l'université technique, le **Café Hardenberg** est apprécié des étudiants. Du côté de la Kantstrasse, le **Schwarzes Café** reste ouvert 24 h/24. Si vous vous trouvez sur la Savignyplatz, nous vous conseillons le **Café Aedes** installé sous l'arcade du viaduc du S-Bahn. Il en existe un deuxième à Mitte, dans une cour des Hackesche Höfe. Dans le Tiergarten, vous pourrez vous détendre au bord de l'eau au **Café am Neuen See.** La **Patisserie Buchwald** de l'Hansaviertel est renommée pour ses *Baumkuchen,* « gâteaux-arbres » en forme de troncs.

Son jardin d'hiver donne beaucoup de charme au **Café Wintergarten** de la Literaturhaus, dans la Fasanenstrasse. Le **Café Einstein,** de style viennois, occupe une jolie villa de la Kurfürstenstrasse. Il torréfie son café et a ouvert une nouvelle enseigne à Mitte, sur Unter den Linden, où sa délicieuse pâtisserie entre en compétition avec celle de l'**Opernpalais** *(p. 63)*. Au **Café Szolnay,** gâteaux et desserts sont hongrois. Près de Checkpoint Charlie, **Sale e Tabacchi** réunit sous un même toit un excellent restaurant italien et le **Café Adler,** d'égale qualité.

Les nombreux établissements qui permettent de prendre un repas léger ou une boisson du côté de l'Oranienburger Strasse et des Alte et Neue Schönhauser Allees attirent en soirée une foule remuante en quête de bière et de bonne musique. Une ambiance animée et enfumée règne au **Boon's** et le septième art est à l'honneur au **Café Cinema.** Le **Café Zucca** sert de la cuisine italienne et le **Café Döblin,** repaire d'amateurs de jazz, accueille des expositions d'art.

Depuis la chute du Mur, Prenzlauer Berg devient un haut lieu de la vie nocturne et vous pourrez vous mêler à une faune branchée chez **Anita Wronski,** savourer des crêpes au **Tantalus** ou écouter des balades russes devant une cheminée au **Chagall.** Aux beaux jours, profitez de la terrasse du **November** ou du **Seeblick.**

Il existe beaucoup d'autres cafés accueillants, dont l'**Atlantic,** le **Café Berio,** le **Keyser Soze,** le **Rathauscafé,** le **Telecafé,** le **Voltaire** et le **Café Savigny** dont la carte change tous les jours.

Salons de thé

Barcomi's possède sa propre salle de torréfaction et propose une sélection de cafés du monde entier. Petits gâteaux et biscuits permettent de grignoter en sirotant sa tasse. Si vous aspirez à quelque chose de plus consistant, vous pourrez composer votre sandwich au **Barcomi's Deli.**

Les amateurs de thé jouiront d'un très grand choix à **TTT (Tee, Tea, Thé)** et à **Mittendrin.** Au **Tadschikische Teestube,** ils s'installeront sur des tapis du Tadjikistan.

CARNET D'ADRESSES

IMBISSBUDEN ET SNACK-BARS

Amtsgerichtsplatz
Kantstrasse/Suarezstrasse.
Plan 2 E5. *11h30-23h lun.-ven., 13h-23h sam.-dim.* *mar.*

Konnopke
Schönhauser Allee 44a (U-Bahnhof Eberswalder Str).
925 25 76.
4h30-20h lun.-ven.

Ku'damm 195
Kurfürstendamm 195.
Plan 9 B2. *18h-1h lun.-ven., 17h-7h sam.-dim.*

Spätzle
Lüneburger Strasse *(arcade sous le viaduc du S-Bahn, près de Bellevue).*
Plan 5 A3. *394 20 57.*
18h-23h t.l.j.

SPÉCIALITÉS MONDIALES

Ashoka
Grolmanstrasse 51.
Plan 3 C5. *313 20 66.*
midi-minuit t.l.j.

Baharat Falafel
Winterfeldstrasse 37.
Plan 11 B3. *216 83 01.* *midi-14h lun.-sam., à partir de 13h dim.*

Cat Food sushi bar
Körterstrasse 8.
Plan 13 C4. *693 02 27.*
18h-1h t.l.j.

Dada Falafel
Linienstrasse 132.
Plan 6 F1. *27 59 69 27.*
11h-minuit t.l.j.

Fish & Vegetables
Goltzstrasse 32.
Plan 11 A3. *215 74 55.*
9h-14h lun.-ven., 10h-3h sam.-dim.

FUKU Sushi
Rosenthaler Strasse 61.
Plan 7 B1. *28 38 77 83.*
midi-minuit lun.-jeu., midi-2h ven.-sam., 16h-minuit dim.

Habibi
Goltzstrasse 24.
Plan 11 A3. *215 33 32.* *11h-15h jeu., 11h-17h ven.-sam., 11h-15h dim.*

Kebab
Goltzstrasse 37a.
Plan 11 A3, 11 A4.
10h-23h t.l.j.

Kulinarische Delikatessen
Oppelner Strasse 4.
618 67 58.
9h-1h lun.-sam., 10h-1h dim

Kwang-Ju-Grill
Emser Strasse 24.
Plan 9 B3. *883 97 94.*
midi-minuit lun.-jeu., midi-2h ven.-sam.

Mäcky Messer
Mulackstrasse 29.
Plan 7 C1. *283 49 42.* *18h-minuit mar.-dim.*

Musashi
Kottbusser Damm 102.
Plan 14 E3. *693 20 42.*
midi-22h30 lun.-sam., 14h-22h dim.

Pagode
Bergmannstrasse 88.
Plan 13 A4. *691 26 40.*
midi-minuit t.l.j.

Safran
Knaackstrasse 14.
44 04 33 78.
11h-2h t.l.j.

Sushi
Pariser Strasse 44.
Plan 9 B2. *881 27 90.*
midi-minuit lun.-sam., 16h-minuit dim.

Sushi-Bar
Friedrichstrasse 115.
Plan 6 F1. *281 51 88.*
midi-22h lun.-ven., midi-minuit sam.-dim.

Sushi Bar Ishin
Schlossstrasse 101.
Plan 2 E4. *797 10 49.*
11h-20h lun.-ven., 11h-16h sam., midi-17h dim.

Vietnam Imbiss
Damaschkestrasse 30.
324 93 44. *midi-21h lun.-ven.*

Viva Mexico !
Chausseestrasse 36.
Plan 6 F1. *280 78 65.*
midi-minuit lun.-sam., 17h-minuit dim.

EN-CAS

Bagels & Bialys
Rosenthaler Strasse 46-48.
Plan 7 B2. *283 65 46.*
9h-16h t.l.j.

Curry 36
Mehringdamm 36.
Plan 12 F3, 12 F5.
10h-tard t.l.j.

Deli
Kollwitzstrasse 44.
442 05 60. *10h-19h lun.-jeu., 10h-20h ven., 10h-2h sam.*

Fressco
Stresemanntrasse 44.
Plan 12 F2. *25 29 93 09.* *10h-23h30 t.l.j.*

Stresemannstrasse 34.
Plan 12 F2. *25 29 93 09.*
10h-23h30 t.l.j.

Zossener Strasse 24.
Plan 13 A4. *69 40 16 13.* *10h-minuit t.l.j.*

Knofel
Wichertstrasse 33 A.
447 67 17. *18h-tard lun.-jeu., 14h-tard ven., 13h-tard sam.-dim.*

Little Shop of Foods
Kollwitzstrasse 90.
44 05 64 44.
midi-22h lun.-ven.

Nordsee
Karl-Liebknecht-Strasse 6.
Plan 7 C3, 16 F2. *213 98 33.* *10h-21h lun.-sam.*

Piccola Italia
Oranienburger Strasse 6.
Plan 7 B2. *283 58 43.*
midi-1h t.l.j.

Salomon Bagels
Joachimstaler Strasse 13.
Plan 10 D2. *881 81 96.*
9h-21h lun.-ven., 10h-18h sam.-dim.

Soup-Kultur
Kurfürstendamm 224.
Plan 10 D1. *74 30 82 95.* *11h-20h lun.-ven., 11h-16h sam.*

DANS LES CENTRES COMMERCIAUX

Bio Insel
Friedrichstadtpassage, Friedrichstrasse 67.
Plan 6 F4, 15 C4.
8h-22h t.l.j.

E33
Friedrichstadtpassage, Friedrichstrasse 67.
Plan 6 F4, 15 C4.
9h-21h t.l.j.

Galeries Lafayette
Französische Strasse 23.
Plan 6 F4, 15 C3. *20 94 80.* *9h30-20h lun.-ven., 9h-16h sam.*

KaDeWe
Tauentzienstrasse 21-24.
Plan 10 E1. *9h-20h lun.-ven., 9h-16h sam.*

Potsdamer Platz Arkaden
Alte Potsdamer Strasse 7.
Plan 6 D5. *9h30-20h lun.-ven., 9h30-16h sam.*

CAFÉS

Anita Wronski
Knaackstrasse 26-28.
442 84 83.
10h-2h t.l.j.

Atlantic
Bergmannstrasse 100.
Plan 12 F4. *691 92 92.* *9h-tard t.l.j.*

Boon's
Monbijouplatz 12.
Plan 7 B2, 16 E1. *28 53 98 90.* *17h-tard lun.-ven., 13h-tard sam.-dim.*

Patisserie Buchwald
Bartningallee 29.
Plan 4 F2. *391 59 31.*
9h-18h lun.-sam., 10h-18h dim.

Café Adler
Friedrichstrasse 206.
251 89 65.
9h-30-minuit lun.-sam., 9h30-19h dim.

Café Adlon
Kurfürstendamm 69.
Plan 9 A2.
883 76 82.
9h-minuit t.l.j.

Café Aedes
Savignyplatz *(arcade du viaduc du S-Bahn).*
Plan 9 C1. *312 095 35.* *10h-tard t.l.j.*

Rosenthaler Strasse 40–41 *(Hakesche Höfe, deuxième cour).* **Plan** 7 B2.
282 21 03.
10h-tard t.l.j.

Café am Neuen See
Lichtensteinallee 1.
Plan 4 F5. *254 49 30.*
10h-23h t.l.j.

Café Ständige Vertretung
Schiffbauerdamm 8.
282 39 65.
10h-minuit t.l.j.

Café Berio
Maassenstrasse 7.
Plan 11 A2. *216 19 46.* *8h-1h t.l.j.*

Café Cinema
Rosenthaler Strasse 39.
Plan 7 B2.
280 64 15.
midi-3h t.l.j.

Café Döblin
Alte Schönhauser Str. 46.
Plan 7 C1. *241 99 07.*
16h-tard lun.-sam., 10h-tard, dim.

Café Einstein
Kurfürstenstrasse 58.
Plan 11 A2. *261 50 96.* *10h-2h t.l.j.*

Unter den Linden 42. **Plan** 6 F3, 15 C3. *204 36 32.* *8h-1h t.l.j.*

Café Ephraim's
Spreeufer 1.
Plan 7 C4. *24 72 59 47.* *10-minuit t.l.j.*

Café Hardenberg
Hardenbergstrasse 10.
Plan 3 C5. *312 26 44*
9h-1h t.l.j.

Café Harder
Leipziger Strasse 30.
Plan 7 A5, 15 C5.
20 45 20 75.
9h-minuit t.l.j.

Café Lebensart
Unter den Linden 69–73.
Plan 6 E3, 15 B3. *229 00 18.* *7h-19h30 lun.-ven., 8h-19h30 sam., 9h-19h30 dim.*

Café Möhring
Kurfürstendamm 213.
Plan 10 D1. *881 20 75.*
7h-minuit t.l.j.

Charlottenstrasse 55.
Plan 7 A4. *20 90 22 40.* *9h-19h t.l.j.*

Café Savigny
Grolmanstrasse 51.
Plan 3 C5, 9 C1. *312 81 95.* *9h-1h t.l.j.*

Galeriecafé Silberstein
Oranienburger Strasse 27.
Plan 7 A2. *281 28 01.*
midi-minuit t.l.j.

Café Szolnay
Karl-Liebknecht-Strasse 9.
Plan 7 C2. *241 57 15.*
14h-22h lun.-mar., midi-22h mer.-jeu., 10h-22h ven.-dim.

Café Wellenstein
Kurfürstendamm 190.
Plan 9 B2. *882 15 55.*
9h-3h t.l.j.

Café Wintergarten im Literaturhaus
Fasanenstrasse 23.
Plan 10 D1. *882 54 14.* *9h30-1 h t.l.j.*

Café Zucca
Am Zwirngraben 11-12 *(arcade du S-Bahn).*
24 72 12 12.
10h-3h t.l.j.

Chagall
Kollwitzstrasse 2.
441 58 81. *9h-tard t.l.j. (à partir de 10h en hiver).*

Eckstein
Pappelallee 73.
441 99 60.
9h-2h t.l.j.

Filmbühne am Steinplatz
Hardenbergstrasse 12.
Plan 4 D5. *312 65 89.*
9h-2h dim.-jeu., 9h-3h ven.-sam.

Kaffeestube am Nikolaiplatz
Poststrasse 19.
Plan 7 C3. *242 71 20.*
10h-20h dim.-jeu., 10h-22h ven.-sam.

Keyser Soze
Tucholskystrasse 33.
Plan 7 A1.
28 59 94 89.
10h-tard t.l.j.

Kleine Orangerie
Spandauer Damm 20.
Plan 2 E3. *322 20 21.*
10h-22h t.l.j. (10h-20h en hiver).

November
Husemannstrasse 15.
442 84 25.
10h-2h t.l.j.

Opernpalais
Unter den Linden 5.
Plan 7 A3, 16 E3.
20 26 83.
9h-minuit t.l.j.

Pasticceria Italiana
Leibnizstrasse 45.
Plan 9 B1.
10h-21h t.l.j.

Rathaus-café
Rathausstrasse 17.
Plan 7 C3. *242 36 46.*
9h-22h t.l.j.

Sale e Tabacchi
Kochstrasse 18.
252 11 55.
9h-2h lun.-ven., 10h-2h sam.-dim.

Schwarzes Café
Kantstrasse 148.
Plan 9 C1. *313 80 38.*
24h/24.

Seeblick
Rykestrasse 14.
442 92 26.
10h-2h lun.-ven.

Telecafé
Alexanderplatz *(tour de la Télévision).*
Plan 8 D2. *242 33 33.*
10h-1h t.l.j.

Voltaire
Stuttgarter Platz 14.
324 50 28.
24h/24.

SALONS DE THÉ

Barcomi's
Bergmannstrasse 21.
Plan 13 A5.
694 81 38.
9h-minuit lun.-sam., 10h-minuit dim.

Barcomi's Deli
Sophienstrasse 21 *(deuxième cour).*
Plan 7 B1.
28 59 83 63.
9h-22h lun.-sam., 10h-22h dim.

Mittendrin
Sophienstrasse 19.
Plan 7 B1.
28 49 77 40.
midi-23h mer.-jeu, midi-1h ven.-sam., midi-17h dim.

Tadschikische Teestube
Am Festungsgraben 1.
Plan 7 A3, 16 E2.
201 06 95.
17h-minuit lun.-ven., 15h-minuit sam.-dim.

TTT (Tee, Tea, Thé)
Goltzstrasse 2.
Plan 11 A4.
21 75 22 40.
8h30-minuit, lun.-sam., 10h-minuit dim.

Cafezeit
Kurfürstendamm 200.
Plan 9 C2.
88 25 814.
8h-minuit lun.-sam.

Tomasa
Motzstrasse 60.
Plan 10 F3.
21 32 345.
8h-2h lun.-sam.

Donath
Schwedter Strasse 13.
44 80 122.
10h-1h t.l.j.

Bars et bars à vin

Tracer des frontières rigides entre bars à cocktails, bars à vin et *Bierstuben* est à peu près aussi difficile que de vouloir donner une définition précise d'une *Kneipe*. Tous ces établissements partagent des caractéristiques communes : ce sont principalement des débits de boisson, même si on peut souvent y manger, et ils ouvrent en général en fin d'après-midi ou en début de soirée pour fermer tard dans la nuit ou au petit matin quand l'ambiance le justifie.

Kneipen

Pour les Allemands, le terme *Kneipe* évoque avant tout un lieu chaleureux où se retrouver pour discuter en buvant de la bière. D'autres boissons sont toutefois disponibles et on peut y manger un morceau. Une *Albertliner Kneipe* typique possède des boiseries au mur, un grand comptoir et un buffet garni d'en-cas tels que des *Buletten* à la viande de porc, des *Soleier* (œufs marinés), des *Rollmöpse* (filets de hareng au vinaigre), de la charcuterie et du boudin. Des tavernes à l'ancienne de ce genre existent encore dans les arrondissements les plus populaires de Berlin, par exemple Moabit, Kreuzberg et Prenzlauer Berg, mais elles sont devenues rares dans le centre. Les plus populaires comprennent **Metzer Eck** à Prenzlauer Berg, **Zur Kneipe** et **Ranke 2** près du Kurfürstendamm et **Zum Nussbaum** dans le Nikolaiviertel.

De plus en plus de *Kneipen* optent aujourd'hui pour des décors modernes et certaines se spécialisent dans des formes de cuisines moins traditionnelles. Mais, qu'elles proposent des recettes régionales ou des plats, français, italiens ou orientaux, une atmosphère décontractée et un large choix de boissons alcoolisées restent la norme. Kreuzberg et Prenzlauer Berg (en particulier autour de la Kollwitzplatz) renferment beaucoup d'établissements de ce genre. Dans la partie nord de Mitte, l'**Obst & Gemüse,** malgré son nom, ne sert ni fruits ni légumes, mais jouit d'une bonne réputation. Près de la Savignyplatz, vous pourrez vous restaurer d'un solide *Eintopf* (ragoût) au **Dicke Wirtin.**

Près du Kurfürstendamm, à l'ouest de l'Europa-Center, le **Ku'Dorf** est une curiosité dans la mesure où il réunit 18 bars. La bière n'y est pas chère et la nourriture est acceptable.

Biergarten

Le *Biergarten* est un débit de boisson en plein air qui n'ouvre qu'en été et occupe souvent un site privilégié, dans un parc ou au bord d'un lac par exemple. Des grillades au barbecue complètent l'éventail de plats habituellement disponibles. Les Berlinois apprécient dans le centre le **Loretta im Garten.** En vous promenant dans Prenzlauer Berg, vous pourrez faire une pause au **Pfefferberg** ou au **Prater** voisin. Après une promenade au bord du lac de Wannsee, ou, pour les plus actifs, une après-midi de sports nautiques, le **Loretta am Wannsee** offre un cadre agréable où finir la journée.

Bars à vin

Le bar à vin berlinois typique possède une ambiance méditerranéenne et rustique, ouvre en début de soirée, ferme tard dans la nuit et offre un large choix de crus servis au verre, en carafe ou en bouteille. Les plats proposés pour les accompagner sont en général italiens, espagnols et français.

L'**Enoteca Reale** et **Il Calice** servent ainsi des vins et des spécialités d'Italie, tandis qu'au **Weinstein,** à Prenzlauer Berg, la France et l'Espagne sont à l'honneur. À Mitte, le **Lutter & Wegener** permet toutefois d'apprécier les productions viticoles et les cuisines allemandes et autrichiennes. Il garde aussi en cave de nombreux vins d'autres pays d'Europe.

Bars à cocktails

Ces établissements offrent un cadre élégant où finir une soirée et la plupart n'ouvrent pas avant 20 h. Ne comptez pas vous y restaurer et, bien qu'ils n'imposent pas d'obligations vestimentaires strictes, vous vous sentirez déplacé dans une tenue trop décontractée.

Le **Galerie Bremer** possède une décoration intérieure dessinée par Hans Scharoun et un personnel stylé s'y affaire au son des morceaux de jazz qui passent doucement en musique de fond. Vous trouverez sans doute l'ambiance plus vivante au **Champussy** où l'on vient pour boire du champagne en écoutant des musiciens. Le **Cut** est réputé pour son vaste choix de cocktails et son décor de film d'avant-guerre. Les bars des grands hôtels constituent aussi des lieux de rendez-vous appréciés des noctambules, notamment le **Harry's New York Bar** (plus c'est tard, mieux c'est) de l'Hotel Esplanade et le **Sam's Bar** de l'Hotel Palace.

Bars gays et lesbiens

La scène homosexuelle berlinoise possède des facettes multiples. Dans la majorité des bars qu'elle fréquente, tel le **Sündström,** gays et lesbiennes se mêlent librement, mais certains lieux, comme le **Café Seidenfaden** ou l'**Amsterdam,** n'acceptent que les femmes, tandis que le **Roses** est réservé aux hommes et que le **WMF/Gay MF** est mixte pendant la semaine et ouvert seulement aux gays le dimanche. Le **Lenz** et le **So 36** comptent aussi des hétérosexuels parmi leurs habitués.

CARNET D'ADRESSES

KNEIPEN

Le Bateau
Europa-Center *(cave)*.
Plan 10 E1.
261 36 09.

Dicke Wirtin
Carmerstrasse 9.
Plan 3 C5.
312 49 52.

Gerichtslaube mit Bierschenke und Ratsherren-Stube
Poststrasse 28.
Plan 7 C3.
241 56 97.

Ku'Dorf
Joachimstaler Strasse 15 *(dans Metropolhaus)*.
Plan 10 D2.
883 66 66.

Meilenstein
Oranienburger Strasse 7.
Plan 7 B2, 16 F1.
282 89 95.

Metzer Eck
Metzer Strasse 33.
442 76 56.

Mutter
Hohenstaufenstrasse 4.
Plan 11 A3.
216 49 90.

Oberwasser
Zionskirchstrasse 6.
448 37 19.

Obst & Gemüse
Oranienburger Strasse 48.
Plan 6 F1.
282 96 47.

Ranke 2
Rankestrasse 2.
Plan 10 E1.
883 88 82.

Slumberland
Goltzstrasse 24.
Plan 11 A3.
216 53 49.

Titanic
Winsstrasse 30.
442 03 40.

Zum Nussbaum
Am Nussbaum 3.
Plan 7 C3.
242 30 95.

Zum Patzenhofer
Meinekestrasse 26.
Plan 10 D1.
882 11 35.

Zur Kneipe
Rankestrasse 9.
Plan 10 D2.
883 82 55.

BIERGARTEN

Loretta am Wannsee
Kronprinzessinnen-weg 260.
803 51 56.

Loretta im Garten
Lietzenburger Strasse 87.
Plan 9 C2.
882 33 54.

Pfefferberg
Schönhauser Allee 176.
44 38 31 13.

Prater
Kastanienallee 7-9.
Plan 1 A5, 1 B3.
448 56 88.

BARS À VIN

Il Calice
Giesebrechtstrasse 19.
Plan 9 A2.
324 23 08.

Enoteca Reale
Gottschedstrasse 2.
461 74 33.

Lutter & Wegener
Charlottenstrasse 56.
Plan 7 A4, 16 D4.
202 95 40.

Risto Vinoteca Cristallo
Knesebeckstrasse 3.
Plan 3 C5.
312 61 17.

Weinstein
Lychener Strasse 33.
441 18 42.

BARS À COKTAILS

Bar Atelier
Katharinenstrasse 1.
89 25 946.

Bar am Lützowplatz
Lützowplatz 7.
Plan 11 A1.
262 68 07.

b-flat
Rosenthaler Strasse 13.
Plan 7 B1.
280 63 49.

Ballhaus Berlin
Chausseestrasse 102.
Plan 6 F1.
282 75 75.

Blue Note Bar
Courbierestrasse 13.
Plan 11 A2.
218 72 48.

Champussy
Uhlandstrasse 171.
Plan 9 C2.
881 22 20.

Cut
Knesebeckstrasse 16.
Plan 9 C5.
313 35 11.

Ferry's
Grolmannstrasse 52.
Plan 3 C5.
315 091 20.

Galerie Bremer
Fasanenstrasse 37.
Plan 9 C2.
881 49 08.

Green Door
Winterfeldtstrasse 50.
215 25 15.

Haifischbar
Arndtstrasse 25.
Plan 13 A5.
691 13 52.

Harry's New York Bar
Lützowufer 15 (dans l'hôtel Esplanade). **Plan** 11 A1. *25 47 80.*

La Casa del Habano (bar à cigares)
Fasanenstrasse 9-10.
Plan 10 D1.
31 10 36 46.

Öxle-Bar
Mulackstrasse 29/30.
Plan 7 C1.
28 38 72 40.

Sam's Bar
Budapester Strasse 42 *(dans l'hôtel Palace)*.
Plan 10 E1.
2502 1030.

Zur weissen Maus
Ludwigkirchplatz 12.
Plan 9 C3.
886 792 88.

BARS GAYS ET LESBIENS

Amsterdam
Gleimstrasse 24.
448 07 92.

Café Seidenfaden
Dircksenstrasse 47.
Plan 7 C3. *283 27 83.*

Lenz
Eisenacher Strasse 3.
Plan 11 A2.
217 78 20.

Roses
Oranienstrasse 187.
Plan 14 E2.
615 65 70.

So 36
Oranienstrasse 190.
Plan 13 B1, 14 D1.
61 40 13 06.

Sundström
Mehringdamm 61.
Plan 12 F4.
392 44 14.

WMF/Gay MF
Johannisstrasse 20.
Plan 6F2, 7A2
28 38 88 50.

Faire des achats à Berlin

Malgré les galeries marchandes construites depuis la chute du Mur sur la Friedrichstrasse, c'est dans le quartier du Kurfürstendamm, grand pôle commercial de l'ancien Berlin-Ouest, que restent concentrées la majorité des enseignes les plus chic, qu'il s'agisse de boutiques de mode, de magasins de porcelaine ou d'antiquaires. Toutefois, les arrondissements de Wedding, Friedrichshain, Schöneberg ou Kreuzberg recèlent aussi de nombreuses et intéressantes boutiques. Si les grands magasins berlinois comme l'historique KaDeWe et les Galeries Lafayette, plus récentes, ne manquent pas d'intérêt, certains préfèreront les stands bigarrés des marchés aux puces qui se tiennent sur la Museumsinsel et au Tiergarten. Et depuis quelques années, les galeries d'art contemporain et les boutiques vendant les créations de jeunes stylistes se sont mutipliées autour de la Sophienstrasse, dans la partie nord de l'arrondissement de Mitte.

Sous la verrière du moderne Europa-Center *(p. 144)*

Heures d'ouverture

La plupart des commerces ouvrent de 10 h à 20 h du lundi au vendredi et de 10 h à 16 h le samedi, sans interruption pour la pause déjeuner, sauf s'ils ne sont tenus que par une seule personne. Quelques grands magasins lèvent leurs rideaux dès 9 h, tandis que certaines petites boutiques restent fermées le matin.
Pendant les six semaines qui précèdent Noël, les magasins restent ouverts jusqu'à 20 h le samedi et la régie municipale de transports publics, la Berliner Verkehrs-Betriebe (BVG) *(p. 294-296)*, met en circulation des *WeihnachtsgeschenkeBus* (« bus des cadeaux de Noël »).

Grands magasins

Sur la Wittenbergplatz, le Kaufhaus des Westens, plus connu sous le diminutif de **KaDeWe** *(p. 149)*, est sans aucun doute le plus vaste et le plus intéressant des grands magasins de Berlin. Ses rayons ne renferment que des articles de qualité, depuis les parfums rares jusqu'à la haute couture en passant par la lingerie fine. Les gourmets apprécieront le sixième étage consacré à l'alimentation, où les rayons présentent plus de 2 000 vins et autant de sortes de charcuteries.

Si les **Galeries Lafayette** *(p. 65)* de la Friedrichstrasse n'ont pas l'importance de leur maison mère parisienne, le bâtiment conçu par Jean Nouvel mérite une visite pour son architecture. Vins et produits alimentaires français aideront à surmonter un éventuel mal du pays.
Très apprécié également, **Wertheim** domine le Ku'damm, et son restaurant, au dernier étage, offre une vue magnifique de la ville.

Éventaire de souvenirs dans un quartier touristique

Centres commerciaux

Le grand pôle commercial de Berlin-Ouest était le Ku'damm. Après la chute du Mur, l'un des premiers chantiers de réhabilitation du centre-ville concerna la Friedrichstrasse, où les Friedrichstadtpassagen *(p. 65)* forment aujourd'hui une immense galerie marchande.

Ours en peluche au rayon jouets du KaDeWe *(p. 149)*

Exposition de porcelaine et de linge de table

De nouveaux centres commerciaux sont depuis régulièrement mis en construction, généralement près d'une station de S-Bahn. Ces structures massives de trois étages abritent un éventail de commerces qui va du supermarché à la pharmacie en passant par des boutiques de mode, des restaurants, des bars et des librairies. Ils ouvrent le dimanche, mais respectent en semaine les horaires habituels et ferment à 20 h.

Inaugurées en 1998, les **Potsdamer Platz Arkaden** ont vite acquis une grande popularité, et elles attirent chaque jour des milliers de Berlinois, d'hommes d'affaires de passage et de visiteurs.

À Steglitz, sur la Schlossstrasse, la **Galleria** est moins vaste mais offre un choix comparable.

Le **Gesundbrunnencenter,** le plus grand passage commercial de Berlin, abrite d'innombrables éventaires proposant toutes sortes de marchandises à tous les prix. Ses nombreux bars en font un lieu de rencontre où l'on se donne rendez-vous pour boire une bière ou un café.

Soldes

Il existe en Allemagne deux périodes de soldes *(Schlussverkauf)*. Fixées par la loi, elles durent chacune dix jours. Les soldes d'hiver commencent le dernier lundi de janvier, celles d'été à la fin du mois de juillet. Les réductions pratiquées sur les vêtements soldés dépassent parfois 50 %. Officiellement les commerçants ne sont pas tenus de reprendre un achat soldé, mais si vous avez acheté un article qui ne vous convient vraiment pas, négociez la reprise directement avec le personnel du rayon.

Certaines boutiques proposent à prix réduit des invendus de la saison précédente étiquetés « deuxième saison », qui sont toutefois toujours des articles de qualité équivalente à celle d'articles neufs. Vous trouverez aussi des magasins proposant à très bon marché des jeans de marque considérés comme étant de second choix, car ils présentent de petits défauts.

Mode de paiement

L'argent liquide reste le moyen de paiement le plus largement accepté. À défaut, les commerçants acceptent plus facilement les Eurochèques que les chèques de voyage. L'usage de la carte bancaire internationale se répand, en particulier dans les grands magasins.

Carnet d'adresses

Grands magasins

Wertheim
Kurfürstendamm 231.
Plan 10 D1.
88 00 30.

KaDeWe
Tauentzienstrasse 21. **Plan** 10 F2.
21 21 0.

Galeries Lafayette
Französische Strasse 23.
Plan 7 A4.
20 94 80.

Centres commerciaux

Galleria
Schlossstrasse 101. **Plan** 2 E3.

Gesundbrunnencenter
Gesundbrunnen S-Bahn.

Potsdamer Platz Arkaden
Debis Gelände. **Plan** 6 E5.

Guide de Shopping
Claudia Barthel
28 59 86 22.

Guides de shopping

Dans une ville étrangère, dénicher les bonnes affaires, ou simplement le souvenir ou le cadeau original que l'on tient à rapporter, peut demander un temps dont on ne dispose pas toujours. Par chance, il existe à Berlin des « guides de shopping » prêts à vous conduire aux adresses qui vous intéressent.

Rayon gourmet des Galeries Lafayette ***(p. 65)***

Vêtements et accessoires

Presque chaque arrondissement de Berlin possède sa rue commerçante où les habitants du quartier font leurs achats, mais trois grands centres regroupent l'essentiel des parfumeries et des magasins de mode les plus chic. Ils ont pour pôles le Kurfürstendamm, la Friedrichstrasse et la Potsdamer Platz. C'est là, en particulier, que les maisons de couture de renom international ont ouvert leurs boutiques. Et si vous voulez découvrir les créations des jeunes stylistes berlinois, explorez les environs du Hackescher Markt à Mitte ou l'arrondissement de Prenzlauer Berg.

Mode féminine

Les grands couturiers affectionnent le Ku'damm (Kurfürstendamm) et les rues voisines, notamment l'élégante Fasanenstrasse, et vous trouverez dans ce quartier les succursales des griffes internationales comme **Yves Saint Laurent**, **Max Mara, Sonja Rykiel, Gianni Versace, Horn Modehaus, Gucci, ESCADA** et **Chanel. Jil Sander** a bâti sa renommée sur la sobriété, dans les teintes comme dans la coupe, mais ses robes mettent merveilleusement la silhouette en valeur. Elle propose aussi des chaussures et de la maroquinerie. **Boutique Prada** joue d'une gamme de verts pastel. Gucci possède une succursale au Quartier 206 *(p. 65)*, sur la Friedrichstrasse, où il est en concurrence avec de nombreux autres magasins de mode féminine, dont **Donna Karan, DKNY, Strenesse, Strenesse Blue** et **ETRO,** pour n'en citer que quelques-uns.

Mode masculine

Le quartier du Kurfürstendamm permet de faire du lèche-vitrines en couple car c'est aussi là que sont concentrés les magasins de prêt-à-porter pour homme les plus élégants. **Selbach,** en particulier, mérite une visite pour sa sélection de vêtements de stylistes comme Giorgio Armani, Helmut Lang, Dries Van Noten et Gianfranco Ferré. **Mientus** a profité de son succès pour ouvrir une deuxième boutique sur la Wilmersdorfer Strasse.

Mode enfantine

Babissimo ne s'intéresse aux enfants que jusqu'à l'âge de six ans, mais il propose, outre des vêtements, des articles tels que meubles et landaus. **Boom** offre un large choix jusqu'à 14 ans, tandis que **Cinderella,** sur le Ku'damm, avec des marques comme Armani Junior, Pinco Pallino, Simonetta, DKNY, Miss Blumarine et Young Versace, s'adresse à de jeunes élégants aux parents aisés. Au cas où ils n'y trouveraient rien à leur goût, **Elephant's Knot** vend aussi les créations de grands couturiers. **H&M Kinder** conviendra mieux à ceux qui cherchent des vêtements à la mode à un prix raisonnable.

Jeunes stylistes

Bien qu'il n'existe pas à proprement parler d'école de couture berlinoise, de nombreux jeunes stylistes s'efforcent de percer dans la capitale allemande en profitant de l'espace d'exposition que leur offrent des galeries, des ateliers et des boutiques. Les collections mises en vente se composent généralement d'articles fabriqués en très petit nombre. Les magasins proposant leurs créations étaient auparavant disséminés dans toute la ville, mais ils sont désormais principalement concentrés dans la partie nord de l'arrondissement de Mitte. Coupes classiques et tissus lourds et sombres placent les vêtements de **NIX** hors de toute mode éphémère. **Stephanie Schenk** s'est installée dans une ancienne boucherie et joue avec bonheur de fibres en tricot. Sélectionné parmi les œuvres de 19 stylistes, le choix disponible à **Tagebau** va des somptueuses robes de soirée et de noce, jusqu'aux chapeaux et autres accessoires de mode.
Sur la Sophienstrasse, **Fishbelly** diffuse la lingerie dessinée par Jutta Teschner. **Molotow** présente à Kreuzberg une gamme plus classique. À Charlottenburg, les vêtements de **Nardini Collection** mérite un détour.

Chaussures et accessoires

Les trois succursales que possède **Schuhtick** à Berlin comptent parmi les plus grands magasins de chaussures de la ville, tandis que la chaîne **Budapester Schuhe** propose surtout du haut de gamme. Apprécié des amateurs de style classique anglais, **Schuhatelier Dietrich & Seiberth** vend ses propres fabrications et également des marques très renommées.

Situé sur la Tucholskystrasse, **Penthesileia** abrite une gamme ludique de sacs à main de toutes tailles et formes. Si c'est un chapeau que vous cherchez, filez droit chez **Hut Up,** dans le Heckmannhöfen. Vous y trouverez aussi bien des chapkas russes que des couvre-chefs permettant d'exhiber des *dreadlocks* de rasta le temps d'une soirée.

Parfumerie

Toutes les marques internationales sont représentées dans les grands magasins comme **KaDeWe** et les **Galeries Lafayette,** mais il existe aussi partout en ville des boutiques spécialisées dans les produits de beauté, dont les succursales de la chaîne **Douglas.** Elles offrent une large gamme de parfums à prix très raisonnables. Le **Quartier 206** permet de bénéficier d'un bon choix de cosmétiques de marques réputées, mais si vous cherchez quelque chose d'original, essayez **DK One** sur le Kurfürstendamm. Vous y trouverez des articles naturels et des cadeaux sortant de l'ordinaire tels que bougies aromatiques japonaises, vernis à ongles de couleurs crues, gel douche à la tomate, henné à tatouage ou sculptures en savon. Le groupe **Body Shop** connaît un succès grandissant à Berlin grâce à sa démarche écologique : parfums sans produits chimiques, refus des expérimentations sur les animaux et politique de récupération des emballages.

CARNET D'ADRESSES

MODE FÉMININE

Boutique Prada
Kurfürstendamm 189.
Plan 10 D1.
884 80 70.

Chanel
Fasanenstrasse 30.
Plan 9 C3.
885 13 24.

Donna Karan
Friedrichstrasse 71.
Plan 6 F3.
20 94 60 10.

DKNY
Friedrichstrasse 71.
Plan 6 F3.
20 94 60 20.

ESCADA
Kurfürstendamm 186/187.
Plan 10 D1.
881 16 36.

ETRO
Friedrichstrasse 71.
Plan 6 F3.
20 94 61 20.

Gianni Versace
Kurfürstendamm 185.
Plan 10 D1.
885 74 60.

Gucci
Fasanenstrasse 73.
Plan 9 C2.
885 63 00.

Friedrichstrasse 71.
Plan 6 F3.
201 70 20.

Horn Modehaus
Kurfürstendamm 213.
Plan 9 A2.
881 40 55.

Jil Sander
Kurfürstendamm 185.
Plan 10 D1.
886 70 20.

Max Mara
Kurfürstendamm 178.
Plan 10 D1.
885 25 45.

Sonia Rykiel
Kurfürstendamm 186.
Plan 9 A2.
882 17 74.

Strenesse & Strenesse Blue
Friedrichstrasse 71.
Plan 6 F3.
20 94 60 35.

Yves Saint Laurent
Kurfürstendamm 52.
Plan 9 A2.
883 39 18.

MODE MASCULINE

Mientus
Wilmersdorfer Strasse 73.
Plan 2 F3, 3 A5, 9 A1.

Kurfürstendamm 52.
Plan 9 A2.
323 90 77.

Selbach
Kurfürstendamm 195.
Plan 9 A2.
883 25 26.

MODE ENFANTINE

Babissimo
Schlüterstrasse 42.
Plan 9 B2.
885 27 87.

Boom
Uhlandstrasse 170.
Plan 9 C1.
883 72 12.

Cinderella
Kurfürstendamm 195.
Plan 10 D1.
881 28 63.

Elephant's Knot
Meinekestrasse 3.
Plan 10 D2.
883 38 97.

H&M Kinder
Schlossstrasse 1 *(Steglitz)*.
Plan 2 E3, E4.

JEUNES STYLISTES

Fishbelly
Sophienstrasse 7a.
28 04 51 80.

Molotow
Gneisenaustrasse 112.
Plan 13 A4.
693 08 18.

Nardini Collection
Bleitreustrasse 50.
Plan 9 B1.
31 50 65 11.

NIX
Oranienburger Strasse 32.
Plan 7 A2.
281 80 44.

Stephanie Schenk
Gipsstrasse 9.
Plan 7 B1.
28 39 07 85.

Tagebau
Rosenthaler Strasse 19.
Plan 7 B1.
28 39 08 90.

CHAUSSURES ET ACCESSOIRES

Budapester Schuhe
Kurfürstendamm 199.
Plan 10 D1.

Bleibtreustrasse 24.
Plan 9 B1.

Friedrichstrasse 81.
Plan 6 F3.
standard général 881 70 01.

Hut Up
Oranienburger Strasse 32.
Plan 7 A2.
28 38 61 05.

Penthesileia
Tucholskystrasse 31.
Plan 7 A2, 16 D1.
282 11 52.

Schuhatelier Dietrich & Seiberth
Gipsstrasse 14.
Plan 7 B1.
281 48 97.

Schuhtick
Savignyplatz 11.
Plan 9 C1.
315 93 80.

Tauentzienstrasse 5.
Plan 10 E1.
214 09 80.

Alexanderplatz.
Plan 8 D2.
242 40 12.

PARFUMERIE

Body Shop
Hardenbergerstrasse *(dans le hall principal de la gare du Zoologischer Garten)*.
Plan 10 D1.

DK One
Kurfürstendamm 56.
Plan 9 A2.
32 79 01 23.

Douglas
Kurfürstendamm 216.
Plan 10 D1.
881 25 34.

Galeries Lafayette Parfümerie
Franzözische Strasse 23.
Plan 6 F4.
20 94 82 94.

KaDeWe Parfümerie
Tauentzienstrasse 21-24.
Plan 10 E1.
21 21 22 53.

Quartier 206
Friedrichstrasse 71.
Plan 6 F3.
20 94 68 00

Cadeaux et souvenirs

Contrairement à ce que l'on trouve à Paris, Londres ou Rome, il n'existe pas à Berlin de véritable industrie dédiée à la fabrication de souvenirs, et l'éventail de tee-shirts et de gadgets spécifiquement destinés aux touristes reste limité. Toutefois, l'équivalent le plus proche de la tour Eiffel miniature est peut-être l'ours en peluche, image de l'emblème de la ville, un jouet proposé sous d'innombrables formes et dimensions. Les magasins de Berlin reflètent néanmoins les multiples facettes de la cité et offrent un immense choix de cadeaux, depuis des affiches originales jusqu'à la porcelaine de l'ancienne manufacture royale. Le marché aux puces qui s'installe le dimanche sur la Strasse des 17. Juni *(p. 256)* comprend une section artisanale, et l'on y trouve notamment des bijoux et de l'art contemporain.

Livres et disques

Aucune enseigne privée n'égale les boutiques des musées en ce qui concerne les livres d'art, qui proposent aussi une bonne sélection de cartes postales, d'affiches et de souvenirs. Les meilleures se trouvent à l'**Hamburger Bahnhof** *(p. 110-111)*, à la **Gemäldegalerie** *(p. 122-125)*, à la **Sammlung Berggruen** *(p. 151)*, au **Schloss Charlottenburg** *(p. 154-155)* et à l'**Altes Museum** *(p. 75)*. Réputée dans les domaines du design, de l'architecture, de la photo et du cinéma, la chaîne **Bücherbogen** possède plusieurs succursales. La plus importante occupe des arcades du viaduc du S-Bahn sur la Savignyplatz. À Charlottenburg, **Autorenbuchhandlung** organise des rencontres avec des auteurs. Aux Hackesche Höfe, **Artificium** intègre une galerie d'art. De grandes librairies comme **Kiepert** et **Hugendubel,** qui vend aussi des disques, gardent toujours en rayon de beaux ouvrages sur Berlin.

Si vous avez plus de facilité à lire l'anglais que l'allemand, vous trouverez des journaux dans cette langue et des romans d'auteurs britanniques et américains à **British Bookshop** et **Buchexpress. Prinz Eisenherz** est spécialisé dans la littérature homosexuelle. Dans toutes ces librairies le personnel est très aimable et prêt à vous aider. **Artificium,** sur la Schlossstrasse, **City Music** près du Ku'damm et toutes les succursales de **WOM** (World of Music) proposent un large choix de CD. Les passionnés de musique latino-américaine se retrouvent à **Canzone** sous l'arcade 593 du S-Bahn. La clientèle de **Gelbe Musik,** sur la Schaperstrasse, apprécie l'avant-garde.

Les CD d'occasion abondent au marché aux puces qui se tient le dimanche sur la Strasse des 17. Juni *(p. 256)*. Il permet aussi de dénicher de vieux 33 tours de collection.

Jouets

Emblème de Berlin, l'ours apparaît sous diverses formes partout dans la ville, en particulier dans les boutiques de cadeaux du Nikolaiviertel. Toutefois, vous ne trouverez nulle part autant d'ours en peluche qu'au **KaDeWe** (Kaufhaus des Westens). Ce célèbre grand magasin leur consacre toute une section au sein d'un rayon de jouets assez riche pour satisfaire les goûts d'enfants de tous âges, et vous pourrez y acquérir aussi bien un plantigrade mesurant 2 cm que 2 m. Si vous choisissez le plus encombrant, rassurez-vous, le magasin peut se charger des expéditions à l'étranger.

Des artisans continuent de fabriquer des jouets en bois à l'ancienne, depuis les puzzles traditionnels jusqu'aux meubles de poupée. **Heidi's Spielzeugladen,** sur la Kantstrasse, **Johanna Petzoldt,** sur la Sophienstrasse, et **Spielen,** sur la Hufelandstrasse, font partie des établissements les mieux approvisionnés.

Sur la Nürnberger Strasse, **Michas Bahnhof** est le grand fournisseur berlinois en rails, locomotives, wagons, gares et autres miniatures destinées aux circuits de trains électriques. Le choix offert laisse rêveur.

La capitale de l'ancienne Prusse ne saurait décevoir les collectionneurs de petits soldats de plomb. La plupart de ceux vendus par **Berliner Zinnfiguren Kabinett** et **Zinnsoldaten** sont destinés à des enfants, mais certaines pièces rares atteignent des prix très élevés.

Fleurs

Que vous cherchiez un bouquet afin d'égayer votre chambre d'hôtel, pour l'offrir à des amis qui vous ont invité à dîner ou dans un but plus romantique, vous trouverez à Berlin des fleuristes installés à presque tous les coins de rue. La plupart sont ouverts le dimanche.

Blumenwiese, sur la Friedrichstrasse, a fondé sa renommée sur le soin apporté à des arrangements raffinés de fleurs exotiques, tandis que **Blumen-Koch** se distingue à Wilmersdorf par l'étendue du choix qu'il propose. **Fleurop,** sur le Kurfürstendamm, livrera le bouquet que vous avez sélectionné, et le message qui l'accompagne, à l'adresse de votre choix.

Porcelaine et céramique

En 1708, c'est un alchimiste de Meissen, Johann Friedrich Böttger, qui découvrit le premier en Europe comment fabriquer de la « vraie » porcelaine, dite aussi porcelaine dure. La porcelaine de Meissen reste depuis une référence, et l'on en trouve dans plusieurs magasins du Kurfürstendamm. Frédéric II fonda en 1763 la

KPM (Königliche Porzellan-Manufaktur) *(p. 129)* de Berlin. Cette manufacture est toujours en activité, et elle vend sa production dans la boutique aménagée sur place, ainsi que dans l'élégant salon situé au rez-de-chaussée de l'hôtel Kempinski *(p. 222)*. Il s'agit toutefois d'objets neufs. Si vous cherchez des pièces anciennes, tentez votre chance auprès des nombreux antiquaires que compte la ville *(p. 256-257)*.

Moins onéreuse, la céramique traditionnelle de Thuringe possède aussi beaucoup de cachet avec ses motifs blancs et bleus. **Bürgel-Haus** en propose un bel assortiment sur la Friedrichstrasse.

Boutiques spécialisées

Berlin compte de nombreuses boutiques tenues par des passionnés où vous pourrez dénicher des cadeaux et des objets sortant de l'ordinaire. **Knopf Paul** est ainsi spécialisé dans les boutons, et a rassemblé un assortiment hors du commun, tandis que les ballons de **Bären-Luftballons,** proposés dans toutes les couleurs, ont des formes amusantes. **King's Teagarden** et **TeeHaus** proposent les meilleurs thés et toute sorte d'accessoires. **Papeterie** vend de beaux papiers à lettres et des stylos de qualité.

Si vous restez bredouille, rien ne vous interdit d'aller chercher l'inspiration dans les départements spécialisés du **KaDeWe** *(voir rubrique jouets)*.

Carnet d'adresses

Livres et disques

Artificium
Rosenthalerstrasse 40/41.
Plan 7 B1.
☎ *30 87 22 80.*

Schlossstrasse 101.
Plan 7 B1.
☎ *797 36 12.*

Autorenbuch-handlung
Carmerstrasse 10.
Plan 3 C5.
☎ *313 01 51.*

British Bookshop
Mauerstrasse 83-84.
Plan 6 F5.
☎ *238 46 80.*

Buchexpress
Habelschwerdter Allee 4.
☎ *831 40 04.*

Bücherbogen
Savignyplatz.
Plan 9 C1.
☎ *31 86 95 11.*

Kochstrasse 19.
Plan 12 F1.
☎ *251 13 45.*

Canzone
Savignyplatz.
Plan 9 C1.
☎ *312 40 27.*

City Music
Kurfürstendamm 11.
Plan 10 D1.
☎ *88 55 01 30.*

Gelbe Musik
Schaperstrasse 11.
Plan 10 D2.
☎ *211 39 62.*

Gemäldegalerie
Matthäikirchplatz 8.
Plan 5 C5.
☎ *20 90 55 55.*

Hamburger Bahnhof
Invalidenstrasse 50/51.
Plan 6 D1.
☎ *397 83 40.*

Hugendubel
Tauentzienstrasse 13.
Plan 10 E1.
☎ *21 40 60.*

Kiepert
Hardenbergstrasse 4-5.
Plan 3 C5.
☎ *31 18 80.*

Prinz Eisenherz
Bleibtreustrasse 52.
Plan 9 C1.
☎ *313 99 36.*

Sammlung Berggruen
Schlossstrasse 1.
Plan 2 E3.
☎ *326 958-0.*

WOM
Augsburger Strasse 35-41.
Plan 10 D1.
☎ *885 72 40.*

Jouets

Berliner Zinn-figuren Kabinett
Knesebeckstrasse 88.
Plan 3 C5. ☎ *313 08 02.*

Heidi's Spielzeugladen
Kantstrasse 61.
Plan 2 F5.
☎ *323 75 56.*

Johanna Petzoldt
Sophienstrasse 9.
Plan 7 B1.
☎ *282 67 54.*

KaDeWe
Tauentzienstrasse 21.
Plan 10 E1.
☎ *212 10.*

Michas Bahnhof
Nürnberger Strasse 24.
Plan 10 E2, 10 F2.
☎ *218 66 11.*

Zinnsoldaten
Skalitzer Strasse 81.
☎ *618 38 15.*
Sur rendez-vous seul.

Fleurs

Blumenwiese
Friedrichstrasse 151.
Plan 6 F3, 15 C2.
☎ *20 16 50 67.*

Blumen-Koch
Westfälische Strasse 38.
Plan 9 A4.
☎ *896 69 00.*

Fleurop
Kurfürstendamm 69.
Plan 9 A2.
☎ *881 91 23.*

Müllerstrasse 151
(près de la Leopoldplatz).
☎ *453 80 05.*

Porcelaine et céramique

Bürgel-Haus
Friedrichstrasse 154.
Plan 6 F3, 15 C3.
☎ *204 45 19.*

KPM
Wegelystrasse 1.
☎ *39 00 92 15.*

Kurfürstendamm 27.
Plan 10 D1.
☎ *886 72 10.*

Boutiques spécialisées

Bären-Luftballons
Kurfürstenstrasse 31-32.
Plan 9 C1.
☎ *261 92 99.*

Kings Teagarden
Kurfürstendamm 217.
Plan 10 D1.
☎ *883 70 59.*

Knopf Paul
Zossener Strasse 10.
Plan 13 A4.
☎ *692 12 12.*

Papeterie
Uhlandstrasse 28.
Plan 9 C2.
☎ *881 63 63.*

TeeHaus
Krumme Strasse 35.
Plan 3 A5.
☎ *31 50 98 82.*

Antiquités et objets d'art

Berlin connaît une véritable effervescence artistique et de nouvelles galeries ouvrent constamment. Depuis la chute du Mur, ce dynamisme a principalement profité au quartier de la Sophienstrasse *(p. 104)* dans le nord de Mitte. Les expositions organisées par des associations comme NGbK, NBK et KunstWerke offrent des vitrines supplémentaires aux jeunes créateurs. Les visiteurs qui préfèrent les souvenirs du passé trouveront peut-être leur bonheur parmi le bric-à-brac des marchés aux puces, les curiosités rassemblées par les boutiques de Kreuzberg et les objets d'art des magasins chic du Ku'damm.

Salles des ventes

Les salles des ventes les plus anciennes et les plus prestigieuses de Berlin, **Gerda Bassenge** et **Villa Grisebach,** organisent toutes les deux des ventes au début de l'année et à l'automne. La première est spécialisée dans l'art graphique, et un mois avant chaque vente elle met aux enchères des livres et des autographes. Quelques jours après les enchères principales, des photographies sont mises en vente.

Les prix montent généralement plus haut à Villa Grisebach, qui négocie principalement des peintures du XIXe siècle, y compris des œuvres de maîtres modernes. Une autre bonne salle des ventes, la **Kunst-Auktionen Leo Spik,** se trouve sur le Ku'damm, tandis que **Christie's** s'est installée sur la Fasanenstrasse.

Galeries d'art

Depuis la chute du Mur, quelque 30 galeries ont vu le jour dans le Spandauer Vorstadt autour de la Linienstrasse, de l'Auguststrasse, de la Sophienstrasse et de la Gipstrasse. Parmi les plus intéressantes figurent **Arndt & Partner, Eigen & Art, Contemporary Fine Arts, Gebauer, Max Hetzler, Mehdi Chouakri, Shift, Wohnmaschine, Wiens Laden & Verlag** et **Neugerriemenschneider.** Trois ou quatre fois par an, elles organisent ensemble des journées « portes ouvertes » pour présenter leurs nouvelles collections. Une de ces journées a toujours lieu à l'automne à l'occasion de l'Art Forum *(p. 50),* une foire internationale d'art moderne.

Les galeries du quartier du Kurfürstendamm, à l'atmosphère plus feutrée, comme **Brusberg, Franck & Schulte** et, sur la Knesebeckstrasse, **Hartmann & Noé** et **Fine Art Rafael Vostell,** proposent des œuvres de qualité. **Anselm Dreher, Poll** et **Barbara Weiss** méritent aussi une visite.

Antiquités

Les magasins d'antiquités les plus chic de Berlin se trouvent près du Kurfürstendamm et de la Ludwigkirchplatz. Même si l'on a pas l'intention d'acheter, les objets d'art qu'ils abritent méritent un coup d'œil, qu'il s'agisse de meubles chinois à **Alte Asiatische Kunst,** de bibelots Sécession à **ART 1900** ou de verrerie de diverses époques aux **Galeries Splinter.** Les spécialistes du mobilier sont regroupés sur la Suarezstrasse à Charlottenburg, et ils vendent aussi bien d'authentiques Thonet que les créations en acier de stylistes plus récents.

Si vos moyens ne vous permettent pas des achats aussi coûteux, la Bergmannstrasse, à Kreuzberg, permet parfois de dénicher des pièces intéressantes au milieu d'un fatras sans valeur. **Das Zweite Burö,** dans la Zossener Strasse, a pour spécialité les meubles de bureau anciens, et ses prix élevés reflètent la qualité de la sélection. De l'autre côté de la rue, **Radio Art** abrite une riche collection d'appareils de radio et de tourne-disques. **Antiklampen, Bleibtreu Antik, Chinaantik** et **Lakeside Antiques** comptent parmi les autres boutiques intéressantes.

Près de la Friedrichstrasse, des éventaires chargés d'un bric-à-brac allant des fripes et des livres à l'argenterie et aux ustensiles de cuisine donnent une véritable ambiance de marché aux arcades du S-Bahn.

Marchés aux puces

Le plus populaire des marchés aux puces berlinois, le Trödel- und Kunstmarkt, se tient sur la Strasse des 17. Juni près de la station de S-Bahn Tiergarten. Il comprend deux parties. Dans celle qui est réservée aux objets anciens, les éventaires proposent aussi bien de vieux livres et magazines que des raretés hors de prix. Les étals d'artisanat s'installent de l'autre côté du Charlottenburger Brücke. Ils offrent un très large choix d'articles en cuir, de céramiques, de bijoux, de tissages et de soieries.

Quelques pas seulement séparent le **Berliner Kunst- und Nostalgiemarkt an der Museumsinsel** de certaines des plus prestigieuses institutions culturelles allemandes. Il s'étend en effet en face du Pergamonmuseum et de l'Altes Museum, le long du Kupfergraben. Vous trouverez objets d'art, livres, disques et autres antiquités autour du Zeughaus.

Le marché aux puces organisé sur un parc de stationnement à côté de la station de U-Bahn Fehrbelliner Platz commence le week-end à 8 h, et mieux vaut s'y rendre tôt avant que les professionnels et les collectionneurs se soient rués sur les affaires les plus intéressantes. Un autre marché aux puces se tient sur l'Arkonaplatz, au centre d'un quartier résidentiel de la partie est de la ville. Si vous êtes en quête de souvenirs de la RDA, promenez-vous près de la porte de Brandebourg. La réhabilitation de la Pariser Platz risque cependant d'obliger les étals à déménager.

Sur l'Eichenstrasse, le **Treptower Hallentrödel** réunit les objets les plus hétéroclites sous le même toit, et les vieilles bottes militaires y côtoient les accessoires de salle de bains et les piles de livres bradés. La halle elle-même, un ancien dépôt d'autobus, mérite un coup d'œil pour son architecture.

Les autres marchés aux puces dignes d'une visite comprennent l'**Antik & Trödelmarkt am Ostbahnhof,** celui de la **Boxhagener Platz** et le **Kiezmarkt am Moritzplatz.** Entreprise municipale chargée du nettoyage, le Berliner Stadtreinigungsbetriebe (BSR) possède plusieurs dépôts où il vend à bas prix les meubles récupérés.

CARNET D'ADRESSES

SALLES DES VENTES

Christie's
Fasanenstrasse 72.
Plan 10 D1.
885 69 50.

Gerda Bassenge
Erdener Strasse 5a.
89 38 02 90.

Kunst-Auktionen Leo Spik
Kurfürstendamm 66.
Plan 10 D1.
883 61 70.

Villa Grisebach
Fasanenstrasse 25.
Plan 10 D2.
885 91 50.

GALERIES D'ART

Anselm Dreher
Pfalzburger Strasse 80.
Plan 9 C2.
883 52 49.
14h-18h30 mar.-ven., 11h-14h sam.

Arndt & Partner
Auguststrasse 35.
Plan 7 B1.
280 81 23.
midi-18h mar.-sam.

Barbara Weiss
Potsdamer Strasse 93.
Plan 11 C2.
262 42 84.
midi-18h mar.-ven., 11h- 16h sam.

Brusberg
Kurfürstendamm 213.
Plan 9 C1.
882 76 82.
10h-18h30 mar.-ven., 10h-14h sam.

Contemporary Fine Arts
Sophienstrasse 21.
Plan 7 B1.
283 65 80.
14h-19h mar.-ven., 11h-17h sam.

Eigen & Art
Auguststrasse 26.
Plan 7 B1.
280 66 05.

Fine Art Rafael Vostell
Knesebeckstrasse 30.
Plan 9 C1.
885 22 80.
11 h-19 h lun.-ven., 11h-16h sam.

Franck & Schulte
Mommsenstrasse 56.
Plan 7 A1.
324 00 44.
11 h-18 h lun.-ven., 11h-15h sam.

Gebauer
Torstrasse 220.
Plan 6 F1.
280 81 10.
midi-18h mar.-sam.

Hartmann & Noé
Knesebeckstrasse 32.
Plan 9 C1.
881 28 95.
11h-18h30 mar.-ven.

Max Hetzler
Zimmerstrasse 89.
Plan 6 F5.
229 24 37.
12h-17h mar.-sam.

Mehdi Chouakri
Gipsstrasse 11.
Plan 7 B1.
28 39 11 53.
14h-19h mar.-ven., 13h-14h sam.

Neugerriemen-schneider
Linienstrasse 155.
Plan 7 A1.
30 87 28 10.
11h-18h mar.-sam.

Poll
Lützowplatz 7.
Plan 11 A1.
261 70 91.
11h-13h lun., 11h-18h30 mar.-ven., 11h- 15h sam.

Shift
Friedrichstrasse 122-3.
Plan 6 F3.
28 59 86 31.
14h-19h jeu.-dim.

Wiens Laden & Verlag
Linienstrasse 158.
Plan 7 C1.
28 38 53 52.
14h-19h mer.-ven., midi-17h sam.

Wohnmaschine
Tucholskystrasse 35.
Plan 7 A2, 16 D1.
30 87 20 15.
14h-19h mar.-ven., midi-17h sam.

ANTIQUITÉS

Alte Asiatische Kunst
Fasanenstrasse 71.
Plan 10 D1.
883 61 17.

Antiklampen
Motzstrasse 32.
Plan 10 F3.
213 72 27.

ART 1900
Kurfürstendamm 53.
Plan 9 B2.
881 56 27.

Bleibtreu Antik
Schlüterstrasse 54.
Plan 9 B1.
883 52 12.

Chinaantik
Auguststrasse 28.
Plan 7 B1.
28 38 44 05.

Das Zweite Büro
Zossener Strasse 6.
Plan 13 A3.
693 07 59.

Galeries Splinter
Sophienstrasse 20-21.
Plan 7 B1.
28 59 87 37.

Lakeside Antiques
Budapester Strasse 7-9.
Plan 10 F1.
25 45 99 30.

Radio Art
Zossener Strasse 2.
Plan 13 A3.
693 94 35.

MARCHÉS AUX PUCES

Antik & Trödelmarkt am Ostbahnhof
Erich-Steinfurth-Strasse.
10h-17h sam.-dim.

Berliner Kunst- und Nostalgiemarkt an der Museumsinsel
Museumsinsel & Kupfergraben.
Plan 7 A2, 16 D1.
11h-17h sam.-dim.

Boxhagener Platz
Boxhagener Platz.
9h-16h sam.-dim.

Kiezmarkt am Moritzplatz
Moritzplatz.
8h-16h sam.-dim.

Treptower Hallentrödel
Eichenstrasse 4.
10h-16h sam.-dim.

Gastronomie

Depuis de nombreuses années, la gastronomie a pris à Berlin un air d'évasion, et l'époque où l'on devait se contenter de jarret de porc, de *Currywurst* et de pommes de terre est depuis longtemps révolue. Presque toutes les cuisines du monde sont aujourd'hui représentées. Ce qui n'interdit pas de profiter des spécialités germaniques que la ville a à offrir : l'immense choix de charcuteries, tout d'abord, et les gâteaux, péché mignon des Allemands. Installés dans des halles du XIXe siècle ou en plein air, les marchés alimentaires sont en prise directe avec la vie quotidienne des quartiers. De plus en plus de boutiques proposent des produits biologiques, légumes et pain complet, mais aussi bière et vin.

Pâtisseries et confiseries

Les Allemands ont un faible pour les douceurs, et la tentation règne partout à Berlin. La spécialité pâtissière locale est un beignet fourré, qui porte le nom de *Berliner*. Le choix de friandises exposé dans la plupart des vitrines déborde toutefois largement des frontières nationales avec, en particulier, des gâteaux français et viennois. **Buchwald,** l'une des meilleures adresses de la ville, vend surtout des pâtisseries à emporter, mais vous pourrez en consommer sur place, dans de nombreuses *Konditoreien* comme le **Café Möhring Konditorei,** l'**Opernpalais** et le **Wiener Konditorei Caffehaus.** Les chocolats et les pralines de **Leysieffer** ne déçoivent pas les connaisseurs. Le **Feinschmecker Etage** du **KaDeWe** et le département **Gourmet** des **Galeries Lafayette** abritent tous les deux des rayons fortement conseillés aux gourmets.

Fromages

Si vous avez le mal du pays, une visite au rayon fromages des **Galeries Lafayette,** le mieux fourni de Berlin, devrait contribuer à vous remonter le moral. Celui du **KaDeWe** ne manque pas non plus d'intérêt. **Maître Philippe** ne vend que les fromages de petits producteurs sélectionnés, et vous ne verrez pas de réfrigérateur dans ce magasin entièrement climatisé où flotte un parfum qui met en appétit. Ricotta et parmesan sont disponibles chez **Südwind,** qui propose aussi des huiles et des vins italiens. **Grand Vignoble, Wein & Delicatessen** est spécialisé dans les produits français. Les bonnes adresses comprennent aussi **Fuchs & Rabe, Lindner** et **Salumeria.**

Vins

Une fois encore, ce sont le **KaDeWe** et les **Galeries Lafayette** qui offrent le plus grand choix, car beaucoup de petits détaillants préfèrent se concentrer sur les crus d'une seule région. Ainsi, **Der Rioja-Weinspezialist** ne vend que des vins de La Rioja, le terroir le plus réputé d'Espagne, **Vineyard** importe toute sa marchandise des États-Unis et d'Australie et **Vendemmia** a pour spécialité la Toscane. **Viniculture** garde en cave une riche sélection allemande.

Charcuterie et conserves de poisson

La charcuterie est sans conteste le domaine où excelle la gastronomie allemande, et les spécialités à base de viande de porc disponibles à Berlin, les saucisses entre autres, sont d'une diversité stupéfiante. Cette richesse se remarque surtout au **KaDeWe** et aux **Galeries Lafayette,** mais de petits commerces comme **Fleischerei Bachhuber** et **Schlemmermeyer** proposent des produits de grande qualité. L'**Alternative Fleischerei** garantit une viande sans hormones ni traitement chimique.

Les rayons alimentation des grands magasins abritent aussi de nombreuses conserves de poisson, d'eau douce et de mer. **Rogacki** jouit d'une bonne réputation comme poissonnier et comme traiteur.

Marchés couverts

Les vastes halles construites au XIXe siècle pour abriter les marchés d'alimentation restèrent jusqu'à la Seconde Guerre mondiale les principaux centres d'approvisionnement des Berlinois. L'activité ne cessait jamais dans la plus grande, située sur Alexanderplatz, mais elle perdit son utilité après la partition, et les autorités de la RDA ne virent pas d'intérêt à réparer les dégâts causés par les bombardements.

Il ne reste aujourd'hui que trois marchés d'alimentation couverts dans la capitale allemande, dont l'**Arminiushalle** de Moabit qui a été classée monument historique. La **Markthalle am Marheinekeplatz** et l'**Eisenbahnhalle** se trouvent toutes deux à Kreuzberg. Ces halles restent ouvertes jusqu'au soir six jours par semaine, du lundi au samedi, et les Berlinois s'y arrêtent le plus souvent pour venir acheter un ou deux aliments particuliers qu'ils n'ont pas trouvé en supermarché. Elles offrent au visiteur une bonne occasion de goûter les *Currywurst* *(p. 231)*, un snack typique, car elles abritent les stands considérés comme les meilleurs de la ville.

Marchés

Les marchés en plein air se tiennent deux fois par semaine. Le plus apprécié, le **Winterfeldtmarkt,** se déroule le mercredi et le samedi de 7 h à 14 h sur la Winterfeldtplatz. Le samedi, il dure plus longtemps quand il y a affluence, ce qui est souvent le cas. Son charme tient entre autres à sa diversité car des marchands de fleurs, de fruits et légumes, de fromages, de vêtements ou d'ustensiles domestiques s'y côtoient. Des stands vendent saucisses grillées et *falafel*, et de nombreux bars permettent de se détendre en buvant un café ou un verre de bière.

Le **Türken Markt am Maybachufer** attire le mardi et le jeudi des familles turques de Kreuzberg et de Neukölln qui viennent y trouver des spécialités de leur pays d'origine. Il dure jusqu'à 18 h 30.

La Wittenbergplatz accueille près du KaDeWe les marchés les plus centraux. Le **Wochenmarkt Wittenbergplatz** a lieu le mardi et le vendredi, tandis que le **Bauernmarkt Wittenbergplatz** rassemble le jeudi des fermiers de toute la région venus vendre leur production. Vous n'y trouverez pas de fruits exotiques, mais c'est l'endroit où acheter en saison des tomates ou des pommes qui ont du goût, des cornichons de Spreewald *(Salzgurken)* préparés artisanalement, des asperges de la région de Beelitz et de délicieuses fraises de jardin.

CARNET D'ADRESSES

RAYONS DES GRANDS MAGASINS

Feinschmecker Etage du KaDeWe
Tauentzienstrasse 21.
Plan 10 E2.
☎ 212 10.

Gourmet aux Galeries Lafayette
Friedrichstrasse 23.
Plan 6 F4.
☎ *20 94 80.*

PÂTISSERIES ET CONFISERIES

Buchwald
Bartningallee 29.
Plan 4 F3.
☎ *391 59 31.*

Café Möhring Konditorei
Gendarmenmarkt.
Plan 7 A4, 16 D4.
☎ *203 09 22 40.*

Konditorei Am Hagenplatz
Hagenplatz 3.
☎ *826 16 38.*

Leysieffer
Kurfürstendamm 218.
Plan 10 D1.
☎ *885 74 80*

Hotel Adlon
Unter den Linden 77.
Plan 6 E3, 15 A3.
☎ *22 67 98 65.*

Opernpalais
Unter den Linden 5.
Plan 7 A3, 16 E3.
☎ *20 26 83.*

Wiener Konditorei Caffeehaus
Hohenzollerndamm 92.
☎ *89 59 69 20.*

Reichsstrasse 81.
☎ *304 55 35.*

FROMAGES

Fuchs & Rabe
Ludwigkirchstrasse 3.
Plan 9 C2.
☎ *882 39 84.*

Schlossstrasse 119, Steglitz.
Plan 2 E3, 2 E4.
☎ *792 81 68.*

Grand Vignoble, Wein & Delicatessen
Joachim-Friedrich-Strasse 37.
☎ *893 59 82.*

Lindner
Olivaer Platz 17
(près du Kurfürstendamm).
Plan 9 B2.
☎ *881 35 53.*

Maître Philippe
Emser Strasse 42.
Plan 9 B3, 9C3.
☎ *88 68 36 10.*

Salumeria
Windscheidstrasse 20.
Plan 2 E5.
☎ *324 33 18.*

Südwind
Akazienstrasse 7.
Plan 11 A5.
☎ *782 04 39.*

VINS

Der Rioja-Weinspezialist
Akazienstrasse 13.
☎ *782 25 78.*

Vendemmia
Akazienstrasse 20.
☎ *784 27 28.*

Vineyard
Windscheidstrasse 19.
☎ *32 70 20 73.*

Viniculture
Grolmanstrasse 44-45.
☎ *883 81 74.*

CHARCUTERIE ET CONSERVES DE POISSON

Alternative Fleischerei
Körtestrasse 20.
Plan 13 C4.
☎ *691 64 86.*

Fleischerei Bachhuber
Güntzelstrasse 47.
Plan 9 C4.
☎ *873 21 15.*

Rogacki
Wilmersdorfer Strasse 145-146.
Plan 2 F4.
☎ *343 82 50.*

Schlemmermeyer
Schlossstrasse 6.
Plan 2 E3.
☎ *793 31 38.*

MARCHÉS COUVERTS

Arminiushalle
Arminiusstrasse.
Plan 4 E1.
🕒 *8h-18h30 lun.-sam.*

Eisenbahnhalle
Pücklerstrasse.
Plan 14 E2.
🕒 *8h-18h30 lun.-sam.*

Markthalle am Marheinekeplatz
Marheinekeplatz.
Plan 13 A5.
🕒 *8h-18h30 lun.-sam.*

Markthalle Tegel-Center
Gorkistrasse 13-17.
☎ *43 43 849.*
🕒 *8h-18h30 lun.-sam.*

MARCHÉS

Bauernmarkt Wittenbergplatz
Wittenbergplatz.
Plan 10 F1.
🕒 *10h-20h jeu.*

Türken Markt am Maybachufer
Maybachufer.
Plan 14 E3, F4.
🕒 *midi-18h30 mar. et ven.*

Winterfeldtmarkt
Winterfeldtplatz.
Plan 11 A3.
🕒 *7h-14h mer. et sam.*

Wochenmarkt Wittenbergplatz
Wittenbergplatz.
Plan 10 F2.
🕒 *8h-14h mar. et ven.*

Se distraire à Berlin

Grande capitale moderne conjuguant une longue tradition culturelle et l'effervescence d'une cité en pleine mutation, Berlin offre un tel choix de spectacles et de distractions qu'il peut répondre aux goûts les plus éclectiques. En été, les pistes cyclables permettent de circuler aisément à vélo. Bars et restaurants installent des tables en terrasse, et une atmosphère animée règne alors dans les alentours d'Unter den Linden et du Kufürstendamm et dans les quartiers de Kreuzberg et Prenzlauer Berg. La ville prend toutefois son vrai visage la nuit, et on danse jusqu'à l'aube, parfois même plus tard, dans ses très nombreuses boîtes de nuit. La vie nocturne s'organise autour de plusieurs grands pôles qui possèdent tous leur caractère. Prenzlauer Berg reste à la fois populaire et bohème, Friedrichshain est plus chic, tandis que Kreuzberg abrite une scène gay très active. Dans l'arrondissement de Mitte se côtoient les hauts lieux berlinois de l'opéra et du théâtre classique et des bars où l'on peut profiter d'une joyeuse ambiance sans se ruiner.

Musicien de rue

Claudio Abbado dirigeant l'Orchestre philharmonique de Berlin

Renseignements pratiques

L'offre culturelle est si vaste à Berlin qu'il est parfois difficile de choisir son lieu de sortie. Les bureaux de l'office de tourisme *(p. 278-279)* fournissent le calendrier des principales manifestations, mais mieux vaut consulter la presse spécialisée pour trouver des renseignements les plus détaillés. Deux sites Internet en allemand, *Berlinonline.de* et *Berlin.de*, permettent de se renseigner avant le départ ou, sur place, depuis un cybercafé. Ils contiennent des informations sur les festivals et les rencontres sportives, ainsi que sur les films, pièces de théâtre, spectacles de cabaret et concerts à l'affiche. *Berlin.de* comprend aussi quelques pages en anglais.

En arivant, regardez aussi les prospectus de votre hôtel.

Programmes

Les deux magazines de programme les plus complets, *Tip et Zitty*, sont des bimensuels qui paraissent en alternance le mercredi.

Les quotidiens berlinois proposent des suppléments culturels hebdomadaires. Celui du *Tagesspiegel*, appelé *Ticket*, sort le jeudi, tandis que le *Berliner Morgenpost* publie *bm Live* le vendredi. Le jeudi, le *Tageszeitung*, ou *Taz*, donne les programmes de cinéma dans *Cinemataz*.

La société Berlin Tourismus Marketing édite une revue d'information trimestrielle : le *Berlin Magazin*. Le *Berlin Programm* paraît chaque mois. Distribués gratuitement, *Partysan* et *Flyer* regorgent de nouvelles fraîches sur les night-clubs et la scène techno. Vous les trouverez dans les bars, les restaurants et les magasins de disques.

Disponible dans la majorité des librairies, des musées et des galeries d'art, le mensuel *Kunstkalender* présente en détail les expositions en cours et certain événements culturels.

Billets

Les salles de spectacle mettent généralement les billets en vente deux semaines à l'avance. Si on ne peut passer les prendre à la

***L'Amour des trois oranges* de Prokofiev au Komische Oper**

La Love Parade, grande fête techno

billetterie, il est possible de les réserver par téléphone ; les places doivent alors être retirées au plus tard une heure (parfois une demi-heure) avant le début de la représentation. Pour les manifestations très prisées, tels les concerts de la Philharmonie, réservez longtemps à l'avance. Des réductions de 50 % s'appliquent dans certains cas aux étudiants, aux retraités et aux personnes handicapées munis des documents adéquats. Partout en ville, des agences de location comme **Fullhouse Service** et **Box Office** offrent la possibilité d'acheter ses billets sans se déplacer jusqu'à la salle, mais elles prélèvent une commission. Les billets de certains théâtres incluent le trajet en transports publics.

Même si le spectacle qui vous intéresse affiche complet, tentez tout de même votre chance juste avant le début de la représentation, car il peut toujours y avoir une défection. **Hekticket Theaterkassen,** une agence qui s'est spécialisée dans le recours de dernière minute, vend des places pour le jour même, parfois jusqu'à une heure avant le début de la représentation. Quand il s'agit de billets retournés, la réduction peut aller jusqu'à 50 % du plein tarif.

Spectateurs handicapés

Tous les magazines de programme indiquent si les lieux de spectacle permettent un accès en fauteuil roulant. Les plus grandes salles possèdent des places réservées en priorité aux personnes handicapées, mais elles sont en nombre limité, et il vous faudra préciser vos besoins au moment de l'achat du billet.

La majorité des stations de métro et de S-Bahn possèdent des ascenceurs, et elles sont clairement signalées sur les plans. Des rampes élévatrices équipent de plus en plus de bus. Si vous avez le moindre problème, n'hésitez pas à demander l'aide d'un employé de la BVG *(p. 294-297)*.

Transports publics de nuit

Berlin possède un système de transports publics particulièrement bien adapté aux besoins des noctambules. Le U-Bahn et le S-Bahn s'arrêtent en semaine vers 1 h, mais des bus et des trams continuent de circuler toutes les demi-heures. Ils ont des horaires coordonnés, et il existe deux grandes stations de correspondance : Hackescher Markt et Hardenbergplatz, près de la gare de chemin de fer Zoologischer Garten.

Le week-end, quelques lignes de S-Bahn fonctionnent la nuit, à l'instar des lignes 1 et 9 de U-Bahn dont les rames passent tous les 15 min. Les points de vente de tickets et les centres d'information fournissent des brochures qui donnent le détail complet des transports publics fonctionnant la nuit.

Le cinéma Zoo Palast accueille de nombreux festivals

Les enfants apprécient le Museumsdorf Düppel ***(p. 172)***

Carnet d'adresses

Agences de location

Box Office
Nollendorfplatz 7.
Plan 11 A2.
☎ *215 54 63.*

Kurt-Schumacher-Platz 1.
☎ *496 22 23.*

Fullhouse Service
Budapester Strasse 48.
Plan 10 E1.
☎ *262 05 15.*

Hekticket Theaterkassen
Hardenbergstrasse 29a.
Plan 10 D1.
☎ *230 99 30.*

Rathausstrasse 1.
Plan 8 D2.
☎ *24 31 24 31.*

Le théâtre

Pendant la république de Weimar, des créateurs comme Bertolt Brecht et Max Reinhardt firent de Berlin la capitale européenne du théâtre et le lieu d'expérimentation où il prit sa forme moderne. La scène théâtrale connut ensuite une période noire sous le régime nazi, qui ne la concevait que comme un outil de propagande. Le théâtre retrouva toutefois ses lettres de noblesse après la Seconde Guerre mondiale, aussi bien à l'Est avec Bertolt Brecht et son Berliner Ensemble qu'à l'Ouest où Peter Stein dirigeait la Schaubühne.

Le théâtre à Berlin depuis la guerre

La construction du Mur par le gouvernement de la RDA en 1961 entraîna le dédoublement de toutes les grandes structures théâtrales de Berlin. La Volksbühne se trouvant à l'Est, l'Ouest se dota d'un équivalent baptisé Freie Volksbühne. La même chose se produisit avec l'Académie qui formait les jeunes acteurs.

Toutefois, les difficultés économiques causées par la réunification entraînèrent la fermeture de nombreux théâtres, qui dépendaient principalement de subventions. Chargés d'histoire, certaines institutions de l'ancien Berlin-Est ont survécu, notamment la Volksbühne dirigée par Frank Castorf et le Deutsches Theater repris par Thomas Langhoff, mais la Freie Volksbühne et le Schiller-Theater, qui fut avant la chute du Mur la plus grande scène d'Allemagne, durent fermer.

Ces bouleversements n'ont pas concerné les établissements indépendants qui ont réussi à tirer leur épingle du jeu dans les deux parties de la capitale.
La saison de théâtre dure de septembre à juin et connaît son apogée en mai avec le Berliner Theatertreffen *(p. 48),* festival qui permet de découvrir des compagnies de langue allemande venues de tous horizons.

Les magazines *Tip* et *Zitty* annoncent les programmes. Ceux-ci apparaissent aussi sur des affiches jaunes visibles partout en ville, notamment dans les stations de U-Bahn.

Grandes scènes

Sous la direction de Thomas Langhoff, le **Deutsches Theater** et sa petite annexe, la **Kammerspiele,** entretiennent la réputation que Max Reinhardt donna au lieu.
Le répertoire s'étend des tragédies grecques à des créations contemporaines.
Il est parfois difficile d'obtenir des places.

Frank Castorf est resté à la tête de la **Volksbühne** qu'il dirigeait déjà du temps de la RDA, et il continue de faire de ce théâtre hautement symbolique un terrain d'innovation, adaptant romans, films ou pièces de jeunes auteurs, quand il ne met pas en scène des œuvres classiques dans un décor moderne. Les concerts, les conférences et les soirées de danse organisées dans le Salon rouge et le Salon vert ouvrent la Volksbühne à d'autres formes d'expression.

Après avoir joué un rôle central dans l'évolution de l'art dramatique en RFA, la **Schaubühne am Lehniner Platz** connaît actuellement une baisse de popularité que devrait endiguer l'arrivée du jeune metteur en scène Thomas Ostmeier.
Créé en 1949, le **Berliner Ensemble** (ou BE) garde à son répertoire les pièces de son fondateur, Bertolt Brecht, et de l'écrivain Heiner Müller qui prit sa direction de 1970 à 1995. Il possède un superbe intérieur néo-baroque, et les spectateurs peuvent rencontrer les acteurs au restaurant ouvert après la représentation dans la cour derrière le bâtiment.

Le **Hebbel-Theater** se distingue par une programmation éclectique qui inclut des productions contemporaines du monde entier et de la danse moderne.
Le **Maxim Gorki Theater** conserve une démarche ambitieuse. Les deux autres grands théâtres sont le **Renaissance-Theater** et le **Schlosspark Theater.**

Petites scènes et théâtre alternatif

Le théâtre de boulevard tel que le proposent le **Theater am Kurfürstendamm,** le **Komödie am Kurfürstendamm** ou le **Berlins Volkstheater Hansa** reste une valeur sûre pour passer une soirée détendue.

Berlin accueille aussi de nombreuses compagnies qui interprètent les œuvres d'auteurs peu connus, montent des productions d'avant-garde ou effacent les frontières entre art dramatique et danse.
Le **Theater am Halleschen Ufer** et la **Sophiensäle** comptent parmi les lieux les plus renommés où ces compagnies se produisent.
Le **Bat-Studiotheater,** le **Kleines Theater,** le **Hackesches-Hoftheater,** le **Theater 89,** le **Theater Zerbrochene Fenster,** le **Theater Kreatur** et la **Vagantenbühne** font partie des autres théâtres indépendants dignes d'intérêt.

Comédies musicales, revues et cabaret

Le **Friedrichstadtpalast,** qui se trouve dans la partie est de Berlin, accueille les revues et les comédies musicales les plus ambitieuses. Il possède aussi une petite scène réservée au cabaret.
Le **Theater des Westens,** à Charlottenburg, est plus traditionnel. Ouvert en 1999 sur la Potsdamer Platz *(p. 126),* le **Stella Musical Theater Berlin am Potsdamer Platz** est tout neuf.

Il est probablement possible de voir aujourd'hui autant de spectacles de cabaret à Berlin que pendant les années 20. Ce sont généralement les créations de petites compagnies itinérantes qui se produisent dans les lieux comme le **Distel** et le **Stachelschweine,** deux établissements qui avaient déjà du succès avant la chute du Mur, l'un à l'Est, l'autre à l'Ouest. Parmi les nombreuses autres salles proposant des spectacles légers figurent le **Bar jeder Vernunft,** le **Chamäleon Variété,** le **Dr Seltsam Kabarett,** le **Musical-Zelt, Scheinbar,** le **Wintergarten Variété** et le **Wühlmäuse.**

Billets

La majorité des théâtres permettent d'acheter ou de réserver des places quinze jours à l'avance. Il faut les retirer au plus tard une heure ou une demi-heure avant la représentation. Il existe partout en ville des agences de location qui évitent d'avoir à se déplacer jusqu'à la billetterie de la salle, mais elle prélèvent de 15 à 22 % de commission. Même si le spectacle affiche complet, il reste toujours l'espoir de profiter le soir même d'une réservation annulée. Une agence, **Hekticket Theaterkassen,** s'est spécialisée dans la vente de billets de dernière minute. S'il s'agit de billets déjà vendus, et retournés, elle les remet en circulation à moitié prix.

Carnet d'adresses

Grandes scènes

Berliner Ensemble
Bertold-Brecht-Platz 1.
Plan 6 F2, 15 C1.
☎ *28 408 155.*

Deutsches Theater
Schumannstrasse 13.
Plan 6 E2, 16 F1.
☎ *28 44 12 25.*

Kammerspiele
Schumannstrasse 13a.
Plan 6 E2, 15 A1.
☎ *28 44 12 26.*

Hebbel-Theater
Stresemannstrasse 29.
Plan 12 F2.
☎ *25 90 04 27.*

Maxim Gorki Theater
Am Festungsgraben 21.
Plan 7 A3, 16 E2.
☎ *20 22 11 15.*

Renaissance-Theater
Hardenbergstrasse 6.
Plan 3 C5.
☎ *312 42 02.*

Schaubühne am Lehniner Platz
Kurfürstendamm 153.
☎ *89 00 23.*

Schlosspark Theater
Schlossstrasse 48.
Plan 2 E4.
☎ *793 15 15.*

Volksbühne
Rosa-Luxemburg-Platz.
Plan 8 D1.
☎ *247 67 72.*

Petites scènes et théâtre alternatif

Bat-Studiotheater
Belforter Strasse 15.
☎ *442 76 13.*

Berlins Volkstheater Hansa
Alt-Moabit 48.
☎ *39 90 99 09.*

Hackesches-Hoftheater
Rosenthaler Strasse 40.
Plan 7 B2.
☎ *283 25 87.*

Kleines Theater
Südwestkorso 64.
☎ *821 30 30.*

Komödie am Kurfürstendamm
Kurfürstendamm 206.
Plan 9 C2.
☎ *47 99 74 40.*

Sophiensäle
Sophienstrasse 18.
Plan 7 B1.
☎ *283 52 66.*

Theater 89
Torstrasse 216.
Plan 6 F1.
☎ *282 46 56.*

Theater am Halleschen Ufer
Hallesches Ufer 32.
Plan 12 F2.
☎ *251 09 41.*

Theater am Kurfürstendamm
Kurfürstendamm 206.
Plan 9 C2.
☎ *47 99 74 40.*

Theater am Ufer
Tempelhofer Ufer 10.
Plan 12 F2.
☎ *251 31 16.*

Theater Zerbrochene Fenster
Fidicinstrasse 2.
Plan 12 F5.
☎ *691 29 32.*

Theater zum Westlichen Stadthirschen
Kreuzbergstrasse 37.
Plan 12 D4.
☎ *785 70 33.*

Vagantenbühne
Kantstrasse 12a.
Plan 10 D1.
☎ *312 45 29.*

Comédies musicales, revues et cabaret

Bar jeder Vernunft
Schaperstrasse 24.
Plan 10 D2.
☎ *883 15 82.*

Chamäleon Variété
Rosenthaler Strasse 40-41.
Plan 7 B2.
☎ *282 71 18.*

Distel
Friedrichstrasse 101.
Plan 6 F2, 15 C1.
☎ *204 47 04.*

Dr Seltsam Kabarett
Johannisstrasse 2 *(derrière le Friedrichstadtpalast).*
Plan 6 F2.
☎ *282 37 97.*

Friedrichstadtpalast
Friedrichstrasse 107.
Plan 6 F2, 15 C1.
☎ *23 26 23 26.*

Scheinbar
Monumentenstrasse 9.
Plan 11 C5.
☎ *784 55 39.*

Stachelschweine
Europa-Center.
Plan 10 E1.
☎ *261 47 95.*

Stella Musical Theater Berlin am Potsdamer Platz
Marlene-Dietrich-Platz 1.
☎ *(0180) 544 44.*

Theater des Westens
Kantstrasse 12.
Plan 2 E5, 9 A1, 10 D1.
☎ *88 22 888.*

Wintergarten Variété
Potsdamer Strasse 96.
Plan 11 C2.
☎ *25 00 88 88.*

Wühlmäuse
Pommernallee 1.
Plan 1 B5.
☎ *30 67 30 11.*

Billets

Hekticket Theaterkassen
Hardenbergstrasse 29a.
Plan 10 D1.
☎ *23 09 93 0.*

Rathausstrasse 1.
Plan 7 C3.
☎ *24 31 24 31.*

Le cinéma

En novembre 1895, deux mois après que les frères Lumière eurent présenté leurs premiers films en France, les frères Emil et Max Skladanowsky firent découvrir le cinématographe à Berlin où un public fasciné se pressa bientôt au Wintergarten Variété-Theater pour admirer des courts métrages montrant des combats de kangourous, des enfants exécutant des danses folkloriques ou les prouesses d'acrobates. En 1918, la capitale allemande renfermait 251 salles de cinéma d'une capacité totale de 82 796 places. En 1925, l'industrie cinématographique employait 47 600 personnes. Cette même année, l'UFA (Universal Film Aktiengesellschaft) ouvrait les studios de Babelsberg, qui devinrent les plus importants d'Europe. La Grande Halle continue d'abriter des tournages.

Grands écrans et productions internationales

Le quartier des cinémas de Berlin-Ouest avait pour pôle la Breitscheidplatz, près du Ku'damm et de la Tauentzienstrasse. Les Berlinois continuent de venir y voir les dernières sorties. Les films sont en même temps à l'affiche des complexes multisalles construits depuis la chute du Mur, dont le **CinemaxX Potsdamer Platz** qui compte 19 écrans. Les productions étrangères sont presque toujours doublées en allemand, mais quelques salles les projettent en version originale.

Près du CinemaxX, l'**Imax** de Berlin possède le plus grand écran d'Allemagne. Il mesure 27 m de diamètre pour une superficie d'environ 1 000 m². Le programme proposé se limite aux films tournés spécialement pour ce genre d'installation. Trois autres quartiers abritent des concentrations de cinémas : les alentours d'Alexanderplatz, Friedrichshain et Prenzlauer Berg.

Typique des cinémas construits par le régime communiste, l'**International** de la Karl-Marx-Allee date de 1963. Il a gardé son aménagement et son austérité d'origine et n'abrite que 551 places. Toujours sur la Karl-Marx-Allee, l'**UFA-Palast Kosmos** renferme désormais 10 salles, mais il a conservé sa façade d'époque.

Art et essai

Pour les cinéphiles, de petits cinémas disséminés dans toute la ville présentent les dernières créations indépendantes, de grands classiques allemands et étrangers et des rétrospectives ayant souvent pour thème un acteur ou un metteur en scène. Nombre de ces cinémas, tels le **Hackesche Höfe Kino** situé près du Hackescher Markt, et le **Central,** comprennent un café. Celui du Hackesche Höfe Kino sert aussi des snacks et offre une vue superbe du quartier depuis un cinquième étage.

À Schöneberg, sur la Welserstrasse, l'**Arsenal** appartient à l'association des amis de la Cinémathèque allemande (Freunde der Deutschen Kinemathek). Il propose quatre projections quotidiennes que précède parfois un bref exposé d'introduction. Un programme mensuel distribué dans tous les bars en donne le détail. La formule restera la même, mais le cadre perdra sans doute de son charme, quand la Cinémathèque s'installera dans la Haus des Deutschen Kinemathek intégrée au Sony-Centre près de la Potsdamer Platz *(p. 126)*. Également à Schöneberg, l'**Odeon** a pour spécialité les cinémas anglais et américain, tandis que le **Cinéma Paris,** à Charlottenburg, programme de nombreux films français en version originale.

Cinéma en plein air

Les projections en plein air commencent à Berlin dès que le climat le permet. Celles qui ont lieu à la **Waldbühne,** immense théâtre de verdure de 20 000 places proche du stade olympique *(p. 176)* attirent de très nombreux spectateurs. D'autres cinémas en plein air se trouvent à le Hasenheide, dans le jardin de la Künstler Haus Bethanien de Friedrichshain et à l'UFA-Fabrik. Tous présentent aussi bien des films en exclusivité que des classiques. Les projections débutent vers 21 h quand l'obscurité est suffisante.

Cinéma non commercial

Quelques salles institutionnelles de la capitale allemande permettent de voir des films n'appartenant pas au circuit commercial traditionnel, des documentaires en particulier. Ceux présentés au **Landesbildstelle Berlin,** sur le Wikingerufer, ont principalement pour thème la ville de Berlin. L'entrée est souvent gratuite, mais les horaires de projection sont irréguliers. Fermé actuellement pour restauration, le Zeughauskino devrait rouvrir en 2002. Il proposera à nouveau des documentaires en rapport avec les expositions du Deutsches Historisches Museum *(p. 58-59),* ainsi qu'un programme indépendant.

En général, les projections au **Museum für Völkerkunde** de Dahlem *(p. 170)* complètent des expositions sur les cultures non européennes. Comme au Zeughaus, les billets sont d'un prix très modéré.

Prix et horaires

Une place de cinéma coûte entre 11 et 15 DM, et les étudiants et les personnes âgées ne bénéficient pas toujours de tarifs réduits. En revanche, beaucoup de cinémas proposent une réduction de 2 à 4 DM le mardi ou le mercredi, et certains organisent des « lundis bleus », où le coût de la place peut descendre jusqu'à 7 DM. Les plus grandes salles prennent les réservations par téléphone, mais il faut payer son billet au moins une demi-heure avant le début de la séance. Rares sont les billetteries qui acceptent les cartes bancaires.

Dans la plupart des salles, trois projections ont lieu tous les soirs à partir de 18 h. Vingt minutes de bandes-annonces et de publicité, où se glisse parfois un court métrage, précèdent le film.

Industrie cinématographique

Pour un cinéphile, une visite de Berlin se saurait être complète sans un pèlerinage à Potsdam aux studios de l'UFA de Babelsberg. Le **Studiotour Babelsberg** *(p. 197)* permet, au moyen d'extraits de films et d'éléments de décor, de se replonger dans l'atmosphère de l'époque où Marlène Dietrich devenait célèbre dans *L'Ange bleu* et où Fritz Lang tournait *Metropolis*. Les visiteurs peuvent aussi voir des équipes de tournage au travail et des démonstrations des derniers effets spéciaux.

Sur un plan plus commercial, la **Warner Bros Studio Store** abrite sur la Tauentzienstrasse une foule d'objets liés aux personnages rendus célèbres par la Warner Bros. Ils séduiront surtout les enfants et les adolescents. La chaîne de restaurants Planet Hollywood, fondée entre autres par Sylvester Stallone, Arnold Schwarzenegger et Bruce Willis, possède une succursale sur la Friedrichstrasse.

Bücherbogen, une librairie de la Savignyplatz installée sous les arcades du viaduc du S-Bahn, vend des livres sur le cinéma en plusieurs langues.

Carnet d'adresses

Grands écrans et productions internationales

CinemaxX Potsdamer Platz
Potsdamer Strasse 5.
Plan 6 D5.
44 31 63 16.

Imax
Marlene-Dietrich-Platz 4.
443 16 131.

International
Karl-Marx-Allee 33 *(angle de la Schillingstrasse).*
Plan 8 E3.
24 75 60 11.

UFA-Palast Kosmos
Karl-Marx-Allee 131a.
Plan 8 E3.
42 28 40.

Art et essai

Arsenal
Welserstrasse 25.
Plan 10 F2.
219 00 10.

Central
Rosenthaler Strasse 39.
Plan 7 B1.
28 59 99 73.

Cinéma Paris
Kurfürstendamm 211.
Plan 9 A2, 10 D1.
881 31 19.

Hackesche Höfe Kino
Rosenthaler Strasse 4041.
Plan 9 C2.
283 46 03.

Odeon
Hauptstrasse 116.
Plan 11 B5.
78 70 40 19.

Cinéma en plein air

Waldbühne
Gockenturmstrasse 1.
23 08 82 30 (billets).

Cinéma non commercial

Landesbildstelle Berlin
Wikingerufer 7.
Plan 4 D2.
39 84 90 91.

Museum für Völkerkunde
Lansstrasse 8.
830 14 38.

Industrie cinématographique

Bücherbogen am Savignyplatz
Stadtbahnbogen 593.
31 86 95 16.

Studiotour Babelsberg
August-Bebel-Str. 26-53, Potsdam.
(0331) 721 27 55.

Warner Bros Studio Store
Tauentzienstrasse 9.
Plan 10 E1.
254 54 0.

Films célèbres sur Berlin

Berlin Alexanderplatz
Allemagne 1931, réalisé par Phillip Jutzi d'après le roman d'Alexander Döblin.

Berlin Alexanderplatz
RDA 1980, réalisé par Rainer Werner Fassbinder.

Berlin, Chamissoplatz
RDA 1980, réalisé par Rudolf Thome.

Berlin – Ecke Schönhauser
RDA 1957, réalisé par Gerhard Klein.

Berliner Ballade (Ballade berlinoise)
Zone d'occupation américaine 1948, réalisé par Robert Stemmle.

Berlin, die Symphonie einer Grossstadt (Symphonie d'une grande ville)
Allemagne 1927, réalisé par Walter Ruttmann.

Coming Out
RDA 1988-1989, réalisé par Heiner Carow.

Der Himmel über Berlin (Les Ailes du désir)
RDA-France 1987, réalisé par Wim Wenders.

Die Legende von Paul und Paula (Paul et Paula)
RDA 1973, réalisé par Heiner Carow.

Eins, zwei, drei
États-Unis 1961, réalisé par Billy Wilder.

Kuhle Wampe
Allemagne 1932, dirigé par Slatan Dudow, scénario de Bertolt Brecht.

Menschen am Sonntag (Les Hommes le dimanche)
Allemagne 1930, réalisé par Robert Siodmak et Edgar G. Ulmer.

Lola rennt (Cours, Lola, cours)
Allemagne 1998, réalisé par Tom Tykwer.

Sonnenallee
Allemagne 1989, réalisé par Leander Haußmann.

La musique classique

Berlin abrite l'une des meilleures salles de concerts du monde, la Philharmonie, où se produit non seulement le célèbre Orchestre philharmonique, mais aussi les deux autres orchestres symphoniques de la ville. La capitale allemande possède également quatre opéras, dont un qui se consacre aux œuvres d'avant-garde. En été, les mélomanes peuvent profiter de diverses manifestations organisées en plein air, entre autres sur le Gendarmenmarkt. Des festivals comme le Berliner Festwochen ou la Musik-Biennale, axée sur le contemporain, offrent l'occasion d'assister à des représentations dans des palais et des églises.

Salles de concerts

Peu de salles en Europe possèdent une architecture aussi novatrice et une aussi bonne acoustique que la **Philharmonie** *(p. 116-117)*. Le chef-d'œuvre de Hans Scharoun est le siège de l'Orchestre philharmonique de Berlin, fondé en 1882 par 57 musiciens ambitieux et rendu célèbre dans le monde entier par le chef autrichien Herbert von Karajan qui le dirigea de 1954 à 1989. Claudio Abbado a pris temporairement la relève. Sir Simon Rattle lui succédera en 2002.

Les places pour les programmes les plus populaires s'arrachent dès leur mise en vente, mais il reste d'habitude quelques sièges disponibles le soir du concert lorsqu'il s'agit d'œuvres peu connues. Il est plus facile d'obtenir des billets quand ce sont l'Orchestre symphonique de Berlin ou l'Orchestre symphonique de la Radio qui se produisent à la Philharmonie.

Plus petite mais d'architecture similaire, la **Kammermusiksaal** accueille des formations de musique de chambre.

Rebaptisé **Konzerthaus Berlin** *(p. 65)*, l'ancien Schauspielhaus date du début du XIXᵉ siècle et présente un aspect plus classique. Une restauration lui a rendu son élégant décor ravagé pendant la Seconde Guerre mondiale. Il possède deux salles, dont la plus petite est consacrée à la musique de chambre.

Deux bâtiments historiques servent de temps en temps de cadre à des concerts : la **Hochschule der Künste** (École des beaux-arts) *(p. 148-149)* et la **Staatsbibliothek** (Bibliothèque nationale) *(p. 116)*. Leur programme est annoncé dans les magazines *Tip* et *Zitty*.

Opéra

Restauré d'après les plans de son architecte, Georg Wenzeslaus von Knobelsdorff (1699-1753), le **Staatsoper Unter den Linden** *(p. 63)*, dirigé par Daniel Barenboim, propose dans la Grosser Saal et l'Apollo-Saal un répertoire qui accorde la place principale aux classiques allemands et italiens, mais compte néanmoins quelques créations contemporaines.

Les opéras-comiques présentés au **Komische Oper** *(p. 68)* par Harry Kupfer restent en général longtemps à l'affiche, ce qui permet, presque toujours, obtenir des places. Les ballets produits sur place sont particulièrement novateurs.

Le **Deutsche Oper Berlin** occupe un bâtiment moderne sur la Bismarckstrasse. L'intérieur date des années 60 et manque d'intérêt, mais le hall abrite souvent une exposition. Depuis Mozart et les maîtres italiens jusqu'à Wagner et Saint-Saëns, le programme couvre une large période.

Comme son nom l'indique, le quatrième opéra de Berlin, le **Neuköllner Oper,** se trouve dans l'arrondissement de Neukölln. Moins célèbre que les autres, il se distingue par une approche plus moderne.

Musique contemporaine

L'association **Initiative Neue Music Berlin e.V.** publie tous les deux mois un bulletin annonçant les concerts de musique contemporaine donnés à Berlin. **BKA** et son programme intitulé **Unerhörte Music** y figurent toujours. La salle se trouve près du Mehringdamm. L'**Akademie der Künste** et **Sender Freies Berlin** (une des grandes radios de Berlin) sont à l'origine d'un projet de promotion intitulé *Insel Music*. Il comprend, entre autres, une série de concerts organisés en novembre à la Haus des Rundfunks *(p. 175)*.

Festivals

Les **Berliner Festwochen** durent tout le mois de septembre et changent de thème chaque année. Le programme comprend des expositions, des représentations théâtrales et des concerts. Les plus grands orchestres et solistes y participent.

La musique contemporaine domine pendant la **Musik-Biennale Berlin** organisée en mars les années impaires. Les morceaux interprétés pendant ce festival, œuvres de compositeurs confirmés comme de jeunes auteurs, le sont souvent pour la première fois. Les amateurs d'opéra apprécieront la saison de plein air organisée à la Waldbühne et sur une scène dressée spécialement sur le Gendarmenmarkt. En juillet, le festival consacré à Jean-Sébastien Bach, et baptisé Bach-Tage *(p. 49)*, se déroule également en extérieur.

Concerts en plein air

Berlin renferme deux grands théâtres de verdure qui servent de cadre en été à des concerts classiques.
La **Waldbühne** possède 20 000 places assises près de l'Olympia Stadion et accueille des orchestres de jeunes musiciens européens.
Il y règne une atmosphère détendue et, souvent, des enfants courent dans les travées, tandis que leurs

parents ouvrent le panier de pique-nique. Après le coucher du soleil, quand les spectateurs allument les bougies qu'ils ont apportées, l'ambiance devient magique.

Resté longtemps fermé pour restauration, le **Parkbühne Wuhlheide** présente des concerts d'aussi bonne qualité que ceux de la Waldbühne, même s'il attire moins de monde.

Musique dans des palais et des bâtiments historiques

Les festivals donnent lieu à des récitals dans des édifices comme la Berliner Dom *(p. 77)*, l'Eichengallerie du Schloss Charlottenburg *(p. 154-155)* ou le Schloss Friedrichsfelde *(p. 166)*. Beaucoup d'églises accueillent des concerts toute l'année. La Hochschule der Künste possède une excellente acoustique, tandis que la Staatsbibliothek se distingue par son cadre moderne, à l'instar de la salle de l'Akademie der Künste *(voir rubriques Salles de concerts et Musique contemporaine)*.

Divers

Des concerts ont lieu au **Musikinstrumenten-Museum** *(p. 116)* certains dimanches matin. Ceux qui font partie d'un programme intitulé Alte Musik Live permettent d'entendre des compositions anciennes jouées sur les instruments d'époque. Le musée publie deux fois par an un fascicule présentant toutes les manifestations proposées. Il est diffusé dans les théâtres, les salles de concerts et les magasins de disques. Parmi ces derniers, le **Kulturkaufhaus Dussman** offre le plus grand choix avec plus de 50 000 titres en stock. Les employés sont compétents et serviables. Il organise en outre des petits concerts dans divers lieux de la ville. Un programme disponible à la caisse en donne le détail. Sur la Schaperstrasse, le magasin **Gelbe Musik** ne se cantonne pas non plus à la vente de disques. Il comprend une galerie consacrée à la musique contemporaine et coordonne de nombreuses manifestations. **Schöne Künste Exkursionen** propose des promenades guidées sur le thème « Berlin, ville de la musique » *(Musikstadt Berlin)*. Elles ont lieu le samedi et partent de la Bebelplatz derrière l'opéra.

Carnet d'adresses

Salles de concerts

Hochschule der Künste
Hardenbergstrasse 33.
Plan 4 E3.
31 85 23 74.

Konzerthaus Berlin
(Schauspielhaus)
Gendarmenmarkt 2.
Plan 7 A4, 16 D4.
203 09 21 01/02.

Philharmonie Kammermusiksaal
Herbert-von-Karajan-Strasse 1.
Plan 6 D5.
254 88 135.

Staatsbibliothek
Potsdamer Strasse 33.
26 60.

Opéra

Deutsche Oper Berlin
Bismarckstrasse 34-37.
Plan 3 A4.
343 84 01.

Komische Oper
Behrenstrasse 55-57.
Plan 6 F4, 15 C3.
47 99 74 00.

Neuköllner Oper
Karl-Marx-Str. 131-133, Neukölln.
Plan 14 F5.
688 90 70.

Staatsoper Unter den Linden
Unter den Linden 7.
Plan 7 A3, 16 D3.
20 35 45 55.

Musique contemporaine

Akademie der Künste
Hanseatenweg 10.
Plan 4 F3.
390 76 0.

Initiative Neue Musik Berlin e.V.
Klosterstrasse 68-70.
Plan 8 D3.
242 45 34.

Sender Freies Berlin (SFB)
Masurenallee 8-14.
Haus des Rundfunks.
Plan 1 B5.
30 31 0.

Unerhörte Musik (BKA)
Mehringdamm 34.
Plan 12 F3, 12 F4.
251 01 12.

Festivals

Berliner Festwochen
Berliner Festspiele GmbH
Budapester Strasse 50.
Plan 10 E1. *254 89 100.*

Musik-Biennale Berlin
Berliner Festspiele GmbH
Budapester Strasse 50.
Plan 10 E1.
254 89 100.

Concerts en plein air

Parkbühne Wuhlheide
An der Wuhlheide.
53 07 91 90.

Waldbühne
Glockenturmstrasse 1.
23 08 82 30.

Divers

Gelbe Musik
Schaperstrasse 11.
Plan 10 D2.
211 39 62.

Kulturkaufhaus Dussmann
Friedrichstrasse 90.
202 50.

Musik-instrumenten-Museum
Tiergartenstrasse 1.
Plan 6 D5.
20 90 55 55.

Schöne Künste Exkursionen
782 12 02.

Billets

Box Office
Nollendorfplatz 7.
215 54 63.

Kurt-Schumacher-Platz 1.
496 22 23.

Bahnhofstrasse 83, Köpenick.
65 07 06 00.

Concert & theaterkasse city
Knesebeckstrasse 10.
0800 719 27 10.

Fullhouse Service
Budapester Strasse 48.
Plan 10 E1.
262 05 15.

Rock, jazz et world music

Berlin est surtout réputé pour sa scène techno et son orchestre philharmonique, mais, entre ces deux extrêmes, toutes les formes de musique ont leur public. Il se passe rarement un mois sans un grand concert de rock organisé dans une salle de sport, au théâtre de verdure de la Waldbühne ou dans un stade. Les bars et les clubs qui accueillent des musiciens, de jazz notamment, abondent dans des quartiers comme Kreuzberg, Prenzlauer Berg et Schöneberg. Le programme de la Haus der Kulturen der Welt, institution fondée pour familiariser les Berlinois avec les cultures des autres continents, est ouvert aux sons du monde entier. Quel que soit le type d'établissement dans lequel vous voulez vous rendre, et le type de musique que vous désirez écouter, les magazines *Zitty* et *Tip* constituent la source d'information la plus complète.

Grands concerts

Les têtes d'affiche du rock et du jazz passent tous par Berlin lors de leurs tournées européennes. Depuis la fermeture de l'immense Deuschlandhalle, les concerts ont lieu au **Max-Schmeling-Hall** et au **Velodrom** *(p. 273)*. Avec 100 000 places assises, l'**Olympia Stadion** *(p. 176)* reste réservé aux artistes qui attirent vraiment d'immenses foules. À côté, la **Waldbühne,** un théâtre de verdure de 20 000 places, accueille aussi bien des orchestres classiques que des groupes de rock. Il en va de même du **Parkbühne Wuhlheide.** À tout moment de l'année, les sites Internet BerlinOnline.de et Berlin.de et les magazines *Zitty* et *Tip* offrent les moyens les plus pratiques de connaître les manifestations prévues dans la capitale allemande.

Salles de moyenne importance

Beaucoup d'autres lieux proposent des concerts à Berlin, dont le **Loft** installé dans le Metropol sur la Nollendorfplatz, le **Café Swing** voisin et le célèbre **SO 36** de Kreuzberg. Schöneberg était réputé dans les années 80 pour sa scène punk-rock et, bien que cette époque soit révolue, le quartier reste un pôle animé de la vie nocturne berlinoise. L'une des salles les plus populaires de Berlin, le **Tempodrom,** va bientôt s'installer dans de nouveaux locaux (vérifiez l'adresse dans les magazines de programme).

Près du Columbiadamm, la **Columbiahalle** est bien adaptée à des événements de moyenne importance, à l'instar du **Knaack Club** qui borde la Greifswalder Strasse. Une atmosphère particulière règne à la **Passionkirche,** une église désaffectée de Kreuzberg. Du théâtre au jazz en passant par la danse, le centre culturel du **Palais Podewils** *(p. 97)* présente un programme très varié mais toujours d'avant-garde.

Dans un ancien dépôt d'autobus construit dans les années 20 à Treptow, la très vaste **Arena** accueille aussi bien des représentations théâtrales que des concerts.

Jazz

Chaque année à l'automne, le **Jazzfest Berlin** attire des amateurs de jazz de tous les horizons. Il propose une programmation traditionnelle de grand festival international, complété par le **Total Music Meeting** consacré à des démarches plus expérimentales. En juin, Jazz across the Border, une manifestation organisée par la Haus der Kulturen der Welt, invite à oublier les frontières.

Berlin est surtout réputé pour ses clubs technos, mais les clubs de jazz y restent très populaires.

L'**A Trane** s'est constitué une clientèle de puristes, tandis que le **b-flat** a fondé sa réputation en invitant des artistes américains de renom. De petites formations jouent presque tous les soirs dans ces deux clubs. Réputé pour la qualité de son acoustique, **Flöz** occupe le rez-de-chaussée et le sous-sol d'un immeuble de la Nassauische Strasse.

Sur la Kantstrasse, le **Quasimodo** possède lui aussi une excellente acoustique. Son cadre intime et chaleureux le rend très agréable à condition d'apprécier les atmosphères enfumées. Pour des questions de vibrations, les concerts n'y commencent qu'après 22 h, quand les représentations du Theater des Westens prennent fin.

Certains établissements intègrent du jazz à une programmation variée, notamment le **Kalkscheune** sur la Johannisstrasse, le **Palais Podewils** de la Klostestrasse et le **Bilderbuch** sur l'Akazienstrasse.

De plus petits bars comme **Schlot** sur la Kastanienallee, ou **Harlem** à Prenzlauer Berg, accueillent également des jazzmen. Le **Junction Bar** est un lieu de métissage entre soul, rap et jazz. Le **Blue Note,** sur la Nollendorfplatz, se révèle particulièrement plaisant le samedi, tandis que le **pipapo** qui se trouve non loin a une bonne programmation le dimanche. Le **Badenscher Hof**, **Jazzclub** de la Badensche Strasse ne devrait pas décevoir les connaisseurs.

World music

Grande capitale cosmopolite, Berlin possède une population d'origines de plus en plus diverses, une situation à laquelle a répondu la création, en 1988, de la station de radio SFB4 MultiKulti et du Weltmusikfestival Heimaklänge.

Installée dans l'ancienne Kongresshalle de Tiergarten, la **Haus der Kulturen der Welt** *(p. 130)* existe depuis 1989. Ce centre culturel fondé par la ville et

le ministère des Affaires étrangères a pour fonction principale de familiariser les Berlinois avec les cultures non européennes, en particulier celles d'Asie, d'Afrique et d'Amérique latine. Son action prend des formes très variées.
Les concerts organisés dans son café, le **Café Global,** en font sans doute la meilleure adresse berlinoise où venir écouter des rythmes exotiques. On y vient aussi pour danser. Une brochure diffusée dans les librairies et les restaurants détaille le programme.

Depuis plusieurs années, le **Werkstatt der Kulturen,** qui organise entre autres le carnaval des Cultures de Kreuzberg *(p. 48),* propose aussi des concerts sur la Wissmannstrasse.

Zitty et *Tip* donnent le détail des programmes des bars et des clubs qui se sont spécialisés dans la world music ou dans la musique d'un pays ou d'un continent en particulier.

Les discothèques aux sons latino-américains connaissent un succès grandissant. L'une des meilleures du genre, **El Barrio,** se trouve à Tiergarten. La musique irlandaise possède aussi de nombreux amateurs et, pour en entendre, il vous suffira de vous rendre dans un pub irlandais.
The Dubliner accueille ainsi des musiciens le lundi, le mercredi et le week-end.
Et ce sont les balades russes qui sont à l'honneur au **Chagall**.

Billets

Il arrive que le prix des billets pour certains grands concerts soit très élevé, en particulier si vous voulez être sûr d'être bien placé.
En revanche, le droit d'entrée dans certains petits clubs peut ne pas excéder 10 ou 20 DM, à moins toutefois que se produise ce soir-là un artiste ou un groupe commençant à être connu. Pour le prix d'entrée, vous aurez souvent droit à une consommation.

Comme partout, il faut réserver le plus tôt possible pour avoir une chance d'assister aux spectacles les plus prisés. Il existe de nombreuses agences de location dans les quartiers les plus animés de la ville.

Carnet d'adresses

Grands concerts

Parkbühne Wuhlheide
An der Wuhllheide.
53 07 91 44.

Waldbühne
Glockenturmstrasse 1.
23 08 82 30.

Salles de moyenne importance

Arena
Eichenstrasse 4. **Plan** 11 A2.
533 73 33.

Café Swing
Nollendorfplatz 3-4.
Plan 11 A2.
216 61 37.

Columbiahalle
Columbiadamm 13–21.
698 09.

Knaack Club
Greifswalder Strasse 224.
442 70 61.

Loft (Metropol)
Nollendorfplatz 5.
Plan 11 A2.
217 36 80.

Palais Podewils
Klostestrasse 68-70.
Plan 8 D3.
24 74 97 77.

Passionskirche
Marheineckeplatz.
Plan 13 A5.
69 40 12 41.

SO 36
Oranienstrasse 190.
Plan 14 E2.
61 40 13 06.

Tempodrom
Am Ostbahnhof, Strasse der Pariser Kommune 8-10.
61 28 42 35.

Jazz

A Trane
Pestalozzistrasse 105.
Plan 3 C5.
313 25 50.

Badenscher Hof Jazzclub
Badensche Strasse 29.
Plan 10 D5.
861 00 80.

b-flat
Rosenthaler Strasse 13.
Plan 7 B1.
280 63 49.

Bilderbuch
Akazienstrasse 28.
Plan 11 A5.
78 70 60 57.

Blue Note
Courbierestrasse 13.
Plan 11 A2.
218 72 48.

Flöz
Nassauische Strasse 37.
Plan 9 C5.
861 10 00.

Jazzfest Berlin
Budapester Strasse 50.
Plan 10 E1.
25 48 92 54 .

Junction Bar
Gneisenaustrasse 18.
694 66 02.

Kalkscheune
Johannisstrasse 2.
Plan 6 F2.
28 39 00 65.

Musik-Café Harlem
Rodebergstrasse 37.
444 56 54.

Palais Podewils
Klosterstrasse 68-70.
Plan 8 D3.
247 49 6.

pipapo
Grossgörschenstrasse 40.
Plan 11 C4.
216 15 43.

Quasimodo
Katzlerstrasse 12a.
312 80 86.

Schlot
Kastanienallee 29.
Plan 1 A4.
448 21 60.

Total Music Meeting
Lübecker Strasse 19.
394 17 56.

World music

Chagall
Kollwitzstrasse 2.
441 58 81.

El Barrio
Potsdamer Strasse 82.
Plan 11 B3.
262 18 53.

Haus der Kulturen der Welt & Café Global
John-Foster-Dulles-Allee 10.
Plan 5 C3.
39 78 71 75.

The Dubliner
Gleimstrasse 33-35.
443 73 40.

Werkstatt der Kulturen
Wissmannstrasse 32.
Plan 14 E5.
622 20 24.

Danse classique et moderne

Les trois opéras de Berlin proposent une intéressante programmation de danse, interprétée pour l'essentiel par leurs propres compagnies de ballet. Des troupes étrangères se produisent aussi en ville pendant toute la saison et au cours de deux festivals organisés en mai et en août. C'est en général le Hebbel-Theater qui les accueille, mais la Tanzfabrik de Kreuzberg a pris ces dernières années une place centrale dans le paysage de la danse contemporaine. La Love Parade attire chaque année plus d'un million de personnes. Elle ne représente cependant que l'aspect le plus spectaculaire de l'ampleur de la scène techno dans une ville où les noctambules sont rois et disposent d'innombrables clubs où danser sur les rythmes du monde entier.

Ballet classique

Chacune des trois compagnies de ballet liées aux opéras de Berlin propose régulièrement de nouvelles productions. Pour satisfaire tous les publics, les soirées de représentation associent souvent des chorégraphies classiques et modernes. Le Staatsoper Unter den Linden *(p. 63)* conserve un répertoire très traditionnel avec des ballets comme *Le Lac des cygnes,* tandis que Komische Oper *(p. 68)* s'est tourné ces dernières années vers des créations plus contemporaines.

Danse moderne

Les compagnies étrangères de danse moderne se produisent en général au **Hebbel-Theater.** Cette salle possède sa propre troupe qui profite de ces rencontres pour travailler avec des danseurs du monde entier. Le Hebbel-Theater collabore avec le **Theater am Halleschen Ufer** pour organiser en août le festival appelé « Tanz ». Ces deux lieux n'ayant qu'une capacité limitée, mieux vaut réserver longtemps à l'avance pour obtenir une place. La **Sophiensäle** accueille désormais principalement des pièces de théâtre, mais elle continue de présenter de temps à autre des chorégraphies d'avant-garde. La **Tanzfabrik,** installée sur la Möckernstrasse à **Kreuzberg,** propose une programmation de qualité, ainsi que des ateliers de danse et d'expression corporelle. Le Théâtre chorégraphique international de Johann Kresnik a son siège à la Volksbühne sur la Rosa-Luxembourg-Platz *(p. 263).* La qualité de productions telles que *Frida Calo, Hôtel Lux et Malinche* lui a donné une excellente réputation.

Tango

Les passionnés de tango ont l'embarras du choix dans la capitale allemande. Une semaine-type pourrait commencer le lundi au **Fliegendes Theater,** se poursuivre le mardi au **Kalkscheune,** continuer le mercredi et le jeudi au Salon rouge puis au Salon vert de la Volksbühne pour se terminer le vendredi au **Walzerlinksgestrickt.** Le week-end reste libre pour pouvoir se perfectionner dans l'une des nombreuses écoles de danse de la ville. Et il y a même des cours le dimanche.

Techno

Devenue une célébration annuelle attirant plus d'un million de personnes, la Love Parade a fait de Berlin la capitale européenne de la techno. Organisée au début du mois de juillet, la manifestation se déroule principalement autour du Tiergarten. Le défilé lui-même dure un après-midi, mais il donne lieu à trois jours de fête. Pendant tout le week-end, des groupes continuent de danser un peu partout dans les rues de la ville, tandis que les alentours des boîtes de nuit deviennent des lieux de rencontre où les initiés échangent des informations sur les soirées privées organisées ici ou là.

Cet engouement ne se limite toutefois pas à quelques jours d'été, et d'innombrables clubs sont ouverts toute l'année. Les meilleurs permettent de danser durant la nuit entière, parfois même jusqu'au lendemain midi. Les meilleurs disc-jockeys se produisent au **Tresor,** sur la Leipziger Platz, qui est l'ancienne salle des coffres d'un magasin Wertheim aujourd'hui disparu. Toutefois, les adresses des clubs en vogue changent vite. À moins d'avoir des contacts et de pouvoir profiter du bouche à oreille, c'est dans deux publications gratuites distribuées dans les bars, *Flyer* et *Partysan,* que vous trouverez les nouvelles les plus fraîches. Beaucoup de clubs changent de style de musique en fonction des jours de la semaine, mais **Matrix, Ostgut, Stellwerk** et **Im Eimer** ne devraient pas vous décevoir.

Essayez aussi le Subground dans les sous-sols de **Pfefferberg.** La musique y est variée, bien que la techno domine.

Autres clubs

Si, aux rythmes hypnotiques de la house music, vous préférez une bonne vieille discothèque, le **Big Eden** devrait vous ravir. Cette boîte de nuit était déjà célèbre avant la chute du Mur, et elle est devenue l'endroit où vedettes de cinéma et hommes politiques viennent se frotter au commun des mortels, résidents berlinois comme visiteurs de passage. Une sono de 2 000 watts et une foule de 2 000 personnes rendent l'ambiance survoltée au Loft *(p. 268),* un lieu toujours bondé. Si vous n'êtes plus un teenager, peut-être apprécierez-vous l'atmosphère un peu rétro du **Tränenpalast,** installé dans le pavillon qui servait jadis au contrôle des papiers des retraités de l'Est se rendant à Berlin-Ouest *(p. 39).* Le **Privat Club** est surtout connu pour le jazz, mais organise de temps à autre des soirées plus animées. L'été, vous pourrez danser sous les étoiles au son de morceaux de musique pop au **Golgatha,** dans le Viktoriapark de Kreuzberg, et à **Die Insel,** un café qui a ouvert sur une île de Treptow.

Les amateurs de soul, de salsa et de funk se retrouvent, entre autres, à **Fou Na Na.** Les meilleurs clubs où aller danser sur des rythmes purement latino-américains sont le **Salsa** *(p. 269),* le **Havanna, La Charanga** et le **Taba.** On passe aussi d'excellentes soirées à l'**Akba-Lounge.**

Beaucoup de bars de moindre importance possèdent un espace où les clients peuvent se dégourdir les jambes. Les habitués du **Fat Cat** et du **Lumumba Tanzcafé** aiment la soul et le reggae, tandis qu'au **Mitte Bar** c'est la musique pop qui domine. Les couples désireux de passer une soirée plus intime apprécieront sans doute l'ambiance romantique du **Sophienclub.** Quelques établissements tels que le **Clärchens Ballhaus** et le **Tanzpalast** ont conservé l'atmosphère des dancings d'antan. Leur clientèle compte de nombreux célibataires.

Clubs gays et lesbiens

Berlin a une longue tradition de tolérance, et le défilé du Christopher Street Day *(p. 49)* est devenu un rendez-vous régulier. La parade a lieu à la fin du mois de juin, attirant un public qui dépasse largement la simple communauté homosexuelle de la ville. Celle-ci dispose de différents lieux accueillants où passer une soirée. Parmi les boîtes de nuit les plus populaires figurent le **SchwuZ** sur le Mehringdamm, le **Connection** sur la Fuggerstrasse et le **Broken Heart** de la Mierendorffstrasse. Les meilleurs clubs pour les lesbiennes comprennent **Die Zwei-Am Wasserturm** et **So 36.** Ce dernier accepte aussi les gays. Divers clubs comme le Stellwerk *(voir rubrique Techno)* organisent des soirées spéciales.

Carnet d'adresses

Danse moderne

Hebbel-Theater
Stresemannstrasse 29.
Plan 12 F2.
☎ *25 90 04 27.*

Sophiensäle
Sophienstrasse 18.
Plan 7 B1.
☎ *283 52 66.*

Tanzfabrik
Möckernstrasse 68.
Plan 12 E4.
☎ *786 58 61.*

Theater am Halleschen Ufer
Hallesches Ufer 32.
Plan 12 E2, 12 F2.
☎ *251 09 41.*

Tango

Fliegendes Theater
Hasenheide 54. **Plan** 13 C5.
☎ *692 21 00.*

Kalkscheune
Johannisstrasse 2.
Plan 6 F2.
☎ *28 39 00 65.*

Walzerlinksgestrickt
Am Tempelhofer Berg 7d.
Plan 12 F5.
☎ *69 50 50 00.*

Techno

Im Eimer
Rosenthaler Strasse 68.
Plan 7 B1.

Ostgut
Mühlenstrasse 26-30.

Matrix
Warschauer Platz 18.

Pfefferberg
Schönhauser Allee 176.
☎ *44 38 31 15.*

Stellwerk
Danneckerstrasse 1
Friedrichshain.

Tresor
Leipziger Strasse 126a.
Plan 6 F5.

Autres clubs

Akba-Lounge
Sredzkistrasse 64.
☎ *441 14 63.*

Big Eden
Kurfürstendamm 202.
Plan 9 C2.
☎ *882 61 20.*

Clärchens Ballhaus
Augustastrasse 24.
Plan 7 A1, 7 B1.
☎ *282 92 95.*

Die Insel
Alt Treptow 6.
☎ *53 60 80 20.*

Fat Cat
Gormannstrasse 19.
Plan 7 C1.
☎ *28 38 92 78.*

Fou Na Na
Bachstrasse
(S-Bahnbogen 475).
Plan 4 E3.
☎ *391 24 42.*

Golgatha
Dudenstrasse 48-64.
Plan 12 D5, 12 E5.
☎ *785 24 53.*

Havanna
Hauptstrasse 30.
Plan 11 A5.
☎ *784 85 65.*

Lumumba Tanzcafé
Steinstrasse 12.
Plan 7 C1.
☎ *28 38 54 65.*

Mitte Bar
Oranienburger Strasse 46.
Plan 6 F1.
☎ *283 38 37.*

Privat Club
Markthalle Pückler-strasse 34.
Plan 14 F2.
☎ *611 33 02.*

Sophienclub
Sophienstrasse 6.
Plan 7 B1.
☎ *282 45 52.*

Taba
Chausseestrasse 106.
Plan 6 F1.
☎ *282 67 95.*

Tanzpalast
Kantstrasse 162.
Plan 10 D1.
☎ *883 83 64.*

Tränenpalast
Reichstagufer 17.
Plan 6 D2, 6 F3.
☎ *20 61 00 11.*

Clubs gays et lesbiens

Broken Heart
Mierendorffstrasse 21.
Plan 2 F2.
☎ *34 50 10 19.*

Connection
Fuggerstrasse 33.
Plan 10 F2.
☎ *218 14 32.*

Die Zwei-Am Wasserturm
Spandauer Damm.
Plan 1 A2.
☎ *302 52 60.*

SchwuZ
Mehringdamm 61.
Plan 12 F4.
☎ *693 70 25.*

So 36
Oranienstrasse 190.
Plan 14 E2.
☎ *61 40 13 06.*

Sports et activités de plein air

Berlin est particulièrement bien équipé en pistes cyclables, et le vélo est un excellent moyen pour les visiteurs de découvrir la ville. Terrains de golf, courts divers et piscines permettent aussi de profiter du plein air. En avril, les meilleurs joueurs de tennis se retrouvent à l'Open de Berlin. En mai, la finale de la Coupe d'Allemagne de football a lieu à l'Olympia Stadion. Les supporters des deux équipes se retrouvent après le match sur le Ku'damm pour une grande fête. Le marathon organisé en septembre est devenu le troisième du monde par le nombre de participants, parmi lesquels on trouve aussi bien coureurs ou handicapés que patineurs en rollers.

Bicyclette

Peu de relief, de nombreux parcs et 850 km de pistes cyclables rendent Berlin particulièrement agréable à parcourir à bicyclette. Se promener à Mitte ou dans le quartier du Kurfürstendamm reste possible, en comparaison de l'épreuve que représente l'utilisation d'un vélo à Paris ou à Londres, par exemple. Hors des heures de pointe, les passagers peuvent emporter leur vélo avec eux dans les rames du S-Bahn et du U-Bahn, par exemple pour rejoindre les points de départ des trois itinéraires de promenade les plus appréciés : le long de la Havel, à travers la forêt de Grunewald et autour du Müggelsee.

Pour tous renseignements, contactez le Club cycliste allemand ou **ADFC (Allgemeiner Deutscher Fahrrad-Club).**

Les bureaux de l'office de tourisme fournissent la liste des nombreux loueurs *(p. 293)* de bicyclettes de Berlin. Les tarifs varient entre 10 et 20 DM par jour. Il faut laisser une caution en liquide ou par chèque. Toutefois, les meilleurs hôtels fournissent des vélos à leurs clients.

Le **Velodrom,** récemment construit sur la Paul-Heyse-Strasse, accueille chaque année en janvier les Berliner Sechs-Tage-Rennen. Ces courses d'une semaine sont si populaires qu'elles se déroulent parfois à guichet fermé. Mieux vaut appeler avant de se déplacer sans billet.

Golf

Il existe 15 clubs de golf aux alentours de Berlin, situés le plus souvent à proximité d'hôtels. Ils possèdent d'excellents restaurants. Rien n'impose toutefois de sortir de la ville pour faire un parcours. En plein centre, le Driving Range borde la Chausseestrasse. Il reste ouvert de midi au coucher du soleil au printemps et en été. L'accès au terrain est gratuit, mais il faut laisser une caution pour louer des clubs. Un seau de 30 balles ne coûte que 3 DM. Des cours particuliers ou en groupe sont proposés.

Il existe deux autres clubs à l'intérieur des limites de la ville : le **Golf und Landclub Berlin-Wannsee,** qui comprend un terrain de 18 trous et un autre de 9, et le **Berliner Golfclub-Gatow** qui ne possède qu'un parcours de 9 trous.

Se baigner

La Havel et les nombreux lacs de Berlin offrent d'excellents lieux de baignade. L'accès aux plages naturelles est gratuit, mais il n'y a pas de toilettes ou de cabines pour se changer. En revanche, les plages artificielles sont bien équipées et surveillées par des maîtres nageurs.

La plus connue, la **Strandbad Wannsee** *(p. 172-173),* date des années 20 et reste très populaire. La **Strandbad Müggelsee** réserve une zone aux personnes pratiquant le naturisme. Le prix d'accès à ces plages correspond à celui des piscines : environ 6 DM. Construite pour accueillir les Jeux olympiques de 1936, la piscine de l'**Olympia Stadion** *(p. 176)* possède une tour de plongée haute de 10 m et équipée d'un ascenseur. Rien ne vous oblige à sauter, vous pouvez vous contenter de prendre le soleil sur les marches en contemplant la vue.

Les trois plus belles piscines de Berlin se trouvent à Mitte, à Neukölln et à Wilmersdorf. La **Stadtbad Mitte** occupe sur la Gartenstrasse un bâtiment des années 30. Son bassin de 50 m de long se prête aussi bien aux rencontres sportives qu'à la détente. Celui de la **Stadtbad Charlottenburg** est moins long, mais le lieu, orné de peintures de la Sécession, incite au délassement. Si nager dans un cadre luxueux vous tente, les mosaïques, les fresques et les ornementations en marbre et en bronze de la **Stadtbad Neukölln** devraient combler tous vos souhaits.

Pour passer une agréable journée en famille, le parc aquatique **« blub » Badeparadies,** qui borde la Buschkrugallee dans la partie sud de la ville, possède un toboggan de 120 m de long, une machine à vagues et divers plongeoirs et saunas.

Badminton, squash et tennis

La capitale allemande renferme tant de courts de squash, de badminton ou de tennis qu'il faut rarement aller très loin pour pratiquer son sport de raquette favori. Vous les trouverez principalement dans les parcs publics et dans des complexes sportifs. Ces derniers sont trop nombreux pour être tous cités ici, mais ils figurent dans l'annuaire. Le prix d'entrée comprend en général l'accès à un sauna.

Le **Fit-Fun Squash und Fitness Center** propose 14 courts de squash, tandis que **Sportoase** possède 18 courts de badminton et 8 courts de squash. **Tennis & Squash City** abrite, entre autres, 5 courts de tennis.

Autres sports

Pendant tous les week-ends du mois d'août, la John-Foster-Dulles-Allee du Tiergarten est fermée à la circulation et livrée aux adeptes des rollers. Si vous avez envie de vous joindre à eux, de nombreuses boutiques proposent en ville les patins et le matériel de protection.

Les Berlinois aiment canoter, et des loueurs de barque se sont installés sur les rives de nombreux lacs. Dans le Tiergarten, ils se trouvent près du Café am Neuen See et au bord du Schlachtensee. Le prix s'élève en général à 15 ou 20 DM l'heure.

Gymnastique

De nouveaux établissement ouvrent tous les jours, tandis que d'autres ferment, et mieux vaut vérifier dans l'annuaire si les adresses n'ont pas changé. La plupart des salles offrent la possibilité de prendre une carte journalière sans payer de cotisation, mais si vous faites un long séjour il sera probablement plus avantageux de souscrire un abonnement.

Les femmes apprécieront les 54 clubs spacieux et bien équipés ouverts par **Jopp-Frauen-Fitness-Berlin** dans différents quartiers. Le plus grand borde la Tauentzienstrasse et possède une terrasse dominant la ville. Un ticket journalier coûte 45 DM, alors qu'un forfait de dix jours revient à 250 DM.

Rencontres sportives

Les équipes sportives berlinoises font partie des meilleures d'Allemagne, et elles jouissent de bonnes places dans leurs championnats. Les matchs de football où le Hertha BSC reçoit à domicile se déroulent à l'Olympia Stadion, d'une capacité de 100 000 places. L'entrée coûte entre 12 et 35 DM.

Les basketteurs de l'Alba Berlin ont tant de supporters qu'il leur arrive de jouer à la **Max-Schmeling-Halle** devant 8 500 personnes.

Berlin possède aussi deux bonnes équipes de hockey : les Berlin-Capitals et les Eisbären Berlin, qui jouent souvent à guichet fermé.

Courses hippiques

La capitale allemande renferme deux hippodromes. Ouvert toute l'année, le **Trabrennbahn** de Mariendorf accueille des courses de trot, et il y règne une ambiance très professionnelle. Le néophyte se sentira probablement plus à l'aise au **Galopprennbahn Hoppegarten.**

Marathon

Le **Berlin-Marathon** rassemble en août une foule immense, et l'ambiance donne envie de se joindre au groupe même lorsqu'on n'est pas un adepte de la course à pied.

Les amateurs qui participent à cette compétition se retrouvent au coude à coude avec des sportifs de très haut niveau. Des milliers de personnes se massent le long du parcours pour encourager les coureurs, les patineurs en rollers et les athlètes en fauteuil roulant.

Carnet d'adresses

Bicyclette

ADFC
Brunnenstrasse 28.
☎ *448 47 24.*

Velodrom
Paul-Heyse-Strasse.
☎ *44 30 44 30.*

Golf

Berliner Golfclub-Gatow
Kladower Damm 182-288 Gatow.
☎ *365 77 25.*

Golf und Landclub Berlin-Wannsee
Golfweg 22.
☎ *806 70 60.*

Se baigner

« blub » Badeparadies
Buschkrugallee 64.
☎ *609 06 0.*

Stadtbad Charlottenburg
Krumme Strasse 9-10.
☎ *34 30 32 14.*

Stadtbad Mitte
Gartenstrasse 5.
Plan 7 A1.
☎ *30 88 09 10.*

Stadtbad Neukölln
Ganghoferstrasse 3.
☎ *68 24 98 12.*

Strandbad Müggelsee
Fürstenwalder Damm 838.
☎ *648 77 11.*

Strandbad Wannsee
Wannseebadweg 25.
☎ *803 54 50.*

Badminton, squash et tennis

Fit-Fun Squash und Fitness Center
Uhlandstrasse 194.
☎ *312 50 82.*

Sportoase
Stromstrasse 11-17.
Plan 4 F1, 4 F2.
☎ *394 50 94.*

Tennis & Squash City
Brandenburgische Strasse 53.
Plan 9 A3, 9 B5.
☎ *873 90 97.*

Rencontres sportives

Max-Schmeling-Halle
Am Falkplatz.
☎ *44 30 44 30.*

Gymnastique

Jopp-Frauen-Fitness-Berlin
Tauentzienstrasse 13.
Plan 10 E1.
☎ *235 17 00 (standard général).*

Karl-Liebknecht-Strasse 13.
Plan 7 C2.

Schlossstrasse 126.
Plan 2 E3, 2 E4.

Courses hippiques

Galopprennbahn Hoppegarten
Goetheallee 1.
☎ *(03342) 389 30.*
🕐 *16h-22h sam.-dim.*

Trabrennbahn Mariendorf
Mariendorfer Damm 222, Tempelhof.
☎ *740 12 12.*
18h30 mer., 13h30 dim.

Marathon

Berlin-Marathon
Bureau d'information, Waldschulallee 34.
☎ *302 53 70.*

LE BERLIN DES ENFANTS

Berlin se prête bien à un séjour avec des enfants. Les parcs et les pistes cyclables leur permettent de faire du vélo et du patin, et ils disposent de nombreux lieux de distractions : deux jardins zoologiques, plusieurs cirques, des théâtres, des cinémas et d'innombrables boutiques. Ils apprécieront aussi les musées dont les expositions leur offrent un espace de jeu et d'action comme le musée de la Technique, le musée d'Ethnologie, le Museumsdorf Düppel ou le Kinder- und Jugendmuseum. Les enfants de moins de 14 ans bénéficient presque toujours d'une réduction et les plus petits entrent souvent gratuitement. Certains restaurants leur réservent une zone de jeux.

Jeune patineuse berlinoise

Petit train touristique de Potsdam

SOURCES D'INFORMATION

Berlin fait un bon accueil à ses jeunes visiteurs. Dans les transports publics, les familles bénéficient de réductions et les enfants, selon leur âge, circulent gratuitement ou à prix réduit. Le personnel de la compagnie **Berlin Tourismus Marketing** vous renseignera sur tous les avantages offerts aux enfants et sur les distractions et les manifestations qui leur sont destinées. Si votre séjour a lieu en été, demandez le *Ferienpass,* qui donne droit à toutes sortes de remises. Il existe aussi un agenda conçu pour les filles et appelé Berta, qui contient de nombreuses informations présentées au jour le jour.

AU ZOO

Berlin renferme deux jardins zoologiques. L'un d'eux *(p. 144),* qui se trouve tout près de la Bahnhof Zoo *(p. 290),* compte parmi les plus beaux d'Europe et comprend, entre autres, un magnifique aquarium.

Plus excentré, l'ancien zoo de Berlin-Est, le **Tierpark Berlin** *(p. 166-167),* abrite moins d'animaux mais offre un espace de promenade beaucoup plus étendu dans le parc d'un château : le Schloss Friedrichsfelde *(p. 166-167).* On peut s'y rendre en métro.

D'autres enclos permettent de voir des animaux dans les parcs de Berlin. Dans le jardin situé derrière le Märkisches Museum *(p. 84)* vit ainsi une famille d'ours : les mascottes de la capitale allemande. Les oies, les cochons et les lapins de la ferme des enfants du Görlitzer Park, la **Kinderbauernhof Görlitzer Bauernhof,** courent en liberté.

AU MUSÉE

Sauf rares exceptions, tous les musées de Berlin tiennent compte des enfants dans leur aménagement. Tous ne présentent cependant pas le même intérêt pour de jeunes visiteurs. Le **Deutsches Technikmuseum** *(p. 138-139)* se révélera sans doute le plus amusant, notamment le département appelé Spectrum qui leur permet de participer à 250 expériences scientifiques et techniques.

Le **Museum für Völkerkunde** *(p. 170)* propose des expositions et des activités spécialement destinées aux enfants. Certains jours, ils peuvent ainsi jouer avec des poupées mexicaines en papier mâché ou prendre part à un bain cérémoniel japonais. Reconstitution d'un village médiéval, le **Museumsdorf Düppel** *(p. 172)* offre une image très concrète de l'histoire avec ses paysans et ses artisans au travail. La section des dinosaures du **Museum für Naturkunde** *(p. 109)* reste une valeur sûre, à l'instar des dioramas replaçant des animaux dans leur habitat naturel. Le **Kindermuseum Labyrinth** connaît aussi un grand succès.

Toujours très animé, le **Puppentheatermuseum** donne la possibilité aux jeunes visiteurs de participer à de petits spectacles de marionnettes. Le **Teddy Museum Berlin** possède plusieurs milliers d'ours en peluche. La brochure *Museumpädagogischer Dienst* est une bonne source d'information.

Jeux d'eau de la fontaine de Neptune près de l'hôtel de ville

Visite du village médiéval du Museumsdorf Düppel

AU THÉÂTRE

La scène berlinoise la plus intéressante pour les enfants et les adolescents est sans doute le **Grips Theater,** fondé en 1969. Son programme indépendant et ambitieux attire un public nombreux, et l'une de ses créations, *Linie 1,* a été adaptée au cinéma.

D'autres théâtres s'adressent à un jeune public. Ils comprennent le **carrousel-Theater an der Parkaue,** le **Theater o.N.,** le **Zaubertheater Igor Jedlin** et le **Puppentheater Berlin**. Plusieurs cirques se produisent.

FAIRE DU SPORT

Les parcs et les pistes cyclables de Berlin permettent pendant la majeure partie de l'année de s'élancer sans risque à vélo ou en rollers. Le patin à glace revient en vogue chaque hiver et tous les arrondissement, possèdent leur propre patinoire. L'**Eisstadion Berlin Wilmersdorf** est particulièrement remarquable avec sa piste de 400 m et son vaste terrain de hockey. **FEZ Wuhlheide** propose aux enfants un programme quotidien d'activités.

En été, lacs et rivières se prêtent à la baignade.

AUTRES DISTRACTIONS

Pour voir la ville d'en haut, qui résisterait à un goûter dans le café de la Fernsehturm *(p. 93),* la tour de la Télévision située sur Alexanderplatz ? La salle tourne sur elle-même, et une rotation complète dure une demi-heure, juste le temps de manger un gâteau et de boire un chocolat. Attention toutefois, car l'attente pour y monter peut être longue. Prendre l'ascenseur de la Funkturm *(p. 175)* ou grimper sur la grande roue du Rummel am Plänterwald offre également de superbes panoramas. D'avril à octobre, ce parc d'attractions permet aussi de dévaler des montagnes russes, de s'égarer dans un palais des glaces ou de faire un tour de manège. Au **Berliner Gruselkabinett** (« cabinet des Horreurs »), le frisson est garanti.

Les projections du **Zeiss-Planetarium** et du **Planetarium am Insulaner** plongent le spectateur au cœur de l'Univers où tourbillonnent astres et galaxies.

CARNET D'ADRESSES

SOURCES D'INFORMATION

Berlin Tourismus Marketing GmbH
Am Karlsbad 11.
☎ *264 74 80.*

ZOOS

Kinderbauernhof Görlitzer Bauernhof
Wiener Strasse 59 *(dans le Görlitzer Park).*
☎ *611 74 24.*

Tierpark Berlin
Am Tierpark 125, Lichtenberg.
☎ *51 53 10.*

Zoologischer Garten
Hardenbergplatz 9, Charlottenburg.
☎ *25 40 10.*

MUSÉES

Kindermuseum Labyrinth
Osloer Strasse 12.
☎ *494 53 48.*
◯ *9h-13h lun.-ven. et 14h-18h mar.-ven., 13h-18h sam., 11h-18h dim.*

Museumsdorf Düppel
Clauertstrasse 11.
☎ *802 66 71 ou 802 33 10.*
◯ *avr.-oct : 15h-19h jeu., 10h-17h dim. et jours fériés.*

Puppentheater-museum Berlin
Karl-Marx-Strasse 135.
☎ *687 81 32.*
◯ *9h-13h et 15h-17h lun.-ven., 11h-17h dim.*

Teddy Museum Berlin
Kurfürstendamm 147.
☎ *893 39 65.*
◯ *15h-18h mer.-ven.*

THÉÂTRES

carrousel-Theater an der Parkaue
Parkaue 29.
☎ *55 77 52 52.*

Grips Theater
Altonaer Strasse 22.
☎ *393 3012.*

Puppentheater Berlin
Haubachstrasse 26.
☎ *342 19 50.*

Theater o.N.
Kollwitzstrasse 53.
☎ *440 92 14.*

Zaubertheater Igor Jedlin
Roscherstrasse 7.
☎ *323 37 77.*

SPORTS

Berliner Bäderbetriebe
(rens. sur les piscines).
☎ *(01803) 10 20 20.*

Eisstadion Berlin Wilmersdorf
Fritz-Wildung-Strasse 9.
☎ *824 10 12.*

FEZ Wuhlheide
Ander Wuhlheide, Köpenick.
☎ *53 07 15 04.*

AUTRES DISTRACTIONS

Berliner Grusel-kabinett
Schöneberger Strasse 23a.
Plan 12 E1.
☎ *26 55 55 46.*

Planetarium am Insulaner
Münsterdamm 90.
☎ *790 09 30.*

Zeiss-Groß Planetarium
Prenzlauer Allee 80.
☎ *42 18 45 12.*

SORAT
BERLIN
D

Renseignements pratiques

Berlin mode d'emploi

La capitale allemande accueille volontiers les visiteurs. Les Berlinois se montrent hospitaliers, et la plupart parlent une langue étrangère, souvent l'anglais. Les offices de tourisme, situés dans les quartiers les plus animés, sont bien documentés, et on y trouve de nombreuses brochures. Pour bénéficier de réductions dans les transports, achetez un forfait à la journée ou à la semaine, ou procurez-vous la Welcome Card qui offre en outre de nombreuses réductions dans les musées. Enfin, vous pourrez utiliser sans difficultés les téléphones publics, les parcmètres et les distributeurs, qui ont des instructions d'emploi claires.

Logo d'un office de tourisme

Billets d'entrée pour les monuments et sites

Visiter les musées et les bâtiments historiques

Il existe plus de 150 musées et galeries d'art à Berlin, qui proposent en permanence de nouvelles expositions. Ce guide présente les institutions les plus importantes, mais vous pourrez vous renseigner sur les moins connues auprès des bureaux de l'office de tourisme ou, mieux encore, auprès du **Museumpädagogischer Dienst Berlin.** Ce service d'information tient une documentation à jour sur les expositions en cours, sur celles à venir et sur des manifestations comme la Lange Nacht der Museen, une nocturne (les musées ferment à minuit) organisée deux fois par an.

Les musées nationaux possèdent leur propre service de renseignements téléphoniques : l'**Info-Telefon der Staatlichen Museen zu Berlin.** Le complexe de Sanssouci de Potsdam a également mis en place une structure indépendante pour répondre aux demandes des visiteurs du célèbre parc et de ses palais : le **Besucherbetreuung der Schlösser und Gärten Potsdam-Sanssouci.**

Les musées et les bâtiments historiques ouvrent habituellement du mardi au dimanche de 10 h à 17 h (parfois 18 h). Un forfait vendu par les bureaux de l'office de tourisme de l'**Europa-Center** et de la **porte de Brandebourg,** le Museums-Pass, permet pendant trois jours un accès illimité aux grands musées, et donc à toutes les institutions de la Museumsinsel, du Kulturforum et du Museumszentrum Dahlem, ainsi qu'à l'Ägyptisches Museum, la Galerie der Romantik, la Sammlung Berggruen et au Museum für Vor- und Frühgeschichte qui se trouvent à Charlottenburg.

Particulièrement intéressante pour les familles, la Welcome Card permet à un adulte et jusqu'à trois enfants de moins de 14 ans d'utiliser gratuitement les transports publics de Berlin et de Potsdam. Elle donne aussi droit à des réductions dans de nombreux musées, à l'exception des musées nationaux.

Un vélo-taxi, version berlinoise du cyclo-pousse

Heures d'ouverture

Les employés de bureau travaillent le plus souvent de 9 h à 18 h, et prennent une heure pour déjeuner, sauf dans l'ancien Berlin-Est où l'horaire 8 h-16 h (ou 17 h) reste fréquent. Les banques ouvrent à 9 h et ferment à 15 h le lundi et le mercredi, à 18 h le mardi et le jeudi, et à 13 h le vendredi. Les petits commerces ouvrent de 9 h 30 ou 10 h jusqu'à 20 h, et la plupart des boutiques ferment le samedi à 16 h. En décembre, la majorité des magasins permettent de faire des achats de Noël le dimanche.

Information touristique

Les deux principaux bureaux de l'office de tourisme se trouvent à l'**Europa-Center** et à la **porte de Brandebourg,** mais il en existe aussi à l'**aéroport de Tegel,** au grand magasin KaDeWe *(p. 149)* et dans une agence de la Dresdner Bank sur Unter den Linden. L'office de tourisme de Potsdam, **Potsdam Information,** possède un bureau dans le centre-ville, sur la Friedrich-Ebert-Strasse.

Sur Internet, le site **BerlinOnline** offre une source fiable de renseignements. Le **Berlin Tourismus Marketing** en propose deux autres, berlin.de et btm.de, qui comportent notamment des pages en anglais.

Programme des spectacles

Les trois meilleurs magazines de programme publiés à Berlin, *Zitty, Tip* et *Berlin-Programms* annoncent quasiment toutes les manifestations, qu'il s'agisse de spectacles, d'expositions ou de conférences. Les nombreuses agences de location installées dans les quartiers les plus animés permettent d'acheter à l'avance des places pour une représentation sans se déplacer jusqu'à la salle.

Quelques magazines de programmes

Les bus touristiques permettent de découvrir Berlin et ses environs

Visites guidées

Le petit train touristique qui fait le tour de Potsdam démarre devant l'auberge Kutscherhaus du parc de Sanssouci. Les visites de Berlin en autocar passent par les principaux bâtiments historiques. Le billet vous permet généralement de descendre à n'importe quel arrêt et de remonter à bord où bon vous semble. Une solution plus économique consiste à prendre un bus de la ligne 100, qui suit le même itinéraire *(p. 295)*. Participer à une visite guidée à pied permet une approche plus intime de la ville. Il est également possible de découvrir en groupe des bâtiments dont la restauration ou la construction touche à sa fin. Vous trouverez informations et adresses à l'Info-Box rouge installée à l'angle de la Leipziger Platz et de la Potsdamer Platz.

Voyageurs handicapés

Il reste beaucoup à faire pour que toutes les rues et les boutiques de Berlin soient adaptées aux besoins des handicapés, mais la majorité des théâtres et des musées se sont mis aux normes. **Behinderten-beauftragter des Landes Berlin** vous fournira renseignements et conseils. Pour louer un fauteuil roulant ou un minibus ou obtenir une aide pour la journée, vous pouvez vous adresser à la **Berliner Behindertenverband,** à **Service-Ring-Berlin** et à **Movado.**

Carnet d'adresses

Informations sur les musées

Besucherbetreuung der Schlösser und Gärten Potsdam-Sanssouci
(0331) 969 42 02.

Info-Telefon der Staatlichen Museen zu Berlin
20 90 55 55.

Museumpädagogischer Dienst Berlin
28 39 74 44.

Information touristique

Aéroport de Tegel
Hall principal. *5h-22h30.*

Berlin Tourismus Marketing
Am Karlsbad 11
renseignements téléphoniques 24h/24.
25 00 25. FAX *25 00 24 24.*
W *www.berlin.de*

BerlinOnline
W *www.berlinonline.de*

Europa-Center
Entrée depuis la Budapester Strasse. **Plan** 10 E1. *8h-22h lun.-sam., 9h-21h dim.*

Porte de Brandebourg
Pariser Platz. **Plan** 6 E3, 15 A3.
9h30-18h.

Potsdam Information
Friedrich-Ebert-Strasse 5.
(0331) 27 55 80.
FAX *(0331) 275 58 99.*

Voyageurs handicapés

Berliner Behindertenverband
Jägerstrasse 63D.
204 38 47.

Behinderten-beauftragter des Landes Berlin
Oranienstrasse 106.
90 28 29 17.

Movado
471 30 22.

Service-Ring-Berlin
859 40 10.

Informations complémentaires

Beaucoup de kiosques de presse vendent aussi des cigarettes et des boissons

Visas et douanes

Pour entrer en république fédérale d'Allemagne Les ressortissants de l'Union européenne et de la Suisse n'ont besoin que d'une carte d'identité ou d'un passeport, même périmé depuis moins de moins de cinq ans. Les citoyens canadiens doivent posséder un passeport valide, mais ils n'ont pas besoin de visa pour un séjour de moins de trois mois. Pour emmener un animal domestique, vous devez vous munir d'un certificat de bonne santé datant de moins de dix jours et d'un certificat de vaccination antirabique datant de plus d'un mois et de moins d'un an. Vous aurez aussi besoin de leur traduction en allemand certifiée conforme. Il n'existe plus de douane entre les pays signataires de l'accord de Schengen, dont la France, la Belgique et l'Allemagne, mais l'importation de produits achetés en boutique détaxée reste limitée à 200 cigarettes, 50 cigares ou 250 g de tabac et à 1 litre de spiritueux ou 2 litres de vin.

Détaxe

Les ressortissants de pays n'appartenant pas à l'Union européenne peuvent demander un remboursement de la TVA *(Mehrwertsteuer)* sur certains produits non comestibles. Leur valeur doit généralement s'élever au moins à 100 DM. Le magasin, signalé par un panneau « Tax-Free », vous remettra un formulaire à faire viser en douane en quittant le pays. N'ouvrez pas l'emballage de vos achats, ils doivent être neufs à la sortie du territoire.

Pompe à eau

Réductions pour les jeunes

Selon votre âge et votre activité, 4 cartes vous donnent droit à des réductions dans certains hébergements, dans les transports publics, dans les musées, etc. Vous pourrez vous procurer la carte des auberges de jeunesse *(p. 210)* auprès de la **FUAJ** (Fédération unie des auberges de jeunesses). Pour obtenir une Carte internationale d'étudiant (carte ISIC), adressez-vous à l'**OTU**, également spécialiste des vols à prix réduit. Il diffuse aussi la carte GO25 de la Federation of International Youth Travel Organization. L'OTU est représenté en province par les CROUS.

Enfin, la carte jeunes est devenue européenne. Elle offre aux moins de 26 ans des milliers d'avantages dans 30 pays. Ces avantages comprennent une assurance qui couvre les frais de rapatriement en cas d'accident. On peut l'acheter (120 F), entre autres, dans les centres d'information pour la jeunesse, les bureaux de poste et les mairies.

Quelques-uns des quotidiens les plus lus à Berlin

Journaux

Les quotidiens berlinois, dont le *Berliner Morgenpost, Der Tagesspiegel,* le *Berliner Zeitung* et *BZ,* sont diffusés dans les kiosques, chez les marchands de journaux et, le soir, dans les bars et les cafés. Le *Tageszeitung (Taz)* offre une vision plus mordante de l'actualité. De nombreux kiosques vendent aussi des journaux étrangers, en particulier à l'aéroport et dans les gares. Une librairie française se trouve dans le passage souterrain reliant les Galeries Lafayette au Quartier 206 *(p. 55).* On peut aussi lire la presse francophone à la bibliothèque installée dans le même bâtiment que le **consulat de France.**

Welcome Card et notice d'information

Billetterie et colonne d'affichage anciennes

TÉLEVISION ET RADIO

De nombreuses chaînes de télévision diffusent leurs programmes par ondes herziennes à Berlin, dont les chaînes nationales ARD et ZDF, des chaînes privées ou régionales telles que RTL, RTL2, SAT1 et PRO7, et des chaînes thématiques comme DSF consacrée aux sports et VIVA et VIVA2 dédiées à la musique. Le câble et le satellite multiplient les possibilités. Parmi les très nombreuses chaînes en toutes langues qu'ils permettent de regarder, figurent Arte et TV5 qui diffuse un bouquet de programmes de pays francophones.

La station de radio SFB4 Multi-Kulti (106,8 MHz) a acquis en quelques années une solide popularité. Elle émet en plusieurs langues. Vous pourrez obtenir des nouvelles en français en écoutant Radio France Internationale (106 MHz) et en anglais sur Info-Radio (93,1 MHz) et le BBC World Service (90,2 MHz).

HEURE LOCALE

Berlin, comme Paris et Bruxelles, vit à l'heure européenne, qui est en avance d'une heure sur celle du méridien de Greenwich (GMT). Les passages aux heures d'été et d'hiver ont lieu en même temps. Du fait du décalage de longitude, à Berlin le soleil se lève environ trois quarts d'heure plus tôt qu'à Paris.

ÉLECTRICITÉ

Les prises électriques allemandes répondent aux même normes que les prises françaises et sont alimentées en courant alternatif de 220 volts.

AMBASSADES ET CONSULATS

Jusqu'en 1990, la capitale de la RFA se trouvant à Bonn, beaucoup de pays avaient un consulat à Berlin-Ouest et une ambassade auprès de la RDA à Berlin-Est. Depuis la réunification, plusieurs d'entre eux ont commandé à de grands architectes de nouveaux locaux diplomatiques et certaines adresses risquent donc de changer. En cas de doute, consultez un annuaire ou l'office de tourisme.

TOILETTES PUBLIQUES

Il existe des toilettes publiques partout en ville. Dans certains endroits, y compris les cafés et les musées, les toilettes sont payantes. Le mot « Herren » inscrit dans un triangle à la pointe tournée vers le bas signale celles réservées aux hommes. L'enseigne des toilettes pour femmes porte le mot « Damen » ou « Frauen » dans un triangle à la pointe tournée vers le haut.

Vespasienne rénovée dans l'arrondissement de Kreuzberg

CARNET D'ADRESSES

CARTES JEUNES

FUAJ
27, rue Pajol,
75018 Paris
01 44 89 87 27.

OTU VOYAGE
2, rue Malus,
75005 Paris
01 43 36 80 27.

AMBASSADES

Ambassade de Belgique
Esplanade 13.
445 91 88.

Ambassade du Canada
Friedrichstrasse 95.
Plan 6 F2, 15 C1.
20 31 20.

Consulat de France
Kurfürstendamm 211.
Plan 9C.
885 902 43.

Consulat de Suisse
Kirchstrasse 13. **Plan** 5A2.
390 40 00.

SERVICES RELIGIEUX

Église américaine
Alte Dorfkirche,
Clayallee/Potsdamer Str.
11h dim. (en anglais).

Église anglicane
St Georg,
Preussenallee.
10h t.l.j.

Culte huguenot
Französische
Friedrichstadt Kirche,
Gendarmenmarkt.
Plan 7 A4.
10h dim.

Culte juif
Joachimstaler Strasse 13.
Plan 10 D2.
9h30 sam.

Culte musulman
Moschee-Islamische,
Brienner Strasse 7-8.
Plan 9 A5.
13h30 ven.

Culte protestant
Berliner Dom, Lustgarten,
Plan 7 B3.
10h et 18h dim.

Kaiser-Wilhelm-Gedächtnis-kirche, Breitscheidplatz.
Plan 10 E1.
10h et 18h dim. (en anglais).

Marienkirche, Karl-Liebknecht-Strasse.
Plan 7 C3.
10h30 dim.

Église catholique romaine
St-Hedwigs-Kathedrale,
Bebelplatz.
Plan 7 A3, 16 D3.
8h, 10h, 11h30 et 18h dim.

Santé et sécurité

Insigne de la police berlinoise

Il n'y a pas de raisons de prendre à Berlin plus que les précautions habituelles, telles que surveiller ses bagages et placer papiers et argent hors de portée des pickpockets. Les taxis et les bus offrent la nuit les moyens de transport les plus sûrs. De plus, des services d'urgence efficaces se tiennent prêts à intervenir à tout moment. Se munir avant le départ d'un formulaire E 111 permet aux membres de l'Union européenne bénéficier de soins gratuits. Les pharmaciens sauront vous conseiller en cas de problème bénin.

Policier Policière

Sécurité des personnes

Pour une capitale occidentale, Berlin est une ville sûre. La gare du Zoologischer Garten est toutefois réputée pour ses trafiquants de drogue et, comme partout, les stations de U-Bahn et de S-Bahn paraissent peu engageantes la nuit malgré les patrouilles effectuées par des vigiles et leurs chiens. Les pickpockets constituent en fait la menace la plus grande pour les touristes, en particulier dans le métro.

Sécurité des biens

Si vous voyagez avec des objets précieux, la première précaution à prendre consiste à les assurer avant le départ. Ne les portez pas trop en vue en vous promenant et prenez l'habitude de ne pas garder de portefeuille dans une poche arrière de pantalon. Ne laissez jamais visibles dans une voiture garée un autoradio, un appareil photo ou des bagages. En cas de perte ou de vol, faites établir une déclaration dans un poste de police, elle vous sera nécessaire pour vous faire rembourser par votre assurance.

Objets trouvés

Il existe à Berlin un bureau central des objets trouvés, le **Zentrales Fundbüro,** où parviennent tous les objets récupérés sur la voie publique. La régie municipale des transports, la Berliner Verkehrsbetriebe, possède toutefois son propre bureau, le **Fundbüro der BVG,** où vous devrez vous rendre si vous avez perdu quelque chose dans un bus, un tramway ou une rame du U-Bahn. Le **Fundbüro der Deutschen Bahn AG** conserve une partie des objets retrouvés sur les trains du S-Bahn.

Borne d'alerte des pompiers

Femmes seules

Les femmes qui se rendent seules au cinéma, au bar ou au restaurant ne provoquent à Berlin ni surprise ni remarques déplacées. Les précautions d'usage y restent toutefois de mise, et mieux vaut éviter de se promener seule le soir dans un parc ou un quartier désert. Se retrouver seule en pleine nuit dans une station de U-Bahn ou de S-Bahn est également déconseillé. Le bus est en revanche plus sûr, le chauffeur pouvant à tout moment appeler la police par radio. Plus rassurant encore, le taxi, qui est néanmoins plus coûteux. En cas de problème, ou si vous avez simplement

Vedette de police en patrouille

Succursale d'une chaîne de pharmacies

besoin de conseils, vous pouvez appeler le service **SOS Femmes.**

Soins médicaux

L'assurance de votre voiture ou les garanties liées à votre carte bancaire comprennent probablement une assistance à l'étranger couvrant les frais de rapatriement en cas de problème de santé ou d'accident. Il existe également des organismes spécialisés. Les citoyens de l'Union européenne bénéficient de soins gratuits en Allemagne à condition de se procurer, avant le départ, un formulaire E111 auprès de leur centre de Sécurité sociale.

À Berlin, il leur faudra le remettre au bureau AOK pour les étrangers.

Symbole d'une Apotheke (pharmacie)

En cas de problème bénin, le plus simple consiste à consulter un pharmacien. Les pharmacies, telles celles de la chaîne **Bären-Apotheke,** suivent les mêmes horaires que les autres magasins, mais il y en a toujours de garde.

Minibus de la police

Une ambulance de la Croix-Rouge ou Rettungswagen

En cas d'urgence, vous pouvez appeler les renseignements sur les pharmacies. Il existe de nombreux autres services d'aide téléphonique.
Les ambassades peuvent vous donner les coordonnées de médecins parlant votre langue.

Carnet d'adresses

Services d'urgence

Pompiers et ambulances
☎ *112.*

Police
☎ *110.*

DRK-Rettungsdienst (Croix-Rouge allemande)
☎ *85 00 55.*

Ambulance
☎ *31 00 31.*

SOS Drogues
☎ *192 37.*

SOS Poison
☎ *192 40.*

SOS Femmes
☎ *615 42 43.*

Assistance religieuse par téléphone
☎ *0800 111 02 22 (catholiques) ou 0800 111 01 11 (protestants).*

Pharmacies

Renseignements sur les pharmacies
☎ *0 11 41.*

Bären-Apotheke
☎ *40 91 11 12.*

Objets trouvés

Zentrales Fundbüro
Platz der Luftbrücke 6.
☎ *69 95.*

Fundbüro der BVG
Alexanderplatz.
☎ *25 63 13 22.*

Fundbüro der Deutschen Bahn AG
Mittelstrasse 20.
☎ *29 72 96 12.*

Banques et monnaie

Logo de la ReiseBank

Le deutsche Mark, divisé en 100 Pfennigs, restera la monnaie d'usage en Allemagne jusqu'en 2002. Des banques, des bureaux de change et des distributeurs de billets permettent aux étrangers de changer de l'argent partout en ville. Bien que la situation soit en train de s'améliorer, les cartes bancaires, notamment la carte Visa, sont encore beaucoup moins répandues que dans les autres pays d'Europe.

Changer de l'argent

Jusqu'en 2002 et la disparition des monnaies nationales au profit de l'euro, le deutsche Mark (DM) reste la monnaie en cours. Banques et bureaux de change *(Wechselstuben)* prélèvent des commissions, d'un taux variable, sur les transactions. Les agences de grandes banques comme la **Berliner Bank** et la **ReiseBank** permettent, sauf rare exception, de changer du liquide, des chèques de voyage et des Eurochèques, mais elles ont des horaires d'ouverture limités. Les bureaux de change se révéleront souvent plus pratiques. Vous en trouverez à proximité des gares, en particulier celle du Zoologischer Garten, dans les sites touristiques et sur la Joachimstaler Strasse entre la Hardenbergerstrasse et le Kurfürstendamm. Changer du liquide à la réception d'un hôtel est souvent possible mais rarement avantageux.

Distributeur de billets

Chèques de voyage

Les chèques de voyage offrent le moyen le plus sûr d'emporter de l'argent à l'étranger, à condition de conserver le reçu à part. Pour effectuer des achats ou régler une chambre d'hôtel, mieux vaut qu'ils soient libellés en DM. Les deux plus importantes sociétés émettrices, **American Express** et **Thomas Cook,** ont des bureaux à Berlin, que vous pourrez contacter en cas de perte ou de vol.

Bureau de change

Cartes bancaires

L'usage de la carte de crédit n'est pas aussi répandu en Allemagne que dans la plupart des autres pays européens, mais les grands hôtels et de plus en plus de boutiques et de restaurants, en particulier dans les zones fréquentées par les étrangers, les acceptent. Les réseaux les mieux implantés sont **Euro-MasterCard, American Express, Diner's Club** et **Visa.** Certains établissements n'acceptent toutefois les cartes

Carnet d'adresses

Banques et bureaux de change

American Express
Bayreuther Strasse 37.
21 47 62 92.

Friedrichstrasse 172.
20 17 400.

Berliner Bank
Aéroport de Tegel.
417 78 10.
8h-22h.

ReiseBank
Bahnhof Zoo.
881 71 17.
7h30-22h lun.-sam., 8h-21h dim.

Ostbahnhof
296 43 93 ou 426 70 29.
7h-19h30 lun.-ven., 8h-midi, 12h30-16h sam.-dim.

Thomas Cook Foreign Exchange
Friedrichstrasse 56.
20 16 59 16.

Cartes et chèques perdus

American Express
(069) 97 97 10 00.

EuroCard
(069) 74 09 87.

Euro-MasterCard
(069) 33 19 10.

Diner's Club
(05921) 86 12 34.

Visa
(0800) 814 91 00.

bancaires qu'à partir d'un montant minimum d'achat, généralement de 50 DM.

Vous trouverez de nombreux distributeurs automatiques de billets dans le centre-ville, mais nombre d'entre eux n'acceptent que l'EuroCard. Vérifiez les symboles affichés près de l'écran. Attention, les distributeurs qui prennent la carte Visa sont beaucoup plus rares que dans d'autres pays.

MONNAIE

Bien que l'euro soit devenu la monnaie officielle des pays dits de l'Eurolande, dont l'Allemagne, le deutsche Mark (DM) restera en circulation jusqu'en 2002. Comme ailleurs en Europe, l'euro est déjà supposé permettre échanges et paiements, mais il reste très peu utilisé.

Billets de banque

Les billets allemands sont émis en coupure de 5 DM, 10 DM, 20 DM, 50 DM, 100 DM, 200 DM, 500 DM, 1 000 DM et 2 000 DM. Leur taille augmente avec leur valeur. Les billets de 5 DM sont rares, et les commerçants refusent parfois ceux de 1 000 DM et 2 000 DM par manque de monnaie.

5 DM

10 DM

20 DM

50 DM

100 DM

200 DM

500 DM

10 Pfennigs

1 DM

2 DM

5 DM

5 Pfennigs

2 Pfennigs

1 Pfennig

Les pièces

Il existe des pièces de 1, 2, 5, 10, 20, et 50 Pfennigs et de 1 DM, 2 DM et 5 DM. Celles de 10 Pfennigs sont utiles pour appeler d'une cabine téléphonique. Toutes les pièces de valeur supérieure sont argentées.

Poste et téléphone

Logo de Deutsche Telekom

Les compagnies nationales Deutsche Post et Deutsche Telekom offrent toutes deux des services très performants. Il vous arrivera peut-être d'attendre un peu dans un bureau de poste, mais une lettre pour la France mettra rarement plus de deux jours à atteindre son destinataire. Des cabines téléphoniques se dressent pratiquement à tous les coins de rue de Berlin et beaucoup de cafés et de restaurants possèdent leurs propres téléphones publics. Les stations de U-Bahn et de S-Bahn abritent toutes des publiphones et, souvent, une boîte aux lettres.

Téléphone

Tous les téléphones publics de Berlin appartiennent à la compagnie Deutsche Telekom, mais il en existe plusieurs sortes. Les plus anciens fonctionnent avec des pièces de 10 Pfennigs, et un appel coûte au minimum 30 Pfennigs. À la fin de la communication, il rend les pièces qui n'ont pas été utilisées.

Plus pratiques, les cabines à cartes deviennent la norme. Les cartes téléphoniques sont en vente dans les kiosques à journaux et les bureaux de poste. Quelques publiphones dans le centre-ville acceptent les cartes bancaires. Gratuite, la carte France Telecom (à prendre avant le départ) permet d'appeler depuis n'importe quel poste à l'étranger, y compris d'une cabine. Les communications sont facturées en France. Pour tous renseignements, composez le 0800-202-202 (numéro vert).

Toutes les cabines publiques abritent habituellement des

Cabine équipée d'un téléphone public à cartes

annuaires, et la plupart possèdent un numéro qui permet de s'y faire appeler. Le coût des communications baisse aux heures creuses : le soir, la nuit, tôt le matin ainsi que le week-end. Comme partout ailleurs, téléphoner depuis sa chambre d'hôtel peut se révéler très coûteux.

Utiliser un publiphone à pièces

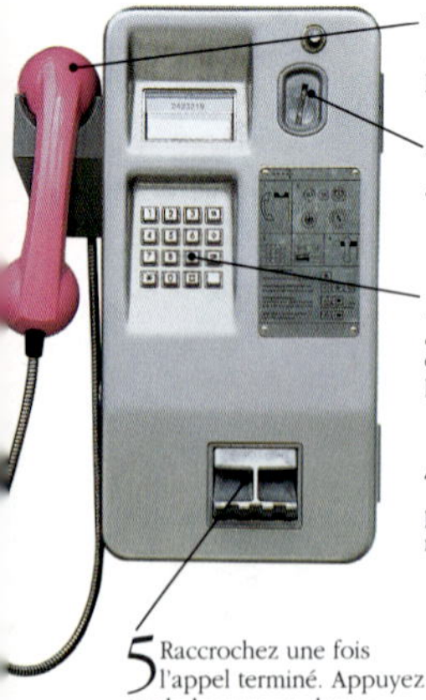

1 Décrochez et attendez la tonalité.

2 Insérez des pièces.

3 Composez le numéro et attendez la connexion.

4 Insérez d'autres pièces si nécessaire.

5 Raccrochez une fois l'appel terminé. Appuyez sur le bouton au-dessus de la fente pour récupérer les pièces inutilisées.

Utiliser un publiphone à cartes

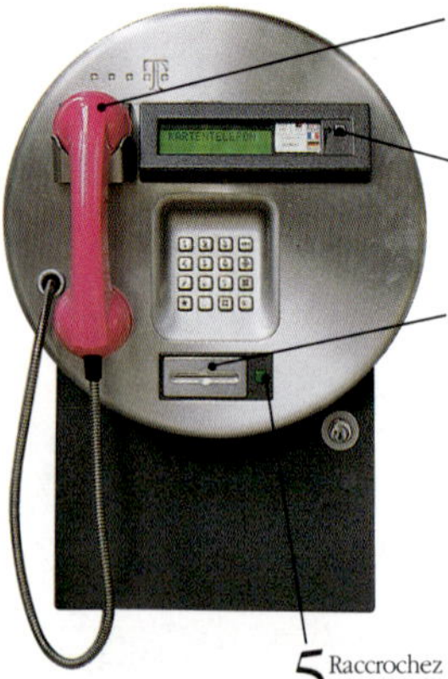

1 Décrochez et attendez la tonalité.

2 Choisissez la langue.

3 Insérez votre carte. L'écran affiche le crédit disponible.

4 Composez le numéro et attendez la connexion.

5 Raccrochez une fois l'appel terminé. Appuyez sur le bouton vert et retirez votre carte.

Cartes téléphoniques

Entrée du bureau de poste de la Budapester Strasse

PRINCIPAUX BUREAUX DE POSTE

Budapester Strasse
8h-minuit lun.-sam., 10h-minuit dim.

Aéroport de Tegel
7h-21h lun.-ven., 8h-20h sam.-dim.

Bahnhof Friedrichstrasse
6h-22h t.l.j.

POSTE

Le fond jaune vif du logo de la Deutsche Post rend les bureaux de poste aisés à reconnaître. Ils ouvrent habituellement de 8 h à 18 h en semaine et jusqu'à midi le samedi. Quelques-uns, en particulier dans les gares et les aéroports, comme au **Flughafen Tefel** et à la **Bahnhof Friedrichstrasse,** ont des horaires nettement plus étendus. Outre les timbres usuels, ils permettent d'acheter des éditions de collection, des cartes téléphoniques, du courrier prétimbré et des cartes postales. Tous les services traditionnels tels qu'envoi en recommandé et expédition de colis, de télégrammes et de mandats y sont possibles. Vous pourrez retirer des lettres en poste restante *(Postlagernd)* au bureau de la **Budapester Strasse,** qui reste ouvert tous les jours jusqu'à minuit.

COURRIER

Poster une lettre ou un colis à destination d'un pays de l'Union européenne ou de la Suisse ne revient pas plus cher que de l'envoyer en Allemagne. Il faut compter de deux à quatre jours pour qu'une lettre expédiée de Berlin arrive en France. Les boîtes aux lettres comportent parfois deux fentes. Celle de gauche est réservée au courrier local. Les timbres s'achètent dans les distributeurs automatiques et les bureaux de tabac.

Ancienne boîte aux lettres bleue devenue très rare à Berlin

Timbres allemands

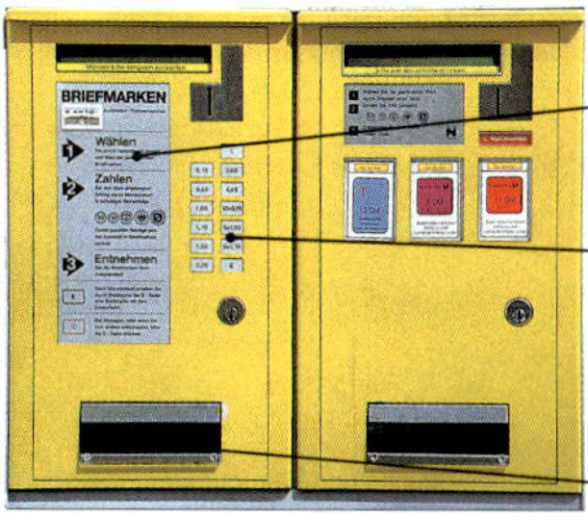

Distributeur automatique de timbres-poste et de cartes téléphoniques

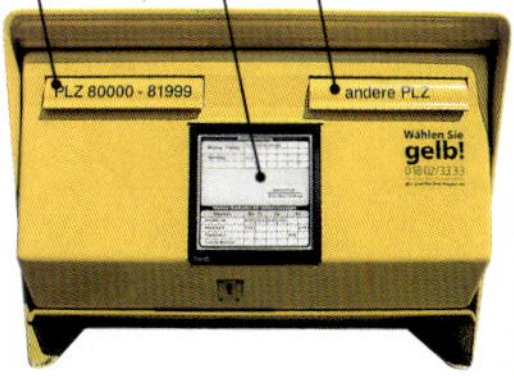

Leur couleur jaune aide à repérer les boîtes aux lettres

NUMÉROS UTILES

- Indicatif de l'Allemagne : 00 49.
- Indicatif de Berlin : 030.
- Indicatif de Potsdam 0331.
- Renseignements nationaux : 11 8 33.
- Renseignements internationaux : 11 8 34.
- Opérateur : 1 11 41.
- Police : 110.
- Pour appeler à l'étranger, faites le 00, l'indicatif du pays, puis le numéro complet du correspondant (sans le premier 0).

Indicatif de la Belgique : 32.
Indicatif du Canada : 1.
Indicatif de la France : 33.
Indicatif de la Suisse : 41.

ALLER À BERLIN

Avion de la Lufthansa

Il existe des liaisons aériennes directes quotidiennes entre les capitales européennes et Berlin, mais, depuis les villes de province, le vol comprend presque toujours une escale. Le trajet en train depuis Paris dure environ douze heures. La qualité du service assuré par le *Deutsche Bahn* fait du chemin de fer un bon moyen de se déplacer en Allemagne, surtout en profitant des forfaits disponibles. L'autocar est un mode de transport très économique. En voiture, les autoroutes mettent Berlin à quelques heures de Paris, Genève ou Bruxelles, mais mieux vaut tenir compte des embouteillages qui se forment aux entrées de la ville les soirs de retour de vacances ou de week-end.

Sigles d'information indiquant les différents services de l'aéroport

ARRIVER EN AVION

Bien que de nombreux vols en provenance d'Europe, d'Asie et d'Amérique du Nord atterrissent à Berlin, Francfort reste en Allemagne la principale plaque tournante des liaisons aériennes. Toutefois, le trafic à destination de Berlin devrait considérablement augmenter avec l'agrandissement de l'aéroport de Schöneberg.

Les vols réguliers assurés depuis l'Europe de l'Ouest par des compagnies comme la **Lufthansa, Air France** ou la **Sabena** atterrissent à l'aéroport de Tegel. Il n'existe pas de liaison directe depuis la province française, hormis de Nice le week-end. Le troisième aéroport de Berlin, Tempelhof, accueille principalement des vols intérieurs et privés.

BILLETS

La concurrence a poussé les compagnies aériennes à pratiquer tant de tarifs différents sur les vols internationaux qu'il devient difficile de savoir quel est le prix réel d'une place dans un avion donné.

Quelques réductions s'appliquent toutefois systématiquement. Ainsi, les enfants de moins de 2 ans ne paient que 10 % du prix adulte (mais ne disposent pas de leur propre siège), et ceux de moins de 12 ans bénéficient d'une remise allant de 25 % à 50 %. Quel que soit votre âge, vous avez le droit de bénéficier d'un tarif APEX en respectant certaines conditions, telles que réserver suffisamment à l'avance et passer au moins une nuit de samedi à dimanche sur place. Il s'agit toutefois de réservations fermes, et vous ne pouvez modifier sans frais ni votre date de départ ni celle de retour.

Les agences de voyages proposent parfois des forfaits avantageux comprenant le trajet et l'hébergement, en particulier pour des escapades d'un week-end. Vérifiez toujours où se trouve l'hôtel par rapport au centre-ville.

Tableau des départs dans le hall principal

AÉROPORT DE TEGEL

Situé à seulement 5 km du centre, l'aéroport de Tegel ne possède qu'un terminal, dont l'aménagement permet de se repérer facilement. Le hall principal renferme un centre d'information, un bureau de change, un bureau de poste et des boutiques. Bus et taxis attendent à la sortie.

Le bus n° 109 passe par la gare Zoologischer Garten et a pour terminus Budapester Strasse. Le n° 128 relie

Flughafen Tegel est le principal aéroport de Berlin

Dans le hall principal de l'aéroport de Tegel

l'aéroport au métro Kurt-Schumacher-Platz et le n° X9 rejoint la Kurfürstenstrasse. Ces bus circulent toutes les 10 min de 5 h à 23 h. Le hall abrite des distributeurs automatiques de tickets. Ils valent environ 4 DM et peuvent aussi se prendre à bord. Les bus TXL, qui assurent des liaisons rapides avec Unter den Linden, sont un peu plus chers.

Une course en taxi jusqu'à la Bahnhof Zoologischer Garten coûte entre 25 et 30 DM, et il faut compter environ un quart d'heure de trajet.

Aéroport de Schönefeld

L'ancien aéroport international de Berlin-Est se trouve à 20 km au sud du centre-ville. Le bus n° 171 permet de rejoindre la gare Flughafen Berlin Schönefeld d'où le S-Bahn 9 et le S-Bahn 45 conduisent dans le centre. Des trains de grandes lignes partent également de cette gare. On peut aussi utiliser le bus n° 171 pour atteindre la station de U-Bahn Rudow. La distance entre Schönefeld et le centre rend la course en taxi relativement onéreuse.

Aéroport de Tempelhof

Construit en 1923, le plus vieil aéroport de Berlin *(p. 139)* est celui où le trafic est le plus réduit. Situé tout près du centre, en bordure des arrondissements de Kreuzberg et de Tempelhof, il doit son aspect actuel au régime nazi. Plusieurs bus permettent de se rendre dans le centre. Le n° 119 vous conduira au Kurfürstendamm. Si vous avez peu de bagages, vous pouvez aussi rejoindre à pied les stations de métro Tempelhof ou Platz der Luftbrücke.

CARNET D'ADRESSES

Aéroports

Aéroport de Tegel
☎ *(01805) 00 01 86.*

Aéroport de Schönefeld
☎ *(01805) 00 01 86.*

Aéroport de Tempelhof
☎ *(01805) 00 01 86.*

Compagnies aériennes

Air France
Aéroport de Tegel.
☎ *(01 805) 83 18 31*

Lufthansa
Kurfürstendamm 220.
☎ *88 75 38 00.*
W *www.lufthansa.com.*
@ *infofly@lufthansa.com*

Sabena
Kurfürstendamm 206.
☎ *(01 805) 00 03 42*

Comptoir d'enregistrement des premières classes

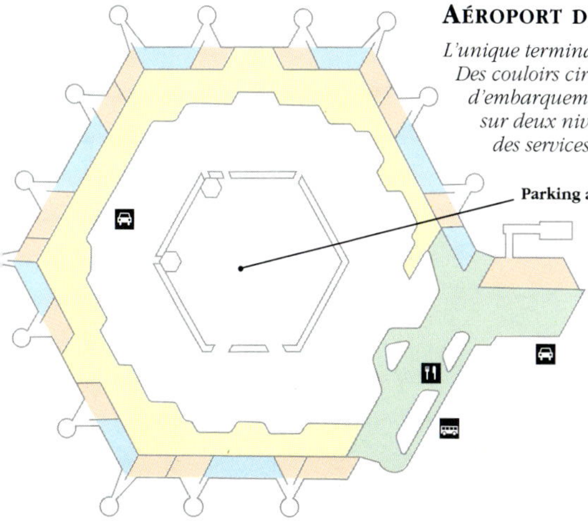

Aéroport de Tegel

L'unique terminal obéit à un plan simple. Des couloirs circulaires mènent aux portes d'embarquement et le hall principal abrite sur deux niveaux des boutiques et des services.

Parking au rez-de-chaussée

Aéroport

- Arrivées
- Départs
- Hall principal
- Couloir circulaire
- Taxis
- Arrêt de bus
- Restaurant

Forfaits à prix réduits proposés par les Chemins de fer allemands

Voyager en train

Des trains directs à destination de Berlin partent tous les jours des capitales de l'Europe du Nord. Le trajet dure environ douze heures depuis Paris et dix heures depuis Bruxelles. Au départ de Genève, il faut changer à Bâle et compter huit heures supplémentaires jusqu'à Berlin. Les Chemins de fer allemands (Deutsche Bundesbahn) desservent des destinations comme Prague et Varsovie depuis la capitale.

Même si les tarifs du train ne sont pas aussi concurrentiels que les tarifs aériens, renseignez-vous sur les réductions possibles. En France, la SNCF propose entre autres des tarifs « Découverte », dont on bénéficie en réservant plus de huit jours ou plus de trente jours avant le départ. Si vous envisagez de voyager dans plusieurs pays, renseignez-vous sur la carte Inter-Rail, qui permet de circuler librement pendant 22 jours ou un mois à l'intérieur de certaines zones. Il existe plusieurs formules dont vous pourrez obtenir le détail au guichet d'une gare.

Si vous comptez prendre le train en Allemagne, la carte Euro-Domino se révèlera sans doute plus intéressante. Elle donne droit à une réduction de 25 % sur le trajet jusqu'à la frontière, puis à trois, cinq ou dix jours de voyage (sur une période d'un mois) à l'intérieur du pays, ces jours pouvant être séparés. Les jeunes de moins de 26 ans bénéficient d'une réduction supplémentaire.

Les Chemins de fer allemand, la Deutsche Bundesbahn, proposent des offres spéciales à différentes périodes de l'année, particulièrement en été, avec des tarifs week-end ou pour les familles. Le plus simple consiste à s'informer sur place dans les gares. La gare qui doit devenir la plus importante de Berlin est toujours en construction près de la station de S-Bahn Lehrter Bahnhof, aussi, le terminus de la majorité des trains venant de l'étranger reste la **Bahnhof Zoo,** en face du Zoologischer Garten. Ses dimensions modestes rendent impossible de s'y perdre. Depuis les quais, il faut descendre pour atteindre le hall principal qui contient un restaurant, une consigne, une banque, un bureau de réservation hôtelière et un comptoir de location de voitures. Proche de l'Europa-Center, la Banhof Zoo occupait une position centrale dans l'ancien Berlin-Ouest et 5 lignes de U-Bahn et 3 lignes de S-Bahn la relient à tous les arrondissements de la ville. Devant la gare, sur Hardenbergplatz, on trouve une station de taxis et plusieurs arrêts de bus, dont le terminus des bus de nuit. Le pavillon de la BVG (p. 294) abrite un centre de renseignements des transports publics, où on peut aussi acheter des tickets.

Logo de la Deutsche Bahn (Chemins de fer allemands)

Certains trains en provenance du Sud et de l'Est arrivent à l'**Ostbahnhof** (l'ancienne Hauptbahnhof). Desservie par le S-Bahn, cette gare renferme un bureau de change, une poste et un bureau d'information touristique. Quelques trains venant de l'Est s'arrêtent plus loin du centre à la **Bahnhof Berlin Lichtenberg,** d'où les lignes de S-Bahn 5, 7 et 75 et la ligne de U-Bahn 5 permettent de rejoindre Alexanderplatz ou la Bahnhof Zoo.

À condition de l'utiliser dès votre arrivée, votre billet de train pour Berlin vous donne le droit de prendre gratuitement le S-Bahn jusqu'à une autre gare. Pour toute information, notamment sur les horaires, téléphonez aux **Renseignements ferroviaires**.

Employées de la Deutsche Bahn en uniforme

Hall principal de la gare Zoologischer Garten (Bahnhof Zoo)

VOYAGER EN AUTOCAR

L'autocar est le mode de transports le plus économique, mais pas le plus reposant. Le réseau d'autoroutes desservant Berlin rend toutefois le trajet relativement court, d'autant qu'il se fait de nuit : depuis Paris, il faut compter envrion treize heures, soit à peine plus que le train. Des arrêts réguliers permettent de se dégourdir les jambes et de boire un café ou de manger un sandwich. **Eurolines** assure 4 navettes hebdomadaires, **Gulliver's Reisen** un voyage quotidien. Climatisation et dossiers inclinables sont devenus la norme.

La principale gare routière de Berlin, la **Zentral-Omnibus-bahnhof**, se trouve près de la Funkturm *(p. 175)* entre la Masurenallee et le Messedamm. Des cars en partent dans toutes les directions pour rejoindre d'autres destinations en Allemagne, ainsi que de grandes villes étrangères. Sur les longs trajets de nuit, certaines compagnies proposent des fauteuils plus confortables avec un petit supplément.

Panneaux d'information à l'intérieur d'une gare

LA VOITURE

Les autoroutes *(Autobahnen)* qui relient Berlin à la majorité des grandes villes d'Europe rendent le trajet rapide et sûr. Elles sont gratuites en Allemagne. L'itinéraire le plus court depuis Paris (920 km) et Bruxelles (710 km) passe par Liège et Cologne. Depuis Genève (1 090 km), il faut rejoindre Zürich puis Munich.

Autocar assurant des liaisons interurbaines

Une autoroute circulaire *(Berliner Ring)* fait le tour de Berlin et est reliée aux autoroutes desservant Dresde, Nüremberg, Munich, Hanovre et Hambourg. De ce périphérique, de nombreuses sorties sont indiquées vers les différents quartiers du centre. Toutefois, hors des heures de pointe, il est généralement plus rapide de couper directement à travers la ville pour atteindre une destination à l'intérieur de l'agglomération. Des embouteillages se forment souvent aux entrées de Berlin le dimanche soir et les jours de retour de vacances. À condition d'éviter quelques points noirs comme le Kurfürstendamm, Unter den Linden et les approches de la Potsdamer Platz, la circulation reste relativement fluide comparée à celle d'une ville comme Paris. En fait, trouver où stationner dans le centre constitue le principal problème.

Alors que la vitesse n'est pas limitée sur les autoroutes, où les Allemands roulent couramment à 200 km/h, la police se montre pointilleuse sur le respect de la limitation en agglomération (50 km/h). Elle effectue aussi régulièrement des Alcootest, en particulier en cas d'accident.

Pour conduire en Allemagne, les ressortissants d'un pays européen n'ont pas besoin d'un permis international. Toutefois, ils doivent pouvoir présenter à toute réquisition un certificat d'enregistrement du véhicule (carte grise en France) et une carte internationale d'assurance automobile (carte verte). Les grandes gares et les aéroports abritent des agences de location de voitures.

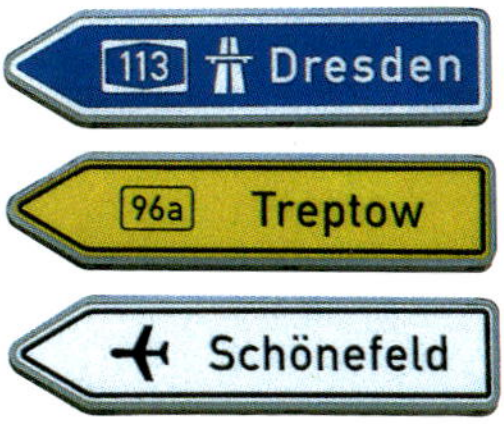

Panneaux routiers indiquant diverses destinations dans Berlin

Locomotive d'un train ICE (Inter-City Express)

CARNET D'ADRESSES

NUMÉROS UTILES

Bahnhof Zoo
Hardenbergplatz.
Plan 4 E5.
☎ *29 74 93 50.*

Renseignements ferroviaires
☎ *194 19.*

Zentral-Omnibus-bahnhof
Am Funkturm,
Masurenallee 4-6.
Plan 1 C5.
☎ *301 80 28.*

Eurolines
☎ *01 43 54 11 99 (Paris).*
3615 EUROLINES
www.eurolines.fr

Gulliver's Reisen
☎ *00 800 48 55 48 37 (Paris).*

CIRCULER À BERLIN

Berlin est une ville très étendue, et si le cœur historique, dans l'arrondissement de Mitte, se révèle suffisamment compact pour être découvert à pied, il faut utiliser un mode de transport pour rejoindre les quartiers plus périphériques. Aux beaux jours, les visiteurs les plus sportifs pourront utiliser le vélo : l'absence de dénivelé et de nombreuses pistes cyclables en rendent l'usage très agréable. En voiture, le problème principal consistera à trouver où se garer. Le réseau ferroviaire du U-Bahn et du S-Bahn assure une desserte très efficace de l'ensemble de l'agglomération. Souvent dotés d'une impériale, les bus offrent une meilleure vue de la ville. Rivières et canaux permettent de nombreuses croisières.

Enseigne des vélos-taxis

Feux à un passage piéton

BERLIN À PIED

Les conducteurs allemands se montrent dans l'ensemble respectueux du code de la route et tiennent compte des piétons quand ceux-ci ont la priorité. Ce respect de la loi s'applique dans l'autre sens, et il est très mal vu, même en l'absence de toute circulation, de traverser une rue lorsque la signalisation est au rouge.

En fait, plus que des voitures, il faut faire attention aux vélos quand on se promène à pied. En effet, beaucoup de pistes cyclables passent sur les trottoirs plutôt que sur la chaussée, et mieux vaut éviter de marcher dans ces couloirs tracés à la peinture. Les cyclistes ne prennent pas toujours la peine de prévenir quand ils arrivent derrière un piéton.

Il n'existe à Berlin qu'une seule artère, Unter den Linden, où les numéros sont pairs d'un côté, impairs de l'autre et augmentent parallèlement. Partout ailleurs, ils forment une suite ininterrompue qui commence d'un côté au début de la rue et « tourne » au bout de celle-ci. Les voyageurs handicapés peuvent demander à Telebus-Zentrale l'accès à un bus spécialement aménagé.

BERLIN EN VOITURE

Berlin ne possède pas de centre ancien aux rues étroites, et circuler en voiture s'y révèle plus facile que dans la majorité des autres capitales européennes. Les grands chantiers en cours créent néanmoins des zones d'embouteillage, en particulier du côté du Tiergarten et de la Potsdamer Platz. Mieux vaut également éviter de prendre sa voiture aux heures de sortie des bureaux et les soirs de retour de week-end ou de vacances.

La vitesse est limitée en agglomération à 50 km/h, et les conducteurs berlinois respectent cette limitation. Vous ne les verrez pas non plus en train passer un feu à l'orange.

Pour louer une voiture, il vous faudra présenter un passeport ou une carte d'identité et votre permis

Anciennes plaques de rue berlinoises

Arrêt et stationnement interdit du lundi au vendredi de 7 h à 19 h

Stationnement autorisé, avec un ticket, pendant les heures de bureau et le samedi matin

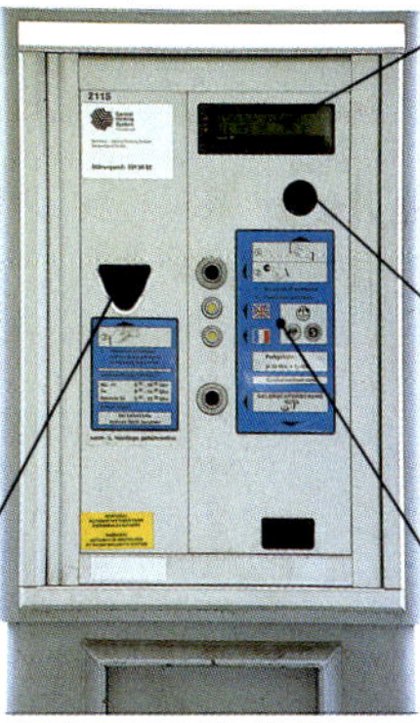

Parcmètre
Le stationnement est payant dans la plupart des rues de 9 h à 19 h en semaine et de 9 h à 14 h le samedi. La demi-heure revient à 1 DM, et les parcmètres acceptent des pièces de 1, 2 et 5 DM.

de conduire. Certaines agences imposent un âge minimum de 21 ans. Toutes préfèrent les paiements par carte bancaire. Les grandes compagnies telles qu'**Avis** et **Hertz** ont des succursales dans les aéroports, les gares et en centre-ville. En cas de panne, contactez **ADAC Auto Assistance**.

Funk Taxi Berlin, **Würfelfunk** et **Spree Funk** font partie des compagnies de taxis établies de longue date.

Panneau routier indiquant la direction de différentes localités

Stationner

Trouver une place où se garer en centre-ville pose souvent problème, surtout à l'heure du déjeuner. Vous pouvez toutefois tenter votre chance sur l'allée centrale du Ku'damm, sur Alexanderplatz et sur la Strasse des 17. Juni où le stationnement reste pour le moment gratuit. Mais il vous faudra prévoir de la monnaie pour les parcmètres. Les parkings couverts sont payants, et ils ont souvent l'aspect d'immeubles de plusieurs étages dans l'ancien Berlin-Ouest.

Des agents de circulation patrouillent en permanence dans les rues. En cas d'infraction, ils ne se contentent pas d'infliger des amendes, n'hésitant pas à faire rapidement enlever des véhicules par la fourrière.

Berlin à vélo

La bicyclette jouit d'une grande popularité dans la capitale allemande, et des pistes cyclables doublent la majorité des principales artères, en particulier dans l'ancien Berlin-Ouest. Ces pistes cyclables possèdent parfois leurs propres feux de signalisation aux intersections. Les vélos ont priorité sur les voitures.

Des râteliers à bicyclettes se trouvent à l'entrée de certains lieux publics. Mais partout où l'on pose son vélo, il faut toujours vérifier qu'il est bien attaché et éviter de le laisser trop longtemps au même endroit.

Le S-Bahn permet de voyager en emportant son vélo à condition d'entrer dans la voiture par la porte indiquée et de le ranger à l'endroit prévu à cet effet.

Le loueur **Fahrradstation** possède plusieurs succursales.

Piste cyclable entre la chaussée et le trottoir

Quelques-unes des grandes agences de location de voitures

CARNET D'ADRESSES

Location de voitures

AVIS
☎ *23 09 370.*
☎ *(06171) 68 18 00. (réservations internationales).*

Hertz
☎ *261 10 55.*

Location de vélos

Fahraradstation
Hackesche Höfe/Rosenthaler Strasse 40-41. ◯ *10h-19h lun.-ven., 10h-16h sam.*
☎ *28 38 48 48.*

Station Friedrichstrasse
◯ *10h-19h lun.-ven., 10h-16h sam. et dim.* ☎ *20 45 45 00.*

Dépannage automobile

ADAC Auto Assistance
☎ *(01802) 22 22 22.*

Voyageurs handicapés

Telebus-Zentrale (bus spécial)
Esplanade 17. ◯ *9h-18h lun.-ven.* ☎ *41 02 00.*

Taxis

Funk Taxi Berlin
☎ *291 026.*

Würfelfunk
☎ *210 101.*

Taxi Funk Berlin
☎ *690 22.*

Spree Funk
☎ *44 33 22.*

Bus, trams et taxis

Les bus bénéficient à Berlin de voies réservées et offrent un moyen agréable de se déplacer, d'autant qu'ils sont pour la plupart à impériale. Ils assurent, avec les tramways qui ne circulent que dans l'ancien Berlin-Est, un service de nuit très efficace. La ligne 100 traverse le cœur historique de la ville entre le Tiergarten et Prenzlauer Berg. L'étendue de l'agglomération peut vite rendre les trajets en taxi onéreux. Il existe cependant un tarif avantageux pour les courses de moins de 2 km.

De nombreuses brochures sont disponibles au bureau de la BVG

Titres de transport

La régie des transports publics a divisé l'agglomération berlinoise en trois zones. La zone A correspond au centre-ville, la zone B à la périphérie et la zone C à Potsdam et à ses environs. Un ticket simple (*Normaltarif*) permet de circuler librement pendant deux heures sur tous les types de transports dans les zones A et B. Un peu moins cher, le *Kurzstrecke* ne donne droit qu'à un trajet de six arrêts de bus ou de trois stations de U-Bahn ou de S-Bahn.

Les tickets s'achètent dans les stations de U-Bahn et de S-Bahn ou auprès d'un chauffeur de bus. Il faut les valider au moment du départ en les glissant dans une des machines à composter rouges, installées sur les quais et dans les bus. Les enfants de moins de 14 ans bénéficient d'un tarif réduit (*Ermässigungstarif*), et ceux de moins de 6 ans voyagent gratuitement. Les poussettes ou les chiens ne donnent pas lieu à supplément.

Les distributeurs automatiques équipant les stations vendent également la carte journalière (*Tageskarte*). Elle est valable du moment de son compostage jusqu'à trois heures du matin le lendemain. Son prix varie selon la formule choisie (zones A et B ou zones A, B et C). Pour les groupes on peut demander la *Kleingruppenkarte* valable pour deux adultes et trois enfants. Transmissible, la *7-Tage-Karte* est une formule très intéressante pour un séjour d'une semaine. La Welcome Card est elle aussi avantageuse car elle permet à un adulte et trois enfants de circuler librement à Berlin et à Potsdam pendant trois jours, tout en bénéficiant de nombreuses réductions.

Welcome Card, valable trois jours

Pour les informations sur les tickets et les transports publics en général, appelez le service clientèle des transports berlinois (**BVG Kundendienst**) ou **Ticket Information**), ou encore la gare de métro **Turmstrasse** pour les informations sur les trains. Il existe aussi un **bureau des objets trouvés de la BVG**. (*voir tableau ci-contre pour tous les numéros d'appel*).

Bus urbain à impériale

Arrêt de tram

Des panneaux indiquent le numéro de la ligne, son itinéraire et ses horaires. Des bus utilisent aussi certains de ces arrêts.

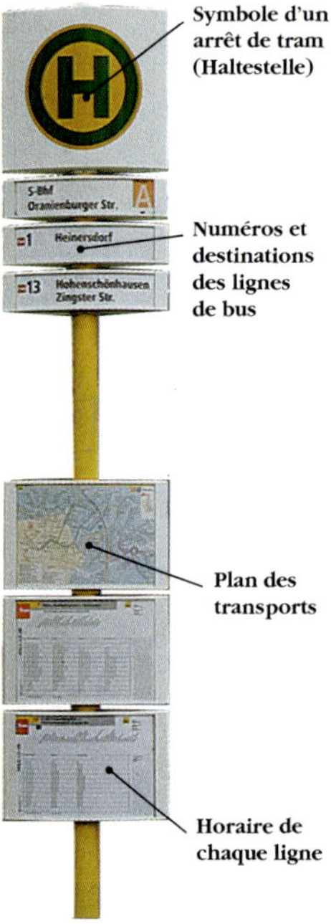

Berlin en bus

Un horaire détaillé des bus est affiché à tous les arrêts. Les bus portent non seulement le numéro de la ligne qu'ils suivent, mais aussi leur destination. Il faut y prêter attention car ils sont nombreux à suivre des parcours plus courts hors des heures de pointe. Jusqu'à 20 h, les passagers peuvent entrer par n'importe quelle porte. Après 20 h, ils doivent monter par l'avant pour montrer leur titre de transport au chauffeur. Dans certains véhicules, un dispositif lumineux indique le prochain arrêt. Il équipe surtout ceux qui circulent dans le centre. Pour demander l'arrêt, appuyez sur le bouton marqué « *Halt* ».

Les différents bus

Les bus berlinois possèdent une impériale comme à Londres. Ils circulent très régulièrement pendant la semaine, mais ils sont un peu moins fréquents les samedis et dimanches. L'« X » qui figure à côté de certains numéros de ligne correspond à « express », dont les billets sont plus chers. Sur beaucoup de lignes, les rotations deviennent plus rares pendant le week-end. Il existe 44 lignes de bus de nuit. Signalés par un « N », ils circulent toutes les demi-heures, en semaine comme le week-end, mais suivent parfois des itinéraires différents de ceux de la journée. Les billets pour les bus de nuit sont également plus chers, et on peut les acheter directement au conducteur. Des plans sont disponibles au pavillon de la BVG sur l'Hardenbergerplatz.

La ligne 100

Les bus à impériale de cette ligne rejoignent Prenzlauer Berg depuis la Bahnhof Zoo, en passant par la plupart des sites historiques intéressants. Effectuer le trajet en une seule fois permet d'avoir un aperçu rapide des principales attractions. On peut aussi s'arrêter en cours de route pour visiter la Museumsinsel, flâner sur Unter den Linden, franchir la porte de Brandebourg, se promener dans le Tiergarten ou contempler le Reichstag et la Kaiser-Wihlelm-Gedächtniskirche. Avant le départ, vous pouvez vous procurer au **pavillon de la BVG,** situé sur Hardenbergerplatz (devant Bahnhof Zoo), le plan du parcours commenté en allemand et en anglais.

Tramways

Ponctuels, les tramways sont un moyen de transport agréable, mais, à l'exception d'une ligne prolongée jusqu'à Wedding, ils ne circulent que sur le territoire de l'ancien Berlin-Est. 11 lignes fonctionnent la nuit. Les tickets sont les mêmes que pour les bus, le U-Bahn ou le S-Bahn.

Taxis

Les taxis berlinois ont tous la même couleur crème, quelle que soit le type de véhicule. Les stations de taxis sont relativement rares à Berlin, aussi mieux vaut appeler une centrale de réservation (*p. 293*), même s'il en coûte un supplément de 2 DM. Prendre le taxi n'est pas bon marché, et un tarif plus élevé est appliqué le week-end et la nuit. Pour une course de moins de 2 km, indiquez que vous faites une *Kurzstrecke*. Elle ne coûtera que 5 DM, quelle que soit l'heure.

Un arrêt de bus à l'heure de pointe

Des trams modernes circulent désormais dans l'ancien Berlin-Est

Vélos-taxis

Ces sortes de cyclo-pousse (*p. 278*), prévus pour deux personnes, connaissent un grand succès auprès des touristes d'avril à octobre. Les principaux points de départ se trouvent sur le Ku'Damm et à côté de la porte de Brandebourg. Les passagers ont le choix entre des itinéraires établis ou un parcours à la demande.

Carnet d'adresses

Numéros utiles

BVG Information (BVG-Kundendienst)
194 49.

Renseignements sur les tickets (S-Bahn)
Bahnhof Alexanderplatz.
29 72 06 48. *8h-21h lun.-ven., 9h-18h sam.-dim.*

U-Bahnhof Turmstrasse
6h30-20h30 lun.-ven., 9h-15h30 sam.

Pavillon de la BVG
Hardenbergplatz.
256 24 62.
6h30-20h 30 t.l.j.

Bureau des objets trouvés de la BVG
Alexanderplatz.
25 63 13 22. W *www.bvg.de*

U-Bahn et S-Bahn

Panneau du U-Bahn

Le U-Bahn fonctionne comme un métro et circule en sous-sol. Son réseau est contrôlé par la régie berlinoise des transports publics, la Berliner-Verkehrsbetriebe (BVG) dont dépendent également les bus et les trams. Le S-Bahn ressemble au RER parisien et circule jusqu'en banlieue. Il était administré par la RDA jusqu'à la chute du Mur, et il a nécessité une importante modernisation. Il appartient toujours à une société indépendante : la S-Bahn GmbH. Les deux réseaux (U-Bahn et S-Bahn) sont étroitement interconnectés, et les billets sont les mêmes pour tous les trains.

Trains à l'arrivée et au départ sur la ligne de U-Bahn 6

U-Bahn

Le réseau du U-Bahn compte 15 lignes plus ou moins importantes, puisque la ligne 15 se ramifie en plusieurs branches, tandis que la 12 n'est guère plus qu'une liaison entre les lignes 1 et 2. Il assure une desserte dense du centre-ville avec de nombreuses stations proches les unes des autres, bien que parfois situées sur des lignes sans interconnexion. Les rames circulent presque toutes les minutes aux heures de pointe. Elles s'arrêtent entre minuit et 5 h, sauf sur les lignes U1 et U9, qui fonctionnent toute la nuit pendant le week-end.

S-Bahn

Les 15 lignes du S-Bahn sont plus longues que celles du métro et atteignent les banlieues lointaines. En cours de rénovation depuis la chute du Mur, le réseau n'est toutefois pas aussi dense et les stations sont par conséquent plus éloignées les unes des autres. Les trains circulent toutes les 10 ou 20 minutes.

Tickets

Les tickets et les forfaits permettant d'emprunter le S-Bahn et le U-Bahn sont les mêmes que ceux des bus et des tramways. Seule différence : le *Kurzstrecke* ne donne droit qu'à un trajet de 3 stations.

Toutes les stations abritent des distributeurs automatiques

Destination et numéro de quai (*Gleis*) sur un panneau du U-Bahn

à l'entrée. Ils acceptent les pièces et les billets de banque et permettent d'acheter des tickets simples ou aller-retour et des cartes de transport à la journée ou à la semaine (*p. 294*). On peut acheter au guichet la Welcome Card (*p. 278, p. 294*).

De couleur rouge, les machines à composter (*Entwerter*) se trouvent généralement derrière les distributeurs et à l'entrée des quais. Aucune barrière n'empêche de monter sans ticket. Resquiller n'est toutefois pas sans risque. Des contrôleurs en civil parcourent les rames en permanence. Les passagers sans titre de transport valide encourent une lourde amende.

Signalisation

De grands panneaux rectangulaires où un « U » blanc se détache sur un fond noir permettent de repérer facilement les stations de métro. Les stations de S-Bahn sont signalées par des panneaux ronds portant un « S » blanc sur fond vert.

Sur les plans, des couleurs distinguent les lignes. L'indication de la destination finale permet, en arrivant sur les quais, de savoir dans quel sens roulent les rames. Des cercles ou des ovales blancs symbolisent les correspondances.

Achat de titres de transports sur un quai du S-Bahn

Ligne 5 du S-Bahn à destination de Pichelsberg

Chaque station possède un plan du quartier et des plans du métro. Ces derniers sont également affichés dans les voitures. Avant de monter, assurez-vous que vous avez choisi la bonne ligne et la bonne direction. Les voitures les plus anciennes ont des portes à ouverture manuelle et fermeture automatique. La procédure est entièrement automatique quand il s'agit des wagons les plus récents. Sur chaque quai, un agent a la charge de coordonner les départs. L'injonction « *Zurück bleiben !* » (« Restez en arrière ! ») signifie que vous n'avez plus le droit de monter car le train va démarrer. Pendant le trajet, des haut-parleurs annoncent habituellement les stations. Dans les trains les plus modernes, elles sont affichées sur écran.

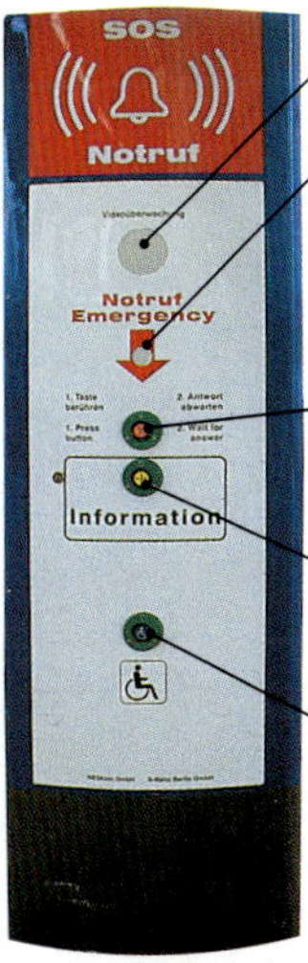

Haut-parleur

Micro

Bouton d'appel d'urgence

Renseignements

Aide aux handicapés

Borne d'information et d'urgence du S-Bahn et du U-Bahn

CIRCULER EN U-BAHN ET EN S-BAHN

1 Cherchez sur un plan la station qui vous intéresse, puis la ligne à laquelle elle appartient. Regardez son terminus pour prendre la bonne direction.

Plan du U-Bahn et du S-Bahn ***(voir rabat de couverture)***

2 Appuyez sur le bouton correspondant au billet que vous désirez. L'écran affiche le prix à payer.

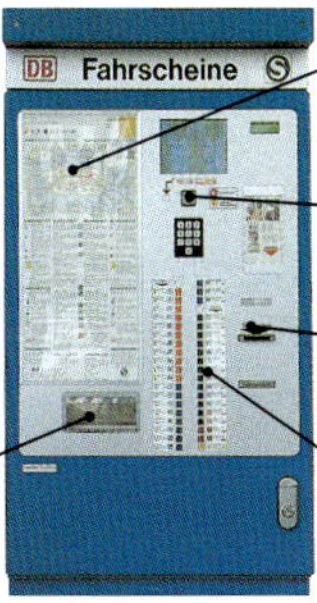

Plan du réseau

Pièces

Billets

Type de ticket

Tickets et monnaie

3 Les tickets achetés aux machines n'ont pas le même aspect que ceux pris aux guichets, mais portent les mêmes informations sur leur type et leur prix.

Centre hebdomadaire (à gauche) et journalière

4 Avant de monter à bord, vous devez valider votre titre de transport dans une des machines à composter du quai.

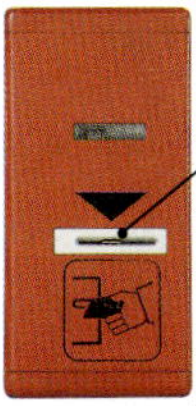

Ticket

Numéros et destinations de lignes de S-Bahn

5 Suivez les flèches jusqu'au quai. C'est la destination de la rame qui vous indiquera quel côté choisir.

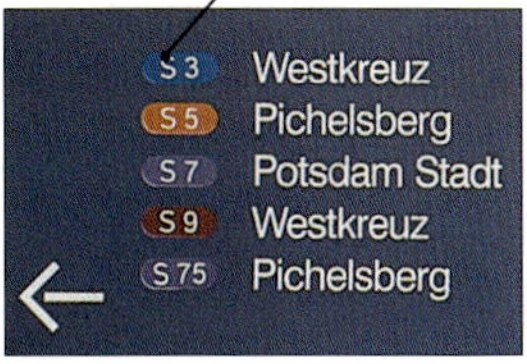

Panneau indiquant les destinations des trains au départ

Panneau indiquant où attendre les rames de U-Bahn affichées

6 Une fois arrivé, suivez les panneaux marqués « Ausgang » pour atteindre une sortie. Quand il y en a plusieurs, la signalisation indique les rues sur lesquelles elles débouchent.

Suivre la flèche vers la sortie

Berlin au fil de l'eau

Cloche de bateau

Si Berlin ne possède pas de réseau de voies d'eau aussi dense que ceux d'Amsterdam ou de Venise, la Spree, la Havel, les canaux et les nombreux lacs que comptent la ville et ses environs permettent des promenades très variées, sur des bateaux de toutes dimensions, non seulement dans le centre, mais aussi, entre autres, jusqu'à Potsdam, Spandau ou le Müggelsee.

Bateau-promenade sur la Spree

Horaires et itinéraires de vedettes partant du Nikolaiviertel

DÉCOUVRIR BERLIN EN BATEAU

Pour passer une après-midi de détente à Berlin, rien ne vaut une croisière de trois ou quatre heures le long de la Spree et du Landwehrkanal. De nombreuses compagnies proposent ce genre de promenade, dont, parmi les plus fiables : **Reederei Bruno Winkler, Stern und Kreis, Reederei Hartmut Triebler** et **Reederei Riedel**. Elles possèdent toutes leur propre embarcadère, mais suivent des itinéraires similaires.

Vous découvrirez sous un autre angle les édifices historiques de l'arrondissement de Mitte, notamment la Berliner Dom et les bâtiments de la Museumsinsel, avant de prendre la direction du nouveau quartier gouvernemental et du Reichstag. Peu avant d'atteindre le Landwehrkanal apparaissent la Haus der Kulturen der Welt, encadrée par la verdure du Tiergarten, et la ville nouvelle du quartier de Moabit. Le canal longe le Jardin zoologique et le chantier de la Potsdamer Platz, puis traverse Kreuzberg et rejoint la Spree à l'Oberbaumbrücke.

La plupart des bateaux comprennent un pont inférieur fermé et, sur le pont supérieur, un bar qui sert en plein air des rafraîchissements et des snacks. Renseignez-vous avant le départ, car les commentaires ne sont pas toujours multilingues.

CROISIÈRES SUR LA SPREE ET LA HAVEL

Les voies d'eau qui sillonnent Berlin et sa périphérie permettent de nombreuses autres promenades. L'une des plus agréables emprunte la Spree à travers le cœur historique de Mitte jusqu'à Treptow, Charlottenburg et Spandau. De là, on peut suivre la Havel jusqu'à Grunewald et le lac de Wannsee, puis continuer jusqu'à la pittoresque Pfaueninsel et Potsdam. La compagnie Stern und Kreis organise notamment ce genre de croisières. Reederei Bruno Winkler et Reederei Hartmut Triebler en proposent de semblables au départ de Spandau et de Charlottenburg.

D'autres balades au fil de l'eau rejoignent Spandau et Wannsee depuis le port de Tegel. On peut aussi naviguer de Treptow à Köpenick. Traverser la totalité de Berlin en partant de Tegel, au nord, pour finir à Köpenick au sud-est demande entre cinq et six heures.

Sur une des voies d'eau de Berlin en été

De gros bateaux-promenades circulent aussi sur la Spree

CROISIÈRES HORS DU CENTRE

Tout autour de Berlin, rivières et canaux forment un vaste réseau au sein des forêts et des zones agricoles et urbaines. Une des promenades va de Treptow à Woltersdorf et passe par le plus grand lac de la région, le Müggelsee, l'endroit idéal pour venir se reposer par une chaude journée d'été. Ses rives abritent plusieurs plages artificielles, et des cafés permettent de prendre un rafraîchissement en contemplant les bateaux de plaisance qui sillonnent le plan d'eau. De nombreuses vedettes proposent des promenades.

Passage d'une écluse sur un canal de la région de Berlin

Un autre itinéraire suit le Teltowkanal de Treptow à Potsdam, d'où la **Weisse Flotte Potsdam** propose des circuits classiques en ville et jusqu'à Wannsee, ainsi que des balades à Caputh, Werder et plusieurs autres destinations au sud et à l'ouest de Potsdam.

Plus ambitieux, une croisière jusqu'au port polonais de Szczecin (Stettin) demande une journée de navigation. Les bateau emprunte l'Havel-Oder-Kanal puis l'Oder. Envisagez de dormir sur place pour vous accorder le temps de découvrir la ville. Szczecin a beaucoup souffert de la guerre, mais conserve des églises gothiques et un château Renaissance. Si vous ne voulez pas faire le chemin en sens inverse, vous pouvez rentrer en autocar.

Logo de Reederei Riedel

CARNET D'ADRESSES

COMPAGNIES DE BATEAUX-PROMENADES

Reederei Bruno Winkler
Mierendorffstrasse 16.
☎ *349 95 95.*
W *www.reedereiwinkler.de*

Reederei Hartmut Triebler
Bratringweg 29.
☎ *371 16 71.*

Reederei Riedel
Planufer 78.
☎ *691 37 82 ou 693 46 46.*
FAX *694 21 91.*

Stern und Kreis
Schiffahrt GmbH Berlin
Puschkinallee 16/17.
☎ *53 63 60 0.* FAX *53 63 60 99.*
W *www.STERNundKREIS.de*

Weisse Flotte Potsdam
Lange Brücke.
☎ *(0331) 275 92 10.*

LE CENTRE-VILLE AU FIL DE L'EAU

Le principal itinéraire de promenade en bateau dans le centre de Berlin longe la Museumsinsel et traverse le Tiergarten et Kreuzberg. Mieux vaut commencer la balade près du Jannowitzbrücke ou du Märkisches Ufer.

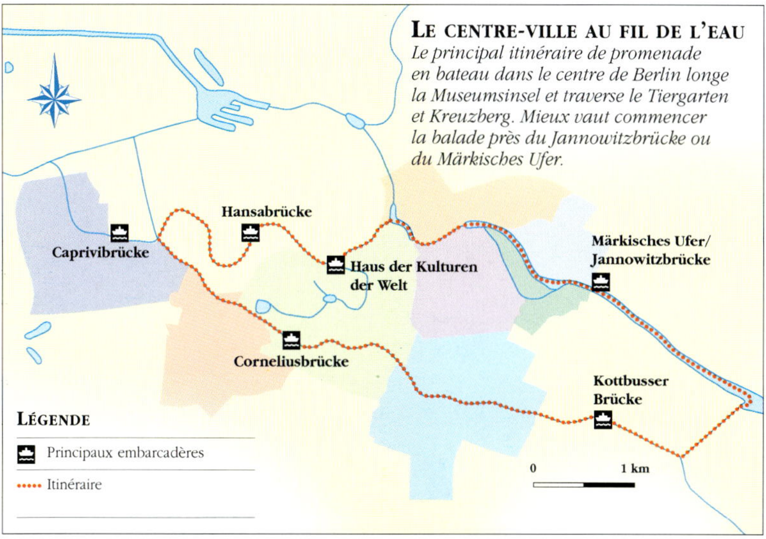

ATLAS DES RUES

Tout au long de ce guide, vous trouverez des références cartographiques renvoyant aux plans de cet atlas, indiquées pour les sites de visite, les hôtels *(p. 208-225)*, les restaurants *(p. 226-249)*, les commerces *(p. 250-259)* et les salles de spectacles *(p. 260-275)*. Les pages 302 à 307 fournissent un répertoire complet des rues représentées sur les plans. La carte d'ensemble ci-dessous précise la zone couverte par chacun d'eux et donne la légende des symboles utilisés. Sur les plans apparaissent ainsi les stations de U-Bahn et de S-Bahn, les principaux édifices et les repères utiles comme les bureaux de poste. Les noms de rues, sur les plans comme dans l'index, sont donnés en allemand. *Strasse (Str.)* signifie rue, *Platz* place, *Brücke* pont et *Bahnhof* gare.

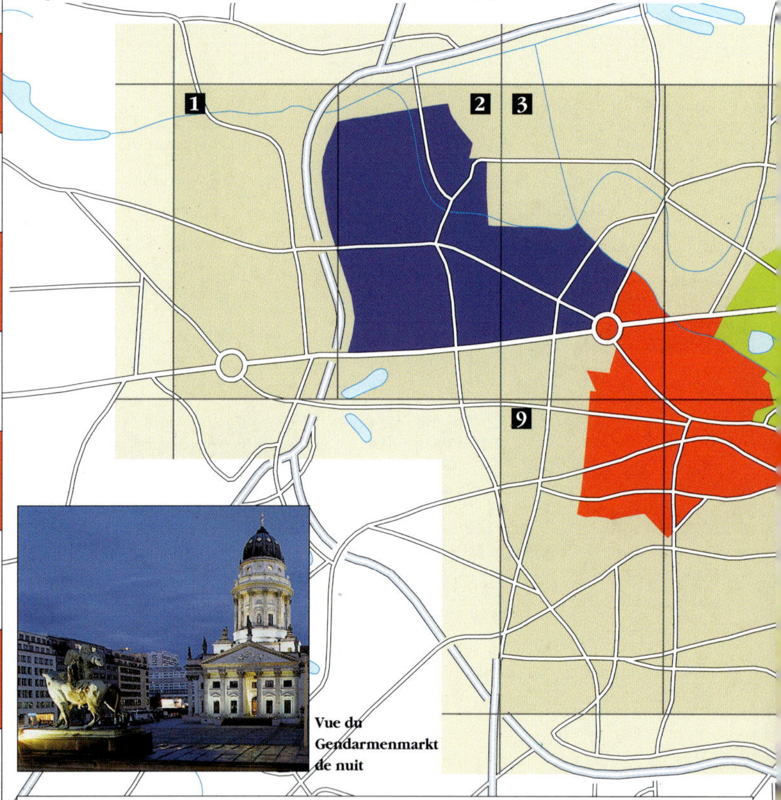

Vue du Gendarmenmarkt de nuit

KEY

Site principal	Parking	Rue à sens unique
Site intéressant	Arrêt de tram	Rue piétonne
Autre édifice	Hôpital d'urgence	Autoroute (Autobahn)
Station de S-Bahn	Poste de police	
Station de U-Bahn	Église	
Gare ferroviaire	Synagogue	
Arrêt de bus	Bureau de poste	
Terminus de bus	Voie ferrée	

ÉCHELLE DES PLANS (1 à 14)

0 — 250 m

1 : 16 500

ÉCHELLE DES PLANS (15 et 16)

0 — 150 m

1 : 11 350

Serre du Botanischer Garten

Chinesisches Teehaus rococo du Park Sanssouci, Potsdam

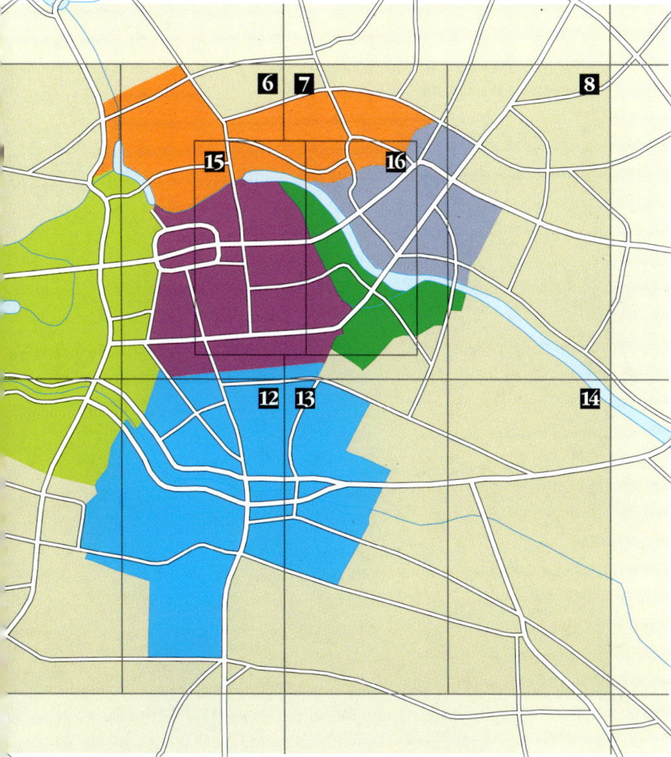

Centre d'affaires moderne de la Potsdamer Platz

Atlas des rues

E

F

G

H

M

N

O

P

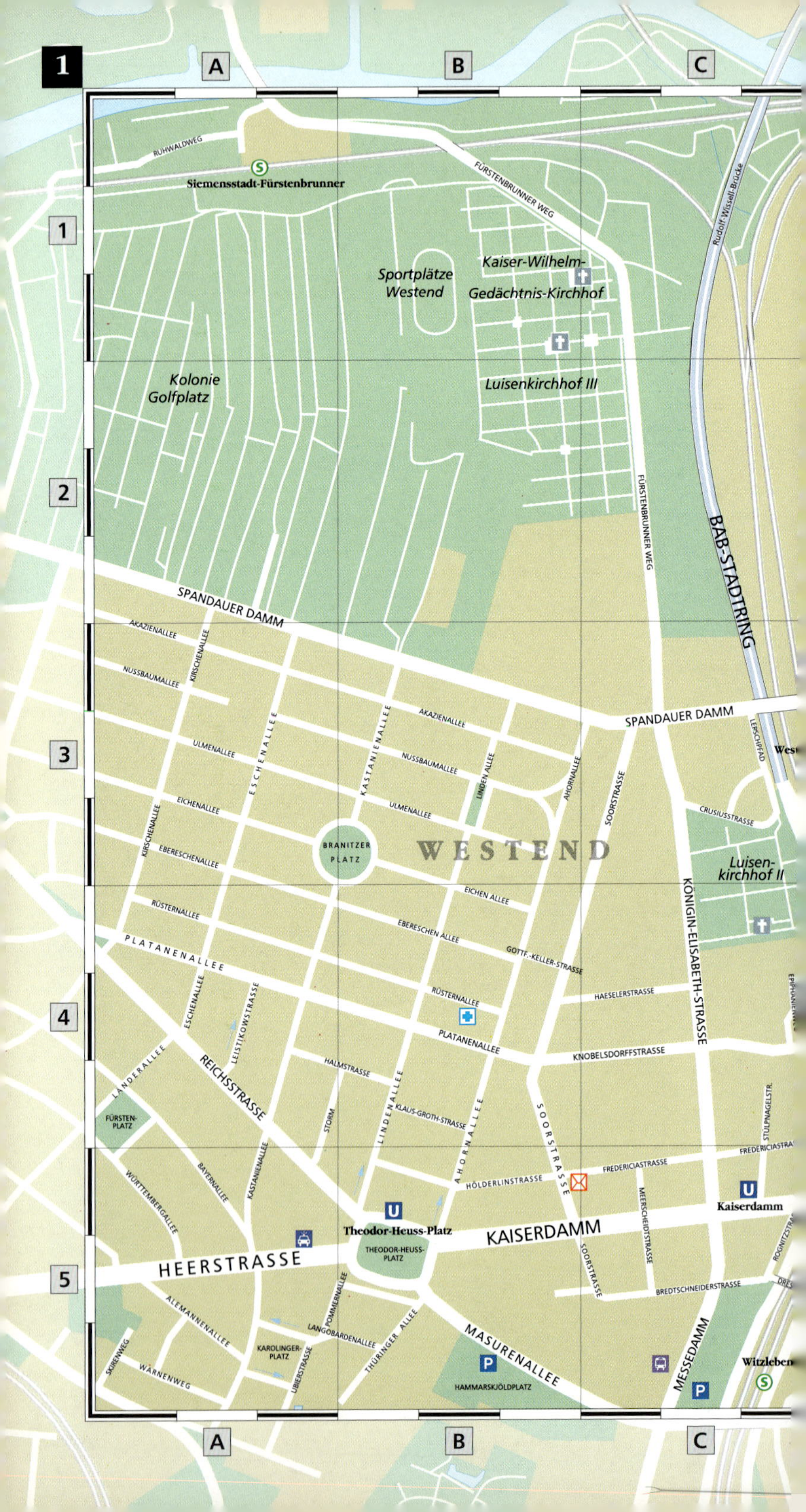

1
A
B
C
Siemensstadt-Fürstenbrunner
Ruhwaldweg
Fürstenbrunner Weg
Sportplätze Westend
Kaiser-Wilhelm-Gedächtnis-Kirchhof
Luisenkirchhof III
Kolonie Golfplatz
Rudolf-Wissell-Brücke
BAB-Stadtring
Spandauer Damm
Akazienallee
Nussbaumallee
Kirschenallee
Ulmenallee
Eschenallee
Kastanienallee
Linden Allee
Ahornallee
Soorstrasse
Eichenallee
Branitzer Platz
Westend
Eberseschenallee
Eichen Allee
Rüsternallee
Ebereschen Allee
Platanenallee
Gottf.-Keller-Strasse
Leistikowstrasse
Haeselerstrasse
Knobelsdorffstrasse
Halmstrasse
Königin-Elisabeth-Strasse
Crusiusstrasse
Luisen-kirchhof II
Lepsiuspfad
Reichsstrasse
Länderallee
Fürsten-platz
Storm
Lindenallee
Klaus-Groth-Strasse
Hölderlinstrasse
Fredericiastrasse
Stülpnagelstr.
Württembergallee
Bayernallee
Theodor-Heuss-Platz
Kaiserdamm
Heerstrasse
Meerscheidtstrasse
Bredtschneiderstrasse
Messedamm
Alemannenallee
Pommernallee
Langobardenallee
Karolinger-platz
Ulbierstrasse
Thüringer Allee
Masurenallee
Hammarskjöldplatz
Skirenweg
Wärnenweg
Witzleben
1
2
3
4
5

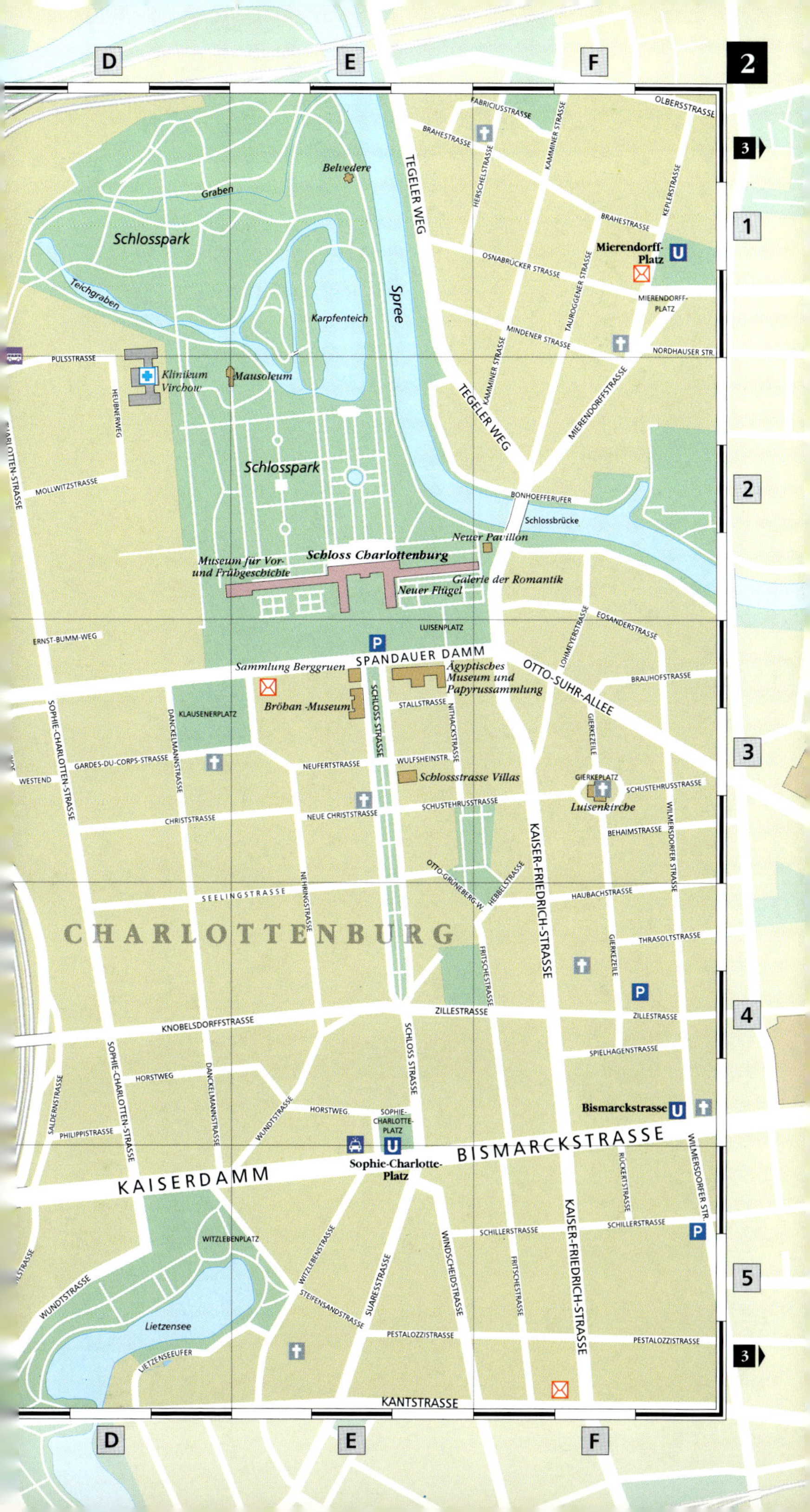

2
D
E
F
3
1
2
3
4
5
Schlosspark
Graben
Belvedere
Teichgraben
Karpfenteich
Spree
TEGELER WEG
FABRICIUSSTRASSE
BRAHESTRASSE
HERSCHELSTRASSE
KAMMINER STRASSE
OLBERSSTRASSE
KEPLERSTRASSE
Mierendorff-Platz
OSNABRÜCKER STRASSE
TAUROGGENER STRASSE
MIERENDORFF-PLATZ
MINDENER STRASSE
NORDHAUSER STR.
MIERENDORFFSTRASSE
PULSSTRASSE
Klinikum Virchow
Mausoleum
HEUBNERWEG
MOLLWITZSTRASSE
Schlosspark
BONHOEFFERUFER
Schlossbrücke
Neuer Pavillon
Museum für Vor- und Frühgeschichte
Schloss Charlottenburg
Galerie der Romantik
Neuer Flügel
LUISENPLATZ
ERNST-BUMM-WEG
EOSANDERSTRASSE
LOHMEYERSTRASSE
SPANDAUER DAMM
OTTO-SUHR-ALLEE
Sammlung Berggruen
Ägyptisches Museum und Papyrussammlung
BRAUHOFSTRASSE
KLAUSENERPLATZ
Bröhan -Museum
STALLSTRASSE
SCHLOSS STRASSE
NITHACKSTRASSE
GIERKEZEILE
SOPHIE-CHARLOTTEN-STRASSE
DANCKELMANNSTRASSE
GARDES-DU-CORPS-STRASSE
WESTEND
NEUFERTSTRASSE
WULFSHEINSTR.
Schlossstrasse Villas
GIERKEPLATZ
SCHUSTEHRUSSTRASSE
Luisenkirche
CHRISTSTRASSE
NEUE CHRISTSTRASSE
SCHUSTEHRUSSTRASSE
BEHAIMSTRASSE
WILMERSDORFER STRASSE
KAISER-FRIEDRICH-STRASSE
OTTO-GRÜNEBERG-W.
HEBBELSTRASSE
SEELINGSTRASSE
NEHRINGSTRASSE
HAUBACHSTRASSE
CHARLOTTENBURG
THRASOLTSTRASSE
FRITSCHESTRASSE
GIERKEZEILE
ZILLESTRASSE
ZILLESTRASSE
KNOBELSDORFFSTRASSE
SPIELHAGENSTRASSE
HORSTWEG
SCHLOSS STRASSE
SALDERNSTRASSE
WUNDTSTRASSE
HORSTWEG
SOPHIE-CHARLOTTE-PLATZ
Bismarckstrasse
PHILIPPISTRASSE
BISMARCKSTRASSE
KAISERDAMM
Sophie-Charlotte-Platz
RÜCKERTSTRASSE
WILMERSDORFER STR.
WITZLEBENPLATZ
WITZLEBENSTRASSE
SCHILLERSTRASSE
SCHILLERSTRASSE
WINDSCHEIDSTRASSE
SUAREZSTRASSE
FRITSCHESTRASSE
KAISER-FRIEDRICH-STRASSE
WUNDTSTRASSE
STEIFENSANDSTRASSE
Lietzensee
LIETZENSEEUFER
PESTALOZZISTRASSE
PESTALOZZISTRASSE
KANTSTRASSE

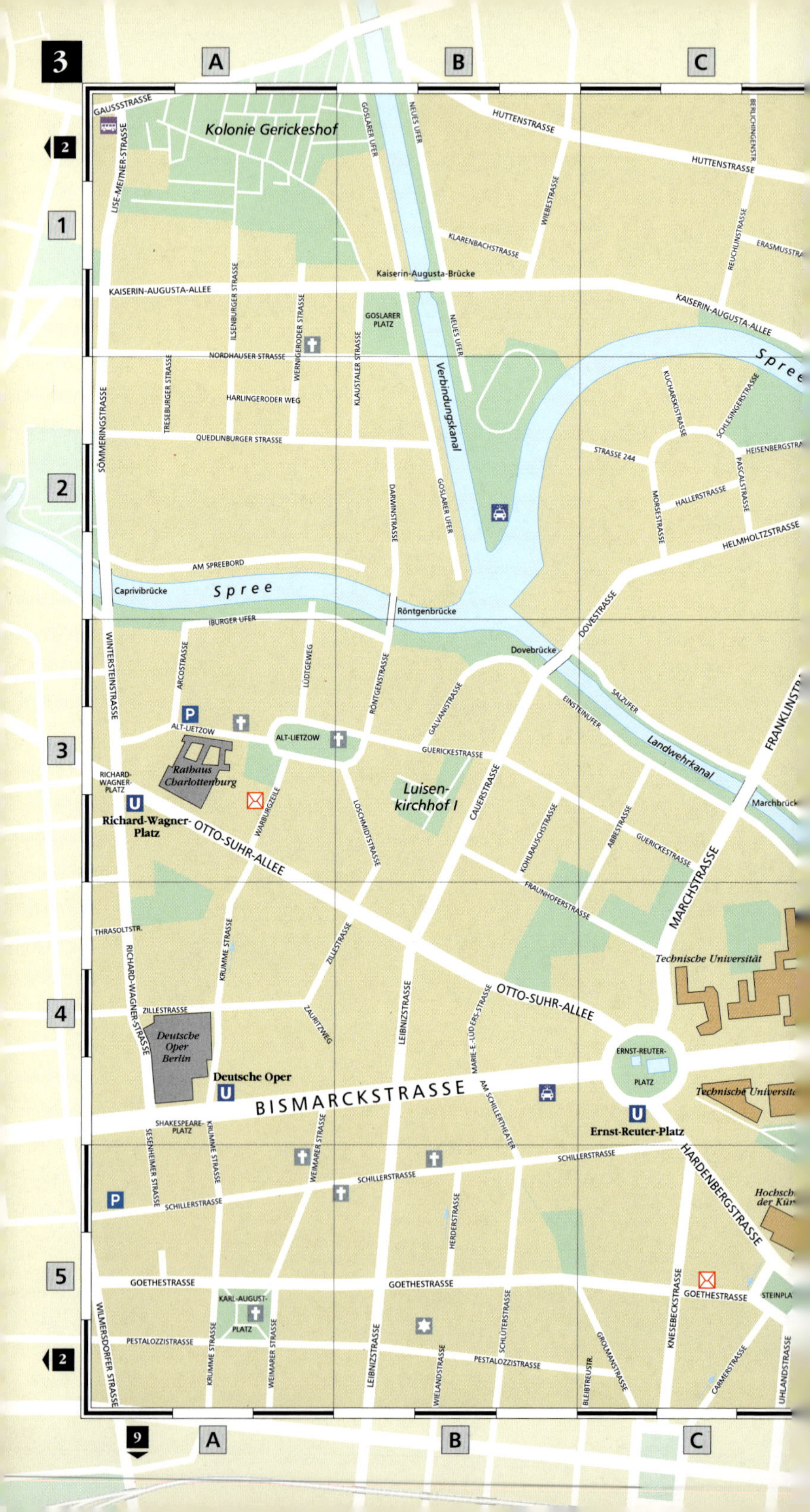
3
A
B
C
2
1
2
3
4
5
2
9
Kolonie Gerickeshof
GAUSSSTRASSE
LISE-MEITNER-STRASSE
GOSLARER UFER
NEUES UFER
HUTTENSTRASSE
BERLICHINGENSTR.
WIEBESTRASSE
KLARENBACHSTRASSE
REUCHLINSTRASSE
ERASMUSSTRASSE
Kaiserin-Augusta-Brücke
KAISERIN-AUGUSTA-ALLEE
ILSENBURGER STRASSE
WERNIGERODER STRASSE
GOSLARER PLATZ
KLAUSTALER STRASSE
NORDHAUSER STRASSE
TRESEBURGER STRASSE
HARLINGERODER WEG
SÖMMERINGSTRASSE
QUEDLINBURGER STRASSE
Verbindungskanal
Spree
KUCHARSKISTRASSE
SCHLESINGERSTRASSE
STRASSE 244
HEISENBERGSTRASSE
MORSESTRASSE
HALLERSTRASSE
PASCALSTRASSE
HELMHOLTZSTRASSE
DARWINSTRASSE
AM SPREEBORD
Caprivibrücke
Röntgenbrücke
DOVESTRASSE
IBURGER UFER
Dovebrücke
WINTERSTEINSTRASSE
ARCOSTRASSE
LÜDTGEWEG
RÖNTGENSTRASSE
GALVANISTRASSE
EINSTEINUFER
SALZUFER
Landwehrkanal
FRANKLINSTRASSE
ALT-LIETZOW
Rathaus Charlottenburg
GUERICKESTRASSE
RICHARD-WAGNER-PLATZ
Richard-Wagner-Platz
WARBURGZEILE
LOSCHMIDTSTRASSE
Luisen-kirchhof I
CAUERSTRASSE
KOHLRAUSCHSTRASSE
ABBESTRASSE
Marchbrücke
OTTO-SUHR-ALLEE
FRAUNHOFERSTRASSE
MARCHSTRASSE
THRASOLTSTR.
RICHARD-WAGNER-STRASSE
KRUMME STRASSE
ZILLESTRASSE
Technische Universität
LEIBNIZSTRASSE
MARIE-E.-LÜDERS-STRASSE
ZAURITZWEG
Deutsche Oper Berlin
Deutsche Oper
ERNST-REUTER-PLATZ
AM SCHILLERTHEATER
BISMARCKSTRASSE
Technische Universität
Ernst-Reuter-Platz
SHAKESPEARE-PLATZ
SESENHEIMER STRASSE
WEIMARER STRASSE
SCHILLERSTRASSE
HARDENBERGSTRASSE
HERDERSTRASSE
Hochschule der Künste
GOETHESTRASSE
KNESEBECKSTRASSE
STEINPLATZ
KARL-AUGUST-PLATZ
WILMERSDORFER STRASSE
PESTALOZZISTRASSE
SCHLÜTERSTRASSE
GROLMANSTRASSE
BLEIBTREUSTR.
WIELANDSTRASSE
CARMERSTRASSE
UHLANDSTRASSE

4
D
E
F
MOABIT
WALDENSER STRASSE
WALDSTRASSE
EMDENER STRASSE
OLDENBURGER STRASSE
BREMER STRASSE
JONASSTRASSE
BUGENHAGENSTRASSE
STROMSTRASSE
LÜBECKER STRASSE
TURMSTRASSE
ARMINIUSSTRASSE
Rathaus Tiergarten
BREDOWSTRASSE
WILHELMSHAVENER STRASSE
BEUSSELSTRASSE
GOTZKOWSKYSTRASSE
ZWINGLISTRASSE
OTTOSTRASSE
OTTOPLATZ
Turmstrasse
KLEINER TIERGARTEN
ALT-MOABIT
KREFELDER STRASSE
BOCHUMER STRASSE
ESSENER STRASSE
JAGOWSTRASSE
ZINZENDORFSTRASSE
Gotzkowskybrücke
Lessingbrücke
Spree
HOLSTEINER UFER
LESSINGSTRASSE
ELBERFELDER STRASSE
DORTMUNDER STRASSE
BUNDESRATUFER
CLAUDIUSSTRASSE
LEVETZOWSTRASSE
WIKINGERUFER
FLENSBURGER STRASSE
AGRICOLASTRASSE
SOLINGER STRASSE
Hansabrücke
HANSAVIERTEL
Bellevue
ALTONAER STRASSE
BARTNINGALLEE
TILE-WARDENBERG-STRASSE
HANSA-UFER
HANSEATENWEG
WULLENWEBERSTRASSE
HANSAPLATZ
Hansaplatz
SCHLESWIGER UFER
FLOTOWSTRASSE
KLOPSTOCKSTRASSE
HÄNDELALLEE
GUTENBERGSTR.
SIEGMUNDS HOF
BACHSTRASSE
ENGLISCHE STRASSE
Fauler See
SALZUFER
Tiergarten
STRASSE DES 17. JUNI
Charlottenburger Brücke
TIERGARTEN
GROSSER WEG
MÜLLER-BRESLAU-STRASSE
Neuer See
Landwehrkanal
THOMAS-DEHLER-STR.
HERTZALLEE
FASANENSTRASSE
Lichtenstein-brücke
DRAKESTRASSE
RAUCHSTRASSE
ZOOLOGISCHER GARTEN
CORNELIUSSTR.
KATHARINA-HEINROTH-UFER
JEBENSSTRASSE
HARDENBERG-PLATZ
Bahnhof Zoologischer Garten
5
1
2
3
10

5
A
B
C
4
1
2
3
4
5
4
11
FRITZ-SCHLOSS-PARK
DREYSESTRASSE
BANDELSTRASSE
WILSNACKER STRASSE
PRITZWALKER STRASSE
TURMSTRASSE
RATHENOWER STRASSE
SEYDLITZSTRASSE
LEHRTER STRASSE
LESSER-URY-WEG
CLAIRE-WALDOFF-PROMENADE
OTTO-DIX-STRASSE
INVALIDENSTRASSE
ALT-MOABIT
KIRCHSTRASSE
THOMASIUSSTRASSE
CALVINSTRASSE
SPENERSTRASSE
CARL-VON-OSSIETZKY PARK
PAULSTRASSE
WERFTSTRASSE
GERHARDTSTR.
LÜNEBURGER STRASSE
WASHING PLATZ
Moltkebrü
Moabiter Brücke
HELGOLÄNDER UFER
MELANCHTHONSTRASSE
FLEMINGSTRASSE
Spree
Haus der Kulturen der Welt
GROSSE QUERALLEE
SCHLOSSPARK BELLEVUE
Schloss Bellevue
Lutherbrücke
JOHN-FOSTER-DULLES-ALLEE
ENGLISCHER GARTEN
SPREEWEG
GROSSER STERN
Siegessäule
STRASSE DES 17. JUNI
KLEINER STERN
BELLEVUEALLEE
TIERGARTEN
HOFJÄGERALLEE
GROSSE-STERN-ALLEE
GROSSER WEG
TIERGARTENSTRASSE
Kunstgewerbe-museum
Kupferstichkabinett
Gemäldegalerie
Kunstbibliothek
MATTHÄIK PLATZ
St.-Matt
SIGISMUNDSTRASSE
Neue Nationalgalerie
STÜLERSTRASSE
KLINGELHÖFERSTRASSE
RAUCHSTRASSE
KÖBISSTRASSE
CORNELIUSSTRASSE
REICHPIETSCHUFER
HIROSHIMASTRASSE
HILDEBRANDSTRASSE
Gedenkstätte Deutscher Widerstand
STAUFFENBERGSTRASSE
HITZIGALLEE

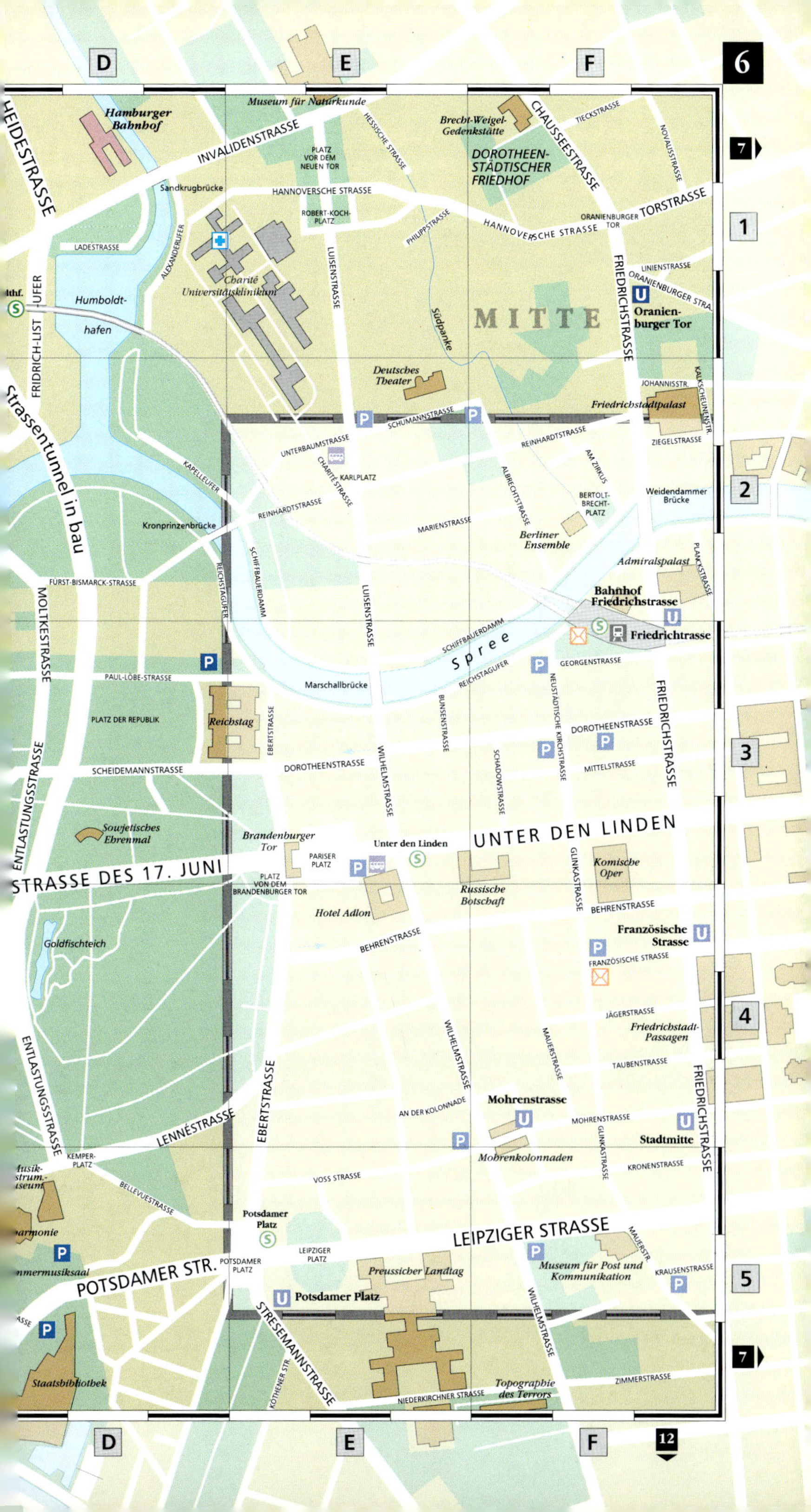

6
D
E
F
Hamburger Bahnhof
Museum für Naturkunde
Brecht-Weigel-Gedenkstätte
DOROTHEENSTÄDTISCHER FRIEDHOF
HEIDESTRASSE
INVALIDENSTRASSE
CHAUSSEESTRASSE
TORSTRASSE
HANNOVERSCHE STRASSE
Charité Universitätsklinikum
Humboldthafen
MITTE
Oranienburger Tor
FRIEDRICHSTRASSE
LUISENSTRASSE
Deutsches Theater
Friedrichstadtpalast
SCHUMANNSTRASSE
REINHARDTSTRASSE
Strassentunnel in bau
Kronprinzenbrücke
KARLPLATZ
MARIENSTRASSE
ALBRECHTSTRASSE
Berliner Ensemble
Weidendammer Brücke
Admiralspalast
Bahnhof Friedrichstrasse
Friedrichtrasse
Spree
Marschallbrücke
SCHIFFBAUERDAMM
REICHSTAGUFER
GEORGENSTRASSE
PAUL-LÖBE-STRASSE
PLATZ DER REPUBLIK
Reichstag
DOROTHEENSTRASSE
SCHEIDEMANNSTRASSE
MITTELSTRASSE
WILHELMSTRASSE
Sowjetisches Ehrenmal
Brandenburger Tor
PARISER PLATZ
Unter den Linden
UNTER DEN LINDEN
STRASSE DES 17. JUNI
Russische Botschaft
Komische Oper
Hotel Adlon
BEHRENSTRASSE
Goldfischteich
Französische Strasse
FRANZÖSISCHE STRASSE
JÄGERSTRASSE
Friedrichstadt-Passagen
TAUBENSTRASSE
ENTLASTUNGSSTRASSE
EBERTSTRASSE
LENNÉSTRASSE
Mohrenstrasse
MOHRENSTRASSE
Stadtmitte
Mohrenkolonnaden
KRONENSTRASSE
VOSS STRASSE
Potsdamer Platz
LEIPZIGER STRASSE
Preussicher Landtag
Museum für Post und Kommunikation
POTSDAMER STR.
STRESEMANNSTRASSE
Staatsbibliothek
Topographie des Terrors
NIEDERKIRCHNER STRASSE
ZIMMERSTRASSE
KRAUSENSTRASSE
1
2
3
4
5
7
12

7
A
B
C
6
1
2
3
4
5
6
13
TORSTRASSE
GARNISEN-FRIEDHOF
Rosa-Luxemburg-Platz
ROSENTHALER STRASSE
Sophienkirche
Neue Synagoge
Centrum Judaicum
Oranienburger Str.
ORANIENBURGER STRASSE
Gedenkstätte Grosse Hamburger Strasse
ALTER JÜDISCHER FRIEDHOF
Hackesche Höfe
Weinmeisterstrasse
MÜNZSTRASSE
MONBIJOUPARK
Univ.-Klinik
Univ.-Frauenkl.
Spree
Hackescher Markt
Bodemuseum
Pergamonmuseum
Alte Nationalgalerie
MUSEUMSINSEL
Neues Museum
Heiliggeistkapelle
Fernsehturm
Marienkirche
KARL-LIEBKNECHT-STRASSE
Neptunbrunnen
Altes Museum
Berliner Dom
Maxim Gorki Theater
Staatsbibliothek
Humboldt-Universität
Deutsches Historisches Museum
LUSTGARTEN
Palast der Republik
Marx-Engels-Forum
Rotes Rathaus
UNTER DEN LINDEN
Neue Wache
Reiter Denkmal
Altes Palais
Kronprinzenpalais
Staatsoper Unter den Linden
Deutsche Guggenheim
Alte Bibliothek
Friedrichswerdersche Kirche
WERDERSTRASSE
Marstall
Nikolaiviertel
Nikolaikirche
Knoblauchhaus
Ephraimpalais
Ribbeck Haus
MÜHLENDAMM
Palais Schwerin u. Münze
St.-Hedwigs-Kathedrale
FRANZÖSISCHE STRASSE
Französischer Dom
Schauspielhaus
GENDARMENMARKT
Friedrichstadtpassagen
Deutscher Dom
Hausvogteiplatz
Nicolai Haus
Galgenhaus
GERTRAUDENSTR.
FISHER-INSEL
Ermeler Haus
Spittelmarkt
LEIPZIGER STRASSE
Spittelkolonnaden
Checkpoint Charlie
KOCHSTRASSE
KREUZBERG

D
E
F
ST.-GEORGEN-KIRCHHOF
ST.-MARIEN-KIRCHHOF
VOLKSPARK FRIEDRICHSHAIN
TORSTRASSE
PRENZLAUER ALLEE
MOLLSTRASSE
OTTO-BRAUN-STRASSE
KARL-LIEBKNECHT-STRASSE
AM FRIEDRICHSHAIN
PRENZLAUER BERG
LANDSBERGER ALLEE
PLATZ DER VEREINTEN NATIONEN
Bahnhof Alexanderplatz
Alexanderplatz
ALEXANDERPLATZ
Schillingstrasse
KARL-MARX-ALLEE
ALEXANDERSTRASSE
LICHTENBERGER STRASSE
STRAUSBERGER PLATZ
Strausberger Platz
Stadtgericht Mitte
Podewils Palais
Parochialkirche
Stadtmauer
FRIEDRICHSHAIN
STRALAUER STRASSE
Jannowitzbrücke
HOLZMARKTSTRASSE
Märkisches Museum
BRÜCKENSTRASSE
Michaelbrücke
Spree
KÖPENICKER STRASSE
Heinrich-Heine-Strasse
HEINRICH-HEINE-STRASSE
Schillingbrücke
MICHAELKIRCHPLATZ
1
2
3
4
5

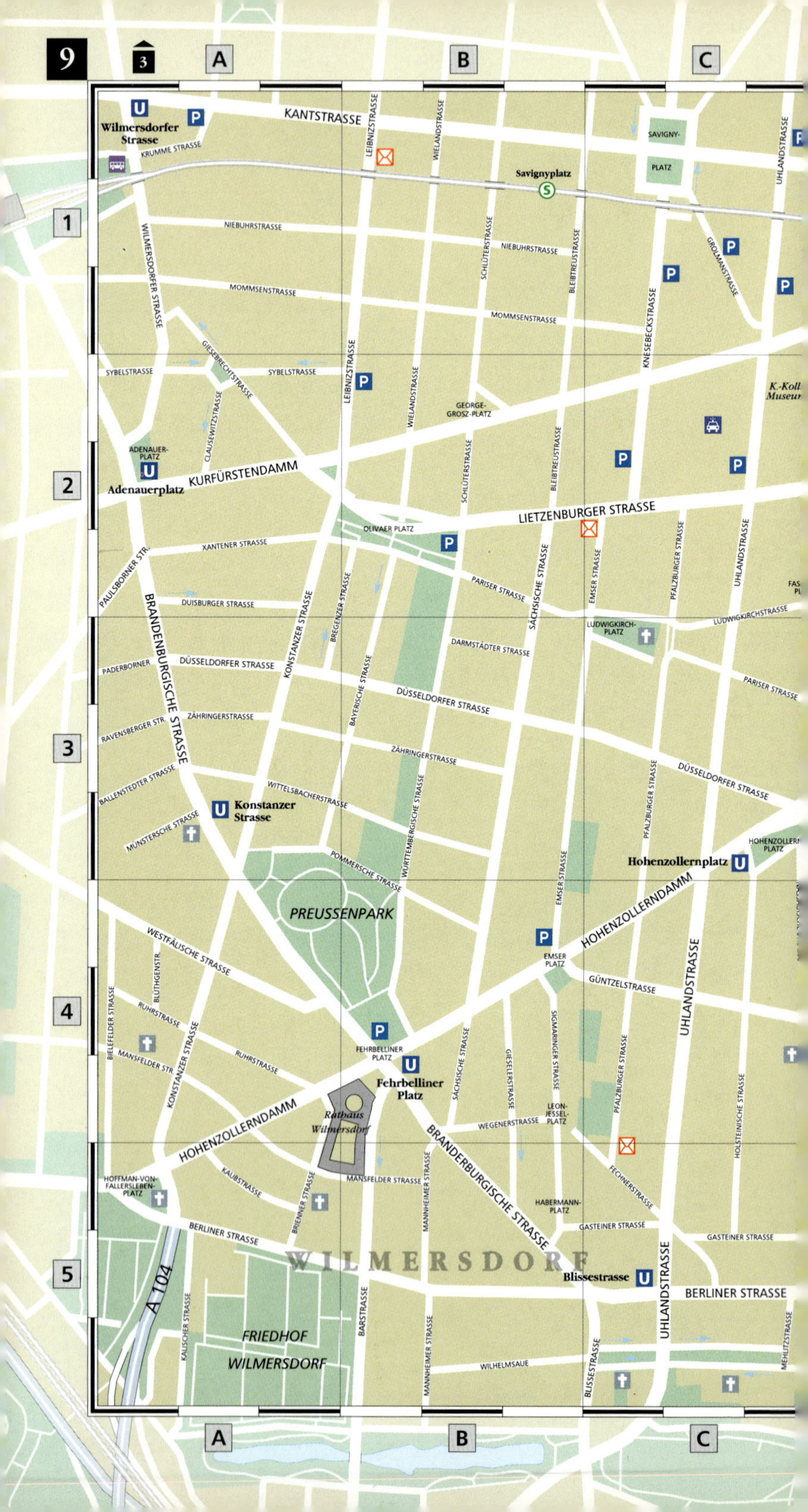
9
3
A
B
C
1
2
3
4
5
Wilmersdorfer Strasse
KANTSTRASSE
KRUMME STRASSE
LEIBNIZSTRASSE
WIELANDSTRASSE
SAVIGNY-PLATZ
Savignyplatz
UHLANDSTRASSE
NIEBUHRSTRASSE
SCHLÜTERSTRASSE
BLEIBTREUSTRASSE
GROLMANSTRASSE
WILMERSDORFER STRASSE
MOMMSENSTRASSE
KNESEBECKSTRASSE
GIESEBRECHTSTRASSE
SYBELSTRASSE
CLAUSEWITZSTRASSE
GEORGE-GROSZ-PLATZ
K.-Koll. Museum
ADENAUER-PLATZ
Adenauerplatz
KURFÜRSTENDAMM
OLIVAER PLATZ
LIETZENBURGER STRASSE
XANTENER STRASSE
PAULSBORNER STR.
PARISER STRASSE
SÄCHSISCHE STRASSE
EMSER STRASSE
PFALZBURGER STRASSE
DUISBURGER STRASSE
BRANDENBURGISCHE STRASSE
KONSTANZER STRASSE
BREGENZER STRASSE
LUDWIGKIRCH-PLATZ
LUDWIGKIRCHSTRASSE
DARMSTÄDTER STRASSE
PADERBORNER
DÜSSELDORFER STRASSE
BAYERISCHE STRASSE
RAVENSBERGER STR.
ZÄHRINGERSTRASSE
BALLENSTEDTER STRASSE
WITTELSBACHERSTRASSE
WÜRTTEMBERGISCHE STRASSE
Konstanzer Strasse
MÜNSTERSCHE STRASSE
POMMERSCHE STRASSE
HOHENZOLLERN-PLATZ
Hohenzollernplatz
PREUSSENPARK
HOHENZOLLERNDAMM
WESTFÄLISCHE STRASSE
EMSER PLATZ
GÜNTZELSTRASSE
UHLANDSTRASSE
BLUTHGENSTR.
BIELEFELDER STRASSE
RUHRSTRASSE
MANSFELDER STR.
FEHRBELLINER PLATZ
Fehrbelliner Platz
SÄCHSISCHE STRASSE
GIESELERSTRASSE
SIGMARINGER STRASSE
LEON-JESSEL-PLATZ
WEGENERSTRASSE
HOLSTEINISCHE STRASSE
Rathaus Wilmersdorf
BRANDERBURGISCHE STRASSE
FECHNERSTRASSE
HOFFMAN-VON-FALLERSLEBEN-PLATZ
KAUBSTRASSE
BRIENNER STRASSE
MANSFELDER STRASSE
MANNHEIMER STRASSE
HABERMANN-PLATZ
GASTEINER STRASSE
BERLINER STRASSE
WILMERSDORF
Blissestrasse
A 104
KAUSCHER STRASSE
BARSTRASSE
FRIEDHOF WILMERSDORF
WILHELMSAUE
BLISSESTRASSE
MEHLITZSTRASSE

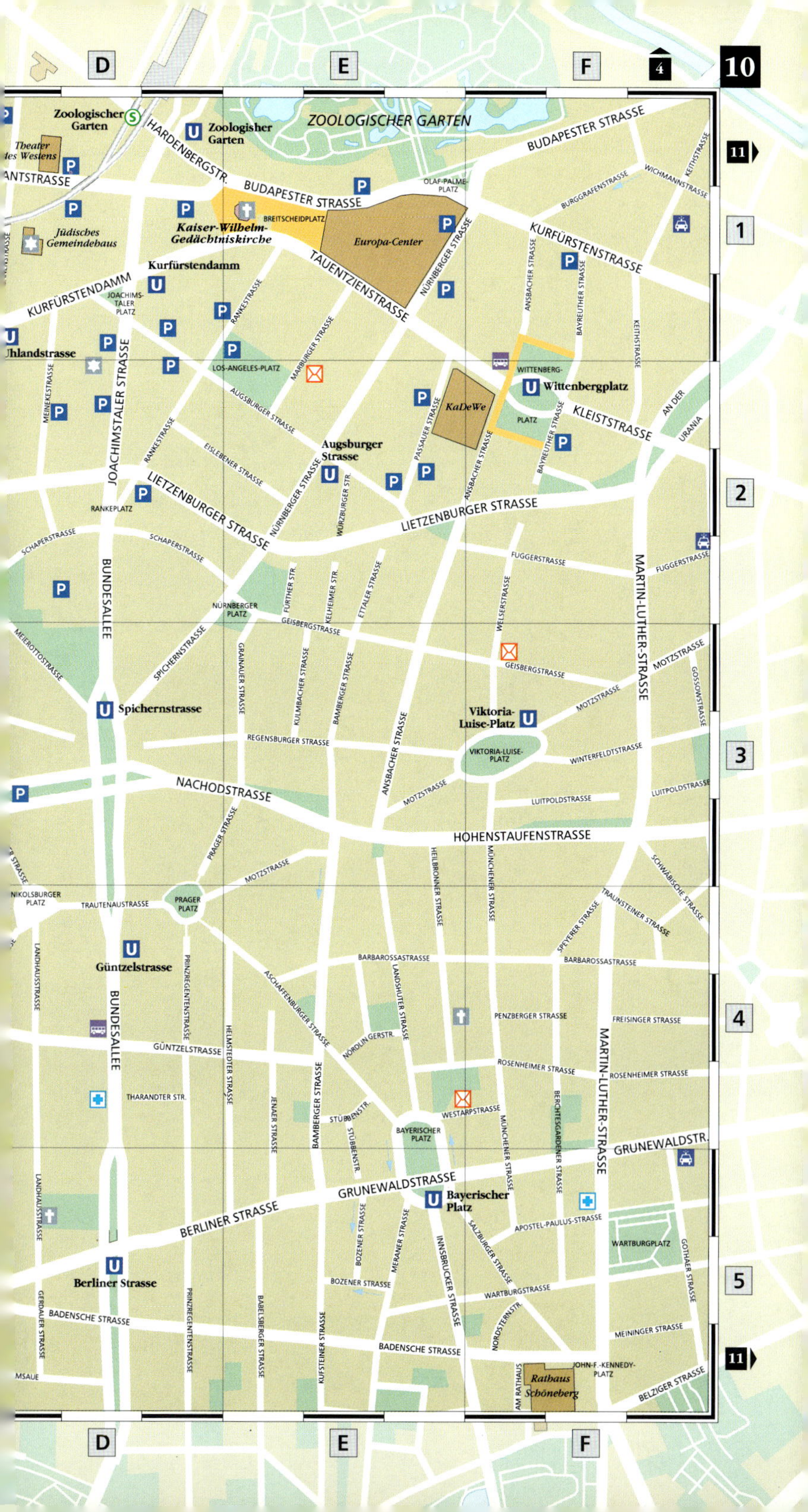

D
E
F
4
10
11
1
2
3
4
5
11
ZOOLOGISCHER GARTEN
Zoologischer Garten
Zoologisher Garten
Theater des Westens
HARDENBERGSTR.
BUDAPESTER STRASSE
OLAF-PALME-PLATZ
BREITSCHEIDPLATZ
Kaiser-Wilhelm-Gedächtniskirche
Europa-Center
Jüdisches Gemeindebaus
Kurfürstendamm
KURFÜRSTENDAMM
JOACHIMS-TALER PLATZ
TAUENTZIENSTRASSE
NÜRNBERGER STRASSE
KURFÜRSTENSTRASSE
BURGGRAFENSTRASSE
WICHMANNSTRASSE
KEITHSTRASSE
ANSBACHER STRASSE
BAYREUTHER STRASSE
Uhlandstrasse
JOACHIMSTALER STRASSE
RANKESTRASSE
MARBURGER STRASSE
LOS-ANGELES-PLATZ
AUGSBURGER STRASSE
MEINEKESTRASSE
WITTENBERG-PLATZ
Wittenbergplatz
KaDeWe
KLEISTSTRASSE
AN DER URANIA
PASSAUER STRASSE
EISLEBENER STRASSE
Augsburger Strasse
WÜRZBURGER STR.
LIETZENBURGER STRASSE
RANKEPLATZ
SCHAPERSTRASSE
FUGGERSTRASSE
BUNDESALLEE
NÜRNBERGER PLATZ
FURTHER STR.
KELHEIMER STR.
ETTALER STRASSE
WELSERSTRASSE
MARTIN-LUTHER-STRASSE
GEISBERGSTRASSE
MEIEROTTOSTRASSE
SPICHERNSTRASSE
GRAINAUER STRASSE
KULMBACHER STRASSE
BAMBERGER STRASSE
MOTZSTRASSE
GOSSOWSTRASSE
Spichernstrasse
Viktoria-Luise-Platz
REGENSBURGER STRASSE
VIKTORIA-LUISE-PLATZ
WINTERFELDTSTRASSE
NACHODSTRASSE
LUITPOLDSTRASSE
HOHENSTAUFENSTRASSE
PRAGER STRASSE
SCHWÄBISCHE STRASSE
NIKOLSBURGER PLATZ
TRAUTENAUSTRASSE
PRAGER PLATZ
HEILBRONNER STRASSE
MÜNCHENER STRASSE
TRAUNSTEINER STRASSE
SPEYERER STRASSE
Güntzelstrasse
BARBAROSSASTRASSE
LANDHAUSSTRASSE
PRINZREGENTENSTRASSE
ASCHAFFENBURGER STRASSE
LANDSHUTER STRASSE
PENZBERGER STRASSE
FREISINGER STRASSE
GÜNTZELSTRASSE
HELMSTEDTER STRASSE
NÖRDLINGER STR.
ROSENHEIMER STRASSE
THARANDTER STR.
JENAER STRASSE
STÜBBENSTR.
WESTARPSTRASSE
BERCHTESGADENER STRASSE
BAYERISCHER PLATZ
GRUNEWALDSTR.
GRUNEWALDSTRASSE
Bayerischer Platz
BERLINER STRASSE
APOSTEL-PAULUS-STRASSE
SALZBURGER STRASSE
WARTBURGPLATZ
GOTHAER STRASSE
BOZENER STRASSE
MERANER STRASSE
INNSBRUCKER STRASSE
Berliner Strasse
WARTBURGSTRASSE
NORDSTERNSTR.
GERDAUER STRASSE
BADENSCHE STRASSE
BABELSBERGER STRASSE
KUFSTEINER STRASSE
MEININGER STRASSE
JOHN-F.-KENNEDY-PLATZ
AM RATHAUS
Rathaus Schöneberg
BELZIGER STRASSE

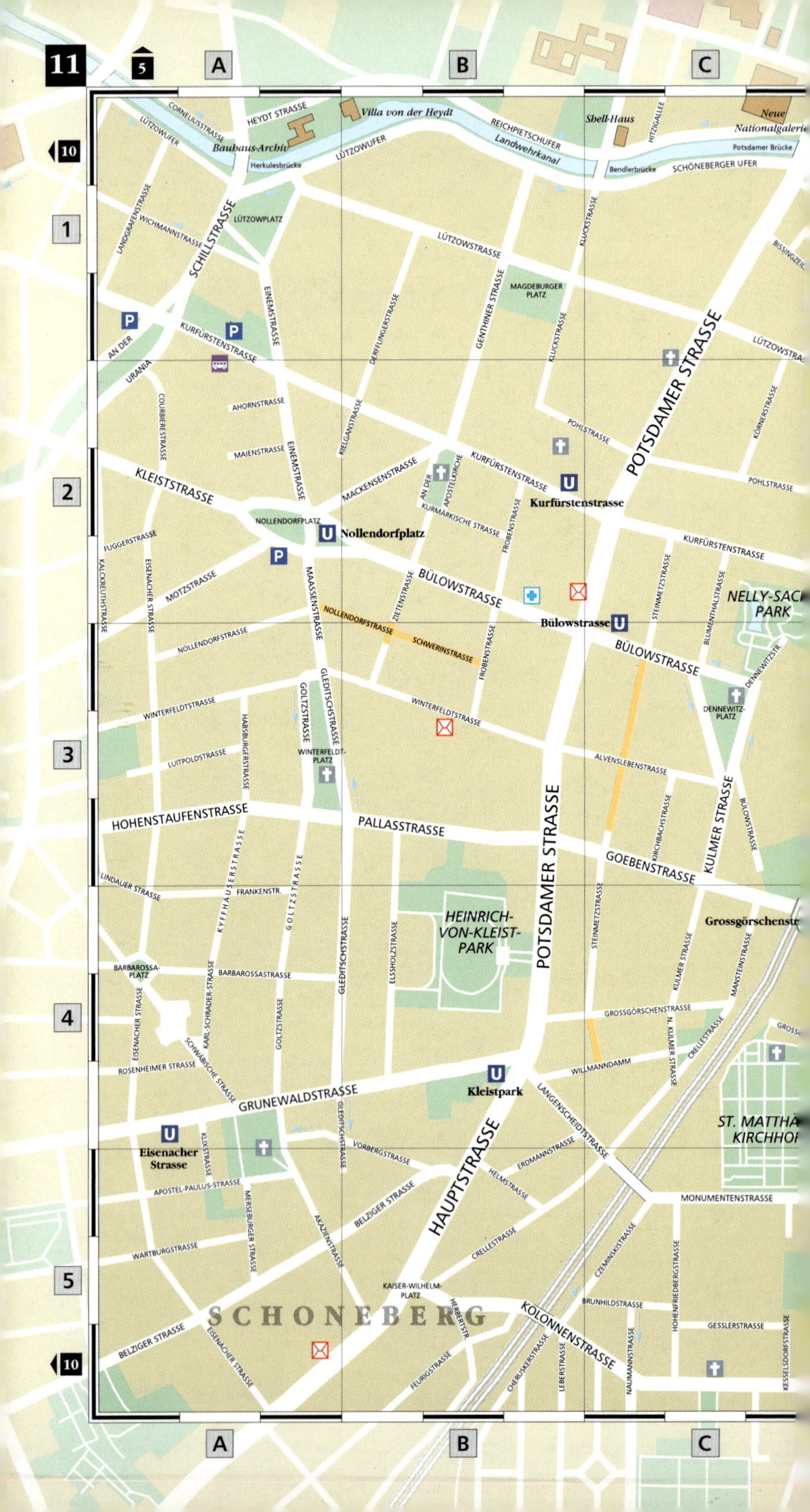
11
5
10
A
B
C
1
2
3
4
5
Villa von der Heydt
Bauhaus-Archiv
Landwehrkanal
Shell-Haus
Neue Nationalgalerie
Herkulesbrücke
Bendlerbrücke
Potsdamer Brücke
CORNELIUSSTRASSE
HEYDT STRASSE
LÜTZOWUFER
REICHPIETSCHUFER
SCHÖNEBERGER UFER
HITZIGALLEE
LANDGRAFENSTRASSE
WICHMANNSTRASSE
SCHILLSTRASSE
LÜTZOWPLATZ
LÜTZOWSTRASSE
KLUCKSTRASSE
MAGDEBURGER PLATZ
BISSINGZEILE
EINEMSTRASSE
DERFFLINGERSTRASSE
GENTHINER STRASSE
POTSDAMER STRASSE
AN DER URANIA
KURFÜRSTENSTRASSE
AHORNSTRASSE
KIELGANSTRASSE
POHLSTRASSE
KÖRNERSTRASSE
COURBIERESTRASSE
MAIENSTRASSE
KLEISTSTRASSE
MACKENSENSTRASSE
AN DER APOSTELKIRCHE
Kurfürstenstrasse
NOLLENDORFPLATZ
Nollendorfplatz
KURMÄRKISCHE STRASSE
FROBENSTRASSE
FUGGERSTRASSE
KALCKREUTHSTRASSE
EISENACHER STRASSE
MOTZSTRASSE
MAASSENSTRASSE
ZIETENSTRASSE
BÜLOWSTRASSE
NOLLENDORFSTRASSE
SCHWERINSTRASSE
Bülowstrasse
STEINMETZSTRASSE
BLUMENTHALSTRASSE
NELLY-SAC PARK
DENNEWITZSTR.
DENNEWITZ-PLATZ
WINTERFELDTSTRASSE
GOLTZSTRASSE
GLEDITSCHSTRASSE
HABSBURGERSTRASSE
LUITPOLDSTRASSE
WINTERFELDT-PLATZ
ALVENSLEBENSTRASSE
KIRCHBACHSTRASSE
KULMER STRASSE
HOHENSTAUFENSTRASSE
PALLASSTRASSE
GOEBENSTRASSE
LINDAUER STRASSE
FRANKENSTR.
KYFFHÄUSERSTRASSE
ELSSHOLZSTRASSE
HEINRICH-VON-KLEIST-PARK
Grossgörschenstr
MANSTEINSTRASSE
BARBAROSSA-PLATZ
BARBAROSSASTRASSE
KARL-SCHRADER-STRASSE
GROSSGÖRSCHENSTRASSE
N. KULMER STRASSE
CRELLESTRASSE
ROSENHEIMER STRASSE
SCHWÄBISCHE STRASSE
WILLMANNDAMM
Kleistpark
GRUNEWALDSTRASSE
LANGENSCHEIDTSTRASSE
ST. MATTHÄ KIRCHHOF
Eisenacher Strasse
KLIXSTRASSE
VORBERGSTRASSE
ERDMANNSTRASSE
HELMSTRASSE
APOSTEL-PAULUS-STRASSE
MONUMENTENSTRASSE
MERSEBURGER STRASSE
BELZIGER STRASSE
HAUPTSTRASSE
WARTBURGSTRASSE
AKAZIENSTRASSE
CZEMINSKISTRASSE
HOHENFRIEDBERGSTRASSE
KAISER-WILHELM-PLATZ
BRUNHILDSTRASSE
SCHONEBERG
HERBERTSTR.
KOLONNENSTRASSE
GESSLERSTRASSE
KESSELSDORFSTRASSE
FEURIGSTRASSE
CHERUSKERSTRASSE
LEBERSTRASSE
NAUMANNSTRASSE

D
E
F
6
12
13
Staatsbibliothek
Topographie des Terrors
Martin-Gropius-Bau
KOCHSTRASSE
WILHELMSTRASSE
REICHPIETSCHUFER
SCHÖNEBERGER UFER
AM KARLSBAD
KÖTHENER STRASSE
DESSAUER STRASSE
BERNBURGER STRASSE
ASKANISCHER PLATZ
ANHALTER STRASSE
PUTTKAMERSTRASSE
Mendelssohn-Bartholdy-Park
MEND.-BARTHOLDY-PARK
FANNY-HENSEL-WEG
HAFENPLATZ
SCHÖNEBERGER STRASSE
Anhalter Bahnhof
Köthener Brücke
FLOTTWELLSTRASSE
STRESEMANNSTRASSE
HEDEMANNSTRASSE
Schöneberger Brücke
Lapidarium
MÖCKERNSTRASSE
HALLESCHE STRASSE
TEMPELHOFER UFER
HALLESCHES UFER
KLEINBEERENSTR.
GROSSBEERENSTRASSE
LUCKENWALDER STRASSE
Gleisdreieck
Möckernbrücke
Landwehrkanal
TREBBINER STRASSE
Deutsches Technikmuseum Berlin
Grossbeerenbrücke
Mehringbrücke
RUHLSDORFER STRASSE
OBENTRAUTSTRASSE
WARTENBURGSTRASSE
HORNSTRASSE
Rathaus Kreuzberg
Mehringdamm
Yorckstrasse
YORCKSTRASSE
Riehmers Hofgarten
HAGELBERGER STRASSE
MEHRINGDAMM
BAUTZENER STRASSE
BAUTZENER PLATZ
KATZBACHSTRASSE
KREUZBERGSTRASSE
BERGMANNSTRASSE
KLEINE PARKSTRASSE
VIKTORIAPARK
MONUMENTENSTRASSE
METHFESSELSTRASSE
WILHELMSHÖHE
AM TEMPELHOFER BERG
FIDICINSTRASSE
KOPISCHSTRASSE
EYLAUER STRASSE
SCHWIEBUSSER STRASSE
Platz der Luftbrücke
DUDENSTRASSE
PLATZ DER LUFTBRÜCKE
1
2
3
4
5

13
7
A
B
C
12
1
2
3
4
5
KOCHSTRASSE
Kochstrasse
CHARLOTTENSTRASSE
MARKGRAFENSTRASSE
LINDENSTRASSE
FEILNERSTRASSE
RITTERSTRASSE
WALDECKPARK
ORANIENSTRASSE
KOMMANDANTENSTRASSE
ALEXANDRINENSTRASSE
STALLSCHREIBERSTRASSE
OTTO-SUHR-SIEDLUNG
BESSELSTRASSE
ENCKESTR.
FRIEDRICHSTRASSE
ALTE JAKOBSTRASSE
AM BERLIN-MUSEUM
ALEXANDRINENSTRASSE
JAKOBIKIRCHSTR.
LOBECKSTRASSE
Moritzpla
Berlin-Museum
HOLLMANNSTRASSE
FRANZ-KÜNSTLER-STRASSE
Jüdisches Museum
PRINZENSTRASSE
FRANZ-KLÜHS-STRASSE
NEUENBURGER STRASSE
WASSERTORSTRASSE
MORITZSTRASSE
MEHRINGPLATZ
BRANDESSTRASSE
Prinzenstrasse
Hallesches Tor
GITSCHINER STRASSE
Hallesche-Tor-Brücke
Zossener Brücke
WATERLOO-UFER
BRACHVOGELSTRASSE
Waterloobrücke
Sommerbad Kreuzberg
BÖCKLERPARK
ZOSSENER STRASSE
BLÜCHERPLATZ
JOHANNITERSTRASSE
Landwehrkanal
Baerwaldbrücke
CARL-HERZ-UFER
Urbanhafen
BLÜCHER STRASSE
AM JOHANNISTISCH
TEMPELHERRENSTRASSE
WILMSSTRASSE
BAERWALDSTRASSE
KIRCHHOF JERUSALEM U. NEUE KIRCHE I, II, III
BARUTHER STRASSE
MITTENWALDER STRASSE
URBANSTRASSE
GEIBELSTRASSE
SCHLEIERMACHERSTRASSE
SOLMSSTRASSE
FÜRBRINGERSTRASSE
KREUZBERG
NOSTITZSTRASSE
GNEISENAUSTRASSE
Gneisenaustrasse
BLÜCHERSTRASSE
FONTANEPROMENADE
FREILIGRATHSTRASS
KÖRTESTRA
RIEMANNSTRASSE
BERGMANNSTRASSE
MARHEINEKEPLATZ
SÜDSTERN
Südstern
HASENHEIDE
ARNDTSTRASSE
CHAMISSO-PLATZ
DREIFALTIGKEITS-KIRCHHOF II
FRIEDRICHS-WERDERSCHER KIRCHHOF
KIRCHHOF JERUSALEM U.
N.D. KIRCHHOF
NEUE KIRCHE IV
STANDORTFRIEDH
LILIENTHALS
WILLIBALD-ALEXIS-STRASSE
FRIESENSTRASSE
HEIMSTRASSE
FIDICINSTRASSE
KLOEDENSTR.
JÜTERBOGER STRASSE
KIRCHHOF LUISENSTADT I
LILIENTHALSTRASSE
ZÜLLICHAUER STRASSE
SCHWIEBUSSER STRASSE
GOLSSENER STRASSE

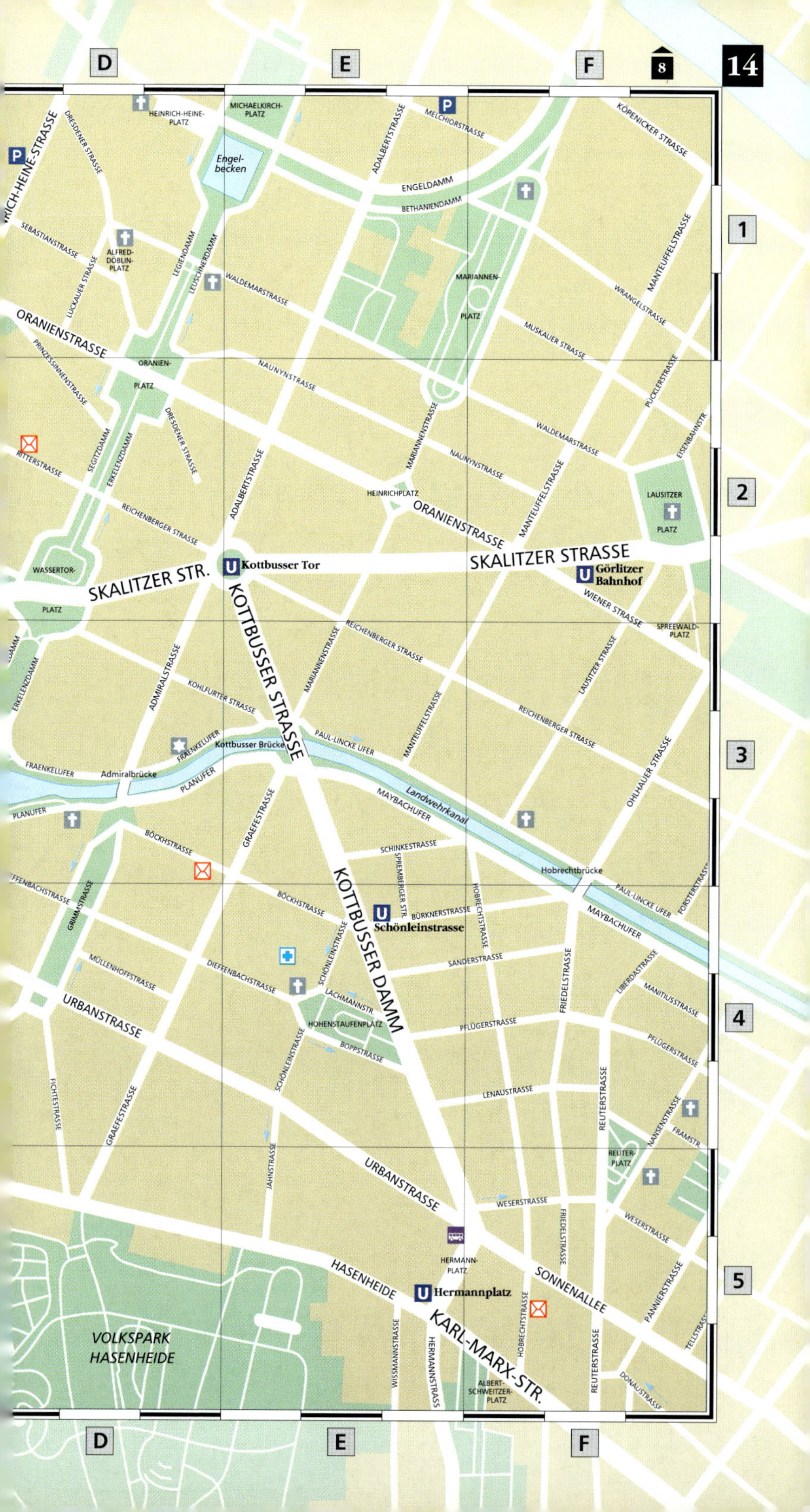
14
8
D
E
F
1
2
3
4
5
HEINRICH-HEINE-PLATZ
MICHAELKIRCH-PLATZ
Engel-becken
DRESDENER STRASSE
ADALBERTSTRASSE
MELCHIORSTRASSE
KÖPENICKER STRASSE
ENGELDAMM
BETHANIENDAMM
SEBASTIANSTRASSE
ALFRED-DÖBLIN-PLATZ
LUCKAUER STRASSE
LEGIENDAMM
LEUSCHNERDAMM
WALDEMARSTRASSE
MARIANNEN-PLATZ
MANTEUFFELSTRASSE
WRANGELSTRASSE
MUSKAUER STRASSE
ORANIENSTRASSE
PRINZESSINNENSTRASSE
ORANIEN-PLATZ
NAUNYNSTRASSE
PÜCKLERSTRASSE
EISENBAHNSTR.
SEGITZDAMM
ERKELENZDAMM
RITTERSTRASSE
MARIANNENSTRASSE
NAUNYNSTRASSE
HEINRICHPLATZ
LAUSITZER PLATZ
REICHENBERGER STRASSE
WASSERTOR-PLATZ
SKALITZER STR.
Kottbusser Tor
SKALITZER STRASSE
Görlitzer Bahnhof
WIENER STRASSE
SPREEWALD-PLATZ
KOTTBUSSER STRASSE
ADMIRALSTRASSE
KOHLFURTER STRASSE
LAUSITZER STRASSE
FRAENKELUFER
Kottbusser Brücke
PAUL-LINCKE-UFER
OHLAUER STRASSE
Admiralbrücke
PLANUFER
GRAEFESTRASSE
MAYBACHUFER
Landwehrkanal
BÖCKHSTRASSE
SCHINKESTRASSE
SPREMBERGER STR.
Hobrechtbrücke
DIEFFENBACHSTRASSE
GRIMMSTRASSE
KOTTBUSSER DAMM
Schönleinstrasse
BÜRKNERSTRASSE
HOBRECHTSTRASSE
FORSTERSTRASSE
MÜLLENHOFFSTRASSE
SCHÖNLEINSTRASSE
SANDERSTRASSE
FRIEDELSTRASSE
LIBERDASTRASSE
MANITIUSSTRASSE
URBANSTRASSE
LACHMANNSTR.
HOHENSTAUFENPLATZ
BOPPSTRASSE
PFLÜGERSTRASSE
FICHTESTRASSE
LENAUSTRASSE
REUTERSTRASSE
NANSENSTRASSE
FRAMSTR.
REUTER-PLATZ
JAHNSTRASSE
WESERSTRASSE
HERMANN-PLATZ
SONNENALLEE
PANNIERSTRASSE
HASENHEIDE
Hermannplatz
KARL-MARX-STR.
TELLSTRASSE
VOLKSPARK HASENHEIDE
WISSMANNSTRASSE
HERMANNSTRASSE
ALBERT-SCHWEITZER-PLATZ
DONAUSTRASSE

6
A
B
C
1
2
3
4
5
12
SCHUMANNSTRASSE
UNTERBAUMSTRASSE
CHARITÉSTRASSE
KARLPLATZ
REINHARDTSTRASSE
Friedrichstadtpalast
ZIEGELSTRASSE
AM ZIRKUS
ALBRECHTSTRASSE
MARIENSTRASSE
BERTOLT-BRECHT-PLATZ
Weidendammer Brücke
Berliner Ensemble
PLANCKSTRASSE
SCHIFFBAUERDAMM
Admiralspalast
LUISENSTRASSE
Bahnhof Friedrichstrasse
Friedrichstrasse
REICHSTAGUFER
Spree
GEORGENSTRASSE
Marschallbrücke
NEUSTÄDTISCHE KIRCHSTRASSE
BUNSENSTRASSE
Reichstag
EBERTSTRASSE
DOROTHEENSTRASSE
FRIEDRICHSTRASSE
MITTELSTRASSE
WILHELMSTRASSE
SCHADOWSTRASSE
UNTER DEN LINDEN
Brandenburger Tor
PARISER PLATZ
PLATZ VON DEM BRANDENBURGER TOR
Unter den Linden
Russische Botschaft
GLINKASTRASSE
Komische Oper
Hotel Adlon
BEHRENSTRASSE
Französische Strasse
FRANZÖSISCHE STRASSE
MAUERSTRASSE
JÄGERSTRASSE
Friedrichstadt-Passagen
TAUBENSTRASSE
AN DER KOLONNADE
Mohrenstrasse
MOHRENSTRASSE
Stadtmitte
KRONENSTRASSE
VOSS STRASSE
Potsdamer Platz
LEIPZIGER STRASSE
POTSDAMER PLATZ
LEIPZIGER PLATZ
Museum für Post und Kommunikation
KRAUSENSTRASSE
Preussischer Landtag

16
D
E
F
7
ORANIENBURGER STRASSE
HACKESCHER MARKT
ZIEGELSTRASSE
TUCHOLSKYSTRASSE
MONBIJOUSTRASSE
MONBIJOUPARK
MONBIJOU-PLATZ
GR. PRÄSIDENTENSTRASSE
NEUE PROMENADE
Univ.-Klinik
Univ.-Frauenkl.
Ebert-brücke
Spree
Hackescher Markt
Monbijou-brücke
AM WEIDENDAMM
Bodemuseum
AM KUPFERGRABEN
GESCHWISTER-SCHOLL-STRASSE
BURGSTRASSE
ROSENSTRASSE
Pergamon-museum
Alte Nationalgalerie
SPANDAUER STRASSE
BURGSTRASSE
Friedrich-brücke
Heiliggeistkapelle
Kupfergrabenkanal
MUSEUMSTRASSE
Neues Museum
GEORGENSTRASSE
BAUHOFSTRASSE
BODESTRASSE
AM LUSTGARTEN
HEGEL-PLATZ
Altes Museum
Berliner Dom
KARL-LIEBKNECHT-STRASSE
Maxim-Gorki-Theater
DOROTHEENSTRASSE
H. D. GIESSHAUS
Eiserne Brücke
LUSTGARTEN
Marx-Engels-Forum
Liebknecht-brücke
Staats-bibliothek
Humboldt-Universität
UNIVERSITÄTSSTRASSE
Zeughaus Deutsches Historisches Museum
AM ZEUGHAUS
Neue Wache
Schlossbrücke
Palast der Republik
CHARLOTTENSTRASSE
UNTER DEN LINDEN
Reiter Denkmal
Kronprinzen-palais
SCHLOSSPLATZ
Rathaus-brücke
Altes Palais
Deutsche Guggenheim
BEBEL-PLATZ
Staatsoper Unter den Linden
Alte Bibliothek
Friedrichs-werdersche Kirche
NIEDERLAGSTRASSE
Schleusenbrücke
WERDERSTRASSE
Marstall
BEHRENSTRASSE
St.-Hedwigs-Kathedrale
OBERWALLSTRASSE
UNTERWASSERSTRASSE
BREITE STRASSE
WERDERSCHER MARKT
FRANZÖSISCHE STRASSE
NEUMANNSGASSE
Französischer Dom
JÄGERSTRASSE
Nicolai Haus
BRÜDERSTRASSE
STRASSE
GENDARMEN-MARKT
Schauspiel-haus
Hausvogteiplatz
KURSTRASSE
FRIEDRICHSGRACHT
OBERWASSERSTRASSE
SCHARRENSTRASSE
PETRI-PLATZ
TAUBENSTRASSE
HAUSVOGTEI-PLATZ
Galgenhaus
GERTRAUDENSTRASSE
Deutscher Dom
CHARLOTTENSTRASSE
NIEDERWALLSTRASSE
KURSTRASSE
MOHRENSTRASSE
MARKGRAFENSTRASSE
JERUSALEMER STRASSE
Gertrauden-brücke
Spittelmarkt
SPITTEL-MARKT
KRONENSTRASSE
WALLSTRASSE
LEIPZIGER STRASSE
SEYDELSTRASSE
Spittelkolonnaden
KRAUSENSTRASSE
BEUTHSTRASSE
KRAUSENSTRASSE
MARKGRAFENSTRASSE
JERUSALEMER STRASSE
LINDENSTRASSE
KOMMANDANTENSTRASSE
SCHÜTZENSTRASSE
SCHÜTZENSTRASSE
1
2
3
4
5
13

Index

Les numéros de page en gras renvoient aux entrées principales

C

H

I

L

S

T

U

Remerciements

L'éditeur remercie les organismes, les institutions et les particuliers suivants dont la contribution a permis la préparation de cet ouvrage :

Réalisation artistique
Kate Poole

Direction éditoriale
Vivien Crump

Direction artistique
Gillian Allan

Consultant
Gordon McLachlan

Vérification
Paul Otto Schulz, Margaret Schulz-Wenzel

Traduction
Magda Hannay, Anna Johnson, Ian Wisniewski

Correction
Stewart Wild

Index
Hilary Bird

Collaboration artistique et éditoriale
Gillian Andrews, Brigitte Arora, Arwen Burnett, Jessica Hughes, Andrew Szudek

PAO
Samantha Borland, Lee Redmond

Illustrations d'appoint
Pawel Pasternak

Avec le concours spécial de :
L'éditeur remercie les employés des musées, magasins, hôtels, restaurants et autres organismes de Berlin pour leur aide précieuse. Il tient en particulier à remercier : Heidrun Klein du Bildarchiv Preussischer Kulturbesitz ; Frau Betzker et Ingrid Jager du Bröhan Museum ; Margit Billeb du Centrum Judaicum ; le Brücke-Museum ; la Deutsche Press Agency (DPA) ; Renate Forster du Deutsches Technikmuseum Berlin ; Andrei Holland-Moritz de Forschung- und Gedenkstätte Normannenstrasse (Stasi-Museum) ; Matthias Richter du Konzerthaus et l'Orchestre symphonique de Berlin ; le Georg Kolbe Museum ; Carl Kamarz du Stiftung Preussische Schlösser und Gärten Berlin et les palais de Berlin et Potsdam ; Thomas Wellmann du musée de la Ville de Berlin ; l'Hamburger Bahnhof ; Annette Jäckel de la chaîne DeragHotels pour les photos intérieures du DeragHotel Grosser Kurfürst ; Reinhard Friedrich ; Hans Jürgen Dyck de la Haus am Checkpoint Charlie ; Gaby Hofmann du Komische Oper Berlin ; Gesine Steiner du Museum für Naturkunde ; Ute Grallert du Deutsches Historisches Museum ; Elke Pfeil du Brecht-Weigel-Museum ; Ingrid Flindell du Käthe-Kollwitz-Museum ; Sylvia U Moller de la Villa Kastania ; Manuel Volsk du Savoy Hotel ; Sabine Rogge du Grand Hotel Esplanade Berlin ; Claude Borrmann de l'Hotel Palace Berlin ; Gerald Uhligow de l'Einstein Café ; l'Hotel Adlon ; l'Hotel Brandenburger Hof et le restaurant Die Quadriga ; l'Hotel Kempinski ; le Rockendorf's Restaurant ; le Westin Grand Hotel.

Autorisation de photographier
L'éditeur remercie les responsables qui ont autorisé des prises de vues dans leur établissement : Margaret Hilmer de la Berliner Dom ; la Kaiser-Wilhelm-Gedächtniskirche ; les Galeries Lafayette ; le KaDeWe ; Frau Schneider du BVG (régie des transports urbains) ; la Deutsche Bundesbahn pour l'autorisation de photographier la Bahnhof Zoo ; le Dorotheenstädtischer Friedhof pour l'autorisation de photographier les tombes ; le Flughafen Schönefeld pour l'autorisation de photographier l'aéroport ; Annie Silbert du Zoologischer Garten Berlin pour l'autorisation de photographier les animaux et les attractions ; le Hilton Hotel ; Carlos Beck du Sorat Artotel, Berlin ; Manuel Volsk du Savoy Hotel, Berlin ; Sabine Rogge du Grand Hotel Esplanade ; Claude Borrmann de l'Hotel Palace Berlin ; Gerald Uhligow de l'Einstein Café ; le restaurant Olive ; le restaurant Bamberger Reiter ; Sklepo pour l'autorisation de photographier sa boutique et les porcelaines.

L'éditeur remercie tout particulièrement Hans Gunter Harms, chef du Hilton Hotel, qui a préparé les plats photographiés pour ce guide ; Manfred Duhatschko, qui a confectionné les gâteaux et les desserts ; le Hilton Hotel pour l'autorisation de photographier ses locaux et la préparation des mets.
Count Lehmann du Senatsverwaltung für Bauen, Wohnen und Verkehr pour la fourniture des renseignements cartographiques et l'autorisation d'utiliser les plans.

Crédit photographique

h = en haut ; hc = en haut au centre ; hd = en haut à droite ; hg = en haut à gauche ; cgh = au centre à gauche en haut ; ch = au centre en haut ; cdh = au centre à droite en haut ; cg = au centre à gauche ; c = au centre ; cd = au centre à droite ; cgb = au centre à gauche en bas ; cb = au centre en bas ; cdb = au centre à droite en bas ; bg = en bas à gauche ; b = en bas ; bc = en bas au centre ; bd = en bas à droite

Malgré tout le soin que nous avons apporté à dresser la liste des auteurs des photographies publiées dans ce guide, nous demandons à ceux qui auraient été involontairement oubliés ou omis de bien vouloir nous en excuser. Cette erreur sera corrigée à la prochaine édition de l'ouvrage.

L'éditeur remercie les particuliers, sociétés et photothèques qui ont autorisé la reproduction de leurs photographies :

Ana e Bruno 228h ;
Adlon 229d.

Bildarchiv Preussischer Kulturbesitz 9c, 2021c, 29hd, 30hd, 30bd, 32hd, 32bd, 33h, 33b, 54cb, 67b, 80ch, 82hg, 82b, 83hg, 85b, 115cdh, 118hg, 118hd, 122cb, 123cgb, 126h, 152cdh, 156h, 157cg, 159hg, 170hd, 170b ; Jorg P Anders 20hc, 20cg, 21h, 29cg, 30cg, 73cdh, 114c, 114b, 117h, 122hg, 122hd, 122ch, 122b, 123h, 123cd, 123b, 124h, 124ch, 124b, 125h, 125cb, 125cb, 179b ; Hans Joachim Bartsch 118cgh, 118c, 120hg, 121cd ; Margarete Busing 32c ; Ingrid Geske-Heiden 30hg, 75hd, 121b ; Klaus Goken 60h, 31cdb, 78h, 80b, 81b ; Dietmar Katz 41b ; Johannes Laurentius 75b ; Erich Lessing 72h, 80h, 81cb ; Jürgen Liepe 31cdh, 75cgh, 80cb, 82h, 83b, 118b, 158b ; Saturia Linke 32hg ; Georg Niedermeiser 80h, 81ch ; Arne Psille 118c, 119h, 119b, 120c, 121h, 120b ; Steinkopf 114hd ; G. Stenzel 83hd ; Jens Ziehe 110h, 111c ; Jürgen Zimmermann 29hg ; Brandenburger Hof 212bd ; Bridgeman Art Library 47c, 167b ; Brecht-Weigel-Gedenkstätte 46h, 109b ; Bröhan-Museum 159cb.

Centrum Judaicum 102h.

DeragHotel Grosser Kurfürst 213bd ; Deutsches Historisches Museum (Zeughaus) 89, 22cb, 22bg, 23hd, 23b, 23cgb, 2425b, 25hd, 26hg, 26cd, 26cb, 26dp, 27hd, 27bg, 46bd, 47cdh, 58hg, 58hd, 58ch, 58cb, 58bd, 59h, 59ch, 59cb, 59b ; Deutsches Technikmuseum Berlin 31bg, 132 ; Die Quadriga 228cgb ; Deutsche Press Agency (DPA) 46ch, 46cb, 46bg, 47h, 47cdb, 47b, 48hc, 48cgh, 48b, 50h, 50b, 51h, 67h, 145bd, 191b.

Georg Kolbe Museum 175hd ; Grand Hotel Esplanade 208b.

Hamburger Bahnhof 110ch, 110cb, 110b, 111h, 111cdh, 111cdb, 111b ; Haus am Checkpoint Charlie 39bd ; Hotel Adlon 68h, 213hg ; Hotel Kempinski 212bg ; Hotel Palace 211hd, 212hd ; Hayder Adam 231bd.

Käthe-Kollwitz-Museum 148b ; Komische Oper Monika Rittershaus 49b, 68b ; Konzerthaus Berlin 65h.

Meyer Nils 27cdb, 38hd ; Museum für Naturkunde 109h.

Philharmonie 115h.

Rockendorfs Restaurant 229hd.

Stadtmuseum Berlin 21hd, 22h, 24cgh, 129hd ; Hans-Joachim Bartsch 16, 17b, 18c, 19hg, 19bd, 25bd, 85h ; Christel Lehmann 18hg, 18cb ; Peter Straube 88b, 90hd ; Stasi-Museum 166cd ; Stiftung Preussische Schlösser und Gärten Berlin 14h, 19c, 154h, 154c, 155ch, 155c, 155b, 180cgb, 186hg, 186cgh, 186cgb, 186bd, 187cdh, 187bd, 187bg, 190h, 192cgh, 192b, 193cdh, 193cdb, 193bg, 193bd.

Villa Kastania 209b, 212cgb.

The Westin Grand 210b ;
Wöjcik Pawe 233bg.

Lexique

En cas d'urgence

Où est le téléphone ?	Wo ist das Telefon ?	vo ist dass tél-é-fone ?
Au secours !	Hilfe !	hilf-e
S'il vous plaît, appelez un docteur !	Bitte rufen Sie einen Arzt	bitt-e rouf'n zi aïn-eun artst
S'il vous plaît, appelez la police !	Bitte rufen Sie die Polizei	bitt-e rouf'n zi di poli-tsaï
S'il vous plaît, appelez les pompiers !	Bitte rufen Sie die Feuerwehr	bitt-e rouf'n zi di foïeur-vér
Arrêtez !	Halt !	halt

L'essentiel

Oui	Ja	yah
Non	Nein	naïn
S'il vous plaît	Bitte	bitt-e
Merci	Danke	dahnk-e
Excusez-moi	Verzeihung	fér-tsaï-houng
Bonjour	Guten Tag	gout-eun tahk
Au revoir	Auf Wiedersehen	aouf-vid-eur-zé-eun
Bonsoir	Guten Abend	gout'n ab'nt
Bonne nuit	Gute Nacht	gout-e nart
À demain	Bis morgen	biss morg'n
À la prochaine	Tschüss	chuss
Qu'est-ce que c'est ?	Was ist das ?	vass ist dass
Pourquoi ?	Warum ?	var-roum
Où ?	Wo ?	vo
Quand ?	Wann ?	vann
aujourd'hui	heute	hoït-e
demain	morgen	morg'n
mois	Monat	mohn-aht
nuit	Nacht	nart
après-midi	Nachmittag	nar-mit-tak
matin	Morgen	morg'n
année	Jahr	yar
là	dort	dort
ici	hier	hîr
semaine	Woche	vor-e
hier	gestern	gest'n
soir	Abend	ab'nt

Quelques phrases utiles

Comment allez-vous ? (familier)	Wie gehts ?	vi guéts
Bien, merci	Danke, es geht mir gut	dahnk-e, es guét mir goutt
À bientôt	Bis später	biss chpé-teur
Où est/sont... ?	Wo ist/sind... ?	vo ist/zind
À quelle distance se trouve...?	Wie weit ist es... ?	vi vaït ist ess
Parlez-vous français ?	Sprechen Sie fränzosisch ?	chpréch'n zi frén-zo-sich
Je ne comprends pas	Ich verstehe nicht	ich fair-chté-e nicht
Pouvez-vous parler plus lentement s'il vous plaît ?	Könnten Sie langsamer sprechen ?	keunt-eun zi lahng-zam-eur chpréch'n

Quelques mots utiles

grand	gross	gross
petit	klein	klaïn
chaud	heiss	haïss
froid	kalt	kalt
bon	gut	goutt
mauvais	böse/schlecht	beuss-e/chlecht
ouvert	geöffnet	g'euff-nett
fermé	geschlossen	g'chloss'n
gauche	links	lihnks
droite	rechts	rechts
tout droit	geradeaus	g'ra-deu-aouss

Au téléphone

Je voudrais téléphoner	Ich möchte telefonieren	ich meu-chte tél-é-fohn-ir'n
Je rappellerai plus tard	Ich versuche noch einmal später	ich fér-zour-e nor aïn-mal chpé-teur
Puis-je laisser un message ?	Kann ich eine Nachricht hinterlassen ?	kahn ich aïn-e nar-richt hihnt-eur-lahss-eun
répondeur	Anrufbeantworter	ahn-rouf-bé-ahnt-vort-eur
télécarte	Telefonkarte	tél-é-fohn-kart-e
récepteur	Hörer	heur-eur
mobile	Handi	hahn-di
occupé	besetzt	b'zetst
faux numéro	falsche Verbindung	falch-e fér-bihn-doung

Le tourisme

bibliothèque	Bibliothek	bib-lio-ték
billet d'entrée	Eintrittskarte	aïn-tritz-kart-e
cimetière	Friedhof	frid-hof
gare	Bahnhof	bann-hof
galerie	Galerie	gal-eu-ri
renseignement	Auskunft	aouss-kounft
église	Kirche	kirch-e
jardin	Garten	gart'n
palais/château	Palast/Schloss	palast/chloss
place	Platz	plats
arrêt de bus	Haltestelle	hal-teu-chtél-e
jour férié	Nationalfeiertag	nats-ïon-ahl-faïeur-tak
théâtre	Theater	té-aht-eur
entrée libre	Eintritt frei	aïn-tritt fraï

Les achats

Avez-vous/ Y a-t-il... ?	Gibt es... ?	gipt ess
Combien cela coûte-t-il ?	Was kostet das ?	vass kost't dass?
À quelle heure ouvrez-vous/ fermez-vous ?	Wann öffnen Sie ? schliessen Sie ?	vann euf'n zi chliss'n zi
ceci	das	dass
cher	teuer	toï-eur
bon marché	preiswert	praïce-vért
taille	Grösse	greuss-e
numéro	Nummer	noum-eur
couleur	Farbe	farb-e
brun	braun	braoun
noir	schwarz	chvarts
rouge	rot	rôtt
bleu	blau	blaou
vert	grün	grunn
jaune	gelb	guélp

Les magasins

antiquaire	Antiquariat	antik-ouar-ïat
pharmacie	Apotheke	appo-té-ke
banque	Bank	bahnk
marché	Markt	markt
agence de voyages	Reisebüro	raï-zer-bu-ro
grand magasin	Warenhaus	var'n-haous
droguerie	Drogerie	droug-eur-ri
coiffeur	Friseur	friz-eur
marchand de journaux	Zeitungskiosk	tsaïtoungs-ki-osk
librairie	Buchhandlung	bour-hahnt-loung

GUIDES VOIR

BERLIN

HACHETTE

CE GUIDE VOIR A ÉTÉ ÉTABLI PAR
Malgorzata Omilanowska

HACHETTE TOURISME
43, quai de Grenelle 75905 Paris Cedex 15

DIRECTION
Isabelle Jeuge-Maynart

DIRECTION ÉDITORIALE
Catherine Marquet

ÉDITION
Hélène Gédouin

TRADUIT ET ADAPTÉ DE L'ANGLAIS PAR
Dominique Brotot
Avec la collaboration de
Catherine Blanchet-Laussucq

MISE EN PAGES (P.A.O.)
Maogani

Imprimé et relié en Chine par
Sun Fung Offset Binding Company Ltd.

DÉPÔT LÉGAL : 06056 février 2001
Collection 32 – Édition 01
ISBN : 2-01-243306-5
ISSN : 1246-8134
N° DE CODIFICATION : 24-3306-8

Aussi soigneusement qu'il ait été établi, ce guide n'est pas à l'abri des changements de dernière heure. Faites-nous part de vos remarques, informez-nous de vos découvertes personnelles : nous accordons la plus grande attention au courrier de nos lecteurs.

SOMMAIRE

La Fernsehturm (tour de la Télévision), la Siegessäule et la Funkturm (tour de la Radio) vues par un enfant

PRÉSENTATION DE BERLIN

La Kaiser-Wilhelm-Gedächtniskirche bombardée en 1943 ***(p. 146-147)***

Plan de U-Bahn et de S-Bahn

Saft	zaft	jus
Salat	zal-aht	salade
Salz	zalts	sel
Salzkartoffeln	zalts-kar-toff'l	pommes de terre à l'eau
Sauerkirschen	zaou-eur-kirch'n	cerises
Sauerkraut	zaou-eur-kraout	choucroute
Sekt	zékt	vin mousseux
Senf	zéhnf	moutarde
scharf	charf	épicé
Schaschlik	chach-lik	kebab
Schlagsahne	chlag-zan-e	crème fouettée
Schnittlauch	chnit-laour	ciboulette
Schnitzel	chnitz'l	escalope de porc ou de veau
Schweinefleisch	chvaïne-flaïch	porc
Spargel	chparg'l	asperge
Spiegelei	chpig'l-aï	œuf sur le plat
Spinat	chpin-aht	épinards
Tee	té	thé
Tomate	tom-aht-e	tomate
Wassermelone	vass-eur-mé-lohn-e	pastèque
Wein	vaïne	vin
Weintrauben	vaïne-traoub'n	raisin
Wiener Würstchen	vin-eur vurst-ch'n	sorte de saucisse de Francfort
Zander	tsahn-deur	sandre
Zitrone	tsi-tron-e	citron
Zucker	tsouk-eur	sucre
Zwieback	tsvi-bak	biscotte
Zwiebel	tsvib'l	oignon

Les nombres

0	null	noul
1	eins	aïns
2	zwei	tsvaï
3	drei	draï
4	vier	fir
5	fünf	fünf
6	sechs	zex
7	sieben	zib'n
8	acht	ahrt
9	neun	noïn
10	zehn	tsén
11	elf	élf
12	zwölf	tsveulf
13	dreizehn	draï-tsén
14	vierzehn	fir-tsén
15	fünfzehn	fünf-tsén
16	sechzehn	zex-tsén
17	siebzehn	zip-tsén
18	achtzehn	ahrt-tsén
19	neunzehn	noïn-tsén
20	zwanzig	tsvann-tsig
21	einundzwanzig	aïn-ount-tsvann-tsig
30	dreissig	draï-sig
40	vierzig	fir-sig
50	fünfzig	fünf-tsig
60	sechzig	zex-tsig
70	siebzig	zip-tsig
80	achtzig	ahrt-tsig
90	neunzig	noïn-tsig
100	hundert	hound't
1 000	tausend	taouz'nt
1 000 000	eine Million	aïn-e mill-yon

Le jour et l'heure

une minute	eine Minute	aïn-e min-out-e
une heure	eine Stunde	aïn-e chtound-e
une demi-heure	eine halbe Stunde	aïn-e halb-e chtound-e
lundi	Montag	mohn-tag
mardi	Dienstag	dihns-tag
mercredi	Mittwoch	mitt-vor
jeudi	Donnerstag	donn-eurs-tag
vendredi	Freitag	fraï-tag
samedi	Samstag/ Sonnabend	zams-tag/ zonn-a-beunt
dimanche	Sonntag	zonn-tag
janvier	Januar	yahn-ouar
février	Februar	fé-brouar
mars	März	mérts
avril	April	april
mai	Mai	maï
juin	Juni	you-ni
juillet	Juli	you-li
août	August	aou-goust
septembre	September	zep-tém-beur
octobre	Oktober	ok-to-beur
novembre	November	no-vém-beur
décembre	Dezember	dé-tsém-beur
printemps	Frühling	fru-lihng
été	Sommer	zomm-eur
automne	Herbst	hérpst
hiver	Winter	vihnt-eur

boulangerie	Bäckerei	béck-eur-aï
poste	Post	post
boutique/magasin	Geschäft/Laden	guéch-éft/lad'n
photographe	Photogeschäft	fo-to-géch-éft
self-service	Selbstbedienungs-laden	selpst-béd-i-noungs-lad'n
magasin de chaussures	Schuhladen	chou-lad'n
magasin de vêtements	Kleiderladen, Boutique	klaïdeur-lad'n bou-tik-e
alimentation	Lebensmittel-geschäft	lé-beuns-mittel-gueuch-éft
verre, porcelaine	Glas, Porzellan	glass, ports-eulahn

À L'HÔTEL

Avez-vous une chambre libre ?	Haben Sie noch Zimmer frei ?	hab'n zi nor tsimm-ér-fraï
avec des lits jumeaux ?	mit zwei Betten ?	mitt tsvaï bétt'n
avec un lit double ?	mit einem Doppelbett ?	mitt aïn'm dopp'l-bétt
avec une baignoire ?	mit Bad ?	mitt batt
avec une douche ?	mit Dusche ?	mitt douch-e
J'ai réservé	Ich habe eine Reservierung	ich hab-e aïn-e réz-ér-vir-oung
clé	Schlüssel	chluss'l
portier	Pförtner	pfeurt-neur

AU RESTAURANT

Avez-vous une table pour... ?	Haben Sie einen Tisch für... ?	hab'n zi aïn-eun tich fur
Je voudrais réserver une table	Ich möchte eine Reservierung machen	ich meu-chte aïn-e rézér-vir-oung mar'n
Je suis végétarien	Ich bin Vegetarier	ich bihn vég-ér-ta-ri-eur
Garçon !	Herr Ober !	hér o-beur !
L'addition, s'il-vous plaît	Die Rechnung, bitte	di réch-noung bitt-e
petit déjeuner	Frühstück	fru-chtuk
déjeuner	Mittagessen	mit-tag-ess'n
dîner	Abendessen	ab'nt-ess'n
bouteille	Flasche	flach-e
plat du jour	Tagesgericht	tag-és-guer-icht
plat principal	Hauptgericht	haoupt-guer-icht
dessert	Nachtisch	nar-tich
tasse	Tasse	tass-e
carte des vins	Weinkarte	vaïne-kart-e
chope	Krug	kroug
verre	Glas	glass
cuillère	Löffel	leuff'l
cuillère à café	Teelöffel	té-leuff'l
pourboire	Trinkgeld	trihnk-guélt
couteau	Messer	méss-eur
hors-d'œuvre	Vorspeise	for-chpaïz-e
l'addition	Rechnung	rech-noung
assiette	Teller	tél-eur
fourchette	Gabel	gab'l

LIRE LE MENU

Aal	al	anguille
Apfel	apf'l	pomme
Apfelschorle	apf'l-chorl-e	jus de pomme avec de l'eau gazeuse
Apfelsine	apf'l-zihn-e	orange
Aprikose	apri-koz-e	abricot
Artischocke	arti-chok-e-	artichaut
Aubergine	o-bér-jihn-e	aubergine
Banane	ba-nahn-e	banane
Beefsteack	bif-sték	steak
Bier	bir	bière
Bockwurst	bor-vourst	saucisse
Bohnensuppe	bohn-eun-zoup-e	soupe aux haricots
Branntwein	brannt-vaïne	eau-de-vie
Bratkartoffeln	bratt-kar-toff'ln	pommes de terre sautées
Bratwurst	bratt-vourst	saucisse grillée
Brötchen	breut-tcheun	petit pain
Brot	brott	pain
Brühe	bruh-e	bouillon
Butter	bout-ter	beurre
Champignon	cham-pin-ïon	champignon
Currywurst	ka-ri-vourst	saucisse sauce curry
Dill	dihl	fenouil
Ei	aïe	œuf
Eis	aïce	crème glacée
Ente	ént-e	canard
Erdbeeren	ért-bir'n	fraises
Fisch	fich	poisson
Forelle	for-éll-e	truite
Frikadelle	frika-dél-e	boulette de viande
Gans	ganns	oie
Garnele	gar-nél-e	crevette
gebraten	g'brat'n	rôti
gegrillt	g'grilt	grillé
gekocht	g'kort	bouilli
geruchert	g'rour-eurt	fumé
Geflügel	g'flug'l	volaille
Gemüse	g'muz-e	légumes
Grütze	grut-se	gruau
Gulasch	gou-lach	goulasch
Gurke	gourk-e	cornichon
Hammelbraten	hamm'l-brat'n	agneau rôti
Hähnchen	hénch'n	poulet
Hering	hèr-ihng	hareng
Himbeeren	hihm-bir'n	framboises
Honig	ho-nir	miel
Kaffee	kaf-fé	café
Kalbfleisch	kalp-flaïch	veau
Kaninchen	ka-nihnch'n	lapin
Karpfen	karpf'n	carpe
Kartoffelpüree	kar-toff'l-pur-é	purée de pommes de terre
Käse	kéz-e	fromage
Kaviar	ka-vi-ar	caviar
Knoblauch	k'nob-laour	ail
Knödel	k'neud'l	boule de pâte
Kohl	kol	chou
Kopfsalat	kopf-zal-aht	laitue
Krebs	kréps	crabe
Kuchen	kour'n	gâteau
Lachs	lahrs	saumon
Leber	lé-beur	foie
mariniert	mari-nirt	mariné
Marmelade	marme-lad-e	confiture
Meerrettich	mé-ré-tich	raifort
Milch	milch	lait
Mineralwasser	minn-ér-arl-vass-eur	eau minérale
Möhre	meur-e	carotte
Nuss	nouss	noix
Öl	eul	huile
Olive	o-liv-e	olive
Petersilie	pét-eur-zi-li-e	persil
Pfeffer	pféff-eur	poivre
Pfirsich	pfir-zich	pêche
Pflaumen	pflaou-meun	prune
Pommes frites	pomm-fritt	frites
Quark	kouark	fromage blanc
Radieschen	ra-dich'n	radis
Rinderbraten	rihnd-eur-brat'n	rosbif
Rinderroulade	rihnd-eur-rou-lad-e	roulade de bœuf
Rindfleisch	rihnt-flaïch	bœuf
Rippchen	rip-ch'n	côtelette
Rotkohl	roht-kol	chou rouge
Rüben	rub'n	navet
Rührei	ru-r-aï	œufs brouillés